CINCO VIDAS, UMA HISTÓRIA

Coordenadora editorial: Tânia Lins
Coordenador de comunicação: Marcio Lipari
Capa, diagramação e projeto gráfico: Equipe Vida & Consciência
Preparação: Janaina Calaça
Revisão: Equipe Vida & Consciência

1ª edição — 1ª impressão
2.000 exemplares — abril 2023
Tiragem total: 2.000 exemplares

**CIP-BRASIL — CATALOGAÇÃO NA PUBLICAÇÃO
(SINDICATO NACIONAL DOS EDITORES DE LIVROS, RJ)**

R367c

Ribeiro, Amadeu
Cinco vidas, uma história / Amadeu Ribeiro. - 1. ed., reimpr. - São Paulo : Vida & Consciência, 2023.
352 p. ; 23 cm.

ISBN 978-65-88599-79-2

1. Ficção brasileira. 2. Romance espírita. I. Título.

23-83426 CDD: 869.008037
CDU: 82-97(81):133.9

Este livro adota as regras do novo acordo ortográfico (2009).

Vida & Consciência Editora e Distribuidora Ltda.
Rua das Oiticicas, 75 – Parque Jabaquara – São Paulo – SP – Brasil
CEP 04346-090
editora@vidaeconsciencia.com.br
www.vidaeconsciencia.com.br

CINCO VIDAS, UMA HISTÓRIA

AMADEU RIBEIRO

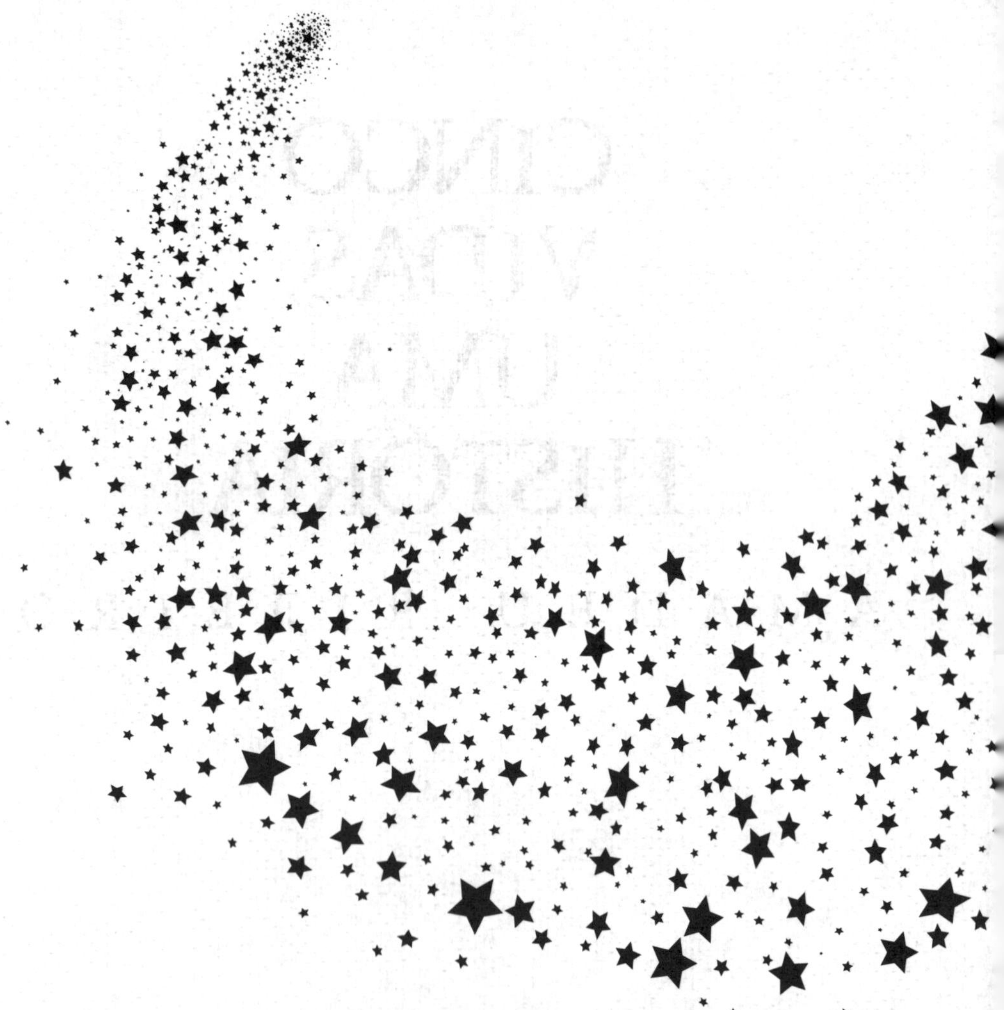

SUMÁRIO

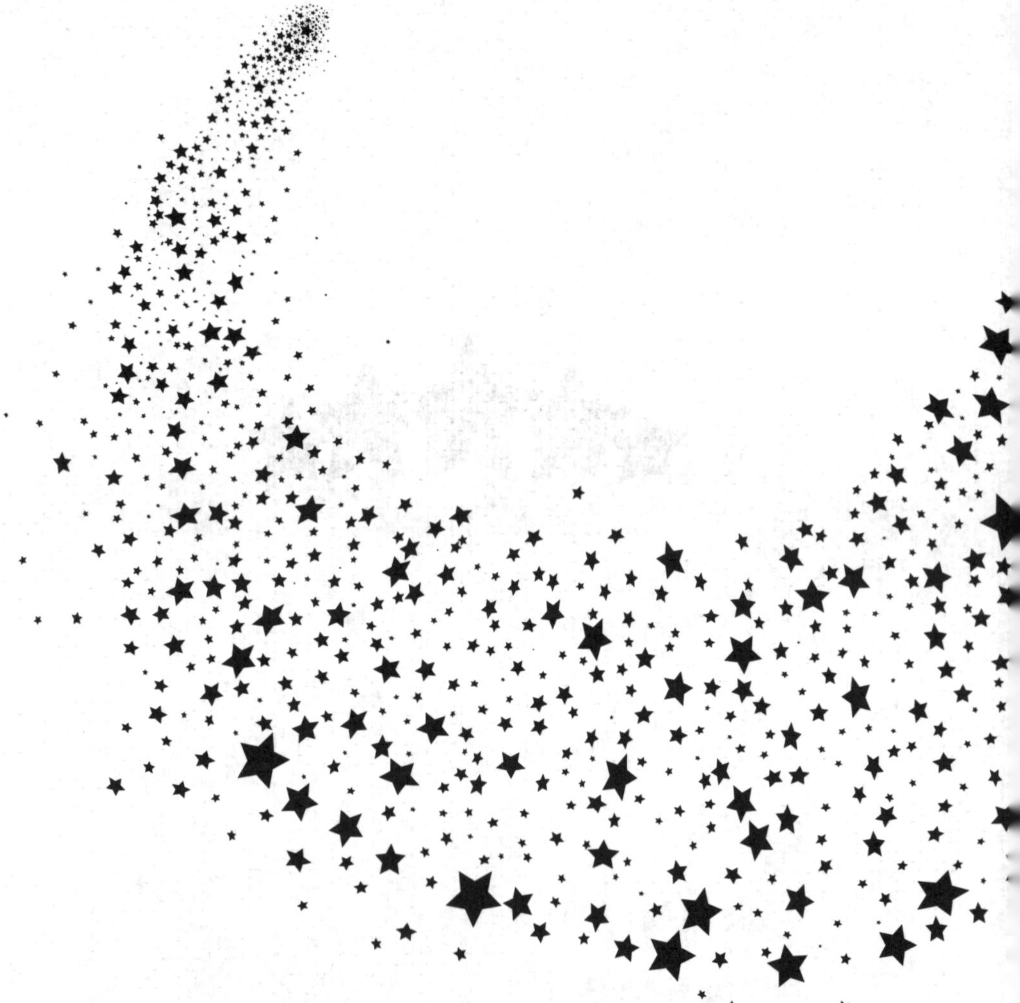

CAPÍTULO I

Inácio, precisamos conversar a respeito de um assunto importante hoje à noite. Se for possível, chegue antes das 20 horas. Beijos.

A mensagem que chegou ao celular de Inácio Valentino era direta, clara e bastante objetiva, tal qual sua remetente. Eram raras as vezes em que sua esposa Débora escrevia textos longos e cansativos. Sempre prática, ela costumava enviar mensagens de voz para o WhatsApp do marido resumindo brevemente o motivo de seu contato.

A mensagem chegou às 18h30. Naquela noite, a primeira quarta-feira do mês de julho, ele pretendia se demorar um pouco mais no escritório que dividia com outros dois advogados. Estavam analisando coletivamente o processo de um empresário de cinquenta anos, muito rico e bem-sucedido, que estava se divorciando da mulher, trinta anos mais jovem. Eles estavam casados há apenas duas semanas quando, segundo o marido, a jovem declarara abertamente durante uma briga conjugal que se casara com ele exclusivamente por causa de seu dinheiro. Como se jamais houvesse desconfiado daquela possibilidade, o homem mostrou-se indignado com tal revelação e exigiu o divórcio imediatamente.

Também estavam trabalhando em outros quatro processos de divórcio, além de um relacionado à guarda de um menor de idade e um processo trabalhista. Houve épocas em que já estiveram mais atarefados, mas o fato é que os atuais clientes queriam resultados rápidos e eficazes, já que pagavam muito bem por isso.

Inácio era sócio do escritório havia vinte e dois anos. Conhecera Laerte e Renata quando ainda era aluno do curso de Direito. Depois de formados, resolveram firmar uma parceria e investir no próprio espaço de trabalho. Alugaram um escritório simples e pequeno próximo à Avenida Rebouças, uma região da cidade de São Paulo cujos imóveis são bem valorizados. Esforçaram-se muito para bancar os aluguéis enquanto ainda não tinham um bom número de clientes. A carreira dos três firmou-se basicamente por meio de muita divulgação e comentários positivos que os próprios clientes, satisfeitos com os serviços prestados pelo trio, repassavam a amigos e colegas. Ao final de um ano, os aluguéis deixaram de ser uma preocupação, pois recebiam honorários razoáveis para cobri-los. Quatro anos depois, conseguiram comprar o próprio escritório.

Foi durante essa época de esforço, dedicação, comprometimento, ascensão profissional e boa atuação perante os juízes que Inácio conheceu Débora. O primeiro encontro se deu a partir de uma colisão entre os veículos que ambos dirigiam. Ela estava dirigindo à frente dele, quando, subitamente, freou para não atropelar um cachorro ferido que havia saltado para a pista. Inácio, que estava praticamente colado na traseira do carro de Débora, não conseguiu frear a tempo, e a batida foi inevitável.

Ele nunca se esqueceu da expressão furiosa no rosto de Débora quando ela desceu do carro e avançou como um furacão até ele. A mulher gesticulava e apontava para o estrago que o impacto provocara em seu carro. Dizia que Inácio era irresponsável, que ele não sabia dirigir e que, se estivesse prestando mais atenção ao trânsito, teria evitado o acidente. Inácio, por sua vez, estava encantado com a beleza daquela moça raivosa. Ela estava linda com o rosto avermelhado, os cabelos balançando ao vento e resmungando uma série de impropérios contra ele. Anos mais tarde, repetiria a Débora que foi naquele momento que se apaixonara por ela.

Inácio convidou-a para um almoço, enquanto os guinchos retiravam ambos os carros de cena para que não travassem o tráfego. Alegou que era preciso discutir como ficaria a situação dos veículos. Débora estava tão nervosa com aquela situação que acabou aceitando o convite. No restaurante, próximo ao local do sinistro, ele conseguiu acalmá-la ao admitir sua parcela de responsabilidade no acidente e afirmar que arcaria com todas as despesas que ela viesse a ter com a restauração da parte traseira do automóvel.

Quando isso ocorreu, Inácio estava com vinte e sete anos, e ela, com vinte e cinco. Durante o almoço, os dois descobriram que tinham muitas coisas em comum. Ele usou sua lábia de bom advogado para desviar o assunto para outro tema que não fosse a colisão entre os carros e descobriu que Débora era solteira, não tinha filhos nem irmãos e estava terminando o curso de nutrição. Ela morava na zona norte da cidade, e ele, na região oposta, o que não era impeditivo nenhum caso desejassem voltar a se encontrar. Débora descobriu que gostava do jeito brincalhão, charmoso e educado de Inácio e já estava bem mais tranquila quando saíram do restaurante.

Ele fez o que prometeu. Pagou o conserto dos dois carros, o que deixou Débora muito satisfeita e serviu para aproximá-los ainda mais. Inácio usou o fato como pretexto para uma comemoração em outro restaurante à escolha dela. Optaram por jantar em um local que Débora conhecia, onde serviam pratos saborosos por um preço atrativo. Ali, teve início um forte vínculo entre os dois, que evoluiu rapidamente de uma amizade para uma paixão incontrolável. Foram para a cama após o quarto encontro, e a vida deles nunca mais foi a mesma.

A mãe de Inácio havia falecido antes de ele entrar na adolescência, após um grave quadro de pneumonia. Desde então, ele passou a ser criado pelo pai, que também era advogado. Benjamim nunca voltou a se casar, mas isso não o impediu de se envolver com outras mulheres. Muitas mulheres. Ele guardou luto por cerca de seis meses até apresentar ao filho sua nova namorada, que não tinha mais do que vinte anos. O relacionamento não foi duradouro. Benjamim surgiu com outra garota, e depois um batalhão feminino a sucedeu. Atualmente, o pai de Inácio estava com setenta anos, embora seu apetite sexual não diminuísse nem um pouco conforme ele envelhecia. Sua última conquista era uma mulher negra belíssima, de apenas dezoito anos. Inácio perguntava-se quanto tempo demoraria até que ele enjoasse da moça e partisse para outra.

Na ocasião em que começou a namorar Débora, Inácio a apresentou a Benjamim. Já sabia que seu pai tentaria cortejar a moça, pavoneando-se diante dela, e foi exatamente o que aconteceu. Débora divertiu-se com a situação, porém, deixou claro que estava interessada apenas no filho dele. Como era um homem que não se ofendia facilmente, Benjamim também esclareceu que, caso ela enjoasse de seu filho, ele estaria à disposição, pois era um partido experiente, másculo e bonitão.

Por outro lado, Inácio não gostou da mãe de Débora. Silvia — Silvinha para os íntimos — pareceu-lhe aquele tipo de pessoa que mostra um sorriso sem realmente desejar fazê-lo. Em outras palavras, a mulher que seria sua sogra lhe causou a impressão de ser falsa e arrogante, apesar de tratá-lo com muita gentileza. Débora ainda morava com ela, pois Silvia nunca mais se casou após a morte do marido.

Talvez a expressão "A primeira impressão é a que fica" nunca houvesse soado mais verdadeira conforme Inácio foi conhecendo melhor Silvinha. A mulher era chata, irritante e implicava até com a luz do sol. Ele sempre teve a impressão de que ela jamais fora favorável à escolha que a filha fizera com relação ao homem que decidira namorar. Débora nunca admitiu que Silvinha não gostava dele, mas era fácil perceber que não era benquisto pela sogra. Quando conversavam a sós, ela sempre dava um jeito de alfinetá-lo com alguma ofensa discreta.

O casamento aconteceu após três meses de namoro. Benjamim era puro orgulho, porque seu único filho desposaria uma moça bonita, estudiosa e inteligente. Silvinha estava contrariada porque, intimamente, esperava que Débora conhecesse um pretendente com melhores condições financeiras, mesmo que Inácio não fosse nenhum pobretão. Acostumada com o conforto que a vida oferecia, Silvinha, apesar de não ser uma mulher rica, torcia intimamente para que o relacionamento deles não fosse muito longe.

— Silvinha nunca teria deixado Débora se casar comigo se pudesse imaginar que continuaríamos juntos por mais de dezoito anos — ele murmurou consigo mesmo sentado à mesa de seu escritório.

Inácio sabia que tantos anos de vida em comum com Débora não deveriam ter sido fáceis para Silvinha suportar. Ao longo dessas quase duas décadas, ele enfrentou a sogra em muitas ocasiões, travando discussões acaloradas com ela, principalmente no que se referia à criação de seus filhos. Para Silvinha, nada do que Inácio fazia estava bom. Suas queixas iam desde a comida que ele preparava à forma como se vestia. E, quando Débora defendia o marido, dizendo que as críticas da mãe não tinham fundamento, Silvinha armava um belo teatro, com direito a fingir que estava passando mal ou a chorar profusamente.

Inácio comprou uma casa pequena, próxima à que ele dividia com Benjamim para morar com Débora depois que se casassem. Obviamente, Silvinha foi conhecer o imóvel de testa franzida e reclamou de tudo, desde a cor da tinta das paredes ao tamanho de cada cômodo. Era uma propriedade aconchegante e agradável, mas como sempre, nada estava perfeito para o gosto refinado e exigente da elegante mulher. Inácio e Débora, contudo, não lhe deram ouvidos e se mudaram para lá após se casarem.

O celular de Inácio voltou a apitar anunciando outra mensagem, e ele deixou as divagações de lado. Consultou as horas e viu que já passava das dezenove. Débora dissera que gostaria que ele estivesse em casa antes das vinte. Era raridade ele voltar do trabalho antes das vinte e três. Trabalhava muito, pois sempre mergulhava de cabeça em cada processo que assumia, fosse sozinho ou em parceria com seus sócios. Agradecia a Deus a carteira abundante de clientes, tão extensa que os três advogados quase não davam conta dela. Era por isso que Inácio sacrificava algumas horas que deveria dedicar à família e ao lazer em nome de sua profissão.

Inácio telefonou para dois clientes, pedindo-lhes que o procurassem no escritório na manhã seguinte, organizou sua mesa e desligou o computador. Colocou um *pen drive* e vários envelopes em sua pasta de couro, que era famosa por acompanhá-lo aonde quer que ele fosse. Ajeitou o nó da gravata, vestiu o paletó e apagou a luz de sua sala.

— Hoje, vou embora mais cedo porque minha esposa requisitou minha presença em casa — ele avisou aos colegas com um sorriso nos lábios.

— Essas mulheres... — Laerte balançou a cabeça para os lados. — Dizem que compõem o sexo frágil, mas nos levam no cabresto.

— Se não for assim, vocês saem da linha facilmente — disse Renata, entrando na brincadeira.

Num clima amigável, Inácio despediu-se dos sócios, que continuariam trabalhando mais um pouco, e logo depois entrou em seu carro. Percorria o trajeto entre o escritório e sua residência em torno de meia hora, se não houvesse trânsito. Não morava mais na primeira casa que comprara antes de se casar. A propriedade atual era praticamente uma mansão, com seis dormitórios, duas salas enormes, um quarto e um banheiro para a governanta e uma piscina semiolímpica aos fundos do local. Ele havia progredido muito financeiramente e tivera a oportunidade de comprar o novo imóvel. Débora seguira com sua carreira de nutricionista e agora prestava serviço para várias escolas particulares da cidade, avaliando se as refeições servidas eram as mais adequadas aos alunos.

Ainda conjeturando sobre o que Débora falaria com ele, obrigando-o a sair mais cedo do escritório quando tinha tanto serviço pendente, ligou o rádio em uma estação qualquer e deixou a música suave invadir o carro. Esperava que não tivesse acontecido nada com os filhos nem com ela mesma. Não fazia ideia do que poderia ser.

Algo em seu íntimo, porém, o alertou de que não gostaria do que estava prestes a ouvir.

CAPÍTULO 2

Inácio apertou o botão do controle remoto, e o portão da garagem de sua casa abriu-se. Estacionou o carro ao lado do de Débora, fechou o portão por dentro, pegou sua inseparável pasta de couro e abriu a porta que dava acesso à pequena sala de ginástica que instalara no local onde existira o porão. Ele pensava que o problema em estar casado com uma nutricionista é que ela sempre monitorava tudo o que a família comia e bebia, exigindo que as calorias extras fossem queimadas e extintas. A ideia de comprar alguns aparelhos de musculação, além de esteira e bicicleta ergométricas, também partira de Débora.

Os filhos adoravam aquele espaço, embora tivessem predileção pela piscina. Sempre que estava em casa e longe do seu escritório doméstico, de onde dava continuidade ao seu trabalho, Inácio costumava ver os filhos se divertindo com seus amigos e colegas. Era verdade que conhecia os visitantes apenas de vista, porque sempre estava assoberbado de serviço, mas eles deveriam ser bacanas e confiáveis, ou Débora já os teria posto para correr. Além disso, era pai de três adolescentes inteligentes e sagazes, com plena capacidade de discernimento para selecionar bem suas amizades, o que o tranquilizava.

Também admitia que, nos últimos tempos, não lhe sobravam muitas horas vagas para conversar com os filhos nem para ouvir o que eles tinham a lhe dizer. Isso fazia Inácio sentir-se culpado, com o peso esmagador do remorso sobre os ombros. No entanto, já havia programado duas semanas de férias para o fim de setembro. Ele era seu próprio patrão e podia se dar a esse luxo. Acreditava que até lá as coisas estariam mais tranquilas no escritório. Não pegaria novos casos quando setembro chegasse. Laerte e

Renata podiam "segurar as pontas" sem ele. Ademais, ninguém sabia ainda que Inácio tiraria aqueles dias de descanso, por isso pretendia surpreender Débora e os filhos com uma viagem-surpresa para um destino bem agradável. Veria isso quando as férias estivessem mais próximas, porque também não tivera tempo para pesquisar possíveis roteiros.

Imaginava o que eles fariam quando lhes contasse a boa notícia. Maria Júlia, no auge dos seus treze anos, soltaria gritinhos excitados e mandaria mensagens para todas as suas amigas. Ethan, com quinze, muito mais reservado do que a irmã caçula, mostraria aquele sorrisinho amarelo somente para não confessar que estava se contorcendo de felicidade por dentro. Era assim que ele agia, sem nunca dar o braço a torcer, e Inácio o amava por isso. Por último, havia Gustavo, que estava prestes a completar dezoito anos e que se mostrava ansioso para conquistar a maioridade. Débora dissera-lhe que o filho mais velho estava namorando uma menina há dois meses, cujo nome Inácio não se lembrava. Devido ao excesso de trabalho, ele também não tivera nenhum momento disponível para conhecer aquela que poderia ser sua nora.

Ao fundo do salão, que fora adaptado para abrigar um espaço *fitness*, havia uma escada em caracol que levava ao nível superior da casa. Ao subir, Inácio chegou à sala principal e parou por alguns instantes para normalizar a respiração. Se aqueles poucos degraus o deixavam ofegante, estava claro que seu sedentarismo estava em estágio avançado. Débora dizia que ele deveria praticar mais exercícios físicos antes de sair para o trabalho ou ao voltar dele, porém, a resposta de Inácio era sempre a mesma: "Assim que o movimento no escritório diminuir, farei tudo o que você quiser". Sua saúde era importante, obviamente, mas o trabalho também era. Graças a ele, pudera prosperar tanto.

Não havia ninguém na sala, apesar de terem deixado a televisão ligada. Ouviu uma música que vinha do terceiro pavimento, provavelmente do quarto de algum dos filhos. Inácio percorreu o olhar pelo cômodo imenso, decorado com móveis antigos e muito bem conservados, que foram adquiridos em virtude do gosto refinado de sua esposa.

Desligou a televisão, passou por uma cômoda de madeira escura, tão envernizada que chegava a brilhar, e apanhou um porta-retratos que abrigava uma fotografia tirada havia treze anos. Na imagem, ele e Débora apareciam sorrindo ao lado dos dois meninos mais velhos. Maria Júlia, que só tinha duas semanas de vida, estava no colo da mãe, linda como uma bonequinha. As crianças foram os presentes mais maravilhosos que a vida lhe dera. Nunca escondera de ninguém o fato de ser um pai coruja, orgulhoso por ver que os filhos eram lindos, inteligentes e saudáveis. Ele costumava brincar com Débora ao dizer que ambos haviam caprichado na produção das crianças.

Ouviu o ruído familiar de salto alto vindo da direção da cozinha e sorriu, imaginando o que Alcione estaria vestindo hoje. Quando a governanta surgiu em seu campo de visão, o sorriso de Inácio alargou-se ainda mais.

— Boa noite, seu Inácio! — ela o cumprimentou com um leve sotaque estrangeiro. — Chegou mais cedo hoje?

Alcione estava longe de ser considerada uma funcionária comum. Trabalhava com a família desde que Débora engravidara de Gustavo. No início, sua função era auxiliar a patroa nas tarefas domésticas, visto que o volume imenso da barriga de Débora a deixava muito limitada. Depois, acabou revelando-se uma mulher multifuncional, pois tornou-se babá, cozinheira, motorista particular, secretária, conselheira e amiga pessoal de Débora e Inácio. Alcione era perfeita em tudo o que fazia. Já completara sessenta anos, mas estava longe de perder a vitalidade. Em menos de uma hora, era capaz de consertar uma torneira quebrada, preparar o almoço, passar algumas peças de roupa e ainda dançar com Maria Júlia ao som de música eletrônica.

— Minha chefe quer falar comigo. — Ele apontou para cima, sem deixar de sorrir. — Quando Débora dá ordens, quem sou eu para desobedecê-la? — Baixou o olhar para os pés de Alcione. — Eu vou morrer sem saber como você consegue trabalhar o dia todo usando esses saltos agulha, tão altos e finos quanto postes de luz!

Alcione soltou uma gargalhada tão estrondosa que chegou a abafar o som da música que vinha de um dos quartos. Era uma mulher de pele morena, fruto da miscigenação de um pai peruano e uma mãe angolana. Quando o pai faleceu, a mãe recebeu uma oferta de emprego em uma galeria de artes que exibia apenas obras africanas e mudou-se com a única filha para o Brasil. Ao conseguir sua permanência definitiva no país, Alcione recebeu nacionalidade brasileira e nunca mais retornou ao exterior.

Adepta das culturas de suas verdadeiras raízes, Alcione sempre era vista usando roupas exóticas. Ora trabalhava com um poncho colorido jogado sobre as costas, ora colocava um turbante e usava vestidos largos com adornos africanos. E os variados sapatos de saltos altíssimos a acompanhavam diariamente. Inácio chegava a pensar que ela não os tirava nem para dormir.

— O importante é ter equilíbrio, tanto nas pernas quanto na vida. — Alcione ergueu uma perna muito bem torneada e avaliou o sapato. — Quando você não tem domínio do que está fazendo, o tombo é inevitável.

— Adoro suas reflexões, mas agora preciso ir ao encontro da minha patroa. Espero não levar nenhum puxão de orelha.

— Neste caso, vou adiantar o jantar. — Alcione rodou nos calcanhares com graciosidade, balançando seu vestido com a estampa da bandeira de Angola.

Inácio subiu os degraus, acarpetados e largos, e chegou ao último pavimento da casa. No longo corredor onde ficavam os dormitórios, seguiu direto para o seu quarto, passando pela porta entreaberta de Ethan, de onde vinha a música que ouvira ao chegar.

— Boa noite, meu filho! — acenou, assomando a cabeça pelo vão da porta.

— Oi, pai. — Parecendo mais interessado no celular do que em Inácio, Ethan fez um sinal de positivo com o dedo, sem olhar na direção da porta.

— Não notou que eu voltei mais cedo do trabalho?

— É, notei sim — resmungou Ethan, encarando o aparelho fixamente.

Com um suspiro de cansaço, Inácio fechou a porta devagar e foi ao encontro de Débora.

Encontrou-a deitada na cama, assistindo à televisão com desinteresse. Ao ver o marido entrar, Débora baixou o volume e mostrou um sorriso sem humor.

Era uma mulher muito bonita, de pele clara, cabelos curtos e escuros, olhos castanhos e traços delicados. Ainda conservava um corpo bonito e um rosto quase sem rugas. Ao sentar-se, ela fez um gesto para que Inácio fizesse o mesmo.

Ele colocou a pasta de couro sobre uma poltrona, pendurou o paletó num antigo porta-chapéus e afrouxou o nó da gravata. Ao olhar para o relógio da parede, viu que faltavam cinco minutos para as vinte horas. Ele ainda chegara adiantado.

Jogou-se sobre a cama, pousou um suave beijo nos lábios macios de Débora, mas percebeu que ela o beijara de forma mecânica, sem retribuir com paixão, como costumava fazer. Ao olhá-la melhor nos olhos, percebeu que ela exibia vestígios de exaustão, desânimo e inquietação, o que o deixou instantaneamente preocupado. Será que ela estava doente?

— Vim o mais rápido que pude, meu amor. — Ele segurou-a com carinho pelo queixo e beijou-a na ponta do nariz. — Confesso que sua mensagem me preocupou. E agora, vendo-a aqui deitada, minha preocupação aumentou. O que você tem?

— Antes de começar a falar, quero que você me dedique ao menos uma hora. Nossa conversa será um pouco longa. — A voz dela parecia seca e autoritária.

— O que aconteceu de tão importante? É algo com os meninos?

— Não. É um assunto que só diz respeito a nós dois. Aliás, confesso que estou admirada de você dispor de uma hora inteira do seu tempo para mim, antes de voltar para o trabalho. — Ela apontou para a pasta de couro.

Inácio voltou a suspirar, já antevendo qual seria o tema da conversa. Provavelmente, Débora o acusaria de dedicar mais tempo ao trabalho do que a ela e aos filhos. Já tiveram discussões acaloradas por conta disso em outras ocasiões, porém, tinham visões diferentes sobre aquilo. Inácio não achava que os deixava de lado, pois, sempre que podia, conversava com os filhos e com Débora. Ele, no entanto, era um advogado renomado, muito requisitado pelos clientes, e pegava alguns casos que exigiam dele atenção, estudo, dedicação e estratégia. Não fosse assim, não teria se tornado tão bem-sucedido.

— Eu estou aqui, do jeito que você pediu. — Ele decidiu manter a neutralidade na voz para não forçar uma briga. — Sou todo ouvidos.

Débora fitou o marido com atenção. Foi aquele lindo par de olhos verde-musgo que a fizeram se apaixonar havia mais de dezoito anos, na ocasião em que ele bateu o carro no dela. Agora, os cabelos castanhos de Inácio estavam pontilhados por fios brancos, que só serviram para aumentar seu charme. Era um homem alto, forte, com um corpo bem definido naturalmente, apesar do sedentarismo que o envolvera. Tinha lábios grossos, dentes muito brancos, rosto quadrado e másculo. Atraía a atenção das mulheres por onde passava, no auge de seus quarenta e cinco anos. Débora sabia que nunca fora traída em todos aqueles anos de casamento. Inácio era um marido maravilhoso, um pai fantástico, um companheiro inseparável. Muito honesto com seus clientes, eficiente em tudo o que fazia, excelente patrão e amigo para todas as horas. Era um homem realmente admirável, mas...

— Tomei uma decisão muito importante, Inácio.

— Achei que tomássemos decisões juntos. Sempre foi assim.

Desta vez, foi Débora quem respirou fundo, preparando-se para o que viria.

— Eu quero o divórcio —disparou de repente. — Nós vamos nos separar.

CAPÍTULO 3

Inácio permaneceu estático, sentindo todo o sangue em seu corpo esfriar. Não percebeu que seu rosto assumira uma palidez cadavérica nem que suas mãos começaram a tremer. Mesmo assim, tentou forçar um sorriso:

— Que brincadeira sem graça é essa? Do que você está falando?

Débora olhou para a televisão, que transmitia imagens silenciosas, e desligou-a usando o controle remoto. Voltou a fixar o rosto do marido.

— Não estou brincando, Inácio. Acho que nosso casamento chegou ao fim.

— Como chegou ao fim? A gente se ama. Estamos juntos há quase vinte anos, e a paixão nunca esfriou. Não estou entendendo aonde quer chegar.

— Nada é eterno, muito menos um casamento. Você me concedeu anos maravilhosos ao seu lado, além de me dar três filhos incríveis. É um homem espetacular em todos os sentidos, mas algo aconteceu nos últimos tempos. Algo que você não sabia... até agora.

Cada vez mais lívido, Inácio encarou-a cheio de horror no semblante. Estava esperando o momento em que Débora começaria a rir de sua cara, dizendo que estava fazendo alguma pegadinha e que o enganara direitinho. Entretanto, nos olhos dela havia lágrimas rasas, prestes a escorrerem pelo rosto. Pelo que ele conhecia da esposa, Débora nunca faria piada com algo assim.

— O que é que eu não sabia? Fiz alguma coisa que a desagradou? Qualquer que tenha sido meu erro, peço perdão desde já.

Ele estava cada vez mais tenso e aflito. Débora desceu da cama e começou a caminhar pelo quarto, sem desviar os olhos de Inácio.

— Eu conheci outra pessoa.

O coração dele acelerou ao escutar aquele disparate. Será que Débora pretendia matá-lo com aquelas frases, que mais pareciam bombas prestes a explodir sobre ele?

— Conheceu... quer dizer que você conheceu outro homem?

A tensão e a aflição transformaram-se em desespero quando Inácio a viu sacudir a cabeça em concordância. Os olhos dele também ficaram marejados, só que ele chorou primeiro. Percebeu que estava tremendo como uma criança assustada.

— Como foi isso? Débora, por favor, diga-me que tudo isso é um pesadelo!

— Conheci Cleiton em abril, ou seja, há três meses. Eu estava em uma das escolas onde presto assessoria nos cardápios quando ele apareceu. É o professor de Educação Física do colégio. Conversamos um pouco e percebemos que a química foi imediata. Trocamos telefones e voltamos a nos encontrar uma semana depois em uma lanchonete.

Débora estava penalizada por dizer todas aquelas coisas ao marido e chocada por ver como a expressão do rosto dele se transformava em um ricto de dor e sofrimento. Quisera ser rápida e objetiva, mas não conseguiria poupá-lo dos detalhes.

— Você me traiu? — De repente, ele quis gritar, esbravejar, chacoalhá-la com força. — Estava me traindo durante todos esses meses?

— Não sabe o quanto tenho sofrido com tudo isso, porém, não tenho por que negar. Cleiton me atrai muito fisicamente. Não consigo parar de pensar nele e nos momentos íntimos que tivemos desde então.

Céus, eles haviam feito amor depois disso. Ele beijara uma boca que já tinha sido beijada por outro homem, talvez horas antes? Como Débora havia sido tão vulgar? Era como se a estivesse vendo pela primeira vez. Aquele tipo de atitude não parecia estar de acordo com a personalidade de sua mulher.

Inácio também se levantou e parou diante da esposa.

— Por que você está fazendo isso comigo? Qual é seu objetivo em me torturar?

— Sinto muito, querido. Sinto de verdade. — Ela também se rendeu às lágrimas. Por um instante, quis abraçá-lo, mas se deteve, achando que isso só pioraria a situação. — Só estou seguindo meu coração. Gosto de você, Inácio, gosto muito. Por outro lado, não posso esconder de mim mesma que estou apaixonada por Cleiton.

Inácio balançava a cabeça negativamente, incapaz de aceitar o que estava ouvindo. Débora teria enlouquecido? Pretendia jogar no lixo quase duas décadas de relacionamento por uma paixonite idiota?

— Por que você foi atrás de outro homem? — A voz de Inácio assumiu um tom acusatório. — Por acaso eu não a satisfazia na cama?

— Quer mesmo saber a resposta?

Débora aproximou-se dele. Ficaram tão próximos que seus lábios quase se tocaram.

— Você é um marido ausente — ela definiu, dando-lhe as costas em seguida e caminhando até a janela.

— Ausente? Que bobagem é essa? Em todos esses anos, jamais viajei nem dormi fora de casa.

— Nos últimos anos, você só esteve aqui de corpo presente. Nunca tem tempo para nada, porque seu trabalho não permite. Você sai de casa antes das oito e só volta perto da meia-noite. Passa o dia inteiro fora e, aos finais de semana, tranca-se naquele maldito quarto, que você transformou em escritório, para continuar analisando os processos de seus clientes. — Ela fechou o vidro da janela, apoiou as costas nela e secou as lágrimas com violência. — Você os colocou como prioridade. Sua mulher e seus filhos ficaram para escanteio.

— Eu só trabalho muito para garantir o bem-estar da nossa família!

— Vivemos uma vida muito confortável há anos. Não estamos passando fome. Ganho razoavelmente bem e sempre contribuí com nossas despesas. Não há necessidade de você se matar de trabalhar, Inácio. Isso já está beirando os limites da ganância. Ademais, para que você quer ganhar tanto, se mal sabe o que seus filhos fazem diariamente? Nunca vamos para lugar algum porque seu trabalho não deixa.

— Programei uma viagem para setembro — Inácio atalhou, à beira de um ataque de nervos. — Duas semanas inteiras só para nós! Era para ser surpresa, mas agora não tenho mais por que esconder. Podemos contar essa novidade aos nossos filhos ainda hoje.

— Setembro? Ainda estamos no início de julho. E, como já conheço essa história, quando setembro chegar, você inventará algum pretexto que nos impeça de ir. Não estou disposta a esperar mais. Quero viver minha vida ao lado de um homem presente, que esteja sempre comigo. Ultimamente, você tem agido como um fantasma. Nós vemos somente algumas aparições suas pela casa.

Inconformado, Inácio caminhou até onde Débora estava. Tentou segurá-la no rosto para beijá-la, contudo, ela evitou-o com um empurrão delicado.

— Sei o quanto tudo isso será difícil para nós dois, querido, mas não há outro jeito. Estou apaixonada por Cleiton e penso que será inútil continuarmos juntos.

— Sempre podemos consertar as coisas, ou pelo menos a maioria delas. Se o problema é meu excesso de trabalho, posso mudar isso a partir de amanhã. Prometo chegar mais cedo todos os dias e dedicar mais atenção a você e aos meninos.

Débora fechou os olhos, percebendo que Inácio estava piorando o rumo da conversa. Ela já previa que ele não aceitaria tão facilmente a ideia da separação.

— É tarde demais.

— Não é tarde. Só lhe peço que me dê outra chance. Se você tivesse me dito antes que sentia tanto minha falta, eu teria agido diferente.

— Que absurdo! — Furiosa, ela afastou-o para o lado e voltou para a cama. Ao sentar-se, ergueu a cabeça para o marido. — Eu perdi as contas do número de vezes em que tentei conversar com você sobre isso, e sempre terminava da mesma forma. Após muita discussão, você prometia que nos concederia mais tempo, que seria um pai mais presente e um marido mais participativo. Só que suas palavras eram levadas pelo vento, e você nunca honrou o que prometeu. Desde o ano passado, nossas conversas são restritas a telefonemas vazios, e-mails ou mensagens pelo WhatsApp. Nem parece que moramos na mesma cidade e na mesma casa. Temos sido completos estranhos um para o outro.

— Mas eu faço amor com você — relembrou Inácio, sentindo que seu coração estava destroçado. Jamais havia imaginado que seu casamento pudesse terminar daquele jeito. — Está mentindo ao dizer que agimos como estranhos.

— Sua preocupação está restrita ao sexo? — Ela bateu ambas as mãos sobre o colchão. — Esta cama já me viu chorar sozinha mais vezes do que me viu transar com você! Quando você chega do escritório, toma um banho e janta algo que Alcione lhe prepara de última hora, já é quase uma da manhã. Maria Júlia, Ethan e Gustavo há muito estão dormindo, pois no dia seguinte precisam acordar cedo para estudar. Você está tão cansado que mal se aguenta de pé e, logo que se deita, pega no sono. Só temos feito amor aos fins de semana e confesso que seu rendimento não é o mesmo de antes. Nossa relação íntima tornou-se fria, mecânica, impessoal e previsível. É sempre a mesma coisa: alguns instantes de gemidos e ofegos sem sal nem açúcar, e você acha que cumpriu seu papel.

— Ora, Débora, já não tenho a mesma vitalidade de um garoto de vinte anos!

— Seu pai, com setenta, tem um apetite sexual muito maior que o seu, talvez por se comportar como um moleque. Já você tem agido como um robô programado para sair de casa logo cedo, trabalhar como uma mula e voltar para cá parecendo um zumbi. Deveria dar graças a Deus por nunca ter sofrido um acidente no trânsito.

Sem saber se continuava chorando ou se tentava fazer Débora voltar à realidade e parar de falar tantas besteiras, Inácio imitou-a, sentando-se ao lado dela na cama. Tentou segurar as mãos da esposa, mas ela afastou-as.

— Sem contato físico daqui para frente, por favor. Não estou brincando quando digo que quero o divórcio. Tenho algumas ideias em mente e pretendo colocá-las em prática a partir de amanhã.

— Você só pode estar doida. E que ideias são essas? O que esse cara fez com você? Uma lavagem cerebral completa?

— Nunca estive com a consciência tão sã. — Débora olhou-o duramente. — Cleiton foi transferido para outra unidade da escola em que trabalha, localizada em Curitiba. Vai se mudar no próximo fim de semana. Tenho certeza de que vou conseguir emprego na minha área na capital paranaense.

— Por Deus, Débora! — A vontade de sacudi-la foi maior, e Inácio agarrou-a por ambos os braços, balançando-a para frente e para trás. — Vai abandonar a mim e aos seus filhos? Vai abandonar toda a sua vida profissional, construída arduamente aqui? Tudo isso por causa de um sujeito que transa melhor do que eu?

— Largue-me! — Ela o rechaçou com um tapa na mão e voltou a levantar-se. Quando Inácio fez menção de fazer o mesmo, Débora acrescentou: — Pare de me seguir e de me ofender. Amo demais meus filhos e não os deixaria com você somente por causa de Cleiton. Tenho planos de construir uma nova vida, começar do zero em outro lugar, ao lado de uma pessoa que me dê o devido valor.

— Recomeçar o quê, se sua vida está toda arrumadinha aqui? Você está abalada psicologicamente, meu amor. Precisa se tratar. Não está em seu juízo perfeito.

Se Débora tivesse o hábito de ingerir bebidas alcóolicas, ele poderia dizer que ela estava embriagada, todavia, ela raramente bebia. E nunca havia tido um distúrbio de comportamento como aquele.

— Não me trate como se eu fosse louca. Nossos filhos já não são crianças, e você pode muito bem cuidar deles. Será forçado a reduzir sua carga horária de trabalho, pois eles dependerão exclusivamente de você daqui para frente.

— Quero conhecer esse desgraçado com quem você se envolveu! — Furioso, Inácio levantou-se e deu um chute na mesinha de cabeceira, fazendo o abajur ir ao chão. — Quero ver a cara do imbecil que pensa que pode levar minha esposa de mim.

— Não vou lhe mostrar foto alguma. Tudo o que posso dizer é que ele é mais novo do que eu.

— Quantos anos?

— Trinta.

— Que lindo! Parabéns! — Inácio bateu palmas. — Uma mulher de quarenta e três anos envolvida com um cretino de trinta.

— E desde quando isso é crime? Não sabia que era preconceituoso.

— Crime é você ir embora e abandonar a mim e aos seus filhos. Você usou como desculpa esfarrapada o fato de eu trabalhar muito, mas agora percebo que tudo já estava planejado na sua cabeça insana. Você só queria sair de casa para curtir a vida com seu amante bonitão. Por ser professor de Educação Física, deve ser aquele tipo bombado, com mais músculos do que cérebro.

— Ele me dá atenção.

— Eu também posso lhe dar a porcaria da atenção! — ele berrou, ignorando o pranto angustiado. — Eu amo você, Débora. Amo demais. Não vou suportar perdê-la para outro homem. Pelo amor de Deus, só lhe peço outra chance. Juro que vou mudar. Juro que, se você quiser, nunca mais voltarei ao escritório.

Inácio estava disposto a suplicar, se fosse preciso. Não hesitaria em se ajoelhar aos pés da esposa e implorar que ela desistisse daquele desatino.

— Se você tivesse dito isso três meses antes, eu teria voltado atrás. Como lhe disse, agora é tarde demais.

— Você já contou essa loucura para sua mãe? — Inácio imaginava que sim. Como Silvinha nunca gostou dele, era até possível que apoiasse aquela palhaçada.

— Ainda não. Sei que ela ficará contra meus objetivos, mas não vou dar ouvido às opiniões alheias. Cansei de ser escrava de um relacionamento que faliu há muito tempo. Estou no esplendor da minha vida e não é assim que desejo terminar. Quero viver, Inácio. Quero uma pessoa que me realize como mulher. E Cleiton é essa pessoa.

— Maria Júlia tem apenas treze anos e está iniciando a turbulenta fase da adolescência. Ethan, com quinze, deve estar vivenciando todas as crises que surgem com essa idade. Como acha que eles ficarão com sua partida?

— Viu como você mal conhece seus próprios filhos? Vive de suposições e achismos. Ignora totalmente quais são as necessidades atuais de cada um deles. Se eu sair de cena, eles só terão a você como referência. Pela primeira vez, eles vão descobrir que têm um pai de verdade. O mesmo vai acontecer com você em relação a eles. Minha partida vai proporcionar descobertas mútuas. Será produtivo para todos.

Inácio abriu a boca para argumentar, mas fechou-a em seguida. Débora precisava de intervenção médica. Aquela, definitivamente, não era a mulher com quem estava casado há tanto tempo. Ele mal a reconhecia. Débora expressava-se com frieza e insensibilidade, como se pouco se importasse com ele e com os filhos. Até parecia estar hipnotizada. Ou será que ela sempre fora louca e ele nunca percebera isso antes?

— Quando pretende partir? — Era absurdo perguntar aquilo, porém, ele começava a alimentar esperanças de que ela recuperaria seu raciocínio lógico na manhã seguinte.

— No máximo, em duas semanas. É tempo suficiente para eu me organizar para partir. Não vou fugir, portanto, não há pressa. Além disso, preciso ter uma longa conversa com as crianças. Eles precisam saber de tudo, mesmo que não aceitem nem compreendam.

— Vai dizer que botou um par de chifres em mim? Ou vai apresentar seu maldito amante a eles?

— Por enquanto, nossa conversa está encerrada. A partir de hoje, vou dormir em um dos quartos de hóspedes. Pode ficar com nossa cama e com este quarto. Depois que eu me for, tudo será seu.

Eles voltaram a se encarar fixamente. Débora viu que nos olhos verdes do marido havia dor, pesar, sofrimento, desespero, rancor, fúria, medo e muito amor represado. Sentiu-se um monstro por estar fazendo aquilo com ele. Jamais se perdoaria por machucá-lo daquela forma. No entanto, havia uma força maior que a obrigava a seguir com seus intentos. Uma força que ela não podia controlar.

E, nos olhos castanhos de Débora, Inácio enxergou apenas frieza. E então, por uma fração de segundo, por um momento que não durou mais do que um piscar de olhos, ele jurou ter visto tristeza e remorso.

Ele não tomou banho e deitou-se para dormir com a roupa com que chegara do trabalho. Não quis jantar e não voltou a sair do quarto naquela noite. Nem mesmo quis conversar com os filhos. Muitas horas depois de Débora ter se mudado para o outro aposento, Inácio ainda permanecia acordado, abraçado ao travesseiro, inspirando o cheiro agradável que ela deixara nos lençóis e nas fronhas. Não se lembrava de já ter chorado tanto e assim permaneceu até o amanhecer.

CAPÍTULO 4

O dia seguinte amanheceu ensolarado, pois uma grande massa de ar seco predominava sobre a capital paulista, impossibilitando a formação de nuvens. Segundo os meteorologistas, a temperatura subiria vários graus acima do esperado para um típico dia de inverno.

Ao contrário do clima lá fora, Inácio acordou sentindo que seu coração estava congelado. Mal havia conseguido fechar os olhos durante a noite. Acordava quase a todo instante, procurando o corpo quente e macio de Débora. Quando encontrava o vazio na cama, entregava-se a um pranto aflito e desesperado. Houve um momento, durante a madrugada, em que Inácio sentiu um forte impulso de levantar-se, dirigir-se ao quarto de hóspedes em que ela estava para suplicar-lhe uma nova chance. Estava disposto a se humilhar o quanto fosse necessário, desde que isso lhe trouxesse garantias de que poderia recolocar seu casamento nos eixos.

Ele amava Débora. Será que ela não percebia isso? Será que ela era uma mulher tão intolerante a ponto de não perceber que tudo o que ele fizera fora em prol do progresso da família? Chegava tarde em casa todos os dias, porém, estava trabalhando no escritório, lutando para melhorar ainda mais a já confortável vida que levavam. Laerte e Renata podiam confirmar isso. Ao contrário de muitos homens, ele não se atrasava porque estava nos braços de uma mulher qualquer. Jamais sonhara com a possibilidade de trair Débora. Ela o satisfazia em todos os aspectos. Era possível que ela também não se sensibilizasse com isso?

Sentou-se na cama com a sensação de que seu estômago estava queimando, como se tivesse ingerido uma dose de ácido. Seus olhos ardiam muito, e, mesmo antes de vê-los pelo espelho, já sabia que estavam inchados e avermelhados. Chorara a noite inteira, sentindo o quanto a dor que oprimia seu coração era destrutiva.

Apanhou o celular e mandou uma mensagem aos sócios dizendo que não estava se sentindo bem e que não iria trabalhar naquele dia. Feito isso, desligou o aparelho para que eles não retornassem, preocupados com seu estado de saúde. Tinha um carinho imenso por Laerte e por Renata, embora não sentisse a menor vontade de conversar com outra pessoa que não fosse Débora. Iria procurá-la e se esforçaria para convencê-la de que ela estava errada ao trocar uma relação tão duradoura por um namorico sem futuro. Substituir um lar e três filhos por bons momentos ao lado de um sujeito que ela nem sequer conhecia direito não era um plano digno de uma pessoa inteligente.

Foi ao banheiro e fez a higiene pessoal. Seus cabelos grisalhos estavam revoltos, olheiras escuras haviam surgido debaixo de seus olhos e seus lábios estavam firmemente pressionados um contra o outro, numa típica atitude sua quando se sentia tenso. Trocou o pijama por uma roupa esportiva e saiu do dormitório à procura de Débora.

Não precisou dar muitos passos, pois ela já estava saindo do outro quarto. Ao encontrá-lo no corredor, a poucos metros de distância, ela cruzou os braços e contraiu os olhos. Jamais havia visto Inácio com aquela aparência, nem mesmo quando sofria alguma derrota grande nas audiências. Ele sempre foi um homem discreto, controlado e muito centrado. Entretanto, ali estava o que parecia ser o cadáver de seu marido.

Isso a fez sentir-se ainda mais culpada. Mesmo assim, precisava levar adiante o que tinha em mente. Não podia se dar ao luxo de fraquejar, tampouco de desistir. Simplesmente não tinha essa opção.

— Bom dia, Inácio! Espero que tenha dormido bem.

Estava óbvio que não. Ela própria passara a noite em claro.

— Espero que a luz do sol sirva para trazê-la de volta à sã consciência. — Ele caminhou até ela. — Por favor, me diga que tudo não passou de um pesadelo.

— Não torne as coisas mais difíceis, por favor. Não precisamos nos tornar inimigos apenas porque nosso casamento terminou.

— Terminou coisa nenhuma! — rosnou Inácio, pronto para extravasar sua raiva e para chorar como um bebê. — Vamos conversar melhor, como os dois adultos perspicazes que somos.

— Justamente por sermos perspicazes que fui honesta com você ao pedir o divórcio. Não me tornarei sua rival a partir do dia que me mudar daqui, até porque temos três filhos, que precisam de nós. Não vamos perder o contato.

— Sabendo que eles precisam de nós, você insiste em dizer que vai embora para Curitiba, porque é lá que o tal Cleiton vai morar.

Débora surpreendeu-se ao perceber que Inácio memorizara o nome do rapaz.

— Estive com Gustavo, Ethan e Maria Júlia durante minha vida inteira. Você esteve a maior parte desse tempo apenas de corpo presente. Com exceção das datas comemorativas e alguns poucos fins de semana, nós mal o víamos. Você sempre estava com o nariz enterrado em livros grossos, ou redigindo petições, ou em longas ligações com seus clientes. Todos nós fizemos escolhas ao longo da vida. Essa foi a sua.

— Já lhe disse que, se você quiser, nunca mais voltarei ao escritório. Posso arranjar outra ocupação ainda hoje, algo que não exija tanta dedicação.

Inácio estava com as palmas unidas, como se suplicasse. Não conseguiu impedir que algumas lágrimas viessem aos seus olhos e escorressem por seu rosto contraído.

— E aí você se entregaria de corpo e alma a esse emprego novo. Um novo ciclo teria início. — Ela mostrou a mão aberta com a palma virada para ele, quando Inácio tentou se aproximar muito. — Por favor, fique aí. Já falei que não quero mais contato físico.

— Ainda somos casados, sabia?

— Por enquanto, sim. Isso, contudo, não me obriga a ser tocada por você — ela retrucou com dureza. — Infelizmente, sua oportunidade já passou.

Débora deu meia-volta e andou depressa até as escadas que levavam ao andar de baixo. Com o marido em seu encalço, ela desceu com agilidade e voltou-se para Inácio quando chegaram ao piso inferior.

— Assim que acordei, tomei a liberdade de telefonar para minha mãe e para seu pai. Não adiantei o assunto, mas falei que tínhamos um assunto de família urgente para tratar. Agendei uma reunião para as treze horas. Almoçaremos com eles e com as crianças. Será o momento em que daremos a notícia a todos.

O mais horrível em tudo aquilo era que Débora parecia ter se transformado em outra mulher. Estava fria, insensível e cruel. Mantinha-se na defensiva o tempo todo, tratando-o com desprezo e desdém, como se houvesse passado a odiá-lo da noite para o dia. Com tantos anos de casamento, ele a conhecia mais do que o próprio corpo, por isso podia afirmar com certeza que era como se uma usurpadora tivesse tomado o lugar da verdadeira Débora. A mulher à sua frente tinha urgência em sair da casa e fugir com um amante recém-conhecido, pouco se importando com os filhos e com o marido. Era como se quisesse desaparecer de repente, apagando da memória quase duas décadas de relacionamento.

— O que acha que nossos filhos dirão, Débora? Todos vão perceber que você enlouqueceu.

— Pare de me tratar como se eu fosse uma maluca! — Ela apontou um dedo acusador para ele. — Faz isso para minimizar sua responsabilidade por ter permitido que nossa vida chegasse aonde chegou. A verdade é que você não estava nem aí para mim. Quantos dias se passavam sem que você sequer me mandasse uma mensagem ou me telefonasse do escritório? E, quando chegava tarde da noite, já me encontrava adormecida, porque eu também estava cansada após um longo dia de trabalho.

— Ainda há tempo de recuperar tudo.

— Há sim, com certeza, e será com Cleiton que terei essa nova oportunidade.

— Pare de falar desse sujeito! — berrou Inácio, segurando-se para não chacoalhá-la com a intenção de trazê-la à luz da razão. — Seu marido sou eu!

— Por enquanto, é — repetiu Débora, começando a se cansar daquela discussão. Já haviam tratado daquele assunto na noite anterior, e ela sabia que, da parte de Inácio, a conversa nunca seria esgotada. — Pedirei urgência no processo de divórcio. Você é advogado e sabe que posso fazer isso.

— E se eu não concordar?

— Estará agindo como um menino turrão, o que só vai piorar as coisas. Já falei que podemos continuar a ser bons amigos quando tudo isso terminar, e eu prefiro que seja assim. O casamento acabou, o amor também, contudo, ainda sinto muita admiração por você. Vamos valorizar isso, pelo menos.

Sentindo que seus argumentos estavam chegando ao fim, Inácio deixou os braços caírem ao lado do corpo. Tinha a impressão de estar em uma audiência, em que não conseguia convencer o juiz sob hipótese alguma. Tinha experiência o bastante para saber quando a derrota estava próxima e conhecia Débora o suficiente para saber que, independentemente de qualquer reação sua, ela não voltaria atrás. Nunca fizera isso ao tomar uma decisão, desde que estavam juntos.

— Eu amo você, Débora... — Inácio não se importou de chorar abertamente agora. — Só queria que entendesse isso.

— Eu entendo. E é justamente por isso que quero dar um novo rumo à minha vida. Veja só. — Ela tocou nos cabelos curtos e sedosos. — Eu os cortei e mudei a cor há dez dias. Você nem sequer reparou, sinal de que nem me nota mais. Ou talvez seja porque sua mente está sempre fora de casa, no escritório ou nos casos dos seus clientes.

Quando Inácio ia contestar, percebeu uma movimentação no patamar superior e ergueu a cabeça. Gustavo, seu filho mais velho, encarava os pais com olhos repletos de inquietações, receios e dúvidas.

— Por que vocês estão brigando? — ele perguntou com irritação.

— Não chega a ser bem uma briga. — Débora esforçou-se para sorrir. — Por favor, meu querido, desça até aqui.

Gustavo obedeceu. Era um rapaz muito bonito, bastante parecido com Inácio quando tinha dezessete anos. Tinha a pele clara, cabelos castanhos e ondulados e uma barbicha rala, que ele estava deixando ganhar volume. Dos três filhos, era o único que herdara os olhos verdes do pai. Frequentava assiduamente uma academia havia dois anos, o que lhe garantira um corpo musculoso e saudável. Possuía a mesma altura de Inácio, de modo que eles puderam se encarar assim que Gustavo parou diante dele.

— O que você fez para a mamãe? — disparou o jovem, com a voz entrecortada pela revolta.

— Eu não fiz nada! — defendeu-se Inácio. — Não está vendo que sou o único que está chorando aqui?

— Qual é o motivo da discussão? — Gustavo virou-se para Débora. — Dava para ouvir lá do meu quarto.

— É um assunto sério, que nós revelaremos durante o almoço. Seus avós também virão para cá. — Num meigo gesto maternal, ela abraçou o filho com carinho. — E, por favor, não brigue com seu pai.

— Era só o que faltava. — Gustavo tornou a mirar o pai, e seus olhos estavam cheios de rancor. — Nunca está em casa e, quando aparece, tira a paz da mamãe.

Gustavo afastou-se e seguiu na direção da cozinha. Inácio estava boquiaberto com aquilo. Será que toda a sua família perdera o juízo?

— Percebe que não sou a única que sente sua falta? — murmurou Débora com delicadeza. — E pode ter certeza de que não conversei sobre isso com ele nem com os outros. Infelizmente, o sentimento é mútuo. Você é muito ausente, Inácio.

Balançando a mão para baixo e dando a conversa por encerrada, Débora seguiu na mesma direção que Gustavo. Inácio permaneceu imóvel durante alguns segundos, incapaz de se mexer. Tudo o que queria fazer era deitar-se na cama e chorar sozinho, já que todos aqueles que ele sempre acreditou que o amavam passaram a detestá-lo de uma hora para outra.

Algumas horas mais tarde, Inácio acordou ouvindo batidas suaves na porta de seu quarto. Com uma dor de cabeça descomunal, ele abriu a porta e deu de cara com Alcione. A governanta usava um vestido florido, rodado e longo, um xale multicolorido atirado sobre os ombros — apesar do calor que fazia — e brincos furta-cores que reluziam, tão brilhantes quanto os sapatos de salto alto que escolhera para aquele dia. Seus cabelos estavam presos em duas marias-chiquinhas.

— Ainda estamos no período das festas juninas? — ele provocou, desanimado. — Veio me convidar para dançarmos em alguma quadrilha?

— Não seja besta! — ela riu alegremente. Depois de tantos anos trabalhando ao lado dele e de Débora, ela criara certa intimidade no modo de tratá-los. Talvez essa intimidade tivesse tomado proporções colossais, mas Alcione não parecia preocupada com isso. — É um traje peruano! Tenho vários deles, e você já me viu usando este.

— E por que veio aqui?

— Porque o almoço será servido. Sua sogra acabou de chegar, e seu pai ligou dizendo que está a caminho. Trará uma amiga consigo. Débora e seus três filhos já estão à sua espera. Aliás, ela e Gustavo estão com a mesma cara de enterro que você. — Alcione estreitou os olhos e encarou o patrão por alguns segundos antes de continuar: — Vocês brigaram, só pode. Estou vendo a tristeza se derramando através do seu olhar. Se eu continuar a encará-lo, sou capaz de me atirar no chão e chorar durante uma semana inteira. Venha! — Ela agarrou-o pela mão, tal qual uma mãe faria com um filho rebelde. — Não me faça ser chata com você.

— Não quero ir. Débora marcou uma reunião com a família, mas não quero aparecer lá. Não sei como vou me sentir quando tudo isso chegar ao fim.

— Continuará vivo! Disso eu tenho certeza. — Arrastando-o pelo corredor acarpetado com a força de um gladiador, Alcione continuou: — As pessoas dramatizam muito por causa de um simples probleminha. Quando você conhece situações que outras pessoas estão vivendo, muito mais complexas, percebe, às vezes, que só tem um probleminha nas mãos.

— E quem mensura a gravidade dos problemas das pessoas?

— Elas mesmas, ou melhor, a forma como cada uma lida com seus desafios. Quando você decide atacar seu problema de frente, sem receio de perder, consegue solucionar tudo facilmente. E sai mais forte dessa tarefa. Tão forte, que estará preparado para lidar com o próximo obstáculo com muito mais resistência. E assim é a vida, meu querido.

— Quer me soltar? Aliás, não entendo o motivo de termos tantos problemas na vida, sabia?

— Eles nos trazem mais experiência, maturidade e conhecimento. Eles também servem para fortalecer nossa fé e nossa confiança em nós mesmos. Por fim, são úteis para nosso desenvolvimento interior, moral e espiritualmente falando. Os problemas são pílulas que fazem a alma crescer e brilhar. Agradeça por tê-los, ou sua vida seria vazia, chata, monótona e sem graça.

Dito isso, Alcione começou a descer as escadas, ainda trazendo Inácio pela mão. Ele havia tentado escapar dela, porém, os dedos que o seguravam tinham a força de um gigante. Inácio sabia que, quando ela agarrava alguém, não havia a menor chance de conseguir escapar.

A mesa estava posta no andar de baixo. Débora estava na cabeceira, onde Inácio normalmente se sentava, nas poucas ocasiões em que conseguia fazer a refeição ao lado da família. Gustavo estava próximo dela, seguido por Ethan e Maria Júlia. Do outro lado, logo após a cadeira vazia que certamente fora destinada a ele, encontrava-se sua sogra.

De quem fora a maldita ideia de colocá-lo sentado ao lado da campeã número um no quesito chatice?

Ao vê-lo sendo conduzido por Alcione, Silvinha sorriu e virou a cabeça com ar de mofa. Tratava-se de uma senhora na casa dos sessenta anos, com cabelos curtos, encaracolados e muito louros. Ao levantar-se, exibiu um corpo magro e cheio de curvas, o que matava suas amigas de inveja. O rosto muito claro quase não continha rugas, e as poucas que existiam eram cruelmente enterradas sob um quilo de maquiagem. Seus olhos escuros e argutos eram capazes de enxergar como uma águia.

— Que lindo! — Ela mostrou seus belos dentes em um sorriso irônico. — Meu genro, um homem feito com quase cinquenta anos, precisa chegar à mesa sendo rebocado pela governanta. Não se envergonha disso, querido?

— Você diz para suas amigas que seu corpo foi esculpido pela natureza, mas todos nós sabemos que ele já foi tão trabalhado pelos cirurgiões plásticos que, se um dia as costuras se soltarem, você despencará como um balão murcho. Não se envergonha disso, sogrinha?

O sorriso de Silvinha desapareceu. Ela segurou um dos muitos colares que cintilavam como estrelas em torno de seu pescoço e voltou a sentar-se à mesa. Do outro lado, os três filhos encaravam Inácio inexpressivamente, já acostumados com as discussões entre o pai e a avó.

Com relutância, Inácio sentou-se na cadeira vaga e encarou Débora, como se fossem as duas únicas pessoas na sala.

— Posso servir o almoço, ou devemos esperar pela chegada do senhor Benjamim e de sua convidada? — inquiriu Alcione, ajeitando o xale sobre os ombros.

— Prefiro que almocemos quando eles chegarem — informou Débora.

— Detesto que me façam esperar. — Silvinha bateu o pulso na toalha da mesa, retinindo suas inúmeras pulseiras. — Se tem algo que não aprovo é a falta de pontualidade dos outros.

— Cada vez que você aparece aqui, revela algo que não aprova — rebateu Inácio. — Considerando que frequenta esta casa há cerca de dezoito anos, sua lista de coisas não aprovadas já se estende por mais de três quilômetros.

— Por favor, não comecem a discutir. — Débora colocou as pontas dos dedos das duas mãos nas têmporas, como se estivesse com dor de cabeça. — A conversa que teremos não será nada agradável, e não quero tornar o clima ainda pior.

Como estava muito mais curiosa do que disposta a arrumar confusão, Silvinha decidiu calar-se. Era astuta o suficiente para notar a forma como Inácio encarava sua filha, como se quisesse sua atenção e o jeito como Débora desviava o olhar. Tinha certeza de que eles haviam brigado. E quase dançou de alegria!

— O que está acontecendo? — Ethan olhou do pai para a mãe. — Não entendi por que o papai está em casa durante a semana nem o motivo de vocês terem convocado essa reunião de família.

Ethan era um jovem muito bonito e tinha a pele levemente mais morena que a de seu irmão mais velho. Possuía os mesmos cabelos crespos e ondulados de Inácio e tão castanhos quanto a cor de seus olhos. Usava aparelho nos dentes e tinha algumas espinhas despontando em sua face. Era o mais sério e compenetrado dos irmãos.

— Fui obrigada a cancelar meu passeio ao *shopping* com duas amigas — protestou Maria Júlia. — Há um filme de ação que estou louca para assistir, cuja estreia está acontecendo hoje. Por culpa disso, só poderei vê-lo amanhã.

— O filme pode esperar — resmungou Inácio, ansioso para acabar logo com aquilo.

Maria Júlia mostrou uma expressão emburrada e cruzou os braços com evidente revolta. Dona de sedosos e longos cabelos castanhos, que ela cuidava mais do que a própria vida, olhos cor de chocolate e uma pele lisa como um pêssego, que revestiam um rosto belíssimo, apesar de ainda um pouco infantil, a filha caçula tentava aparentar mais idade do que seus treze anos. Com uma infinidade de pequenos brincos percorrendo as bordas de suas orelhas, um *piercing* no nariz e outro em uma das sobrancelhas, era uma adolescente que, como muitas outras, gostava de "causar" e deixar sua marca por onde passava. Tinha entrado na puberdade com o pé direito, e só Débora sabia dos perrengues que passara com a filha nos últimos meses, muitos dos quais não compartilhara com Inácio, porque sabia que ele estaria ocupado demais para dar atenção a isso.

— Querida, concordo com Ethan. — Silvinha olhou para Débora. — Por favor, nos adiante o motivo deste enigmático almoço. Minha mente já está fervilhando de possibilidades e todas elas não me soam animadoras.

— A mamãe e o papai brigaram — disparou Gustavo, que até então mantivera-se calado. — Eu os flagrei discutindo hoje de manhã. Não sei o motivo, mas com certeza querem falar a respeito disso.

Ethan e Maria Júlia olharam para Inácio como se vissem um monstro. Silvinha abriu a boca, certamente para soltar algum comentário sarcástico e venenoso, quando ouviram o soar da campainha. Vendo Alcione caminhar na direção da porta, ela resolveu aguardar mais alguns instantes antes de falar. Adorava ter uma boa plateia.

— Boa tarde a todos! — Ouviram uma potente voz masculina cumprimentar.

Todos se voltaram para acompanhar a chegada de Benjamim e da moça deslumbrante que ele trazia pela mão. No esplendor de seus setenta anos, ele, ao contrário da neta, esforçava-se para aparentar bem menos idade e conseguia isso de uma maneira espantosa. Era alto, tanto quanto Inácio e os netos, e mantinha uma postura altiva e a coluna ereta. Os cabelos tingidos de preto estavam repicados e arrepiados por gel, à moda dos adolescentes. Tinha tatuagens em ambos os antebraços, e óculos de armação fina conferiam-lhe uma aparência de intelectual. Seu corpo era másculo e atlético, e o rosto sempre aberto a um sorriso seduzia e encantava. Inácio odiava quando o comparavam ao seu irmão mais velho.

A moça que o acompanhava também chegou sorrindo, mostrando seus dentes impecáveis. Aparentava seus dezoito anos, era linda como uma modelo de capa de revista, tinha uma anatomia escultural e usava os cabelos crespos à moda *black power*. Seus seios eram exageradamente grandes, como os das últimas seis namoradas que Benjamim apresentara à família desde o início daquele ano.

— Trouxe Juliana para almoçar conosco — ao dizer isso, Benjamim tomou a liberdade de puxar uma cadeira para a acompanhante e outra para si mesmo. — Estamos namorando há cinco dias — acrescentou, assim que se sentou.

— Tive a impressão de lembrá-lo de que seria uma reunião familiar. — Débora parecia zangada.

— Apesar do pouco tempo em que estamos juntos, vocês podem confiar plenamente em Juju. — Benjamim mostrou um sorriso bonitão. — Ela já é praticamente membro da nossa família.

Ele curvou o corpo e tascou um beijo tão barulhento nos lábios da namorada que fez Silvinha franzir a testa. Alcione foi autorizada a servir a comida, e, enquanto o fazia, Débora pediu a atenção de todos, pois não pretendia adiar o assunto por conta daquele contratempo. Quando ela se preparou para falar, Inácio sentiu o pânico dominá-lo.

— Peço desculpas por não ter adiantado o motivo do anúncio que farei. Se todos colaborarem, prometo que serei breve e terminaremos o mais depressa possível.

Ela fez uma pausa proposital antes de emendar:

— Inácio e eu vamos nos divorciar. Conheci outro homem, por quem estou apaixonada e com quem vou morar em Curitiba. Devo sair de casa em, no máximo, uma semana. Quero que todos me perdoem por essa decisão, mas meu casamento acabou.

CAPÍTULO 5

Houve um instante de silêncio tenso antes de Inácio reagir, sentindo que o rosto queimava:

— Diga isso por você, Débora! Por mim, tudo está como sempre foi.

— Vamos pular a parte em que entramos em conflito para esclarecer aos demais o que está acontecendo. — Débora tentou encarar os presentes quase que ao mesmo tempo. — Conheci um professor em uma das escolas em que presto assessoria e descobrimos muitas coisas em comum. Amo Cleiton e desejo morar com ele.

Ela empalideceu ao notar o impacto da informação no rosto de seus filhos. Gustavo era o que parecia estar mais transtornado. Ethan, apesar de lívido, mantinha uma expressão impassível. Maria Júlia parecia incrédula quanto ao que estava ouvindo.

— Do que você está falando? — Benjamim pousou os óculos ao lado do prato e estreitou seus olhos esverdeados para a nora. — Conheceu outro homem e vai abandonar meu filho e meus netos, como se fosse uma adolescente inconsequente?

— E quem está dizendo isso, senão um velhote de idade avançada que gosta de bancar o moleque? — Silvinha confrontou-o com deboche. — Quem pensa que é para julgar as atitudes da minha filha?

— Aposto que dirá que ela tem razão em querer abandonar a todos nós! — Inácio encarou Silvinha com tristeza. — Jamais esteve ao meu lado, em um só momento.

— Não acho que ela esteja certa, contudo, quem somos nós para condenar as decisões dela? — Silvinha voltou-se para Débora. — Continue, minha filha. Queremos conhecer seus motivos.

— Pretendo ser breve e objetiva — ignorando a comida que Alcione havia acabado de colocar em seu prato, Débora prosseguiu: — Inácio é um ser humano maravilhoso, e repetirei isso independentemente de com quem eu esteja. Possui inúmeras qualidades, razões pelas quais estivemos juntos por tantos anos. Infelizmente, nos últimos tempos, algo desagradável tem acontecido.

— Você traiu minha filha? — Silvinha fulminou Inácio com os olhos. — Se fez isso, vou me jogar sobre você e espancá-lo até que fique inconsciente.

— Alguém pode amordaçar essa mulher? — Benjamim pediu com ironia. — Meu filho tem sido um herói por suportar essa megera durante todo esse tempo.

Quando Silvinha ia rebater, Gustavo deu um leve soco na mesa, assustando a todos.

— Querem parar de brigar? Vocês parecem um bando de crianças encrenqueiras. Minha mãe está dizendo que vai sair de casa, e vocês só pensam em alfinetar uns aos outros? Tenham respeito pelos nossos sentimentos.

O silêncio instalou-se. Aproveitando a pausa, Débora continuou:

— Eu estava me referindo ao fato de que Inácio tem trabalhado demais e se dedicado de menos à família. Sai de casa muito cedo e só retorna tarde da noite. Nos fins de semana, permanece em casa, mas trancado no escritório lá em cima. Todos nós temos sentido sua falta, não é verdade? — ela indagou os filhos, fitando-os.

Ethan e Maria Júlia concordaram com a cabeça. Gustavo permaneceu imóvel, olhando para o prato, soltando ofegos de raiva. Débora expôs todos os motivos pelos quais ela achava que seria inútil tentar dar continuidade ao casamento. Repetiu todo o repertório que tinha dito ao marido na noite anterior e também na parte da manhã daquele mesmo dia. Falou ainda sobre o quanto Cleiton a encantava e que já estava tudo certo para sua mudança definitiva para Curitiba.

Imprimindo à voz uma conotação mais suave, ela virou-se novamente para os filhos:

— Embora eu já tenha tomado essa decisão, quero ouvir a opinião de vocês. Saibam que são a parte mais importante em tudo isso. Não fazem ideia do quanto relutei em decidir meu futuro, pensando na reação de vocês.

"Mentirosa", pensou Inácio tentando não chorar. "Você não está nem aí para os nossos filhos, ou continuaria nesta casa, não por mim, mas por eles."

— Eu vou odiar ter pais separados — manifestou-se Maria Júlia. — Se a notícia se espalhar, vai ser o maior vexame na escola. Todos os pais das minhas amigas vivem juntos e são muito felizes. Além disso, eu amo você, mamãe. Sempre esteve ao meu lado quando precisei e me apoiou em todas as vezes em que lhe contei meus problemas pessoais. Se alguém deve sair de casa é o papai, que não serve para nada.

Um soco na boca não teria ferido Inácio da mesma forma que as palavras da filha o machucaram. Ele sentiu que suas mãos estavam trêmulas e a garganta, ressecada.

— Concordo com minha irmã. — Foi a vez de Ethan falar. — É muito simples resolver essa questão. Já que o papai praticamente mora no escritório, ele pode se mudar pra lá, ou arranjar um apartamento só pra ele na região. Não estou contente em saber que você conheceu outro homem, porém, torço por sua felicidade.

— Como é seu namorado, mamãe? — De repente, Maria Júlia já parecia estar conformada com a situação. — Tem fotos dele em seu celular?

— Cleiton não gosta de fotos. Ele é um homem muito bonito, mais jovem do que eu, honesto, inteligente e muito carinhoso. Dispensa a mim toda a atenção do mundo.

Débora parou de falar, tentando não olhar para Inácio. Já tinha notado que seu marido chorava discretamente.

— Não sei se vou suportar a ideia de ter um padrasto — Gustavo murmurou, ainda de cabeça baixa. — Porém, como você mesma disse, ultimamente eu tenho a impressão de que já sou órfão de pai. Quem sabe esse cara seja legal com a gente!

— E se você convidá-lo para morar aqui? — sugeriu Maria Júlia. — Assim não precisaria se mudar para outra cidade. O papai cairia fora para dar lugar ao seu substituto.

— Chega! — Furioso, com lágrimas pingando de seus olhos, Inácio levantou-se. — Parem de me tratar como se eu não fosse ninguém ou como se já tivesse morrido. Quem os ouvir falar terá a impressão de que viajo e passo meses fora de casa. Se não me sobrava tempo, era porque estava trabalhando para lhes dar a vida que vocês têm hoje! Olhem ao redor, vejam a casa onde moram. Acha que caiu do céu? Temos tudo isso graças aos esforços que Débora e eu desempenhamos ao longo dos anos. Porém, parece que nada disso importa a vocês. Não passam de um bando de ingratos.

Percebendo que o ambiente estava ficando sobrecarregado por energias densas e negativas, Alcione recolheu-se a um canto da sala para se concentrar em uma oração. Sempre fazia isso quando havia sérios desentendimentos entre eles, pedindo aos amigos espirituais que os auxiliassem no processo de restauração do campo energético da casa, serenando o coração dos envolvidos.

A oração, quando feita com fé e pureza, tem um poder inimaginável, pois é o percurso para a ligação de cada um com Deus. É capaz de abrir e iluminar caminhos, renovar a força interior, fortalecer a esperança, manter o equilíbrio e a harmonia, afastar a negatividade, auxiliar na busca por soluções. A oração é ainda um portal para que as bênçãos possam chegar. Alcione orava na certeza de que o astral tinha condições de fazer aquilo que, para nós, parece ser impossível.

Com sua mediunidade muito desenvolvida, ela viu várias pessoas circulando em torno da mesa, liberando uma espécie de raio azulado através das palmas das mãos, que seguia na direção do peito de todos os que almoçavam. Aos poucos, ela percebeu que as vibrações se tornaram um pouco mais elevadas. Mentalmente, agradeceu pela presença dos espíritos amigos.

Inácio continuava falando, embora já não esbravejasse:

— É direito de vocês me criticarem, assim como é direito de Débora fazer o que bem entender da vida dela. Não vou esconder o quanto tudo isso está me desgastando, porque a amo muito. Assim como vocês, recebi a notícia ontem à toque de caixa. Até então, acreditava que estava tudo bem. Pedi a ela uma nova chance, que me foi recusada. Diante de todos, peço perdão se tenho sido um péssimo pai, assim como quero me desculpar com Débora por não ter sido um marido exemplar ou mais participativo.

— Que discurso maravilhoso! — Juliana, a namorada de Benjamim, enfiou a mão na bolsa e sacou um celular. — Pode repetir, para que eu possa filmar tudo e postar no meu Facebook?

— Ah, não liguem para Juju! — Benjamim sorriu. — Ela é fã incondicional das redes sociais. Posta até fotos da própria sombra.

Silvinha revirou os olhos e também ficou de pé. Olhou friamente para Inácio:

— Não acha que agora é tarde demais para chorar sobre o leite derramado? Conheço a filha que tenho e posso lhe garantir que ela já vinha lhe dando sinais de que o casamento não estava indo bem. Você não percebeu porque não quis.

— Você não tem vergonha de pedir perdão com toda essa cara de pau? — Gustavo levantou-se e encarou o pai do outro lado da mesa. Tinham a mesma altura, e, de repente, Inácio sentiu que seu filho mais velho conseguia intimidá-lo. — A mamãe quer ir embora por sua causa, e você acha que só com um pedido simples de perdão poderá resolver as coisas?

— Diga o que devo fazer então! — devolveu Inácio, chocado com os ataques verbais que chegavam de todos os lados.

— Deveria desaparecer da nossa vida de uma vez, já que praticamente vem fazendo isso aos poucos. Não fará a menor falta para mim.

— Gustavo voltou-se para a mãe e seu semblante abrandou-se um pouco. — Saiba que tem meu total apoio, independentemente do que decidir fazer. Só não peço para que me deixe morar com você, porque estou no primeiro ano do curso de Engenharia Civil na USP e sabe o quanto foi difícil para mim passar nos exames para ser contemplado.

Débora assentiu, compreensiva. Gustavo olhou com raiva para o pai:

— Obrigado por destruir nossa família.

Ele saiu correndo na direção das escadas. Pela primeira vez, os olhos de Débora também se encheram de lágrimas. Tudo o que ela menos desejava era que seus filhos passassem a odiar Inácio.

— E eu, mamãe? Posso morar com você? — Quis saber Maria Júlia.

— Espere até que eu me instale em Curitiba e organize minha vida direitinho. Nas próximas semanas, minha rotina se tornará um caos. Assim que estiver tudo em ordem, vou levar você, Ethan e Gustavo para me visitarem.

Inácio percebeu que Débora não respondeu diretamente à pergunta da filha, mas estava sem ânimo para dizer qualquer coisa.

Aparentando estar satisfeita com a resposta da mãe, Maria Júlia pediu licença, beijou Débora, Silvinha, Benjamim e Juliana e também subiu para seu quarto. Inácio fingiu não perceber que ele fora completamente ignorado pela filha caçula.

— E o que vai acontecer comigo? — Alcione manifestou-se pela primeira vez. Estava abalada com a súbita separação de seus patrões. Sempre os vira em um relacionamento tão sólido quanto uma rocha. Os dois se davam bem em tudo e amavam muito os três filhos, entretanto, ela sabia que nada no mundo físico está destinado a durar para sempre.

— Espero que Inácio possa continuar contando com seus serviços — balbuciou Débora, enxugando os olhos.

— Não me vejo sem você, Alcione. — Inácio mostrou um sorriso amarelo para a governanta. — Não poderia suportar a perda de outra pessoa importante na minha vida.

— Até porque Alcione será nossa única companhia aqui — interveio Ethan. — Porque o papai vai continuar se matando de trabalhar. Ganhar dinheiro é mais importante do que cuidar dos filhos.

Como se desse o golpe final em Inácio, Ethan fez o mesmo que seus irmãos: foi para seu quarto, logo após se despedir de todos.

— Não era minha intenção despertar neles uma revolta contra você. — Débora fixou o rosto do marido.

— Era de se esperar. — Derrotado, ele voltou a se sentar. — Não sei onde tudo se perdeu. Essa conversa só serviu para ressaltar o quanto sou odiado por meus próprios filhos. Não sei desde quando eles nutrem esse sentimento por mim. Parece ser uma mágoa bem antiga.

— Inácio... — Débora tentou contemporizar.

— Começo a perceber que você tem razão em seus motivos para se divorciar de mim. — Ele a interrompeu, sem se importar de secar o rosto molhado de lágrimas. — Eu vivo só para meu trabalho e não para minha família. Do contrário, teria percebido o quanto fiz falta na vida dessas crianças, ou de quantas vezes eles devem ter precisado de mim e eu estava distante, preocupado em ganhar a causa de algum cliente.

— Pois é! E agora você se ferrou! — provocou Silvinha com maldade, limpando os lábios com os guardanapos, apesar de mal ter experimentado a comida.

Alcione também havia reparado que a única pessoa que comeu tudo fora Juliana. Os demais pratos permaneciam quase intocados.

— Quando pretende dar início ao processo de divórcio? — indagou Benjamim a Débora.

— Amanhã. Já entrei em contato com um advogado, que me foi indicado por Cleiton. — Vendo o marido chorando baixinho, acrescentou: — Sinto muito por isso, de verdade. Juro que não gostaria que as coisas acontecessem dessa forma.

— Sei que nunca mais serei o mesmo homem quando você se for, mas reconheço que tem razão em tudo o que disse. — Inácio brincou com o garfo e passou a revirar a comida no prato. — Você deve viver sua vida, porque merece isso e muito mais. Sou eu que tenho de pagar o preço por ter sido tão displicente. Deixei um tesouro escorrer por entre meus dedos, sem que fizesse nada para impedir.

— Desde já, aviso que continuarei frequentando esta casa, pois meus netos permanecerão aqui — comunicou Silvinha. — Aliás, virei com muito mais assiduidade, já que meus netos precisarão da companhia da avó.

Sem forças para replicar, Inácio manteve-se calado. Benjamim completou:

— Eu sempre estarei por aqui também, mais vezes do que costumo vir. Você não ficará abandonado, Inácio.

Como havia perdido completamente o apetite e vendo que os demais também não iriam terminar de comer, Débora pediu para Alcione tirar a mesa.

— Obrigada por essa reunião. — Débora levantou-se da cadeira. — Estarei em meu quarto, pois preciso organizar algumas coisas.

— Vou com você, querida! — Silvinha partiu no encalço de Débora.

— Esse almoço foi o máximo, amor — Juliana abraçou Benjamim. — Você nunca me disse que sua família era tão hilária. Eu me senti em uma cena de novela. Deveria ter tirado algumas fotos e postado no Facebook para ver quantas curtidas eu teria.

— Inácio, não ligue para o senso de humor de Juju. — Benjamim soltou uma risadinha. — Ela é brincalhona assim mesmo.

— Pai, não se sinta expulso, porém, eu gostaria de ficar sozinho. Tenho a impressão de que minha cabeça vai explodir.

— Tudo bem. Já estava mesmo de saída, pois daqui a pouco vou pegar um cinema com a minha *gatosa*. — Ele piscou um olho para Juliana, que fingiu timidez.

Benjamim abraçou Inácio com carinho, acenou para Alcione e saiu, levando Juliana pela mão. Na sala, ficaram apenas Inácio e Alcione.

— Tome um analgésico e vá se deitar — ela sugeriu em tom imperativo. — Mais tarde, passo lá para lhe levar um chá de cidreira. Vai precisar, com certeza.

Ele apenas balançou a cabeça em concordância e subiu lentamente os degraus, como se suas pernas estivessem travando. Quando o viu desaparecer, Alcione fez uma nova prece, porque sabia que aquela família precisaria de muita luz e positividade dali em diante, principalmente Inácio e seus filhos.

CAPÍTULO 6

Os dias seguintes mostraram a Inácio o quanto as pessoas costumam dar valor a alguma coisa somente após perdê-la. Não que ele não valorizasse a presença de Débora, afinal, a amava com todas as forças de seu íntimo. No entanto, somente agora percebia o quanto fora negligente em seu papel de chefe de família, de marido, amigo ou cúmplice da própria esposa.

E o que ele sabia sobre a rotina dos filhos? Se alguém o questionasse, não saberia responder em qual série Ethan e Maria Júlia estavam na escola, assim como não fazia ideia das notas que eles traziam nos boletins nos últimos bimestres. Sabia por alto que Gustavo estava cursando alguma graduação na USP relacionada à engenharia, já que ele citara durante o almoço, mas também não dispunha de mais informações a respeito.

Como se pretendesse mostrar a Débora e aos filhos que ele tinha condições de tirar o foco do trabalho e direcioná-lo à família, Inácio alterou seu horário no escritório. Saía de casa às nove da manhã e retornava antes das dezoito horas. Telefonava para o celular dela apenas para lhe perguntar se ela estava bem. Sentia-se ridículo quando ela respondia que precisava desligar, pois estava atarefada com alguma coisa. O assunto era cortado após poucos segundos de ligação.

À noite, quando retornava para casa, Inácio jantava sozinho ou na companhia de Alcione. Ele percebeu que os filhos simplesmente passaram a evitá-lo. Gustavo nem sequer o cumprimentava, Ethan mal lhe dirigia algumas palavras e Maria Júlia sempre parecia apressada demais para notar o pai ali. Era como se ele tivesse morrido e seu espírito vagasse pela casa, já que enxergava a todos, porém ninguém demonstrava vê-lo. Inácio sabia que eles estavam chateados pela repentina reviravolta que Débora anunciara e certamente o culpavam por isso.

O fato de ter diminuído sua carga horária não serviu de nada. Ninguém o parabenizou nem lhe deu crédito pela tentativa de querer melhorar ou compensar o tempo perdido. Era como se agora fosse tarde demais para qualquer oportunidade.

No escritório, Inácio tentou dissimular o ocorrido para seus colegas, que obviamente perceberam o quanto ele parecia abatido. Notando que ele não queria entrar em detalhes, Laerte e Renata respeitaram seu silêncio, prevendo que alguma desavença familiar deveria ter acontecido. Admiravam-no muito, tinham-no como um grande amigo e não gostavam de vê-lo aborrecido.

Inácio não soube se Débora havia cumprido sua palavra e dado início ao processo de divórcio, porque ela não comentou nada a respeito. Ele não recebeu nenhum telefonema de um advogado e não ousou questioná-la sobre isso. Apesar de ínfima, havia a possibilidade de ela ter se esquecido ou desistido de tudo.

Durante uma tarde quente e abafada, Inácio decidiu surpreender os filhos. Acreditou que a primeira tentativa de reaproximação seria quebrar a parede de gelo que eles haviam erguido em torno de si. Inácio foi a um *shopping* e fez algumas compras. Aguardou que o sábado chegasse e pediu a Alcione que chamasse os três, pois desejava falar com todos ao mesmo tempo. Intimamente, ele estava desesperado, porque, na noite anterior, havia escutado Débora conversando ao telefone e agendando uma passagem aérea só de ida para dali a dois dias, cujo destino ele não pôde compreender direito. Ele sabia que a distância entre São Paulo e Curitiba não era grande, o que não mudava a situação. Ele a perderia de qualquer forma e tinha a impressão de que morreria aos poucos depois que ela se fosse.

Aos reunir os filhos, que foram à sua presença contrariados, Inácio entregou uma sacola para cada um, mostrando seu melhor sorriso. Com desinteresse, Gustavo contemplou o par de tênis que acabara de ganhar e fez uma careta.

— Não gostei da cor nem do modelo. Além disso, calço número 42 e não 40. — Gustavo jogou a caixa no chão. — Não precisa se dar ao trabalho de trocar.

— Pai, não uso esse perfume. — Maria Júlia estava com a testa franzida, segurando uma caixinha rosa. — É forte demais e me dá dor de cabeça. Pode dá-lo a Alcione, se ela quiser.

— Esta camiseta do Corinthians é magnífica! — Ethan analisava a roupa. — Porém, você não sabe que torço para o Palmeiras há dois anos?

Não vestirei isso nem de graça. E, como disse meu irmão, não quero que troque por outra do meu time.

Instantes depois, os três já haviam se retirado, deixando Inácio às lágrimas, sentado no chão, diante dos presentes rejeitados. Como seria viver em uma casa junto de três inimigos, que eram seus próprios filhos, e distante da mulher amada?

Débora procurou-o na véspera de sua partida. Desde a noite em que ela falara sobre o divórcio, passaram a dormir em quartos separados. Ela já havia guardado praticamente todos os seus pertences pessoais, dizendo que mandaria uma transportadora vir buscar as demais roupas e os sapatos que não pudesse levar quando partisse.

Sentiu-se extremamente culpada quando se deparou com Inácio. Sua beleza e vitalidade pareciam ter dado espaço a uma palidez cadavérica, a olheiras escuras e a uma perpétua expressão de tristeza, que seus olhos vítreos emanavam. Ela notara que ele emagrecera e que parecia estar adoecendo. Novamente, sentiu-se um monstro por fazer aquilo com ele.

— Meu voo será amanhã cedo, às sete horas — ela disse com voz doce. — Chegarei bem antes disso ao aeroporto para evitar contratempos.

— Ele estará à sua espera no aeroporto de Curitiba? — Inácio ainda se preocupava com ela e assim seria sempre.

— Sim. O voo é curto. De lá, Cleiton vai me levar para a casa que alugou. Ainda não conheci o imóvel, mas ele me mandou algumas fotos. É um lindo lugar.

— Que bom! Você merece o melhor. — Ele esforçou-se para sorrir. — Esse cara deve ser muito bonito também. Ainda não me mostrou nenhuma foto dele.

— Não mostrei porque sei que isso o deixaria pior. Inevitavelmente, haveria comparações. Olha, Inácio, embora não pareça, gosto muito de você, de verdade. Tenho notado o quanto nossos filhos têm o destratado e já conversei com eles para que mudem o comportamento. Não sou conivente com isso nem desejo que eles o odeiem. Ontem, foram ao quarto de hóspedes onde tenho dormido para me dizer que não querem morar com você. Eu disse que eles deveriam lhe dar uma chance, pois, apesar de tudo, você é o pai deles e os ama muito do seu jeito. Creio que os convenci. Pelo menos, saíram de lá mais calmos.

Inácio assentiu, e Débora segurou a mão dele com delicadeza. Ele sentiu o corpo todo arrepiar-se. Deus, ele como amava aquela mulher!

— Assim que eu me for, dê seu melhor como pai. Ainda está em tempo de mostrar a eles que não é um ser ausente nem tão omisso, da maneira como eles o estão vendo. Demonstre seu amor, faça com que eles voltem a amá-lo também, porque precisam muito da sua companhia.

— Se você sabia que eles não me suportavam, deveria ter me dito muito antes de essa história explodir.

— Tentei fazer isso muitas vezes, mas sabe o que eu ouvia? Que você resolveria tudo assim que terminasse de falar com um cliente, redigisse uma petição ou tirasse algumas dúvidas de determinado processo com seus sócios. E, quando um assunto era sanado, outros surgiam requerendo sua atenção e seu tempo. E as crianças ficavam em segundo plano. Você acabava se esquecendo do que prometera. Chegou uma época em que desisti de cobrá-lo, pois pensava que você era maduro o suficiente para ter consciência do seu papel paterno.

Ele assentiu e apertou a mão dela.

— Você está coberta de razão, Débora. A mim, só sobraram cacos. E será a partir desses cacos que terei a difícil tarefa de tentar fazer nossos filhos voltarem a gostar de mim, porque amar já seria demais.

— A vida é feita de tentativas, querido. Você não perderá nada tentando.

— Eu amo você, meu amor. Amo muito, mais do que poderia imaginar.

Ela sorriu sem responder, linda e serena como sempre, retornando logo depois para o quarto em que estava. Inácio dormiu mal, teve sonhos agitados e acordou em vários momentos durante a noite. Despertou de vez às quatro horas e levantou-se, pois queria estar totalmente desperto quando ela se fosse.

Débora levava várias bagagens. Alcione e os dois meninos a ajudaram a descê-las para o piso inferior da casa. Ethan e Gustavo continuavam ignorando Inácio. Maria Júlia veio logo atrás, secando as lágrimas com um lencinho cor-de-rosa.

— Um táxi me levará ao aeroporto. — Sorriu Débora, embora seu sorriso não chegasse aos olhos. — O motorista deve passar aqui dentro de alguns minutos.

— Nossa vida será uma droga sem você aqui, mamãe — lamentou Maria Júlia.

— Queremos seu melhor, ainda que a gente sofra muito longe de você — completou Ethan.

Débora também secou as próprias lágrimas e respondeu:

— Sei que vocês devem estar pensando: "Que tipo de mãe é essa, que abandona os próprios filhos, o marido e a casa por causa de um namorado qualquer?". A mim também foi muito difícil tomar essa decisão. E não vejo como abandono, porque sempre estaremos por perto. Eu os amo demais e nunca poderia me afastar definitivamente de vocês. Contudo, quero que todos me prometam que não vão desprezar Inácio como vêm fazendo. O pai de vocês não merece esse tratamento e não devem puni-lo apenas porque ele trabalha demais. Ele os ama e sei que vocês também o amam. Não vou embora se não tiver a garantia de que tudo ficará bem entre vocês quatro.

— E, se não ficar, tenho autorização para dar cintadas no bumbum de todos vocês — atalhou Alcione sorrindo. — Não deixem esse momento chegar.

Eles limitaram-se a assentir com a cabeça, resmungando um "eu prometo", que não convenceu ninguém. Inácio sabia que eram apenas palavras vazias, ditas da boca para fora.

Débora abraçou e beijou os três, e todos eles choraram juntos. Ela estava se despedindo de Alcione quando ouviram o táxi buzinando na rua. Quando se virou para Inácio e seus olhos lacrimosos se encontraram, ambos sentiram algo diferente agitar-se no coração.

— Eles são todos seus agora. — Ela tentou brincar, apesar de só conseguir chorar. — Desculpe-me por sair assim, como se estivesse fugindo das minhas responsabilidades.

— Eu tenho fugido há anos. É sua vez de se divertir um pouquinho agora.

Débora chegou mais perto, tão próximo que ele aguardou receber um beijo, que infelizmente não veio.

— Caso você conheça outra mulher, quero que saiba que deve aproveitar ao máximo, desde que ela o ame, assim como eu o amei. Você merece muito uma pessoa que o ame de verdade.

— Não quero ninguém mais, além de você. Aliás, sei que não vai adiantar nada, mas quero lhe pedir que fique. Eu lhe imploro que não vá.

— Não poderei atender a esse pedido. Há muitas coisas em jogo. Um dia, você entenderá melhor. E espero que possa me perdoar por tudo. Obrigada por quase duas décadas de felicidade e por ter me dado filhos tão lindos.

Por um instante, ele voltou a enxergar tristeza, aflição e desespero nos olhos de Débora, porém, logo depois, eles pareceram inexpressivos. Também teve a impressão de que parecia que ela estava se despedindo para sempre, como se jamais fosse tornar a vê-lo. Uma sensação ruim acometeu-o, ao vê-la caminhando rumo à porta de saída.

— Telefone para nós, assim que seu avião pousar — ele pediu.

— Farei isso, pode deixar. — Débora piscou-lhe um olho e saiu.

Os filhos e Alcione já haviam colocado as bagagens no porta-malas do táxi. Todos choravam, como se um velório estivesse acontecendo ali.

Débora acomodou-se no assento traseiro ao lado de algumas malas que não couberam no bagageiro e assoprou beijos para todos. Inácio teve vontade de arrancá-la de dentro daquele veículo e obrigá-la a ficar na casa, esquecer-se de tudo, e voltarem a viver a vida que tinham antes. Obviamente, isso era impossível.

— Boa viagem, mamãe — desejou Maria Júlia, acenando para Débora.

Eles permaneceram na calçada quando o carro arrancou e começou a se afastar. Inácio sentiu que seu coração havia derretido e se espalhado por sua corrente sanguínea, vendo sua esposa amada ir embora para talvez nunca mais retornar.

E, quando o táxi virou na esquina seguinte, os filhos olharam-no de cara amarrada e retornaram rapidamente para o interior da casa. Percebendo o quanto o patrão estava combalido, Alcione acercou-se dele, passando o braço por cima dos ombros de Inácio.

— Descanse um pouco. Se possível, tire o dia de folga. Mais tarde, gostaria de conversar com você.

— Tenho tanto serviço pendente no escritório...

— Hoje, você pode se dar esse direito. Não tem condições físicas nem psicológicas para trabalhar. Não force o corpo nem desgaste a mente. Vou lhe preparar um café da manhã reforçado. Pode ficar deitado, que levo a refeição até lá.

— Não sei o que seria de mim sem você, Alcione, agora que perdi tudo.

— Não exagere, cara! — ela brincou animadamente. — Você acordou vivo e tem um dia inteiro pela frente. Está ganhando muito mais do que perdendo. Vamos entrar.

Ele deixou-se conduzir para o interior da residência da qual tinha tanto orgulho e que jamais seria a mesma sem a presença de Débora. Ele próprio não conseguia imaginar o que o futuro lhe reservava nem se sobreviveria à dor, à insatisfação e à falta de ânimo que o dominavam. E, principalmente, não sabia se conseguiria superar a separação.

*****

Débora chegou ao aeroporto, fez o *check-in* no balcão da companhia aérea, despachou as malas e manteve consigo apenas a bolsa. Olhou em volta, como se esperasse que Inácio surgisse, suplicando para que ela não embarcasse.

Sentindo-se trêmula, enfraquecida e devastada pelo mal-estar que causara entre os filhos e Inácio e por tê-lo magoado tanto, ela caminhou devagar até o portão de embarque. Na mão, trazia a passagem, que balançava a cada passo seu. Após passar pelo detector de metais, aguardou que seu voo fosse anunciado sentada em um salão maior. Ao seu lado, uma senhora de meia-idade sorriu e perguntou:

— Também vai para Porto Alegre?

— Sim — admitiu Débora sem muita vontade de conversar.

— Minha neta mora lá e disse que o tempo está ótimo.

— Que boa notícia! — foi tudo o que ela disse, encerrando o assunto.

"Curitiba", ela refletiu desconsolada. O que Inácio e seus filhos diriam ou fariam se soubessem que ela mentira para todos eles? Se descobrissem que ela jamais teve a intenção de viajar para Curitiba, ou pior, que nunca existira Cleiton algum? Que ela amava Inácio com todas as forças do coração, que não tinha nenhum amante e que nunca tivera a intenção de se divorciar dele? Como agiriam quando tomassem conhecimento do verdadeiro motivo pelo qual ela estava saindo da vida deles?

Quando o voo de Débora foi anunciado pelos alto-falantes, ela pediu a Deus que um dia pudesse ser perdoada por sua família e que sua viagem valesse a pena, pois soube que aquela seria sua última oportunidade.

Débora sentou-se à janela do avião e torceu para que nunca viesse a se arrepender do que fizera.

CAPÍTULO 7

Talvez estivesse até sendo um pouco dramático ao imaginar que conseguia sentir sua vida se esvaindo aos poucos de suas entranhas. Ou, quem sabe, ele já estivesse morto e agora agisse como um zumbi? Seu corpo parecia cinquenta quilos mais pesado, suas têmporas latejavam de dor, seu estômago estava embrulhado, os olhos, que ardiam, só vertiam lágrimas, as pernas mal conseguiam sustentá-lo e sua boca continha um gosto amargo, que surgira sabe-se lá de onde.

Deitado na cama com o olhar fixo no teto, Inácio era a imagem da derrota. Algo como uma voz interior lhe dizia que ele tinha o direito de chorar, contudo, em algum momento deveria reagir ou mergulharia em uma depressão violenta. A escolha era dele, e, se tinha essa opção, por que deveria seguir pelo caminho mais doloroso?

Ao mesmo tempo que esse questionamento surgia, Inácio travava uma discussão íntima, afirmando que nada poderia ser pior do que a falta que Débora lhe faria. Se ela tivesse morrido repentinamente, apesar do trauma e do choque, ele acreditava que o processo de superação transcorreria de modo muito mais fácil.

Débora havia tomado uma decisão com a qual ele não concordava. Sair de casa para morar com outro homem com quem estava envolvida, em outra cidade, era o que ela desejava. Queria impedi-la de ir, mas teria esse direito? Sua esposa não era sua propriedade, e ele não se achava no direito de lhe fazer exigências. Indiretamente, começava a achar que fora o único culpado pela falência de seu casamento.

Não ouviu Alcione bater à porta, por isso levou um susto imenso quando a viu parada ao lado da cama, segurando a bandeja com o café da manhã e fitando-o com olhos preocupados. Ele sentou-se, ajeitando os travesseiros atrás das costas.

— Você sabe ser silenciosa quando quer.

— Eu bati três vezes. Se seu quadro de surdez está avançado, não é problema meu. — Com seu humor debochado, ela entregou a bandeja ao patrão. — Biscoitos e pãezinhos integrais, manteiga diet, suco natural de caju e três tipos de frutas. Está calor demais para tomar café puro ou com leite.

— Agora vai controlar tudo o que eu como? Era Débora quem tinha esse costume, mas agora ela não está mais aqui.

— Não sou nutricionista, porém, também tenho meus conhecimentos sobre alimentação saudável. Não vou permitir que você emagreça até secar nem que engorde como um peru de Natal. Vai manter a boa forma física que tem.

Animada, Alcione empurrou as pernas de Inácio para o lado e sentou-se na beirada da cama, olhando-o com ternura. Com sessenta anos, sendo quinze mais velha do que ele, a mulher, muitas vezes, considerava-se mãe dos patrões e avó dos adolescentes.

— Como está se sentindo? Quero uma resposta sincera ou levarei a bandeja embora e o deixarei com fome.

— Devastado. É como se um furacão interno tivesse destruído meu corpo por dentro. — Automaticamente, os olhos dele sinalizaram que outro pranto estava a caminho. — É doloroso demais, sabia? Dói ter sido traído, dói saber que fui um péssimo marido, ausente e desinteressado, dói constatar que praticamente abandonei Débora e, agora que fui abandonado por ela, dói concluir que trabalhei tanto para nada. Por fim, dói descobrir que meus próprios filhos estão pouco se importando comigo. Não sei se vou conseguir me recuperar de novo.

— Vai sim! Isso eu posso lhe garantir. Sempre há meios de se reerguer. Quando sentimos algum mal-estar, alguma dor, alguma inquietação, algum sintoma de tristeza, fraqueza ou frustração, é a Vida nos informando que alguma coisa não está caminhando bem. Quase sempre, onde há dor, há sofrimento. E onde há sofrimento, está faltando paz.

— Estou me sentindo muito mal, como um ser humano em farrapos. Minha vida perdeu todo o sentido. — Inácio passou uma camada de manteiga num biscoito, analisou-o com atenção e deu-lhe uma mordiscada. — Nem sequer tenho apetite agora.

— Trate de comer, se não quiser me ver irritada! — Ela sorriu quando o viu comer um pedaço do mamão cortado que lhe servira. — Saiba que somos nós que damos sentido à nossa vida. É como essas revistinhas que damos para as crianças pintarem. As ilustrações não costumam vir em preto e branco? O que precisamos fazer?

— Colori-las.

— O mesmo acontece com nossa vida. É preciso dar cores a ela, do nosso jeito, utilizando as combinações e contrastes que mais nos agradam. A minha, como você bem sabe, é uma explosão de cores, porque é assim que me vejo. Estou sempre alegre, brincalhona, com o astral nas nuvens. Quando você me viu amuada, choramingando pelos cantos da casa?

— Desde que a contratamos, anos atrás, você sempre esteve sorrindo. Até parece que seus lábios já nasceram repuxados para os lados.

A gargalhada espontânea de Alcione foi tão gostosa de se ouvir que fez Inácio se sentir um pouco melhor.

— Rir faz muito bem ao nosso espírito — ela respondeu, quando se acalmou. — É um santo remédio para nosso corpo e para nossa alma. Cientistas dizem que com 15 minutos de riso por dia, ganham-se quatro anos e meio de vida, além de queimar até 40 calorias. Eles também dizem que rir diariamente combate o estresse, reduz a possibilidade de um derrame ou um enfarto e ainda diminui as dores durante tratamentos dentários. Quando enchemos a cabeça com sentimentos negativos, o processo se inverte e abrimos uma porta de acesso para uma série de doenças, algumas até bem graves.

— Então, do jeito que estou me sentindo, não chego vivo ao final do ano.

— Não mesmo! Caso decida se entregar à desilusão, dando forças ao que você chama de derrota, de perda, de arrependimento, de prostração, de desânimo. Quando você está dirigindo por uma estrada, e o mostrador no painel do carro anuncia que o combustível do tanque está se esgotando, você toma uma dentre duas opções: para o carro ali mesmo e tenta se comunicar com alguém pedindo ajuda, ou segue em frente, arriscando-se até encontrar um posto onde possa abastecer. Imagine que agora você é esse motorista em um carro com pouca gasolina. Está em suas mãos a decisão de parar por aqui ou continuar caminhando do jeito que der.

Inácio bebeu um gole do suco, refletindo sobre as palavras de Alcione. Ele gostava dos exemplos comparativos que ela costumava dar, no entanto, não fez qualquer comentário a respeito.

— Como eu dizia, a Vida sempre tenta nos mostrar as consequências de nossos atos quando optamos por enveredar por trilhas mais sombrias. Como somos teimosos, fazemos aquilo que desejamos, seguindo as nossas ideias mentais tumultuadas, sem pararmos para refletir se tal escolha nos trará mais benefícios do que malefícios. E a Vida, tal qual uma grande amiga, parece nos questionar: "Tem certeza de que isso vai dar certo?". "Não há outro jeito de resolver esse problema?" Por estarmos tão focados em nossos objetivos, não nos atentamos a esses alertas. E, quando nos damos conta, o sofrimento já se instalou.

— Acho que você tem razão. Tanto Débora como os meus filhos tentaram de algum jeito me mostrar que necessitavam de mim em vários momentos ao longo da vida. Sabiam o quanto meu trabalho era importante para mim, mas queriam que eu visse o quanto eu era imprescindível na vida deles. No entanto, não percebi nada, porque segui surdo e cego por uma direção que me levou a esta cama, onde estou chorando amargamente porque Débora foi embora e meus filhos me querem ver pelas costas.

Alcione esticou o braço e massageou a mão de Inácio, que estava apoiada na bandeja.

— Tenho certeza de que você não quer continuar deitado aqui o tempo inteiro. Isso não combina com seu perfil. Você é um homem forte, inteligente, maduro, produtivo e muito esforçado. Vai retornar ao trabalho o quanto antes, mesmo que diminua sua carga horária.

— Isso eu serei obrigado a fazer. Pensei até em largar a profissão, mas acho que isso demonstraria ainda mais fraqueza da minha parte perante meus filhos. Além disso, do que eu viveria, se trabalho por conta própria? Como iria sustentá-los?

— Você ama o que faz, Inácio. Exercerá a advocacia até o momento em que der o último sopro de vida. Tenho certeza de que será enterrado de terno e gravata, agarrado à sua pasta de couro, com alguma petição sobre o peito. E, na lápide, será gravada a seguinte mensagem: "Aqui jaz o doutor Inácio Valentino, brilhante advogado que... espera aí, ele está em uma ligação com um cliente que faleceu antes dele. Volta já".

Desta vez, Inácio não conseguiu segurar o riso. E, confirmando o que Alcione lhe dissera há pouco, rir o fez sentir-se imediatamente melhor.

— Em meio às brincadeiras, quero que saiba que tudo passa, mesmo que não lhe pareça nem queira acreditar nisso. O tempo cuida de tudo, pode ter certeza. Não há ferida que fique aberta eternamente, pois o processo de cicatrização, mesmo que seja demorado, é parte da nossa natureza. Confesso que não sei ao certo como se dará seu processo de recuperação, até porque dependerá somente de você, todavia, posso lhe assegurar que essa situação tem jeito de ser resolvida. Tudo tem solução, pode confiar. Dentro de você está seu espírito, que sabe qual é a maneira mais eficiente de lidar com o problema. É de dentro que saem as respostas para nossos dilemas, porque é dentro de nós que Deus habita.

Alcione sabia que, enquanto falava, seu mentor espiritual estava com ela, orientando-a nas escolhas das palavras que seriam mais eficientes a Inácio. Ele não via nem percebia nada, muito menos fazia ideia de que outros dois amigos astrais estavam em seu quarto, transmitindo-lhe energias restauradoras e fluídicas através de um processo conhecido pelos encarnados como passe espiritual.

— E quando as soluções não chegam, ou simplesmente não conseguimos enxergá-las? — questionou Inácio, mais sereno. — Ou quando rezamos e desejamos algo, que jamais nos é concedido? Se Deus está dentro de mim, ele sabe do que necessito.

— Sabe e tenta lhe indicar o que precisa, mas será que você está preparado para aceitar o que é melhor para si? Será que aceitaria tudo o que chega de fora, sem pestanejar? E se eu lhe dissesse que sua separação lhe servirá como um grande ensinamento no futuro, que terá um objetivo muito maior para seu progresso espiritual, bem como para o de Débora? Que a dor também nos ensina e vale como experiência? Será que você concordaria comigo?

— Não sei.

— Quando utilizamos uma câmera fotográfica moderna ou um celular para fotografar algo que está distante, mas queremos ver alguns detalhes, o que fazemos?

— Damos *zoom* na imagem para aproximá-la.

— Exatamente. As soluções só não chegam quando não queremos vê-las, porque damos *zoom* no problema, ampliando-o muito mais do que ele realmente é. A partir daí, fazemos uma tempestade em uma gota d'água, exageramos os fatos, montamos um ilusório palco de tragédia, ficamos magoados e ofendidos, bancamos a vítima, choramos até secarem os canais lacrimais, distorcemos toda a realidade, nos voltamos contra Deus e contra a Vida e mergulhamos nas mais profundas camadas do abatimento e da melancolia. Com o problema ampliado em dimensões colossais — porque nós o deixamos assim — e agindo no drama, é óbvio que não veremos solução alguma. O drama nos confunde, desorienta, nubla nossa visão. É por isso que eu disse que ficar depressivo não é um estágio que combina com o patrão que tenho! Nem acredito que você ficará chorando a ausência de Débora até quando estiver com a idade do seu pai, que, aliás, está mil vezes melhor do que você.

Inácio fez uma careta e acabou rindo de novo. Benjamim com certeza jamais ficaria daquele jeito, até porque nunca se prendera a uma única mulher desde que a mãe de Inácio faleceu. Era um homem com energia tão leve e contagiante quanto a de Alcione.

— O que me machuca é o fato de meu casamento ter terminado por minha culpa. Agora, estou de mãos atadas, e não há saída para isso.

— Talvez não haja, pois há muitas coisas que são irreversíveis. Se Débora não quiser reatar, você terá que aceitar a separação e viver sua vida do jeito que for possível. Brigar por algo que não vai mudar é perda de tempo. Enquanto estamos vivendo na matéria, no mundo físico, nada tem durabilidade eterna. Quanto mais relutamos em terminar, em largar, em aceitar que acabou, mais sofrimento atraímos para nossa vida. Aqui, na Terra, não há "para sempre", porque apenas nosso espírito é eterno e não vive aqui após a morte do corpo.

Inácio mastigava em silêncio. Alcione continuou:

— Um casamento nada mais é do que a junção de dois espíritos afins, que sintonizam na mesma frequência de energia. Quando aceitamos o outro como ele é, sem querer impor mudanças, o relacionamento flui naturalmente. Entretanto, quando queremos mudar o jeito de os outros serem e agirem, porque intencionamos criar um manequim perfeito que atenda às nossas exigências mesquinhas, qualquer relação tende a afundar. Confesse que você quer Débora consigo porque a ama, mas também porque não queria sair da zona de conforto a que estava submetido. Sentirá a falta dela, é verdade, assim como teme as mudanças que estão por vir. Deixar ir o que precisa seguir seu fluxo é uma atitude inteligente. Prender as pessoas junto de nós é egoísmo puro.

Inácio nada respondeu e nem poderia, porque aquelas palavras calaram fundo em seu coração. Não estaria ele sendo egoísta e mesquinho por querer que Débora continuasse junto dele, se não vinha sendo o marido que ela almejava? Se não tinha tempo nem para reparar que ela cortara e pintara os cabelos?

— E meus filhos, Alcione? Como vou fazer daqui em diante? Gustavo nem olha na minha cara. Penso até que ele seja capaz de me agredir.

— Olha o dramático falando de novo! Vá com calma, sem pressa. Eles estão muito abalados com a súbita separação dos pais. São adolescentes e estão vivendo uma fase que é conflituosa para todos. Isso gerou neles um abalo emocional muito forte. Respeite o tempo deles e, aos poucos, vá mostrando a sua cara. Faça com que eles percebam que ainda têm um pai que os ama, que mora na mesma casa, que se tornou o responsável direto por eles e que se preocupa com o que eles fazem. Interaja, tente conversar e não se frustre se eles não se abrirem num primeiro momento. Estão magoados porque sempre sentiram sua falta. Supra essa ausência e recupere o tempo perdido. Conheça-os melhor, pois suas responsabilidades profissionais o impediram de fazer isso. Há três pessoas nos outros quartos ansiosas para terem um pai por perto. Se não fizer isso, Silvinha o fará.

Inácio assentiu, sentindo um vigor diferente no peito. Sabia que ainda derramaria muitas lágrimas, mas era hora de fazer algo por si mesmo e pelos filhos. As palavras de Alcione, aliadas ao trabalho desenvolvido pelos amigos do astral, deixaram-no muito mais motivado. Assim, terminou de tomar o café e devolveu a bandeja vazia à governanta.

— Vou tentar me aproximar deles, perfurando o gelo que criaram entre nós para me manter afastado. Não vou deixar que a cobra loira que tenho como sogra chegue até eles primeiro e os envenene contra mim. Disso tenho certeza.

— Confie no seu instinto paternal e no amor que sente por eles. Com isso, terá tudo para reconquistar o coração de Gustavo, Ethan e Maria Júlia.

Inácio voltou a menear a cabeça em concordância, estalou um beijo na bochecha de Alcione, que logo retornou à cozinha. E foi tentando não demonstrar hesitação, culpa ou infelicidade que ele saiu do quarto e foi procurar os filhos.

CAPÍTULO 8

Ao parar diante da porta do quarto de Gustavo, de onde vinham os ruídos de uma televisão ligada, Inácio hesitou por alguns segundos antes de bater. Não saía de sua mente a imagem do filho desprezando o par de tênis que ele lhe comprara dias antes nem a expressão carrancuda com que era encarado pelo primogênito sempre que seus caminhos se cruzavam.

Tentando manter a respiração sob controle, Inácio bateu à porta, sentindo como se temesse a presença do próprio filho. Como não ouviu a autorização para entrar, tornou a bater. Depois, rodou a maçaneta e empurrou a porta para frente.

Gustavo estava sentado na cama, de costas para a porta, com um *notebook* sobre o colo. Ele usava fones de ouvidos, apesar de a televisão estar ligada, transmitindo propagandas comerciais para ninguém assistir. O rapaz estava de costas para ela também.

Quando, intrigado, Inácio se aproximou, notou que o filho conversava em voz alta com alguém. Na tela do *notebook*, uma moça de cabelos curtos e escuros falava algo sobre esperá-lo apenas de calcinha. Ela tinha um sorriso malicioso nos lábios, e sua imagem ali era tão nítida quanto a da mulher na televisão, que segurava uma embalagem de xampu e prometia maravilhas aos cabelos de quem o utilizasse.

— A nossa última noite foi fantástica, Gu — dizia a jovem por meio do *notebook*. — Durante o sexo, você ofegava como um asmático. Nunca fizemos nada tão intenso... — De repente, os olhos dela moveram-se para a esquerda e fixaram-se em Inácio. — Opa! Parece que você não está sozinho.

Pego de surpresa, Gustavo virou-se para trás, e, imediatamente, suas feições endureceram. Encarou o pai com olhos ferinos.

— O que está fazendo aqui? — Arrancou o fone de uma das orelhas. — Quem o deixou entrar?

— Eu bati, mas você não ouviu. A porta estava aberta...

— Tássia, depois conversamos — Gustavo murmurou para a garota na tela. — Tenho um assunto sério que requer mais urgência.

Tássia assoprou-lhe um beijo pouco antes de a tela escurecer. Parecendo ainda mais revoltado do que antes, Gustavo jogou os fones com raiva sobre a cama e levantou-se, ficando a poucos centímetros de distância do pai.

— Você, como o dedicado advogado que é, certamente já ouviu falar sobre invasão de privacidade e tudo o que isso implica. Achei que tivesse um pouco de educação, já que tempo não lhe sobra!

Inácio corou para empalidecer em seguida. Teve a impressão de que os papéis estavam invertidos. Ele sentia-se como o filho levando um sermão do pai.

— Desculpe, só queria conversar um pouco. — Apontou para o *notebook* desligado, tentando mudar de assunto. — A tecnologia está bem avançada, não? Hoje em dia, podemos conversar com as pessoas que estão distantes, enquanto vemos sua imagem em tempo real, como se elas estivessem no mesmo recinto que nós. Impressionante!

— Isso já existe há alguns anos. Foi você que parou no tempo. O quanto eu me sentiria constrangido se estivesse fazendo algo mais... íntimo com minha namorada? Seria flagrado por você?

— Não seria melhor fazer ao vivo? — Inácio sorriu. — Eu, pelo menos, sempre preferi o contato de pele contra a pele.

— Prefere tanto que não deu o devido valor à mamãe enquanto ela esteve aqui! — retrucou Gustavo furioso. — Agora, ela já tem outro sujeito para substituí-lo.

As palavras machucaram Inácio, que tentou não fraquejar. Não pretendia se dar por vencido. Contemporizou:

— Será que podemos conversar sem brigarmos? Prometo não me demorar aqui.

— O que você quer?

Gustavo estava armado, pronto para disparar dardos de mágoa, revolta e rancor contra o pai. Inácio não podia culpá-lo por isso. Puxou uma cadeira que estava ao lado de uma penteadeira e a trouxe para perto da cama. Ao se acomodar, Gustavo bufou com impaciência e lançou-se na cama, sentando-se sobre as pernas.

— Não sei como começar, porque tudo o que eu disser soará como se quisesse pedir perdão pelas coisas que aconteceram, desde eu ter me perdido no mundo do escritório até o fato de ter me separado da sua mãe. Ou ela de mim, se preferir.

— Se o tema da conversa será esse, não estou disposto a escutar.

— Só lhe peço esse momento de atenção, porque sei o quanto sua vida é corrida...

— Tem certeza de que sabe? — Em outro rompante de irritação, Gustavo estava novamente de pé, estreitando os olhos para Inácio. — O quanto você acha que sabe da minha vida ou da vida de meus irmãos? O que sabe sobre o que faço, quem são meus amigos ou as minhas necessidades? Moramos sob o mesmo teto, mas somos completos estranhos.

— Estou disposto a corrigir isso. Se você me der uma chance, posso lhe mostrar que pretendo reparar tudo o que o desagrada.

— Tarde demais, meu velho. Em breve, farei 18 anos e darei o fora desta casa, pois já estou procurando um cantinho para viver com minha Tássia, a menina com quem namoro há quatro meses e da qual você nem sequer tinha ouvido falar.

— Que tal marcarmos um almoço aqui em casa para que você nos apresente? — Inácio estava tentando de todas as formas, embora sentisse que desmoronava por dentro.

— Isso aconteceu logo que a conheci. Eu a trouxe aqui em um domingo, em que você permaneceu o tempo todo trancado em seu escritório doméstico, preparando algum material para um de seus inúmeros clientes, e deixou claro que não desejava ser incomodado. Está lembrado de ter dado essa ordem para Alcione?

Inácio não retrucou, porque era tão comum passar tal comando à governanta da casa que isso praticamente havia se tornado um hábito seu.

Por quantas vezes ele se trancara, isolando-se do contato dos seus familiares? Quantas foram as oportunidades em que poderia ter escutado o que Débora ou seus filhos tinham a lhe dizer, dando a si mesmo a ordem mental de que seu trabalho podia ficar para depois? Por que priorizara seus clientes, todos eles completos estranhos, fazendo vista grossa às pessoas que tanto o amavam? Exercer sua profissão tornara-se um vício, mais do que um sacerdócio, e agora ele experimentava as consequências. Sua família estava dividida, triste e amargurada. Débora se fora cheia de ressentimentos, e Inácio podia ver nos olhos de Gustavo que o rapaz compartilhava das mesmas decepções e angústias.

— Não custa nada trazer sua namorada aqui de novo — arriscou Inácio ao se certificar de que sua voz estava firme. — Ou podemos marcar um encontro bacana fora daqui. Um jantar, talvez, em um restaurante de sua escolha.

— Sempre tentando passar a borracha em anos de abandono, em anos de afastamento, em anos de isolamento. Não será do dia para a noite que você conseguirá arrumar a bagunça que deixou, doutor Inácio. A mamãe foi embora de casa por sua culpa, e esse foi o golpe final que você poderia nos dar. Nunca vou perdoá-lo por isso. — Gustavo esticou o braço e apontou para a porta. — Dê o fora daqui e não ouse retornar. E se quiser me lembrar de que a casa é sua e que é você quem manda nela, faço o mesmo que a mamãe. Arrumo minhas coisas e vou morar em uma pensão até encontrar um lugar para viver com Tássia.

Inácio balançou a cabeça em consentimento e ergueu-se pesadamente da cadeira. Sentia que o chão tremia sob seus pés. Meio cambaleante, seguiu até a porta sem olhar para trás, pois, se tentasse fazê-lo e fitasse os olhos do filho, tinha certeza de que não suportaria as lágrimas. A dor seria muito maior.

De volta ao corredor, caminhou mais alguns passos e, como se tivesse uma missão a cumprir, deteve-se em frente ao dormitório de Ethan. Foi quando notou um bilhete preso à porta, com a caligrafia um tanto torta de seu filho do meio.

Alcione, saí com alguns amigos. Volto antes do jantar. Ligue para meu celular, caso precise de algo com urgência. E espero que seja muito urgente mesmo.

Não havia assinatura. Inácio fingiu não perceber que a mensagem fora direcionada a Alcione e que, em nenhum momento, seu nome fora citado. Mais uma vez, teve a sensação de que era um desconhecido para os filhos. Sabendo que ele estava em casa, o que custava para Ethan ter ido procurá-lo apenas para dizer que estava de saída e para onde pretendia ir? Mais tarde, precisaria conversar com Alcione sobre aquilo.

Cada vez mais chateado e perplexo com aquela situação, Inácio bateu à porta de Maria Júlia. Parecia um mendigo que se humilhava batendo de porta em porta e pedindo pão e leite. Já fora enxotado momentos antes, e nada lhe garantia que não seria novamente.

Maria Júlia apareceu logo depois e ergueu as sobrancelhas com ar divertido ao vê-lo ali. Ela havia passado um batom muito vermelho nos lábios, pintado as pálpebras e maquiado o rosto inteiro, o que lhe dava uma expressão mais velha e madura do que seus treze anos. Seus longos cabelos castanhos estavam presos em duas marias-chiquinhas.

— Oi, pai.

— Tudo bem? Estava passando por aqui e me deu vontade de bater à sua porta.

— Ah... — Ela piscou os olhos, confusa. — Não quer entrar?

— Posso?

Como resposta, ela abriu mais a porta e afastou o corpo para dar passagem a ele.

Dentro de um quarto totalmente decorado com tons de branco e rosa, ela parecia uma princesinha em um mundo de conto de fadas.

— Seu quarto é lindo! — elogiou Inácio.

"Céus, quando foi a última vez em que entrei aqui?", questionou-se.

— Mamãe me ajudou a decorar. Ela mandou pintar as paredes e trocou os móveis por esses aí.

Nas paredes havia pôsteres de cantores e de bandas americanas. Inácio sentiu-se um ignorante por jamais ter ouvido falar de qualquer um deles.

Inácio colocou a mão sobre o coração, que batia bem depressa. Parecia que havia se ausentado durante dez anos e que agora retornava para o lar, encontrando seus filhos crescidos e mudados, sem nenhum vínculo afetivo construído.

— Não sabia que você gostava deles. — Inácio mostrou os pôsteres nas paredes.

— Faz tempo. Amo a música pop americana. Gosto do estilo eletrônico também.

— Legal! — Desta vez, ele preferiu não se sentar. — Você está bem?

— Com saudades da mamãe. Até hoje de manhã, ela ainda estava aqui, mas agora... — Maria Júlia seguiu até a janela, fechou os vidros e voltou para a cama, onde se sentou. — Ela me fez prometer que não choraria... Vou tentar cumprir a promessa.

— Sei que será difícil, porque eu também estou sentindo a falta dela. — E só Deus poderia confirmar o quanto essa afirmação era genuína.

— Vai ser muito difícil para você. Imagino o quanto um divórcio seja complicado. Acho que é por isso que não quero me casar.

— O casamento tem seu lado bom. O importante é os dois remarem juntos, para que o barco não incline para um lado só nem acabe afundando. — Os olhos dele ficaram tristes. — Eu deixei o nosso afundar.

Maria Júlia olhou-o em silêncio por um instante e pareceu sentir compaixão pelo pai. Ela sorriu para ele.

— Não acho que a mamãe tenha deixado de amar você.

— Não? — Ele sorriu também.

— Não. Penso que ela estava aborrecida porque você não parava muito em casa nem tinha tempo para cuidar de nós. Mas sei que ela o amava, porque me disse isso várias vezes.

— Ela conheceu outro cara. Deve amá-lo mais do que eu agora.

— Não tenho certeza disso. — Maria Júlia deu uma palmadinha na cama. — Sente aí. Veja como este colchão é macio.

Quando Inácio obedeceu, ela aproximou-se um pouco mais dele, mas ainda mantendo uma distância razoável.

— Você deve dormir como uma pedra — brincou Inácio.

— É gostoso. Quase não tenho pesadelos.

— Deve ter muitos sonhos. — Ele voltou a olhar as imagens coladas na parede. — Aposto que um dia pretende ser cantora.

— Passou longe, mas não muito — ela riu. — Gosto de ter a atenção da plateia, sabia? Acho muito emocionante subir em um palco e fazer algo que agrade às pessoas que estão te assistindo. Foi por isso que decidi ser atriz de teatro.

— Verdade? Há quanto tempo você faz isso?

— Desde o ano passado, porém eram só testes. Então, fui aprovada para fazer uma peça sobre o sequestro de uma menina. E adivinhe só: serei a protagonista.

Os olhos dela brilhavam de empolgação, e Inácio sentiu-se novamente um entranho em casa. Mal conhecia a própria filha.

— Ou seja, será a menina sequestrada?

— Acertou em cheio. A peça estreia daqui a dois meses, e os ensaios estão correndo a todo o vapor. — Maria Júlia colocou a mão sob o queixo. — Sem a mamãe, você continuará pagando as mensalidades do teatro, certo?

— Pode contar com isso.

Os dois riram juntos, e Inácio reparou que ela se tornara uma belíssima jovem. Havia muito de Débora em seus traços e em seu sorriso. Era como ver a esposa em uma versão adolescente.

— Quero estar presente no dia em que sua peça estrear, sentado na primeira fileira.

— Está falando sério? — Ela fitou-o com descrença. — Ainda não temos a data definida, mas... e se for durante a semana? Vai atrapalhar seu trabalho.

— E quem se importa com o trabalho, se preciso prestigiar a atriz que tenho em casa?

Surpresa com aquelas palavras, Maria Júlia começou a bater palmas. Inácio ainda ria, sentindo os ombros mais leves por não ter sido desprezado pela menina como Gustavo fizera. Se houvesse assumido aquela mesma posição sobre o trabalho antes, talvez Débora nunca tivesse saído de casa e ele conheceria a vida particular de seus filhos muito melhor.

Quando a menina ia dizer alguma coisa, o celular de Inácio tocou. Ele gelou ao reconhecer o número de Débora. Mostrou o visor para a filha, atendeu à ligação e colocou no modo viva-voz para que Maria Júlia também pudesse escutar o diálogo.

— Já estou em Curitiba. — Começou Débora, com os recados do aeroporto soando ao fundo. — O voo atrasou um pouco, mas já está tudo bem.

— Ele foi buscá-la? — Inácio perguntou com certa frieza.

— Sim, Cleiton está aqui. Vai me levar para casa.

— Para sua nova casa — provocou Inácio, com um nó na garganta.

— Verdade. As crianças estão bem?

— Oi, mamãe. O papai está conversando comigo aqui em meu quarto. Contei a ele sobre a peça do sequestro.

Inácio sentiu uma energia agradável ao ouvir o modo um tanto carinhoso com que ela disse a palavra "papai".

— Fez muito bem, meu amor — aprovou Débora. — Quero que você se aproxime dele novamente, assim como seus irmãos. Agora, preciso desligar. O sinal aqui no aeroporto não é dos melhores.

— Cleiton está ao seu lado? — sondou Inácio. — Eu poderia trocar algumas palavras com ele? Prometo não ofendê-lo. Quero apenas lhe pedir que cuide muito bem de você.

Houve um instante de hesitação antes de Débora responder:

— Ele foi ao banheiro. Volto a ligar mais tarde para vocês conversarem. Beijos a todos.

Ela desligou antes que surgissem novas perguntas e manteve os olhos fechados, segurando o celular junto ao peito. Chorara durante todo o voo até Porto Alegre e sabia que continuaria chorando ao longo de muitos dias. O que fizera com as pessoas que mais amava, enganando-as e fazendo-as crer em uma história que não tinha o menor fundamento? E tudo para encobrir a verdade, a sua obscura verdade.

Débora empurrou o carrinho do aeroporto com suas bagagens até o lado de fora, entrou em um táxi e forneceu um endereço. Ela nunca estivera antes na capital gaúcha, no entanto, gostou das primeiras paisagens que viu logo de cara. Quando o avião estava prestes a pousar, Débora visualizou o Guaíba, o lago azul-esverdeado que banhava a cidade. O tempo estava agradável, e ela sabia que escolhera o local certo para viver, enquanto precisasse resolver aquele problema. E esperava voltar para São Paulo um dia. Intimamente, rezava para que pudesse regressar.

Ela fez uma ligação durante o trajeto, e, quando o táxi parou diante de uma imensa construção, duas mulheres vestindo roupas brancas já estavam a postos para recebê-la.

Débora pagou a corrida ao motorista, que a auxiliou a retirar as bagagens do veículo, e entregou duas malas às mulheres que a aguardavam logo depois de trocarem os cumprimentos.

— Como foi a viagem? — uma delas indagou.

— Tão boa quanto poderia ser.

— Vamos entrar. Venha conhecer seu novo lar.

Com o semblante entristecido, Débora ergueu a cabeça e contemplou os vários andares do edifício que tinha à frente. Enquanto seguia as moças de branco, pensou nos filhos e sentiu um aperto forte no peito. Ao pensar em Inácio e na dor que lhe infligira ao fazê-lo acreditar que tinha um amante, nas lágrimas que o vira derramar, ela sentiu-se o pior ser humano do mundo. Que Deus pudesse perdoá-la e, principalmente, que Ele lhe desse uma oportunidade de retornar para casa um dia, para que pudesse explicar pessoalmente ao marido e aos filhos a verdadeira razão pela qual os abandonara. E que todos eles também pudessem perdoá-la.

CAPÍTULO 9

As casas muito simples não tinham acabamento, de modo que seus tijolinhos avermelhados ficavam expostos. Na laje, havia caixas d'águas azuis e varais com roupas balançando ao sabor do vento. As ruas muito estreitas, embora todas fossem asfaltadas, continham mais cachorros vira-latas do que pessoas.

Havia vielas minúsculas, que desciam abaixo do nível das calçadas. Alguns homens mal-encarados olhavam Ethan passar, sem abordá-lo, porque já o tinham visto antes por ali. Os "olheiros" daquela comunidade tinham a obrigação de conhecer os moradores, os trabalhadores e os estranhos que surgiam lá de vez em quando. As roupas de boa qualidade daquele moleque destoavam do restante do cenário de tal forma que era como se ele estivesse fantasiado.

Enquanto subia uma das intermináveis ladeiras daquele morro, Ethan pensava que sempre se sentiria amedrontado enquanto andasse por aquelas ruas de aparência feia. Algumas casas estavam tão encravadas nas pedras e em pequenos picos que pareciam desafiar as leis da física. Outras eram um convite ao suicídio, pois pareciam ter um luminoso afixado à porta anunciando que estavam prestes a desabar e que isso aconteceria na próxima temporada de chuvas.

Havia montanhas de lixo espalhadas nas entradas de alguns becos, como se os garis não aparecessem ali há semanas. Além dos mosquitos que as sobrevoavam, os cães abandonados analisavam os sacos plásticos em busca de algo para aplacar sua fome. Na janela de uma das casas, uma mulher com cabelos alvoroçados, que segurava nos braços um bebê que lhe sugava vorazmente um dos seios, gritava alguns palavrões para um homem bêbado que estava sentado na calçada, parecendo totalmente alheio à bronca que levava. Ela falava que não o deixaria entrar enquanto ele não estivesse sóbrio.

Débora jamais soube que Ethan frequentava aquela região, localizada na extrema periferia da zona norte de São Paulo, nem com quem ele costumava se encontrar. Ficaria de castigo por décadas se sua mãe imaginasse o real motivo pelo qual ele estava ali.

Ethan lembrou-se de quando estivera ali pela primeira vez, no ano passado. Foram seus colegas da escola que o levaram até lá, logo após lhe oferecerem o primeiro cigarro de maconha, cuja inebriante sensação Ethan nunca se esqueceu. Depois disso, passou a fumar com seus colegas em um terreno baldio sempre que era possível, e sua família nunca desconfiara de nada. Mais tarde, ensinaram-no a adquirir os cigarros por conta própria, o que vinha fazendo até então.

Sentir-se alucinado o fazia se esquecer da realidade. Ele não pensava que tinha um pai que não o amava, mas sim ao trabalho. Não precisava também se lembrar das vezes em que procurara Inácio e que ele lhe pedira para que voltasse depois, pois tinha um assunto urgente a resolver com um cliente. E, quando retornava, o pai novamente lhe dizia para procurá-lo em outro momento. Nunca tinha cinco minutos para ouvir os anseios dos filhos.

A mãe era uma ótima pessoa, e Ethan a amava. Contudo, não achava justo vê-la assumir o comando da família sozinha, pois sabia que ela também sentia a falta de Inácio. Era comum Ethan só vê-lo aos fins de semana e, ainda assim, em raras aparições durante o almoço ou o jantar. Ninguém mais parecia se importar quando o pai atendia ao celular durante as refeições e conversava com seus clientes ou com os sócios do escritório, muitas vezes deixando a comida esfriar no prato.

Talvez ele se enveredara por aquele caminho pela sensação de impotência de não poder modificar a rotina de sua família, não poder prender o pai em casa nem conseguir dar apoio moral à mãe. Quando fumava, tudo se tornava mais leve, mais colorido, mais bonito, menos doloroso, menos complexo.

Finalmente, Ethan desviou-se para a esquerda e entrou em uma das vielas, tão estreita que três pessoas não poderiam caminhar juntas ali, uma ao lado da outra. Avançou alguns metros, passou por cima de um gato magricelo e sujo, que parecia estar em sono profundo, ou até mesmo morto e respirou fundo quando viu um grupo de cinco homens reunidos em uma rodinha. Dois deles, que Ethan sabia serem menores de idade, estavam sem camisa, exibindo tatuagens enormes em vários lugares do corpo magro. Outros dois tinham rádios de longo alcance presos no cós da bermuda.

— Achei que você não viria. — Um deles se aproximou de Ethan com a mão aberta, a palma virada para cima. — Onde está?

Sem responder, Ethan enfiou a mão em um dos bolsos, tirou algumas cédulas e entregou-as ao outro sujeito, que contou o dinheiro duas vezes. Parecendo satisfeito, guardou as notas na própria bermuda e entregou um pacotinho ao recém-chegado.

— Aí tem quinze "breus", prontinhos para serem queimados. Quer conferir?

Ethan desembrulhou com cuidado a embalagem de papel e viu os quinze cigarros perfeitamente enrolados. Por trás das lentes de seus óculos, seu olhar iluminou-se. Tirou um dos cigarros e guardou os demais no bolso. O rapaz que recebera o dinheiro o acendeu com seu isqueiro.

Tentando mostrar aos outros que já não era tão inexperiente, deu uma profunda tragada, fechando os olhos, relaxando o corpo para que o baseado de maconha fizesse logo efeito. E não demorou para que aquela maravilhosa sensação de leveza aparecesse. Seu coração disparou, sua mente pareceu girar ao mesmo tempo em que o transportava para outra dimensão, em um mundo onde ele se sentia totalmente livre.

Ethan estava mergulhado em um estado alucinógeno tão potente que não percebeu quando um dos garotos sem camisa apalpou seus bolsos e tirou de lá um celular e várias outras cédulas. O chefe do grupo, o sujeito que recebera o dinheiro, fez um sinal indicando que deveriam deixar com Ethan apenas cinco reais, seu RG e o bilhete que ele usara para pagar a condução.

Algum tempo depois, quando os efeitos da droga começaram a diminuir e ele tentou recobrar o equilíbrio e a coordenação motora, o chefe do grupo informou:

— Esse lote você deverá me pagar na semana que vem. Já sabe o valor. Lembre-se de que sabemos onde você mora e com quem vive, portanto, nem pense em dar o calote na gente.

— Não vou fazer isso, Tuca — prometeu Ethan, assustado, como sempre se sentia quando era ameaçado por eles.

— Agora, dê o fora, porque temos umas correrias para fazer daqui a pouco.

Ele assentiu e, ainda bastante trôpego, empreendeu o caminho de volta ao ponto de ônibus que o levara até ali. Precisaria de outros dois para chegar em casa. Quando passou pela catraca e se sentou no último assento, encostou a cabeça no vidro da janela tentando fazer sua mente parar de rodar.

Com o raciocínio voltando ao estado normal, refletiu que decepcionaria muito sua mãe se ela descobrisse o que ele vinha fazendo. Sabia que

Maria Júlia e Gustavo tinham outros problemas pessoais — ela na escola, e o irmão com a namorada —, mas que nenhum deles estava envolvido com aquele tipo de coisa nem com pessoas barras-pesadas.

O ônibus deu partida e começou a descer o morro aos solavancos, passando por cima dos buracos e desníveis do asfalto, chacoalhando os poucos passageiros para todos os lados. Quando parou em um ponto de ônibus um pouco mais à frente, algumas pessoas subiram e um homem sentou-se ao lado de Ethan. Como sua mente ainda estava atordoada pelo efeito da droga, ele mal prestou atenção no outro.

Com cabelos cor de mel e encaracolados, olhos azuis e a pele claríssima, o homem avaliou Ethan da cabeça aos pés. Bem-apessoado e elegantemente vestido, também parecia contrastar com o ambiente e com os demais passageiros. Aparentava ter menos de quarenta anos e era dono de um corpo e um rosto muito atraentes.

Ao se inclinar para o lado, sentiu que o cheiro de maconha estava levemente impregnado nas roupas do adolescente. Com um sorriso malicioso nos lábios, cutucou o ombro de Ethan.

— Sabe se este ônibus passa por alguma estação de metrô?

— Pergunte ao cobrador — resmungou Ethan de mau humor.

Em vez de fazer isso, o homem limitou-se a sorrir. Voltou a percorrer com os olhos o corpo de Ethan, que não se dava conta de que era alvo de observação.

— Tenho a impressão de que você não mora por esses lados.

— Acertou.

— É, eu também não. Vim aqui apenas para resolver alguns negócios.

Dessa vez, Ethan voltou o rosto para o desconhecido, que não deixava de sorrir. Os dentes dele eram muito brancos e bem-cuidados.

— Como assim?

— Sei o que você veio fazer aqui. — O homem baixou o tom de voz ao falar.

— Do que está falando? — começando a se alarmar, Ethan emendou: — Você trabalha com o Tuca?

— Não faço ideia de quem seja esse. Suponho que deva se tratar do cara de quem você compra os baseados, acertei?

Ethan ficou lívido e colocou o dedo sobre os lábios, pedindo silêncio, apesar de os demais passageiros estarem afastados o suficiente para não ouvirem a conversa.

— É você quem fornece os bagulhos para ele? — sondou Ethan.

— Claro que não. Tenho cara de quem se envolve com drogas?

— Não é preciso ter cara alguma para traficar.

O homem abafou uma gargalhada tapando a boca com a mão. Simpatizara de imediato com Ethan. Logo de cara, percebeu que o jovem era inteligente, muito bonito e que provavelmente vinha de uma família de classe média alta.

— Essa foi a melhor resposta que já ouvi. — O estranho estendeu a mão direita para Ethan. — Meu nome é Zacarias, apesar de todos me chamarem de Zack. E você?

— Ethan. — Trocaram apertos de mãos. — Ainda não me disse como soube o que vim fazer aqui.

— Sua roupa está com cheiro de erva. Não sei como seus pais não percebem.

Ethan apurou o olfato e cheirou as roupas. Como ainda estava sob o efeito do alucinógeno, não identificou nada de anormal. Só que aquela era uma informação perigosíssima. Se Alcione ou seus irmãos percebessem algo, ele teria de dar muitas justificativas. Por sorte, seu pai era um apalermado, que só mantinha o nariz enfiado nas petições que enviava ao fórum.

— Estou ferrado! — Gemeu Ethan, cada vez mais preocupado.

— Use minha colônia. — Zack abriu um bolso da mochila que carregava e pegou um frasco de um perfume importado. — Algumas borrifadas devem disfarçar seu problema.

— Obrigado. — Ethan espargiu a colônia no pescoço e nas roupas. Quando a devolveu, acrescentou: — Ei, isso custa caro.

— Posso pagar por ela.

— Se você não mora aqui, mas veio resolver assuntos de negócios, quer que eu acredite que não está envolvido com drogas?

— Essa é a verdade, creia nela ou não. — Zack voltou a sorrir. — Quantos anos você tem?

— Quinze.

— Namora?

— Fico com algumas meninas de vez em quando.

Uma mulher levantou-se, deu sinal anunciando que pretendia descer, e Zack calou-se, aproveitando para estudar o corpo de Ethan discretamente. Quando a passageira se foi, ele continuou:

— Mora onde?

— Na zona sul. Isso é um interrogatório?

— Gostei de você, sabia? Parece ser um cara muito firmeza.

Ethan deu de ombros e enfiou a mão no bolso para procurar o celular. Foi então que entrou em pânico quando percebeu que o aparelho e o restante do seu dinheiro não estavam ali.

— O que foi?

— Aqueles malditos me limparam enquanto eu estava doidão. Furtaram meu celular e meu dinheiro. Só me deixaram com esses cinco contos.

— Esses caras fazem isso mesmo. Quantos reais você tinha?

— Além do que paguei para eles? Acho que mais uns sessenta...

— Como você consegue esse dinheiro?

— Tenho uma mesada, entende?

— E o que aconteceria se seus pais suspendessem sua mesada, ou se você não conseguisse mais dinheiro para pagar suas dívidas com o tal do Tuca?

Ethan voltou a empalidecer. Tremia todo só de pensar nessa hipótese.

— Isso não pode acontecer. Eles me matariam ou se vingariam de mim descontando a raiva em minha família.

— Se eu fosse você, para não correr esse risco, descobriria uma fonte de dinheiro confiável, sem precisar contar com os trocados que recebe dos seus pais.

— Como? Eu não trabalho.

— Posso lhe arranjar uma vaga em minha empresa. E posso lhe assegurar que nada tem a ver com drogas. Lá, tudo é feito com total segurança.

— E qual seria esse emprego?

Zack respondeu com outro sorriso. Voltou a abrir um dos bolsos da mochila e de lá retirou um cartão de visitas. Havia apenas o primeiro nome dele e um número de celular estampados no cartão.

— Este é o meu contato, caso queira me procurar. Garanto que, se você topar, em menos de uma semana terá dinheiro suficiente para comprar outro celular, talvez até um modelo melhor do que esse que levaram.

Ethan guardou o cartão no bolso. Zack era enigmático e misterioso, no entanto, não parecia oferecer perigo como Tuca e seu grupo.

— Ainda não me disse o que eu teria que fazer.

— Nada desgastante. Aliás, você não precisa ficar o dia inteiro em minha empresa nem comparecer todos os dias. Se quiser conhecê-la, basta me ligar para combinarmos de nos encontrar.

Ethan assentiu. Como Zack sabia que o ônibus entraria em uma avenida mais movimentada, onde vários passageiros costumavam entrar, fez o pedido:

— Você pode se levantar um pouquinho?

Sem entender direito o motivo daquilo, Ethan obedeceu. Estava de camiseta, bermuda e tênis. Zack analisou o corpo magro e forte do jovem à sua frente. Percorreu o olhar na direção das pernas dele e chegou até a encarar suas nádegas. Constrangido, Ethan voltou a se sentar.

— O que você está fazendo? Se você é gay, já aviso que gosto de meninas.

— Calma! Não quero transar com você. Apenas estava avaliando se você se encaixaria no padrão exigido pela minha empresa. Devo lhe dizer que reunimos modelos fotográficos para divulgar seus *books* em várias agências. E isso é tudo.

— É só isso? — Ethan pareceu aliviado.

— Vá conhecer, caso esteja duvidando. A única coisa que lhe peço é que não comente a respeito disso com ninguém da sua família. Sei que parece ser um pedido estranho, mas serei sincero. Infelizmente, ainda não conseguimos alguns documentos legais para que a empresa funcione oficialmente. Digamos que ela ainda é clandestina, e isso é proibido pela justiça. Não fazemos nada de errado, contudo, isso é considerado um crime grave perante o governo. Se seus pais me denunciarem, eu posso até ser preso.

Como aquela parecia uma justificativa satisfatória, Ethan concordou com a cabeça. Mal sabia Zacarias que ele não pretendia contar nada a ninguém, já que a mãe saíra de casa, o pai trabalhava vinte e quatro horas por dia, os irmãos estavam envolvidos com seus próprios assuntos, e Alcione estava sempre agindo para manter a casa limpa e em ordem. Ademais, se Zack fora discreto ao saber que ele usara um baseado, por que não poderia confiar nele? O homem era bem-vestido e aparentava ter dinheiro, embora estivesse dentro de um ônibus em uma comunidade extremamente carente. E, no final das contas, se toda aquela história fosse armação, ele daria no pé e chamaria a polícia para Zack quando estivesse em um lugar seguro.

— Vou telefonar para você. Só não sei quando.

— Espero que muito em breve, porque sei que vai precisar de outro celular. — Zack tirou uma carteira do bolso da calça, abriu-a e contou algumas cédulas. — Tome. Considere isso como um adiantamento, pois sei que faremos uma excelente parceria no futuro. Tem aí o triplo do valor que os traficantes roubaram de você.

— Como assim? — Ethan arregalou os olhos. — Nem sabe se vou aceitar seu emprego. Como vai confiar em mim?

— Porque sei que você também confiará em mim. Não acha que essa é uma troca justa?

Sem pensar duas vezes, Ethan guardou o dinheiro, agradecendo pela generosidade de Zack.

Quando chegou em casa, a tarde já estava morrendo. Ethan estava convicto de que a fragrância chamativa da maconha havia desaparecido. Tudo parecia silencioso, e ele pretendia seguir direto para o quarto, onde tomaria um longo banho e se livraria daquelas roupas. Provavelmente, ele as colocaria em um saco plástico e as jogaria na rua no dia seguinte. Assim, ninguém desconfiaria de nada.

Quando chegou ao andar em que seu quarto ficava, Inácio saiu do dele. Ethan confrontou o pai por alguns instantes, tentando manter uma postura tranquila. Era tão estranho ver o pai ali, em plena tarde de um dia de semana, que parecia até um sonho.

— Onde esteve? — perguntou Inácio aproximando-se do filho.

— É da sua conta?

— Se não fosse, eu não perguntaria.

— Eu deixei um bilhete na porta avisando Alcione que sairia com meus amigos.

— Conversei com Alcione, e ela não faz a menor ideia de quem sejam esses amigos ou por onde você andou. Acho que você me deve explicações.

— Uma ova que eu devo! Você nunca se preocupou em saber nada sobre minha vida e agora quer dar uma de pai interessado? Foi sempre a mamãe quem cuidou de mim.

— Sua mãe está morando em outra cidade.

— Por sua culpa. Se você não trabalhasse muito ou pelo menos fosse bom de cama, ela ainda estaria aqui.

Inácio sentiu o golpe, porém resistiu.

— Você acha que é o sexo que mantém um relacionamento?

— Não me interessa saber disso, porque nem casado eu sou. Da minha vida cuido eu, está claro?

Ethan entrou no quarto, e, quando ia fechar a porta, Inácio a deteve com a mão.

— Você tem 15 anos e não é dono do seu próprio nariz. Sem Débora aqui, agora sou eu quem vai tomar as rédeas da casa. Sei que você e seus irmãos estão furiosos com isso e reconheço o quanto sou responsável por ter permitido que a situação chegasse a esse ponto. Todavia, quero lhe informar que ainda sou o pai de vocês, gostem ou não. Todos são menores de idade, e eu sou o responsável. Vou pagar sozinho todas as contas desta casa, portanto, vocês me devem, sim, satisfações. Fui claro?

Era a primeira vez que Inácio engrossava o tom de voz, falando alto o bastante para ser ouvido por Maria Júlia e por Gustavo, caso eles estivessem em seus respectivos quartos.

Ethan fez que sim com a cabeça, sentindo uma raiva surda de Inácio, mas não teve vontade de prolongar a discussão. Quando o pai soltou a porta, ele bateu-a com força e trancou-a por dentro.

Inácio permaneceu ali, parado de pé no corredor, fitando o vazio. Nem doze horas haviam se passado desde a saída de Débora, e ele tinha a impressão de que ela se fora havia doze meses.

Estava ciente de que teria pela frente uma longa, desgastante e árdua batalha para travar com os filhos, cujo único objetivo era fazê-los depor as armas. Inácio amava-os muito e faria tudo o que fosse possível para que os três voltassem a amá-lo também.

CAPÍTULO 10

Aos poucos, tudo pareceu retornar à velha rotina, com algumas exceções. Durante as três semanas posteriores à partida de Débora, Inácio modificou completamente sua jornada de trabalho. Saía de casa às nove horas, após cumprimentar os filhos, checando se todos estavam bem e retornava por volta das dezessete horas. Às sextas-feiras, chegava em casa por volta do horário do almoço e desligava-se completamente do advogado que era.

Seus sócios, obviamente, haviam questionado o motivo da mudança radical, pois sabiam que Inácio respirava o trabalho como se dependesse dele para sobreviver. Tinham reparado que ele parecia muito abatido, deprimido e calado. Acreditavam que algo muito sério estava acontecendo na casa dele, ao que Inácio afirmou:

— São problemas pessoais. Por enquanto, só preciso ficar menos tempo no escritório e mais tempo em minha casa, com meus filhos.

Ele ainda não se sentia encorajado o bastante para confidenciar a Laerte e a Renata o que realmente ocorrera. Trazer o assunto à baila sempre o angustiava muito. Além disso, que orgulho ele teria ao narrar o fato de a esposa ter se mudado para outro estado com um homem mais jovem e que estavam prestes a se divorciarem? Ou contar que Gustavo não conversava com ele, Ethan parecia sempre disperso e Maria Júlia, a mais acessível do trio, vivia conversando com as amigas pelo celular?

****

Na primeira semana, Débora telefonava todos os dias, quase sempre à noite e pedia para falar com os filhos. Para Inácio, ela dizia que estava bem, que Cleiton a tratava com muito carinho e que estava feliz com sua nova vida. Aos filhos, dizia que estava com muita saudade e que, logo que fosse possível, os convidaria para visitá-la em Curitiba.

Porém, no decorrer das semanas seguintes, os telefonemas restringiram-se a duas ou três conversas rápidas, com intervalos de dias cada vez mais longos. Inácio tinha a impressão de que ela parecia mais agitada, como se estivesse extremamente ocupada e com pouco tempo para prosa. Quando questionava se tudo estava correndo bem, Débora ria, falando que não poderia estar melhor, e logo depois dizia que precisava desligar.

Inácio nunca conversou com o tal Cleiton e suspeitava que os filhos também não. Quando Débora ligava, ele sempre tinha a impressão de que a esposa estava em um local silencioso e jamais ouviu uma voz masculina por perto. Era como se alguma peça estivesse faltando naquele quebra-cabeça. Vinte dias depois da mudança, ele começava a desconfiar da história que Débora lhe contara. Prometeu a si mesmo que exigiria dela a oportunidade de conversar com seu amante.

Débora também não fizera nenhum novo comentário sobre o divórcio, e Inácio não sabia se ela já dera entrada no processo nem estava interessado em pesquisar. Quanto mais ela protelasse, melhor seria. Ele nutria a mesquinha esperança de que ela terminasse por "quebrar a cara" com Cleiton e, decepcionada e com o coração partido, voltasse para casa e para os braços dele. No começo, ele se faria de difícil, para depois aceitá-la de volta e perdoá-la, voltando a se amarem como antes. Nunca haveria outra mulher como Débora em sua vida.

Em casa, a situação continuava preocupante. Inácio era basicamente ignorado pelos dois filhos. Maria Júlia concedia-lhe pouca atenção, e, quando conversavam, era quase sempre para ouvi-la falar com empolgação sobre os avanços de sua peça de teatro. Ele gostava de dialogar com ela, embora o assunto raramente fosse outro. Quando tentava lhe fazer perguntas mais pessoais, sobre as amigas ou a escola, Maria Júlia esquivava-se e voltava a falar sobre seus planos de se tornar uma grande atriz um dia.

Já Alcione tinha um papel fundamental ali. Era como um farol iluminando o mar em meio à névoa noturna. Sempre que podia, ele conversava com ela, fosse para ouvir seus preciosos ensinamentos, para ela o alegrar com seu jeito despojado, ou apenas para ter uma companhia com quem pudesse desabafar.

Em uma manhã de tempo seco de agosto, chegou ao escritório mais desanimado do que nos dias anteriores. Até quando Gustavo e Ethan iriam culpá-lo pela mudança de Débora ou por ela ter preferido morar com um desconhecido em vez de viver com os próprios filhos? Em um mundo de pessoas adultas e maduras, todas tinham sua parcela de responsabilidade. Se seu crime fora direcionar seu tempo para o trabalho, o de Débora fora o de traí-lo, saindo de casa como uma adolescente rebelde. E isso ninguém enxergava.

Estava descendo do carro quando seu celular tocou. Não reconheceu o número de origem e atendeu assim mesmo, pois poderia ser algum cliente.

— Liguei de um número novo, pois, se você soubesse que era eu, não me atenderia. E, antes que pense em desligar, adianto-lhe que tenho um recado importante.

Sob a luz do sol invernal, Inácio fechou os olhos ao ouvir a voz desagradável de Silvinha. Débora se fora, porém sua sogra permanecia sempre à espreita como uma ave de rapina.

— O que você quer? — ele rosnou.

— Hoje, eu irei à sua casa, pois estou com saudade dos meus netos. Minha filha meteu os dois pés em seu traseiro, porque conheceu um cara mais simpático, com quem deve gastar muitas horas com sexo selvagem, mas nem por isso meus netos deixaram de ser minha família.

— Há certos tipos de cruzes que não conseguimos deixar de carregar.

— Irei à noite, pois pretendo ficar para o jantar. Peça para sua eficiente governanta preparar uma refeição de alta qualidade, se você não quiser me ver zangada.

— Isso eu não quero. Ver sua cara zangada me faria ter pesadelos todas as noites até estar com a idade avançada que você tem agora.

Ele sorriu ao ouvi-la cuspir alguns xingamentos, apesar da dor de cabeça que começava a se instalar.

— Quero conferir com meus próprios olhos se meus netos estão sendo bem tratados. E se eu detectar que algo não está correndo a contento, você vai conhecer o que uma avó furiosa é capaz de fazer em prol de seus netinhos. Chegarei às vinte horas.

Silvinha desligou na cara de Inácio. Após decidir que não deixaria que aquilo o estressasse, ele adentrou o frescor do edifício onde ficava o escritório e seguiu direto para os elevadores, depois de cruzar as catracas de acesso.

O imóvel, localizado no quarto andar, era amplo, todo pintado de branco, subdivido em três salas grandes, onde cada advogado recebia seus clientes particulares, e uma bela sala de espera, onde ficava a mesa da secretária, uma jovem de sorriso fácil. Diante da mesa da moça, ficava o confortável conjunto de estofado de couro negro, no qual uma elegante loira estava sentada, folheando distraidamente uma revista. Ao fundo do escritório havia dois banheiros, sendo um deles destinado aos clientes. O cheiro adocicado de lavanda se fazia sentir. Havia um vaso de violetas decorando a mesa da secretária e outros três sobre as mesas das salas internas.

Saber que aquele imóvel pertencia a ele e aos seus sócios enchia Inácio de satisfação. Há muito tempo deixaram de pagar aluguel, de modo que economizavam com aquela despesa. Embora amasse estar ali, pela primeira vez percebia que essa fora a causa do desastre que se instalara em sua casa. Sua família via o escritório como um adversário, um concorrente, um ser diabólico que levara Inácio para cada vez mais longe.

— Bom dia, Wanda! — ele cumprimentou a secretária. — Alguma novidade?

— Essa moça deseja lhe falar. Está à sua espera há cerca de quinze minutos.

Inácio virou-se novamente para a loira e olhou-a com mais atenção. Ao ser anunciada, ela levantou-se e abriu um sorriso tão cativante para Inácio que ele sentiu um leve torpor.

Encontrara muitas mulheres bonitas durante quase duas décadas de casamento, porém nenhuma delas lhe chamara a atenção daquela forma. Não que estivesse interessado nela, até porque em seu coração não havia espaço para outra mulher que não fosse Débora. No entanto, havia algo na loira que o fazia manter seus olhos fixos nos dela, como se estivesse hipnotizado. Ele simplesmente queria olhá-la.

Percebendo que Inácio a fitava com intensidade, ela alargou o sorriso. Com a ajuda dos sapatos vermelhos de saltos agulha que calçava, a mulher tornava-se quase tão alta quanto ele. Usava um vestido decotado e igualmente vermelho, tão justo no corpo que parecia uma segunda pele. Isso ressaltava suas curvas generosas, valorizava seus quadris largos e sua cintura muito fina. A barriga era reta e as coxas que despontavam eram tão torneadas quanto as de uma modelo. Os cabelos loiros desciam em cachos até o meio das costas. Seus olhos cor de café fitavam-no com sarcasmo. Tanto os lábios quanto as unhas estavam pintados no mesmo tom do vestido e dos sapatos.

Inácio reparou que sua dor de cabeça havia desaparecido completamente.

— Desculpe... — Ele precisou pigarrear para recobrar a fala, pois ainda estava embasbacado com aquela mulher, que aparentava ter trinta anos ou menos. — A senhora agendou horário?

— Senhorita. E não... não agendei nada. Aliás, meu nome é Márcia.

A voz dela era grave e meio rouca, o que só aumentava seu charme e sua graciosidade. Brincou com um pingente de pedra vermelha, que estava estrategicamente posicionado entre seus seios redondos e muito firmes.

— Sua secretária me disse que você não tinha compromisso agora, por isso arrisquei vir até aqui para ver se poderia me atender.

Inácio voltou-se para Wanda, que fez um gesto com as mãos como se dissesse que não tinha culpa de nada. Um tanto desconfortável, ele virou-se para a loira.

— Sim, podemos conversar daqui a pouco. Peço que me espere mais alguns instantes, enquanto organizo minha sala. Como vê, estou chegando agora.

Márcia assentiu e voltou a se sentar, cruzando as pernas e expondo boa parte de suas coxas. Como se a conversa estivesse encerrada, voltou a folhear a revista.

Inácio respirou fundo e ajeitou o nó da gravata. Passou pela sala de Laerte e só acenou, pois ele estava atendendo a um casal. Quando atravessou a sala de Renata, ela fez um sinal para que ele se aproximasse e foi logo dizendo:

— Por acaso se encontra na recepção uma loira de 10 graus na Escala Richter, capaz de causar um violento terremoto por onde passar?

— E que deseja falar comigo — completou Inácio sorrindo.

— Uma mulher com pernas tão bonitas e um par de seios tão perfeitos que quase colocou meu casamento à prova?

Inácio não disfarçou a risada. Renata nunca escondeu que era lésbica e que, havia cerca de doze anos, vivia feliz com sua companheira, uma brasileira filha de chineses chamada Ling. Também não escondia que dera algumas "puladas de cerca" aqui e ali durante esse tempo, afinal, a carne era fraca, apesar de admitir amar sua esposa intensamente.

— Nem pense em dar em cima da minha futura cliente, doutora Renata.

— Você acaba de destruir todos os meus sonhos libidinosos.

Rindo, eles separaram-se, e Inácio chegou à sua sala. Aquele espaço sempre fora sua segunda casa, ou talvez a primeira. Isso, no entanto, estava mudando. Precisava desapegar-se aos poucos. "O trio de monstrinhos que são meus filhos é minha prioridade agora", ele pensou de bom humor.

Mal sentou-se à mesa e ligou o computador, Wanda abriu uma chamada interna para avisá-lo de que Alcione estava ao telefone.

— Diga, minha querida — pediu ele assim que a ligação foi transferida.

— Tenho uma má notícia... e olha que detesto ser portadora de informações chatas.

— Aconteceu alguma coisa com as crianças?

— Estão todos bem. Maria Júlia e Ethan estão na escola. Gustavo foi para a universidade. Infelizmente, o pai de uma amiga minha faleceu durante a madrugada, e ela pediu minha ajuda, pois está muito mal. Perguntou se eu poderia ficar com ela nas próximas horas, pois sabe que terá dificuldades de lidar com o velório, o enterro e coisas parecidas. Talvez eu até tenha que dormir por lá. Ele já estava com oitenta e dois anos e morreu dormindo. Moravam apenas os dois na casa.

— Sem problemas, Alcione. Pode ir. Você é a pessoa mais indicada para confortar um coração enlutado. Seus conhecimentos sobre a vida e a espiritualidade certamente serão muito úteis à sua amiga.

— Obrigada. Devo estar de volta amanhã cedo.

— Vá em paz. Eu...

Ele deteve-se de chofre, lembrando-se da ligação de Silvinha, e fez uma careta.

— A bruxa velha que tenho como sogra disse que vai jantar em casa hoje e exigiu uma refeição sofisticada. Eu ia mandá-la comer no inferno, lado a lado com Satanás, mas decidi economizar saliva.

— Quer que eu deixe comida pronta?

— Você sabe que a infeliz não come comida requentada. Pode deixar que eu mesmo prepararei o jantar.

— Você? — Alcione deu uma de suas escandalosas risadas. — Essa eu pago para ver.

— Acha que não sei pilotar um fogão? Garanto que tenho muitas habilidades ocultas.

— Considerando que nunca o vi cozinhar nem um ovo durante todo esse tempo que o conheço, confesso que seria interessante vê-lo na cozinha, preparando algo para o paladar exigente de Silvinha.

— Pode deixar comigo. Os resultados serão surpreendentes.

— Só não a mate de desgosto nem exagere nos temperos — pediu Alcione. — Hoje, irei a um enterro e não desejo ir a outro amanhã.

Inácio estava rindo ao desligar. A verdade é que ele sabia tanto sobre culinária quanto um monge budista sabia sobre música funk. Se fosse o caso, pediria ajuda a Renata por telefone. Não deveria ser nenhum motivo para pânico.

Ele ficou sério logo depois, assumindo a postura profissional do advogado que era. Precisaria usar de todo o seu sangue frio para suportar aquela loira à sua frente sem fitar os seios dela ou olhar exageradamente para seus lábios carnudos e provocantes. Pelo ramal interno, pediu a Wanda que a mandasse entrar.

Márcia surgiu logo depois, movimentando os quadris com um molejo capaz de deixar qualquer homem no chão. Sentou-se à mesa e colocou a bolsa elegante no colo.

— Como posso ajudá-la?

— Estou rompendo a sociedade de uma butique com minha amiga, ex-amiga agora. Ela alega que quer ficar com 70 por cento da loja. Não concordei, porque, quando abrimos o negócio, cada uma de nós investiu a mesma quantidade de dinheiro. Ela me julga tola, se pensou que eu deixaria isso pra lá.

— Trouxe toda a documentação da loja para que eu possa analisar?

Durante os trinta minutos seguintes, eles falaram sobre os assuntos jurídicos relacionados à butique. Pelo que Inácio analisara superficialmente lendo os documentos que ela trouxera, Márcia estava correta e ganharia facilmente a causa se processasse a ex-sócia. Para ele, foi bom manter o nível da conversa nos assuntos legais, pois, assim, evitaria olhar para onde não deveria.

Quando a conversa acabou, e Márcia guardou na bolsa a papelada que trouxera, ela piscou aqueles olhos sensuais para Inácio.

— Quero contratar seus serviços.

— Como vocês não chegaram a nenhum acordo, o caso realmente precisará ser levado à justiça.

— Sei disso, por isso, vim procurá-lo. Preciso de respaldo legal. — A voz dela tornou-se amuada, quase suplicante. — Não sou milionária, mas posso lhe pagar o valor que você desejar. É nisso que dá confiar demais nas pessoas. Sarah sempre me pareceu tão honesta, tão verdadeira, tão amiga...

— Vocês duas continuam trabalhando na butique?

— Sim, apesar de ela estar afastada por motivos de saúde. O clima, porém, está insustentável. Mal conversamos por telefone, pois ela me despreza completamente. Sei que somos obrigadas a nos aturar... Não sabe como é difícil ser ignorado por alguém que lhe foi querido.

Inácio não respondeu, porque conhecia o amargo sabor daquela sensação. Não vivia um dilema semelhante todos os dias em sua casa? Gustavo e Ethan não eram seus carrascos, que o acusavam de ser o responsável por todos os males da família?

— Vou poder contratá-lo? — ela indagou fazendo beicinho. Aqueles lindos olhos cor de café cintilavam como estrelas.

— Tudo bem. Darei todo o suporte de que precisará, além de algumas orientações a serem tomadas.

Inácio expôs o valor dos seus honorários e não se surpreendeu quando ela tirou um talão de cheques da bolsa, preenchendo um deles rapidamente. Ele emitiu um recibo para ela e entregou-lhe seu cartão de visitas.

— Se quiser, posso telefonar para sua sócia e adiantar o assunto. Creio que seria interessante tentarmos um acordo de forma amigável.

— Como lhe disse, Sarah está doente. Se a incomodarmos agora, pode alegar que a estamos pressionando, colaborando para agravar seu estado de saúde. Eu telefono para você, assim que ela melhorar.

Inácio concordou, e, pouco depois, Márcia despediu-se com um forte aperto de mão. Ela deixou o escritório caminhando devagar, com seu balançar sensual de quadril. Ele soltou um suspiro profundo, ainda aspirando o agradável aroma do perfume que ela deixara no ar.

Antes de mergulhar no trabalho, olhou para a aliança dourada que reluzia em seu dedo anelar esquerdo. Ela representava a existência de Débora em sua vida e também a partida dela. Mesmo assim, continuavam casados, e era isso o que importava. Não seria uma mulher bonita e provocante como Márcia que colocaria em xeque os seus sentimentos pela esposa.

CAPÍTULO 11

Assim que deu partida em seu carro importado, grande, confortável e pintado na cor vermelho-metálico, Márcia não escondeu um sorriso de vitória. Era mesmo uma pessoa muito sortuda. Viera encontrar a saída para um problema desagradável e, de quebra, ainda teria uma recompensa.

Não fora totalmente sincera em sua conversa com Inácio. Aliás, quem nunca contava uma mentirinha ou outra de vez em quando? Era verdade que desejava romper a sociedade com Sarah, pois a amiga com quem dividia a propriedade da loja lhe trouxera mais do que frustrações, acusações, rancores e dores de cabeça. E se agora ela estava internada, era porque merecia sofrer por tudo o que lhe fizera.

Havia fatos que o advogado bonitão não precisava saber, e era justamente por ter se encantado com a aparência de Inácio que acreditava ser ganhadora de uma recompensa. O homem era lindo, com aqueles olhos verdes que pareciam atravessá-la. Ele lhe fora indicado por uma de suas melhores clientes, porém Márcia não fazia ideia da beldade masculina que estava prestes a conhecer.

Ele era casado, mas quem se importava com isso? Ela já saíra com muitos homens casados e soubera aproveitar muito bem cada relacionamento. Não fosse assim, jamais teria condições de abrir uma butique em plena Rua Oscar Freire, um dos endereços comerciais mais valorizados da capital paulista. Seus clientes variavam entre esposas de políticos, celebridades e outros nomes presentes nas rodas da alta sociedade. Não era grata a Deus por tudo o que tinha, pois não dava atenção a assuntos religiosos. Era grata a si mesma, por sua inteligência, astúcia e habilidade para envolver qualquer homem com o seu sedutor encanto e sugar deles tudo o que tivessem de valor. E quando eles não tivessem nada mais a lhe oferecer, era hora de romper a relação.

Joias, casacos de pele, dois apartamentos em bairros nobres, um carro importado, viagens internacionais e uma loja que atendia a um público seleto eram alguns dos itens que ganhara ou comprara graças aos seus ex-amantes. Atualmente, estava sozinha, mas contratava garotos de programa de alto nível para atendê-la quando se sentia entediada. Aliás, pensava que o melhor da vida era saber aproveitá-la ao máximo.

Tinha olhos treinados para saber que Inácio não era milionário, assim como também sabia que ele não era um advogado pé de chinelo. Conseguia farejar de longe o cheiro de homens financeiramente estáveis. Dentre todos aqueles com quem mantivera relações, ele era, sem dúvida, o mais atraente de todos. Mesmo que não conseguisse arrancar de Inácio uma boa quantia financeira, valeria a pena desfrutar de muitas horas de sexo, pois o perfil dele a interessara muitíssimo.

Márcia sabia que, se fizesse uma boa investida, Inácio não resistiria a ela, por mais que se julgasse fiel à esposa. Talvez contratasse um detetive para levantar o máximo de informações pessoais sobre ele e sua vida privada. Já fizera isso antes e nunca fora descoberta. Achava que, quando se trabalha com tranquilidade, foco e planejamento, nada saía errado.

Sarah, a mulher com quem fizera a sociedade para montar a butique, era a irmã de um de seus antigos amantes. Ela nunca desconfiara de que Márcia estivera envolvida sexualmente com Fausto, um dos mais famosos cardiologistas de São Paulo, nem que herdara dele um dos apartamentos que possuía, o imóvel no qual residia atualmente. Márcia tornou-se amiga de Sarah quando a conheceu, e a mulher registrou seu desejo de inaugurar uma loja de roupas e acessórios femininos voltados para a nata da sociedade. Como achava que era fundamental esconder-se atrás de alguma ocupação, Márcia ofereceu-se para ajudá-la a criar a butique. Investiu boa parte do dinheiro que vinha poupando para que tudo corresse a contento de Sarah.

Os documentos que apresentara a Inácio eram todos verídicos. De fato, cada uma delas investira metade do capital inicial para que a loja começasse a funcionar, dois anos antes. Tudo o que compraram, como o mobiliário, as mercadorias e o sistema de automação comercial, fora dividido meio a meio. Tudo fora legalizado por meio de contratos, notas fiscais e registros em cartórios. Sarah era certinha e irritantemente honesta. Prestava contas de cada centavo ao Imposto de Renda e dividia à risca os lucros das vendas com Márcia.

Tudo teria corrido bem se Sarah não tivesse descoberto que Márcia fora amante de seu irmão por seis meses. Durante uma reunião de família, na qual Fausto estava ligeiramente alcoolizado, ele confessou o segredo a Sarah, que foi procurar a sócia para tirar satisfações. Márcia admitiu que era verdade, o que só serviu para enfurecer a sócia. As duas trocaram insultos e quase se agrediram fisicamente. Terminaram a discussão com Sarah exigindo a dissolução da sociedade.

Foi então que Márcia decidiu agir. Se fizesse o que Sarah desejava, consentiria com sua derrota. Sua relação com Fausto dizia respeito apenas a eles dois, e Sarah não tinha o direito de gritar com ela, ofendê-la e ainda taxá-la de mentirosa e interesseira. Sarah não se conformava. Sentia-se traída e ludibriada por Márcia, o que era um problema dela. Queria acabar com a parceria que as duas tinham e que até então dera certo, fazendo a butique prosperar cada vez mais.

Um ano antes, Márcia tivera um breve relacionamento com um sujeito conhecido como Dragão, pseudônimo de um influente traficante que era o "dono" de várias comunidades da zona sul e norte da cidade. Ele estivera com a esposa na loja, e fora Márcia quem os atendera na ocasião. Ela sempre ria ao se lembrar da forma como ele a observava sem discrição, enquanto a esposa experimentava roupas no vestuário. Não se enganou ao deduzir que ele retornaria desacompanhado à butique e que tentaria uma aproximação mais íntima. Era impressionante como todos os homens agiam de maneira semelhante.

Na terceira vez em que ele foi ao estabelecimento, Márcia aceitou um convite para almoçarem nas proximidades, e, de lá, o encontro terminou na cama de um motel. Tratava-se de um homem elegante e atraente, na casa dos cinquenta anos, que não levantava a menor suspeita sobre sua verdadeira fonte de renda. Ele expressava-se bem, não usava gírias e era quase tão bonito quanto Inácio. Dera a Márcia várias joias valiosas, algumas exclusivas, e deixara claro que dela desejava apenas sexo, pois afirmava amar a esposa. E como ela pouco se importava com os tolos sentimentos masculinos, ficaria à disposição dele enquanto Dragão lhe fosse útil.

Nunca romperam definitivamente o caso entre eles. Sempre que Dragão entrava em contato para marcar algum encontro, Márcia concordava. Achava importante manter proximidade com um homem como ele, interessante e ameaçador ao mesmo tempo. Ele jamais omitiu dela o que realmente fazia, e Márcia nunca fizera qualquer comentário com ninguém, obviamente por questão de segurança.

Sorrindo enquanto se lembrava dos fatos, ela jogou uma mecha de cabelos dourados por cima dos ombros, sem desviar a atenção do tráfego. Os acontecimentos seguintes foram tão divertidos que às vezes ela gargalhava sozinha ao se recordar deles.

Logo após a intensa e acalorada briga com Sarah, Márcia procurou-o. Era a primeira vez que telefonava a ele, pois o contato sempre acontecia da parte de Dragão. Explicou-lhe o que tinha em mente e a razão para fazê-lo. Ele pareceu impassível diante do pedido e concordou em ajudá-la. Dois dias depois, após outra rodada de sexo, ele entregou-lhe um frasco pequeno, do tamanho de uma embalagem para comprimidos. Orientou-a sobre como utilizar a substância contida no frasco, e Márcia seguiu suas instruções. Entornou o pó esbranquiçado na vitamina de maçã e banana que Sarah trazia diariamente de casa e que costumava deixar na geladeira da loja. Não demonstrou a menor emoção ao vê-la beber o líquido espesso, sem desconfiar de nada.

Sarah sentiu-se mal quase no mesmo momento em que ingeriu a bebida. Nessa época, elas mal conversavam, porém Márcia ofereceu-se para levá-la ao médico, revelando intensa preocupação em seu semblante. Pediu ajuda a uma das vendedoras, que colocaram Sarah em um táxi. Antes de chegarem ao hospital, Sarah convulsionou e não conseguiu se recuperar desde então.

Os exames laboratoriais logo revelaram que ela ingerira uma substância altamente tóxica, comercializada ilegalmente e que fora diluída na vitamina. Tratava-se de uma mistura de várias plantas alucinógenas, muitas delas encontradas apenas em outros países. Os médicos afirmaram que Sarah poderia ter morrido se a dose ingerida fosse um pouco maior. Márcia chorava sem parar, comovendo as pessoas em volta, dizendo que não fazia ideia de como tal substância fora parar no organismo da sócia. Desde o dia em que Sarah foi internada, ela fez questão de deixar a butique nas mãos das vendedoras para ficar mais tempo no hospital. As enfermeiras, comovidas por vê-la nos bancos da sala de espera, de olhos fechados e balbuciando algumas palavras, também a imitavam, rezando pela recuperação da paciente.

Após a convulsão, Sarah nunca mais foi a mesma. Chegou a recobrar a consciência, porém, ao despertar, olhava para as pessoas em torno e não dizia uma única palavra. Quando questionada sobre suas lembranças, ela permanecia imóvel, fitando fixamente as pessoas, sem esboçar qualquer reação. Novos exames mostraram que parte de seu cérebro fora danificada graças ao veneno, e ninguém saberia atestar com certeza se ela voltaria a coordenar as ideias ou mesmo se voltaria a falar. Seus olhos emitiam um brilho estranho quando via Márcia ao lado de sua cama, contudo, não se movia nem tentava emitir qualquer mensagem. Parecia ter entrado num estado vegetativo, e os médicos diziam que só o tempo poderia mostrar se Sarah se recuperaria.

Uma semana depois, Márcia decidiu que era tempo de regressar ao trabalho. Garantindo à equipe médica e até mesmo a Fausto, com quem se encontrava nas vezes em que ele ia visitar a irmã, que estava transtornada demais e à beira de entrar em depressão, alegou a urgente necessidade de voltar a trabalhar, apenas para distrair a cabeça. Contou repetidas vezes para quem quisesse ouvir que a loja sem Sarah nunca mais seria a mesma. As duas vendedoras se emocionavam quando viam a patroa chorar discretamente ou quando a flagravam com um terço na mão, beijando o crucifixo e pronunciando baixinho o nome de Sarah.

Márcia dissera tudo isso a Inácio, embora em uma versão modificada. Não pretendia contar que Sarah jamais alegara querer romper a sociedade e ficar com a maior fatia do bolo, mas sim dividir tudo em partes justas, já que era exageradamente honesta. Também não contara o motivo verdadeiro da confusão entre as duas. Ao advogado espetacular dissera que estava chocada desde a internação de Sarah, que acontecera havia treze dias, mas que era preciso dar seguimento à dissolução da sociedade entre elas, pois assim desejava a sócia e tinha certeza de que ela voltaria à ativa, pois rezava intensamente para isso.

Márcia relaxou no confortável assento de seu carro, ao parar em um semáforo. Olhou-se pelo espelho retrovisor interno e ampliou seu sorriso. Se tivesse um pouco de sorte, Sarah morreria logo. Também sabia que o caso seria investigado mais a fundo e achava espantoso que a polícia ainda não tivesse sido acionada para averiguar as pistas. Afinal, alguém tivera acesso à bebida de Sarah e nela depositara um veneno raro, ilícito e mortal. A própria Márcia poderia se tornar a principal suspeita, visto que as duas haviam discutido dias antes na loja, tendo as vendedoras como testemunhas. Todavia, ela já estava preparada para isso e sabia exatamente o que deveria fazer para afastar os holofotes de cima de sua cabeça.

Caso Sarah apresentasse algum sinal de recuperação, pediria novamente a ajuda de Dragão para tirá-la da jogada definitivamente. Havia um acordo legal entre elas de que uma se tornaria a única proprietária de toda a loja no caso de falecimento da outra. Márcia nunca ambicionou apoderar-se da butique, mas isso não seria má ideia. Sarah tornara-se uma pedra em seu caminho e seria preciso chutá-la para longe.

Por fim, levaria Inácio para a cama. Tinha tanta certeza disso quanto tinha de que o sol nasceria no dia seguinte. Para ela, as coisas estavam caminhando de vento em popa. E se tornariam ainda melhores nos dias que estavam por vir.

★★★★

Inácio chegou mais cedo em casa. Pretendia tomar um banho rápido antes de dar início aos preparativos do jantar. Pensar na presença da sogra lhe dava vontade de ingerir meia dúzia de garrafas de vodca até cair no chão, tamanha seria sua embriaguez.

Como sempre, a casa pareceu-lhe vazia, fria e silenciosa. Era essa a impressão que tinha dela desde a mudança de Débora. Não tinha certeza se ainda gostava do seu lar, pois nos últimos dias ele fora palco de diversas discussões com seus filhos. A única figura ali que ainda parecia externar vida, alegria e intensidade era Alcione.

Seguiu direto para o banheiro e deixou a água morna lavar seu corpo. Vestiu uma roupa leve e consultou as horas. Já passava das dezessete, e, se quisesse que alguma coisa estivesse à mesa até o horário do jantar, precisava agilizar.

Refletia sobre o que prepararia, já que era uma negação na cozinha, quando seu celular tocou. Atendeu com sorriso ao ver o número do celular de Alcione na tela. Teria ficado muito mais feliz se fosse Débora quem estivesse telefonando.

— Já está em casa? — ela foi logo perguntando.

— Cheguei há pouco. Estou decidindo o que devo preparar para receber Silvinha. Onde você guarda o estoque de cianeto ou arsênico?

— Não fale besteira. Sei que não é capaz de matar nem mesmo uma barata. Na verdade, liguei para saber se não precisará de ajuda. Estou aqui na casa da minha amiga. Ela está tomando banho, pois daqui seguiremos diretamente para o hospital, de onde o corpo será retirado e transferido para o cemitério. O pai dela será velado durante toda a noite e enterrado amanhã cedo, às sete horas.

— Creio que sua amiga esteja precisando de mais apoio do que eu. Espero que ela esteja melhor.

— Está conformada com o desencarne do pai e ciente de que foi o melhor para ele. Só que há a questão do apego. Queremos que as pessoas queridas fiquem ao nosso lado, mesmo acreditando que elas estarão melhores no plano espiritual.

Inácio não respondeu. Ele queria que Débora estivesse ao seu lado. Jamais se conformaria de ter sido abandonado e traído por ela, trocado por um sujeito sem rosto, que a carregara consigo para outra cidade. Pensou mais uma vez que, caso ela tivesse falecido, a dor da perda talvez não lhe fosse tão pungente.

— Sua amiga logo estará melhor do que eu — ele murmurou um tanto aborrecido. — Ela sabe que o pai dela precisou partir, porque a hora dele chegou. Eu não aceito isso com relação a Débora.

— Inácio, você precisa entender que não somos donos de ninguém. Sei o quanto está chateado por causa da separação. Já conversamos sobre isso antes. No entanto, cada um é um, com sua individualidade. Sou testemunha do seu amor por Débora, do carinho que sente por ela e da falta que ela está lhe fazendo. Mesmo assim, insisto em lhe dizer que ela não é propriedade sua. Um casamento de dezoito anos não lhe dá o direito de pensar que se tornou o dono dela. Esqueça-se dessa sensação de posse. Deixe Débora seguir com a vida dela.

— Você tem razão, mas é tão difícil... — a voz de Inácio tremeu, e ele quase chorou. — Eu a vejo em todos os lugares da casa, ouço sua voz macia falando comigo, quase morro de desgosto por ter que me deitar sozinho na cama. Desejo a felicidade dela, porque a amo muito...

— Você quer vê-la feliz, mas ao seu lado. E, sabendo que isso não é possível, seu coração entra em conflito com sua mente, que age com a razão. Por outro lado, penso que é preciso que você também siga sua própria estrada, que agora não será a mesma de Débora.

— Há momentos em que não consigo acreditar que a perdi somente por trabalhar mais do que deveria — lamuriou-se Inácio. — Queria tanto poder voltar no tempo e fazer diferente.

— Como não pode, precisa fazer diferente a partir do que você tem agora. Muitas pessoas passam por nossa vida enquanto estamos na Terra, vivendo na matéria. Algumas se vão rapidamente, e outras permanecem por mais tempo. Há aquelas que deixam sua marca e outras que logo desaparecem de nossa memória. Muitas são amadas e valorizadas. É em nome dessas que tentamos nos empenhar mais, fazendo nosso melhor para agradá-las, pois gostamos de ver as pessoas queridas felizes. Mas elas não são nossas, ainda que sejam da mesma família. Cada espírito é eterno e foi criado pela Divindade Maior de forma independente. Cada pessoa tem objetivos de vida diferentes e, por mais próximas que sejam de nós, trilham seu caminho individualmente. Elas vêm e vão, Inácio. Permanecem conosco apenas enquanto precisam dessa experiência e vice-versa. Faz parte da vida e de um dos muitos aprendizados que ela nos traz.

A voz de Alcione ao telefone, assim como acontecia quando conversavam cara a cara, tinha o poder de acalmá-lo, fazendo sua mente refletir em vez de simplesmente ordenar que ele se entregasse às lágrimas.

— Não acha que está na hora de deixar sua vida seguir seu curso? — questionou a governanta. — Não seria o momento de procurar romper os laços matrimoniais que o unem a Débora, ainda que ela não tenha oficializado o pedido de divórcio?

— Tenho a esperança de que ela volte para mim. — Inácio sorriu sem graça. — É tolice pensar nisso, porém tenho convicção de que Débora retornará para casa, para os meus braços. Eu a amo muito.

— De fato, isso pode acontecer. Contudo, note que você está se apoiando em promessas vãs que sua cabeça está criando. Não conte com o "se". Se ela voltar... se ela se arrepender... se Débora o procurar outra vez... Ninguém sabe se isso é o que ela quer. Como podemos ter certeza de que ela não terá uma vida feliz, a vida que escolheu viver?

— O tal Cleiton não é melhor do que eu em nada.

— Você possui suas qualidades, da mesma forma que ele possui as dele, assim como ambos têm seus defeitos. — Alcione suspirou. — Caso Débora volte um dia, como você acredita, será uma grata surpresa. Mas não viva disso, meu querido. Por enquanto, ela pertence ao seu passado. Faz quase um mês que saiu de casa. Não fique se amargurando com isso. O que passou, passou. Fique com o real, com o que você tem agora, que são seus três filhos. Não lhes transmita a imagem de um pai chorão e queixoso. Não vai ajudá-lo a fortalecer sua ligação com eles. Descubra suas necessidades, mostre-se como um parceiro. É disso que eles precisam, assim como você se sentirá melhor ao recuperar de novo o carinho de cada um deles.

— Gustavo não quer falar comigo. Ethan é esquivo e parece viver imerso em seu mundo. Maria Júlia é mais aberta ao diálogo, mas não muito. Não sei o que fazer.

— Deixe seu coração guiá-lo. Sinta o que sua alma deseja. É tempo de deixar o sofrimento ir embora, pois ficar no negativo não é bom para nosso espírito. Somos luz, somos eternos, somos seres do bem. Precisamos manter nosso astral elevado, porque as coisas boas se transformam em outras ainda melhores. Ouça sua voz interior, conecte-se com seu espírito. Não force nada, aja espontaneamente. Quando fazemos isso, as brumas das dificuldades se dissipam. Experimente para ver se estou equivocada.

— Você nunca se engana, Alcione. É um tesouro muito precioso. Ainda bem que a tenho comigo.

— Ótimo, pois assim tenho um bom motivo para lhe pedir aumento de salário.

Os dois riram. Como sempre, Alcione conseguia abrandar os sentimentos tempestuosos de Inácio. Ele não podia deixar que o largo abismo que o separava de seus filhos crescesse cada vez mais. Era preciso novas abordagens, novas técnicas de contato, um novo jeito de provar a eles que os amava muito. E, certamente, era fundamental afastar as nuvens de tristeza que ainda insistiam em flutuar sobre seu corpo.

— Não sei se eles estão em casa agora, pois os quartos parecem silenciosos como túmulos — ele afirmou ainda sorrindo. Estava bem mais humorado agora. — Já sei o que devo fazer. Formamos uma espécie de equipe, e vou demonstrar isso à horda de bárbaros que tenho como filhos.

Alcione despediu-se de Inácio em meio a risadas, avisando que ligaria mais tarde do velório do pai da amiga, apenas para saber se tudo correra bem durante o jantar e se seu patrão não correria o risco de ser preso por homicídio, caso Silvinha o atazanasse em demasia.

Quando desligou, Inácio sentiu uma energia gostosa no ambiente. Aproveitando que o clima estava leve e agradável, saiu do quarto à procura dos filhos.

CAPÍTULO 12

Debruçado em uma escrivaninha, Gustavo estava estudando uma apostila quando ouviu baterem à porta. Já sabia que o incômodo visitante era seu pai. Somente ele batia daquela forma. Como tinha uma prova na universidade agendada para dali a dois dias, teria que se livrar de Inácio o mais depressa possível.

Abriu a porta já se preparando para despejar sua torrente de protestos, mas ficou surpreso ao se deparar com o largo sorriso com que Inácio o encarava.

— Pare tudo o que estiver fazendo e venha comigo. — Sem esperar por uma resposta, Inácio segurou-o pelo pulso e forçou-o a sair do quarto.

— O que pensa que está fazendo? — Irritado, Gustavo deu-lhe um safanão para se libertar. — Nem sequer perguntou se eu estava ocupado. Não irei com você a lugar algum, porque estou estudando para uma prova.

— Seus estudos terão que esperar. Preciso de você para algo urgente.

— Alguém morreu, por acaso?

— Vamos impedir que isso aconteça. Venha até a cozinha comigo.

Pensando que o pai tivesse enlouquecido de vez, Gustavo respirou fundo para contar a raiva. Nesse momento, uma porta mais à frente se abriu, e Maria Júlia colocou a cabeça para fora.

— Que gritaria é essa aqui no corredor? — ela indagou.

— Você também! Saia do quarto agora mesmo! Preciso de todos vocês na cozinha. É urgente — justificou Inácio.

Parecendo mais assustada do que curiosa, Maria Júlia fechou a porta e juntou-se a eles. Trocou um olhar intrigado com Gustavo, que não fazia ideia do que aquilo tudo significava. Inácio não parecia bêbado nem drogado. Até onde ambos sabiam, o pai ainda gozava de perfeita sanidade.

— Devo chamar Ethan? — Mas, antes que Inácio respondesse, Maria Júlia já estava batendo à porta do irmão. — É melhor você sair. O pai ficou louco e pretende nos endoidar também.

Ethan apareceu logo depois. Havia acabado de tomar banho. Sempre fazia isso quando fumava um dos cigarros que adquiria com Tuca, para que o odor não ficasse impregnado em seu corpo ou em suas roupas. E tomava o cuidado de nunca fazê-lo dentro de casa, pois o cheiro que o baseado liberava era inconfundível.

— Estava dormindo? — Quis saber Inácio. — Seus olhos estão meio vermelhos.

— Caiu xampu, e eles ficaram irritados. — Ethan cruzou os braços. — Que palhaçada é essa agora? O que quer com a gente?

— Quero os três na cozinha. E não aceito recusas. Desçam.

Inácio aguardou que os três descessem lentamente os degraus, como se temessem o que pudessem encontrar na cozinha. Quando entraram lá e acenderam a luz, viraram-se para o pai em busca de respostas.

— Como devem ter notado, Alcione não está — começou Inácio. — O pai de uma amiga faleceu, e ela foi até lá lhe dar o amparo necessário. E a avó de vocês deseja jantar aqui hoje. Como não sei fazer mais do que cozinhar um ovo, nós quatro vamos preparar a refeição juntos, como uma verdadeira família que somos.

Após um instante de total espanto, Gustavo foi o primeiro a reagir:

— Você me tirou dos estudos para ajudá-lo a fazer comida?

— Eu estou com sono — completou Ethan. — Amanhã me levanto cedo para ir à escola.

— E eu preciso decorar algumas falas da minha personagem, porque amanhã terei outro ensaio — lembrou Maria Júlia.

— Vocês poderão fazer tudo isso mais tarde. Só lhes peço que me ajudem. Preciso dos três aqui.

O pedido de Inácio era sincero. Não fora nada daquilo que ele planejara fazer ou falar, tampouco desejava ter agido tão precipitadamente. Todavia, percebera que estar diante dos filhos o deixava nervoso. Não conseguia se recordar de quando seu vínculo paternal com eles fora rompido.

— Essa é a sua forma de tentar se reaproximar de nós? — inquiriu Gustavo friamente. — Pode esquecer, doutor Inácio. Nunca vou perdoá-lo por ter deixado a mamãe ir embora.

— Não acha que é um pouco tarde demais para fingir que gosta da gente? — Ethan parou ao lado do irmão mais velho. — Aquela porcaria de escritório sempre foi mais importante do que nós. Seus clientes idiotas sempre receberam mais atenção do que eu, meus irmãos e a mamãe. Fique com eles agora. Vá chamá-los para ajudá-lo a cozinhar qualquer coisa.

Maria Júlia permaneceu calada. Quando encarou o pai, percebeu que os olhos dele estavam se enchendo de lágrimas. Pela primeira vez, sentiu que ele precisava que alguém estivesse ao seu lado. Podia jurar que uma vozinha amiga lhe soprara algo em seu ouvido, pedindo que intercedesse por ele.

— Maninhos, acho que somos nós que agiremos como idiotas se continuarmos com essa briga infinita. O papai errou muito, mas está arrependido. Que mal pode haver em lhe darmos uma chance? Afinal, agora somos somente nós.

Aquilo era tudo o que Inácio precisava ouvir, e a emoção foi incontrolável. Lágrimas escorreram de seus olhos e desceram livremente.

— Maria Júlia, por que está defendendo-o? — Relutante, Gustavo apertou os lábios. — Ele nunca estava disponível quando precisamos dele.

— Mas agora ele está e continuamos precisando dele. — Ela sorriu para Inácio, aproximou-se dele e abraçou-o com força. — Eu amo você, pai.

As pernas de Inácio amoleceram, e ele precisou puxar uma cadeira para sentar-se. Maria Júlia continuou em pé, ao lado dele, ainda abraçando-o.

— Eu amo vocês todos — ele disse por fim, tentando secar o rosto. — Talvez eu seja culpado por ter sido um péssimo pai, um péssimo marido, um péssimo amigo. Mesmo que vocês não acreditem, sempre trabalhei muito porque queria lhes dar tudo do bom e do melhor. Lamento ter exagerado e ter me afastado de vocês. Não fazem ideia de como meu coração está ferido por Débora ter ido morar com outro homem. Contudo, ele sangra ainda mais quando os vejo me desprezarem. Saibam que vocês são tudo o que tenho agora, e, ainda que me odeiem, vou amá-los com todas as forças do meu ser.

Aquilo foi o suficiente para fazer Maria Júlia chorar também. Ainda um tanto desconfiado, Ethan arriscou:

— Eu sempre senti sua falta.

— Estou aqui agora e prometo que não vou deixá-los em segundo plano. Quero muito que me deem um voto de confiança. — Inácio esticou o braço e afagou o de Maria Júlia. — Foi tarde para a mãe de vocês, que decidiu dar um novo rumo à vida dela. No entanto, estamos em tempo de fazer algo bom por nós mesmos.

Desta vez, não houve hesitação da parte de Ethan. Ele aproximou-se de Inácio, que se levantou da cadeira, e os dois se uniram em um abraço forte. Maria Júlia juntou-se aos dois e fez um sinal com a cabeça para que Gustavo fizesse o mesmo.

Mesmo achando que talvez se arrependesse mais tarde, Gustavo caminhou até onde o trio se abraçava. Quando conseguiu a atenção de todos, disparou para o pai:

— Saiba que você trairá nossa confiança se continuar priorizando seu trabalho em detrimento de seus filhos.

— Juro que isso não acontecerá. — Sorrindo e chorando ao mesmo tempo, Inácio abriu os braços. — Venha! Me dê aquele abraço gostoso.

Pela primeira vez em muito tempo, Gustavo sorriu para o pai, e logo depois os dois se abraçaram. Maria Júlia piscou para Ethan:

— Adoro abraços coletivos.

Quando sentiu os braços dos três filhos envolvê-lo, Inácio esforçou-se para não desabar em prantos. Era tão bom tê-los ali, tratando-o carinhosamente, que ficava difícil conter a emoção.

— Acho que estou me transformando em um velho sentimental — murmurou em tom de desculpa.

— Quero lhe pedir perdão, pai. — Quando o soltou, Gustavo fitou-o nos olhos. — Também não tenho sido o melhor dos filhos, então, não é justo acusá-lo de ser um pai omisso.

— Eu também o tratei muito mal — completou Ethan. — E sei que você não merece isso. Do seu jeito, gosta da gente e não é o culpado por mamãe ter ido embora.

— Não apenas gosto, como amo vocês três. Espero que nunca se esqueçam disso. — Ainda muito emocionado, Inácio fitou Ethan. — E estou muito feliz porque vocês estão começando a separar as coisas. Não fazem ideia de como ainda sofro pelo fato de Débora ter saído de casa para viver com outro cara.

— Ainda não entendi o porquê de ela ter feito isso. — Maria Júlia balançava a cabeça para os lados. — Nunca lhe causamos decepções, então, ela não pode ter saído por nossa causa.

— Quando me lembro de que ela foi morar com o tal Cleiton, chego a pensar que ela nunca nos amou, como jurava amar. Nem mesmo a você, pai — comentou Gustavo, sério e reflexivo.

— Ela sentia a necessidade de uma companhia masculina mais... atuante — considerou Inácio falando devagar, porque tal ideia o machucava muito. — E não creio que o motivo tenha sido vocês. Ela os amava e sempre deixou isso bem claro. Talvez um dia, possamos compreender melhor suas razões.

— Ela quase não tem telefonado para nós. — Ethan cruzou os braços. — Nem tem conversado conosco pelo WhatsApp, pelo menos até antes de o meu celular quebrar.

Ele tentou não pensar em sua última visita ao morro nem no fato de ter sido furtado por estar drogado e alucinado demais para cuidar de seus pertences. Ainda não pudera comprar outro aparelho por falta de dinheiro, mesmo com a ajuda que recebeu de Zack. Gastara praticamente toda a sua mesada comprando seus baseados.

— E como foi que ele quebrou? — Interessou-se Maria Júlia.

— Caiu no vaso sanitário. O próximo aparelho que eu comprar será à prova d'água.

Como Ethan pareceu convincente em suas palavras, ninguém mais o questionou. Além disso, o assunto em pauta era Débora, por isso ele continuou:

— Às vezes, concordo com Maria Júlia. Me dá a impressão de que a mamãe queria se ver livre de nós todos.

— Não vamos julgá-la — censurou Inácio. — Não é justo. Quando voltarem a falar com ela, digam que sentem saudade e que desejam revê-la o quanto antes.

Todos concordaram. Inácio olhou para o relógio e assustou-se ao ver como as horas haviam passado depressa. Pediu:

— Agora, vocês precisam me ajudar a cozinhar algo bem gostoso, porque sua avó está a caminho.

— Alcione sempre deixa comida na geladeira — disse Gustavo.

— Silvinha não come comida requentada, e vocês sabem disso. Vamos lá! Mãos à obra.

Inácio amarrou um avental de cozinheiro sobre a roupa, e todos riram quando Ethan colocou um chapéu de cozinheiro sobre a cabeça. Maria Júlia encontrou outro avental em um dos armários, prendeu-o em si mesma, e até Gustavo entrou na brincadeira, colocando panelas e uma assadeira sobre o lustroso balcão, no centro da cozinha.

— O que vamos fazer? —Ethan perguntou, enquanto abria a geladeira.

— Parece que temos um frango congelado, legumes e verduras frescas para uma salada e alguns ovos. — Conferiu Gustavo, parando ao lado do irmão. — Basta completar com arroz, feijão e qualquer outra coisa que a gente consiga preparar.

— Um jantar muito simples para nossa avó — contestou Maria Júlia.

— Então, ela que vá comer em um restaurante! — Gustavo começou a pegar os ovos e entregá-los ao irmão. — Vamos cozinhar só o que estiver dentro das nossas possibilidades, que não são muitas.

Inácio ria observando os filhos discutirem alegremente entre si. Não se importou quando derrubaram e quebraram um dos ovos ou quando o frango congelado escorreu das mãos de Ethan e deslizou pelo piso frio da cozinha como se tivesse vida própria. Enquanto lavavam as mãos, jogaram água uns nos outros.

Era impressionante como o clima da casa, até então tenso e opressivo, havia se tornado leve, animado e descontraído. Lembrou-se das palavras que Alcione lhe dissera anteriormente. Realmente, havia saída para tudo.

Gustavo e Ethan soltaram uma gargalhada quando Inácio colocou o feijão para cozinhar temendo a panela de pressão, como se dentro dela houvesse uma bomba. E riram como crianças ao verem o pai cortar rodelas tortas dos tomates.

— São rodelas mutantes! Umas gorduchas e outras fininhas — provocou Gustavo.

— Venha fazer melhor, já que é tão sabichão! — rebateu Inácio, jogando um tomate para que ele cortasse.

— Ei, pai, você colocou tempero no feijão? — lembrou Maria Júlia.

— Não fazemos isso só depois que fica pronto?

— Boa pergunta. — A menina fez beicinho. — Agora você me pegou.

— Vejamos como se cozinha o arroz. — Gustavo já estava conferindo algumas receitas pela internet. — Não parece ser nenhum bicho de sete cabeças.

— Que vergonha! — Ethan não parava de rir. — Quatro pessoas juntas que nem sequer sabem fazer arroz ou temperar feijão.

A gozação continuou quando foram preparar o frango para assar. Ao ver a ave congelada sobre uma pequena tábua de madeira, Ethan não perdoou:

— Houve uma vez em que Tássia, a namorada do meu irmão, veio dormir aqui em casa. Como eu não sabia disso, fui ao quarto dele e abri a porta sem querer. Eu a vi deitada na cama esperando por ele nessa mesma posição.

— Ora, seu cretino! Quem manda entrar onde não deve? — Fingindo estar nervoso, Gustavo pegou um punhado do orégano que usariam para temperar o frango e atirou no irmão.

Eles continuaram rindo e brincando. As energias salutares do ambiente elevavam as vibrações de todos eles. Com as rixas e os ressentimentos temporariamente deixados de lado, dois espíritos que estavam presentes tiveram melhor acesso para lhes aplicar um passe fluídico, fazendo-os se sentirem ainda melhores.

De fato, a vida pode ser muito diferente quando mudamos nossa postura, deixamos de levar tudo a sério e tratamos a nós mesmos e aos que nos cercam com mais alegria e bom humor.

Quando saímos da negatividade, da rigidez, das cobranças, das falsas posturas que nos ensinaram a assumir e passamos a olhar com carinho para os verdadeiros anseios de nossa alma, a vida torna-se mais gostosa e prazerosa. E, já que reencarnamos com o direito do livre-arbítrio, é fundamental que cada um sempre faça a melhor escolha a seu favor.

CAPÍTULO 13

Enquanto Inácio e seus filhos preparavam o jantar, a mais de mil quilômetros de distância dali, Débora pensava neles e tentava imaginar o que estariam fazendo. Desde que chegara à instituição em que se encontrava atualmente, não havia muito o que fazer nem no que pensar, por isso direcionava sua mente para o marido e os filhos. Eles eram e sempre seriam sua razão para viver.

O celular de Débora estava ao lado de sua mesinha de cabeceira. Era tão simples pegar o aparelho e telefonar para casa ou enviar uma mensagem de texto ou de áudio. Da última vez em que conversara com Maria Júlia, a menina insistira em uma ligação por videoconferência, de forma que pudessem se ver enquanto dialogassem. Sua filha caçula dissera que gostaria de conhecer fotos da nova casa da mãe ou vê-la junto de Cleiton, e Débora precisou usar de todos os argumentos plausíveis para convencê-la a desistir de seu intento.

Sabia que, aos poucos, as ligações iriam diminuir. Isso já estava previsto desde que começara a arquitetar o plano. Com o tempo, substituiria os telefonemas por mensagens de texto, pois não queria que os filhos notassem a diferença em sua voz. Haveria um momento em que não poderia mais atendê-los, caso ligassem, simplesmente por não estar em condições de ouvi-los. E, principalmente, deveria ignorar Inácio de todas as formas, pois ele seria o primeiro a perceber que algo errado estava acontecendo.

Deitada em uma cama forrada com lençóis brancos, que ficava no meio de um quarto igualmente branco, Débora escutava os estalidos ritmados do relógio de ponteiros preso em uma das paredes. À sua frente, encontrava-se uma televisão, a que ela mal assistia. Do outro lado da cama, havia revistas em um cesto de vime e seu *notebook* sobre uma pequena mesa de cabeceira. Do outro lado da janela, havia um lindo jardim, onde ela poderia se distrair quando desejasse.

Eram várias as opções disponíveis de passatempo. Mesmo assim, Débora tinha a impressão de que as horas não passavam naquele lugar. Sua vida sempre fora muito dinâmica, muito agitada. Deslocava-se de uma escola a outra, elaborando diversos cardápios e menus alimentares para os alunos, e, quando chegava em casa, desdobrava-se para auxiliar Alcione nas tarefas domésticas ou para passar alguns momentos com os filhos, já que Inácio chegava muito tarde do escritório.

Absorta em seus pensamentos, Débora pegou o celular e abriu o álbum de fotos. Fazia aquilo quase todos os dias. Quando via o rosto sorridente dos filhos ou o olhar penetrante e sensual de Inácio, sentia-se mais animada. Havia algumas fotos em que todos eles estavam juntos, nas raras ocasiões em que o marido conseguia uma brecha do trabalho. Ela sentia os olhos lacrimejarem ao vê-los tão felizes naquelas imagens, simplesmente porque não tinha certeza de quando voltaria para casa. Se é que retornaria um dia.

Só Deus conhecia o futuro e apenas Ele sabia o que viria pela frente. Será que Inácio voltaria a fazer as pazes com os filhos? Ela rezava todos os dias para que isso acontecesse. Sem ela, só tinham uns aos outros, e era inútil perderem tempo com brigas desnecessárias. Também refletia se o marido conheceria outra mulher. Fora ela mesma, antes de viajar, quem lhe dera essa sugestão. Era provável que ele se apaixonasse por outra pessoa, uma vez que ela supostamente estava envolvida com outro homem, dando a entender que nunca mais reatariam o casamento. Inácio era muito bonito, inteligente, financeiramente estável e bastante romântico. Precisava de mais do que um ombro amigo para ajudá-lo a juntar os pedaços de seu coração partido. Ele necessitava de uma mulher que o amasse de verdade, do jeito que ela o amava.

Só Deus seria testemunha do quanto ela sofreria se isso acontecesse. Seria admitir sua última derrota, entretanto, ela não queria que ele continuasse sozinho. Não tinha certeza de quanto tempo viveria nem se estaria viva para conhecer a nova madrasta dos filhos. Só esperava que fosse uma boa mulher e que as crianças gostassem dela também.

— Amo muito vocês — ela murmurou para as fotos que apareciam na tela do celular. — E espero que um dia possam me perdoar pelo meu ato de covardia.

Afinal, não fora covarde ao fugir do seio familiar? Não soubera lidar com a situação sozinha, mas também não pedira ajuda àqueles a quem tanto amava. Se tivesse dito a verdade a Inácio, teria sido diferente? Será que a descoberta de sua doença seria um forte pretexto para que ele ficasse mais tempo em casa e menos no trabalho?

Descobrira que estava com câncer de pâncreas havia dois meses. A princípio, sintomas como dores nas costas e na barriga não a preocuparam muito. Nunca tivera qualquer problema de saúde e achava que a causa do mal-estar se devia à sua frenética rotina diária. Por ser nutricionista, sabia alimentar-se bem, assim como também estava ciente de que isso não adiantaria muito se o corpo não gozasse do descanso necessário.

As dores, contudo, intensificaram-se. Junto com elas, seu corpo começou a coçar em pontos específicos, como peito, costas e coxas. Chegou a pensar que estivesse com alguma alergia ou urticária e decidiu ir ao médico. Os resultados dos exames, infelizmente, não foram nada animadores.

Débora empalidecia a cada instante, enquanto ouvia o médico lhe dar as más notícias. Explicou que o câncer de pâncreas é de difícil detecção e que, quando os sintomas surgiam, como as dores que ela vinha sentindo, é porque seu estágio já avançara bastante. O órgão estava bastante afetado pela doença. Havia casos em que a cirurgia radical, para a remoção completa do tecido tumoral, por meio da retirada parcial ou total do pâncreas, surtia efeitos positivos, mas, no caso de Débora, essa possibilidade era inútil. O médico indicou-lhe sessões de quimioterapia, e ela sabia o quanto esse tipo de tratamento era agressivo ao organismo.

Desde então, Débora nunca mais foi a mesma pessoa. Em casa, mascarava seus sentimentos para que o marido e os filhos não notassem nada. Deu certo na maioria das vezes, já que Maria Júlia, quando não estava na escola, ficava fechada em seu quarto conversando com as amigas por telefone ou decorando as falas de sua personagem no teatro. Ethan era o que menos parava em casa, pois dizia estar na casa de amigos estudando. Gustavo, quando não ia à universidade, saía com a namorada. Inácio voltava tarde da noite, pronto para tomar banho, jantar e cair no sono. Eles raramente notavam sua expressão e, quando percebiam algo, ela mentia, dizendo que estava cansada demais naquele dia.

Muito mais sensível e perceptiva do que os outros, Alcione sempre a questionava se estava tudo bem, ao que Débora fingia um sorriso e respondia que sua governanta estava enxergando problemas onde não havia. Repetia que estava cansada, porque trabalhava bastante, embora não de maneira exagerada como Inácio. Não tinha certeza se conseguira convencer Alcione em todas as ocasiões em que fora abordada, mas nunca houve perguntas mais diretas ou taxativas.

Seu médico lhe dissera que o tratamento precisava começar o quanto antes. Relutante, Débora o adiou. Quando ele lhe mostrou os resultados

dos exames de tomografia e cintilografia, sinalizando os locais aos quais a doença chegara, ela ficou desesperada. Era quase como ter ouvido que tinha pouco tempo de vida pela frente. Ele também fora sincero ao revelar que nem com todas as sessões de quimioterapia feitas à risca haveria alguma garantia de sobrevivência ou de cura total.

Foi quando ela teve a repentina ideia de se tratar em um lugar longe da família, pois não queria que os filhos e o marido sofressem junto com ela, ao vê-la debilitando-se aos poucos. Amava-os demais para presenciar lágrimas de tristeza, dor, medo e preocupação em seus olhos. Foi por isso que criou a versão fantasiosa de que conhecera e se apaixonara por um homem, com o qual moraria em Curitiba. Escolhera uma cidade ao acaso, pois não queria confidenciar que estaria em Porto Alegre.

Isso valeria como um alerta a Inácio, que realmente nunca tinha tempo para ouvi-la. Quantas não foram as vezes em que quis se abrir com ele, lhe expor o câncer e o pavor que ela sentia e lhe dizer que estava horrorizada ante a possibilidade de morrer aos quarenta e três anos? Contudo, sempre que se sentia encorajada a falar, flagrava-o lendo processos, mandando e-mails para os sócios, elaborando petições e explicando o andamento do caso a algum cliente. E isso a desanimava completamente.

Talvez tivesse que sofrer sozinha e calada. Se falasse em justiça, era possível que aquela fosse a atitude mais justa a ser tomada. Por que os faria sofrer com ela, se todos eles estavam saudáveis? Não seria egoísmo de sua parte ver cada rostinho amado chorando abertamente ante a possibilidade de que a mãe fosse morrer? Será que não seria mais fácil simplesmente sair de cena, dando-lhes a ideia fictícia de que deixaria a casa porque estava apaixonada por um sujeito que jamais existiu?

No fim da história, foi inevitável vê-los chorar. Ela, contudo, sabia que era diferente. Os filhos pensariam apenas que ela queria ser feliz de outro jeito ou, no máximo, que eles a desapontaram devido a algum mau comportamento. Inácio se veria arrependido por ter se tornado um advogado viciado no trabalho e triste por imaginar que ela o traíra com outro. Só Deus sabia o quanto ela o amava e que nunca cogitara o adultério, nem mesmo em pensamento.

No último dia em que os viu, antes de embarcar, teve vontade de lhes dizer a verdade e ficou arrasada por ir embora e deixá-los para trás, soluçando em meio a um vale de lágrimas. E antes disso, na véspera, quando conversara com Inácio, sentiu-se a pior das mulheres por ver o quanto ele estava arrasado. Só esperava que tivesse sido convincente até ali e que eles jamais descobrissem a verdade. Não suportaria a ideia de morrer sendo odiada por eles e acusada de mentirosa e traidora. E, principalmente, se eles nunca a perdoassem por tê-los enganado.

Colocou o celular de volta sobre a mesinha, sentindo o rosto úmido de lágrimas. Ela descobrira aquele hospital para tratamento de pacientes com câncer no site do seu convênio médico. Tinha o plano superior, que lhe concedia atendimento e benefícios exclusivos. Não fora difícil convencê-los de que desejava se tratar no sul do país, porque tinha parentes na cidade, o que era outra mentira. Assim que chegasse e se internasse, seu tratamento começaria imediatamente. Se a situação fosse outra, ela faria as sessões de quimioterapia e seria liberada em seguida para retornar para casa. O médico de São Paulo, no entanto, enviou à unidade de Porto Alegre um relatório minucioso, no qual ressaltava o estágio delicado do quadro clínico de Débora, que poderia se fragilizar ainda mais após a primeira sessão. Seu plano cobriu a internação contínua, e Débora ficaria lá enquanto o tratamento durasse, ou até que seu corpo não mais suportasse.

Desde sua chegada à clínica, Débora já fora submetida a duas sessões de quimioterapia. As dores estavam ficando cada vez mais intensas, sua urina escurecera, a coceira continuava a incomodá-la, e as dores na barriga e no tórax chegaram ao ponto de se tornarem insuportáveis. Ela recebia outras doses de medicamentos que funcionavam como um paliativo para acalmar o mal-estar e as dores, e tudo isso já estava afetando outras áreas de seu corpo. Seu rosto, cada vez mais abatido, demonstrava sinais de visível piora, e sua voz tornara-se mais fraca e rouca.

Era por isso que Débora não pretendia mais telefonar para os filhos, assim como não mandaria fotos suas nem faria chamadas de vídeo. Seu contato com a família se limitaria a textos curtos. E, quando seus cabelos começassem a cair, o que deveria estar prestes a acontecer, talvez nem isso acontecesse mais, pois estava convicta de que não teria ânimo para mais nada, nem mesmo para se lembrar das pessoas que mais amava.

★★★★

Silvinha chegou pontualmente às vinte horas, conforme havia anunciado. Foi recebida à porta pelo próprio Inácio, que fez questão de não esconder uma careta de desgosto ao vê-la parada à porta, usando calça e blusa brancas. Como sempre, a mulher estava usando duas fileiras de colares prateados no pescoço.

— Sua governanta não recebe mais os convidados? — Sem qualquer tipo de cumprimento mais formal, Silvinha foi entrando na casa.

— Os convidados ela recebe, sim — respondeu Inácio fechando a porta. — Acontece que você não foi convidada. Está aqui unicamente por falta de ter o que fazer em casa.

Silvinha revirou os olhos com impaciência, mas sem deixar de notar que a aparência do genro estava um tanto melhor do que quando o vira pela última vez. Será que já estaria recuperado da separação? Tinha certeza de que o veria chorando e se lamentando pela ausência de Débora durante uns seis meses, no mínimo. Ou pior, será que ele já teria trocado sua filha por uma rameira qualquer? Isso ela descobriria naquela noite.

— Sinto um cheiro fraco e pouco atraente de galinha assada — ela comentou inalando o aroma que pairava no ar. — É isso que temos para o jantar?

— Provavelmente, assamos uma irmã gêmea sua. Não se debulhe em lágrimas por vê-la tostada sobre a mesa.

Rindo por vê-la furiosa, Inácio seguiu até a sala de jantar, onde os três filhos já estavam sentados à mesa. Usaram uma toalha de linho bege, pratos de porcelana novos e copos altos e bem trabalhados. À mesa, estava a bandeja com o frango, duas travessas com as saladas e outras com o arroz e o feijão. A bebida servida seria a limonada que se encontrava em uma jarra transparente.

— Boa noite, vovó — cumprimentou Gustavo. — Preparamos o jantar a oito mãos. Todos nós ajudamos. Espero que goste.

— Alcione não está — completou Maria Júlia, antes que Silvinha perguntasse. — A comida parece estar mais saborosa do que poderíamos imaginar.

— Pelo menos, ficou bonita — enfatizou Ethan. — O papai acha que já podemos abrir nosso próprio restaurante.

Com apenas uma sobrancelha erguida, Silvinha lançou um olhar indagador a Inácio. Algo estranho acontecera naquela casa. Lembrava-se muito bem de que, no almoço que acontecera semanas atrás e em que Débora comunicara sua decisão, Inácio ficara mortificado e os filhos o desprezaram por completo. Agora, todos pareciam felizes e sorridentes, como em uma propaganda. O que dera neles?

— Não fique aí em pé feito uma estátua. — Inácio sentou-se e indicou-lhe uma cadeira vaga. — Experimente nossa refeição. Fizemos com todo o carinho.

— E muita diversão. — Maria Júlia mostrou um largo sorriso para a avó e completando: — Acho que eu nunca ri tanto em minha vida.

— Vocês me fazem pensar que colocaram algo suspeito na comida. — Contrariada, Silvinha sentou-se.

— Para que você caia dura aí mesmo e seja levada diretamente ao necrotério? — Rindo muito, Inácio começou a destrinchar o frango. — Não faríamos isso, até porque, nesse horário, o serviço da prefeitura chamado Cata-Bagulho não funciona mais.

Todos explodiram em uma gargalhada descontraída, fazendo Silvinha corar de ódio. Que palhaçada era aquela? Será que Inácio fizera alguma lavagem cerebral em seus netos, colocando-os contra ela? Ou será que eram tão estúpidos a ponto de não relacionarem o fato de terem perdido a mãe aos desacertos constantes do pai e à sua ganância em querer ganhar muito trabalhando demais? Se eles não perceberam isso, ela faria questão de lhes contar tudo, colocando um fim às provocações de Inácio.

— Vejo que estão muito felizes! Estão bem diferentes de quando os vi pela última vez — comentou Silvinha, medindo cuidadosamente suas palavras. — Aliás, que comidinha simples que vocês fizeram. Não tinham outras opções?

— Experimente antes de começar a reclamar — interveio Inácio.

Silvinha serviu-se e, quando experimentou a primeira porção, torceu o nariz.

— Esse frango está mais salgado do que dez quilos de bacalhau. Isso sem falar que o arroz e o feijão estão duros como pedregulhos. Chamam isso de comida?

— Ninguém sabia cozinhar — justificou Maria Júlia. — Fizemos nosso melhor.

— Não se preocupe, minha filha. Ela está tentando frustrar vocês e fazer com que se sintam incompetentes — contemporizou Inácio.

— Quem seria o incompetente aqui? — Silvinha sorriu com deboche. — O homem que levou um par de chifres e que não conseguiu segurar a esposa em casa? Ou o pai de família, que nunca se importou realmente com os filhos, pois preferia dar chupeta e mamadeira para os clientes?

— Não tente estragar nossa noite — Inácio falou entredentes.

— Só porque estou dizendo a verdade? — Percebendo que estava ganhando a atenção dos netos, Silvinha não se deteve: — Ou será que essa história de trabalhar muito sempre foi uma grande mentira? Não me surpreenderia se você nos contasse que tem ou teve uma amante e que era por causa dela que chegava tarde em casa. Admita, querido genro, que você sempre traiu a minha filha, não foi?

— Basta! — Irritado, Inácio deu um soco na mesa, assustando Ethan e Maria Júlia. — Débora sabe que eu nunca a traí! Poupe-nos de seu veneno. Se não gostou da comida, tudo o que tem a fazer é dar meia-volta e retornar para o lugar de onde veio.

Longe de se sentir abalada, Silvinha brincou com os cabelos curtos e loiros.

— A verdade dói, não é mesmo? Penso até que se trata de algo hereditário, Inácio. Se seu pai, aquele velho safado com complexo de juventude, vive pegando as mocinhas recém-saídas da adolescência, por que com o filho seria diferente? Aposto até que dividia as amantes com Benjamim.

— Saia da minha casa! — Explodindo num acesso de fúria, Inácio levantou-se e apontou o dedo para a porta. — Não a quero aqui dentro. Débora foi embora, portanto, não sou obrigado a aguentar a presença da delinquente da mãe dela.

— Não vou sair. — Silvinha permaneceu sentada e ainda cruzou as mãos ao lado do prato. — E eu sei muito bem quais são suas intenções. Durante algum tempo, fingirá que é o melhor amigo dos seus filhos, apenas para convencê-los de que está mudado. Possivelmente, está ficando mais tempo em casa. Com certeza, você os convidou para ajudá-lo a preparar essa comida insossa, que eu não daria nem para um cão de rua, porque tinha a pretensão de se aproximar deles. E, pelo jeito, até aqui tudo deu certo.

— Foi exatamente isso o que aconteceu — confirmou Gustavo.

— Eu sei que foi. Sou uma mulher muito vivida.

Na realidade, não era preciso ter muita esperteza para concluir que era por aquele caminho que Inácio tentaria seguir. Sem a esposa, seu único consolo seria se reconciliar com os filhos.

— Por que você acha que o papai não está mudando de verdade? — Quis saber Ethan, indignado com o que estava ouvindo.

— Amorzinho, já ouviu alguém dizer que pau que nasce torto morre torto? — O sorriso de Silvinha alargou-se. — Seu pai nasceu tão torto quanto o número oito e não há mais como se endireitar. Ele os fará acreditar em mudanças, que nunca virão completamente. E nada me tira da cabeça a certeza de que ele tinha uma amante. Possivelmente, era com ela que Inácio passava suas noites, enquanto vocês ficavam aqui, torcendo para ele que chegasse mais cedo e pudessem conversar sobre as novidades do dia.

— Silvia, se você não se retirar da minha casa, serei capaz de colocá-la para fora à base de chutes — ameaçou Inácio, pálido de raiva.

Ela encarou-o com um sorriso dissimulado nos lábios. Para irritá-lo ainda mais, permaneceu calada por alguns instantes, apreciando as unhas bem-feitas. Por fim, levantou-se e, propositadamente, bateu a mão em seu prato de comida, fazendo-o cair e se transformar em cacos no chão.

— Caiu sem querer — murmurou ironicamente. — Não tem problema, porque nem posso chamar essa lavagem de comida. Você vai limpar, não é mesmo, genrinho?

— Nunca mais ouse colocar seus pés aqui! — berrou Inácio, colérico.

Silvinha sorriu e fez menção de que iria se afastar. Deu apenas dois passos, quando se virou. E desta vez encarou os netos, que continuavam calados, estarrecidos com a cena.

— Débora me ligou ontem. Ela chorava tanto que meu coração se comoveu. Afinal, ela é a minha filha e a amo muito.

Obviamente, aquilo não era verdade. Ela só conversara uma vez com a filha após ela se mudar de cidade. Depois disso, quando tentou entrar em contato diariamente, Débora bloqueou seu número e fez o mesmo quando Silvinha tentou contato a partir de um número novo. Tal atitude chocou tanto a elegante senhora que até hoje não compreendera direito o que dera na cabeça da Débora para morar em outro estado com um amante.

— Por que ela estava chorando? — inquiriu Gustavo.

— Ela quase não nos telefona — contou Maria Júlia. — Parece até que está com raiva de nós.

— Débora nunca teria raiva de vocês. — Agora, a voz de Silvinha parecia repleta de compaixão. — O motivo de tal comportamento se chama Inácio, porque foi ele que a proibiu de conversar com vocês. Ele acha que, já que ela foi embora, perdeu todos os direitos maternos. Além disso, como conseguirá uma reaproximação se vocês continuarem mantendo contato com Débora? Percebam que se trata de um jogo de interesses.

— Eu amo meus filhos! — gritou Inácio, sentindo gana de esganar a sogra. — Não acreditem no que ela está dizendo, porque de longe se notam as mentiras.

— Nunca terão Débora de volta enquanto se aliarem a Inácio. Vocês perderam Débora por culpa dele. O pai de vocês é o responsável por tudo. A família inteira foi desestruturada pelo fato de ele trabalhar demais e por ter uma amante. Débora e vocês são as grandes vítimas em tudo isso.

— Isso faz sentido! — A expressão de fúria ficou visível no rosto de Ethan, quando ele olhou para o pai. — Você está mentindo para nós. É por isso que começou a ofender a vovó desde que ela chegou para jantar. Está tentando tirar do seu caminho todas as pessoas que nos amam, somente para que a gente o perdoe pelo que fez.

— Meu filho, como você pode dar crédito a essas bobagens? Não vê que ela está envenenando vocês contra mim? — Inácio já estava desesperado.

— Ethan, meu querido, você sabe que amo Débora, pois é a única filha que tive e jamais usaria o nome dela para levantar falso testemunho — garantiu Silvinha.

— Pensei que voltaríamos a ser os amigos que éramos muito tempo atrás, quando eu ainda era criança. — Ethan pulou da cadeira, com os olhos inflamados de revolta. — Odeio você por ter mentido para nós, por ter enganado a mamãe e a feito sofrer até ela não aguentar mais e sair de casa.

Ethan correu na direção das escadas, Maria Júlia manteve-se de pé. Gustavo continuava sentado, sem conseguir esboçar reação.

— Pensem com carinho em tudo o que eu lhes disse — finalizou Silvinha. — Sabem onde eu moro e têm os números dos meus telefones. Podem me procurar, caso sintam necessidade de desabafar. E eu ficaria muito feliz se viessem morar comigo.

Ela saiu logo depois. Inácio olhou para a mesa posta, para a refeição que mal fora tocada, para a comida que jazia no chão em meio a cacos e para as expressões indecifráveis dos filhos. Como sua cabeça estava explodindo de dor, ele sentou-se, derrotado.

— Vocês também acreditam nela, não é? — balbuciou Inácio com um nó na garganta.

— Não acho que você tenha uma amante. Penso que a vovó exagerou — comentou Maria Júlia.

— Também não acredito que você tenha proibido a mamãe de nos telefonar. Você nunca fez qualquer comentário a esse respeito — atalhou Gustavo.

— Só o que desejo é que Débora volte para casa. Eu nunca diria isso. Juro para vocês. Se não quiserem me perdoar por ter sido tão ausente ou desejarem me tratar como Ethan acabou de fazer, sintam-se à vontade. No entanto, não me acusem por coisas que não fiz. Não mereço pagar por crimes dos quais sou inocente.

Desalentado, Inácio enterrou o rosto entre as mãos. Tinha certeza de que, quando voltasse a olhar, se veria sozinho na sala. Por isso, surpreendeu-se ao sentir mãos mornas acariciando sua cabeça. Ao erguê-la, viu que Gustavo e Maria Júlia ainda estavam ali. O filho mais velho estava parado atrás dele.

— Vocês também não querem me xingar e sair correndo?

— Não faremos isso de novo. — Gustavo colocou ambas as mãos nos ombros de Inácio. — Eu já o tratei mal e não quero repetir esse comportamento. Quero ter por perto a presença do meu velho, que sempre me fez tanta falta. E sei que você está se esforçando de verdade para mudar isso.

— Concordo com o Gu. — Maria Júlia aproximou-se e pousou um beijo na testa do pai. — A vovó nunca gostou de você e ficou com raiva porque nos viu alegres e unidos. Ethan não deveria ter acreditado nela, mas, já que o fez, paciência. É um problema dele.

— Estamos juntos, camarada. — Sorriu Gustavo. — E, juntos, somos mais fortes.

Inácio levantou-se, enxugou os olhos lacrimejantes e abraçou-os tentando sorrir.

— Muito obrigado por terem acreditado em mim. Eu os amo muito.

— Nós também — devolveu Maria Júlia. — Vamos tirar a mesa e limpar a bagunça?

E, juntos, os três começaram a trabalhar, tentando dissolver da mente as palavras ácidas e cruéis de Silvinha.

CAPÍTULO 14

Ethan bateu a porta do quarto atrás de si, trancou-a por dentro, arrancou os óculos do rosto e jogou-se sobre a cama. Deu vários socos nos travesseiros, tentando extravasar a raiva que sentia. Se pudesse, quebraria todos os objetos à sua frente e só não o fez porque lhe pertenciam.

Lágrimas de ódio vertiam de seus olhos, pingando sobre as fronhas azul-bebê. Seu pai não tinha o direito de enganá-lo, de tentar afastá-lo e de afastar os irmãos do contato com Débora. Será que ninguém percebia que ele estava sofrendo sem a presença da mãe? Será que o pai não desconfiava de que só ganharia um inimigo dentro da própria casa, se continuasse com suas mentiras e falsidades? Ainda bem que tinha a avó para lhe abrir os olhos.

Ficou esperando que o pai ou os irmãos fossem procurá-lo, mas ninguém apareceu, o que só colaborou para deixá-lo ainda mais nervoso. Gostava de ser consolado, e nem para isso Inácio servia. Se o pai esperava que ele fosse procurá-lo para se desculpar, estava redondamente enganado.

Quando se acalmou, Ethan sentiu uma vontade terrível de fumar um cigarro, daqueles que adquirira com Tuca. Poderia sair de casa, pegar um ônibus qualquer e encontrar um canto mais afastado em que ninguém o incomodasse enquanto estivesse fumando. Seus amigos da escola o apresentaram a alguns desses locais, que iam de estações de trens a praças públicas. Não que fosse proibido fumar na rua, mas não queria ser abordado por nenhuma viatura policial.

Ele desceu da cama e foi até o guarda-roupa. Tirou uma das gavetas do lugar e enfiou a mão pelo vão que se abrira. Lá no fundo, preso estrategicamente à madeira do móvel, estava uma embalagem de papel, bem fechada, com os baseados que sobrara. Ethan sabia que ainda restavam três e que muito em breve precisaria retornar à comunidade para efetuar uma nova compra.

Seu consumo crescera nas últimas semanas. Antes, fumava apenas quando queria ficar "doidão" ou para esquecer seus problemas pessoais. Raramente, acendia mais de dois cigarros por semana. O último lote que adquirira continha quinze unidades, que mal deram para um mês.

Descolou o pequeno pacotinho das fitas adesivas que utilizara para prendê-lo, retirou um dos cigarros e recolocou o pacote no mesmo lugar. Também encaixou a gaveta em seu local de origem. Com tudo novamente organizado, ele encontrou um pequeno isqueiro que costumava deixar guardado dentro de um dos seus muitos tênis. Colocou tudo no bolso da bermuda, apanhou o documento e o bilhete para pagar o ônibus. Não levaria relógio para evitar ser assaltado ou furtado outra vez.

Passava das vinte e uma horas. Ethan sabia que, logo mais, a casa estaria imersa na escuridão e no silêncio. Todos dormiam muito cedo, com exceção de Alcione, que costumava ficar acordada até mais tarde. Como ela estava ausente, poderia sair sem ser incomodado. Se voltasse muito tarde, bastaria dizer ao pai que se sentira mal e daria um "perdido" na escola. E, assim, poderia dormir até altas horas no dia seguinte.

Por outro lado, tinha outro dilema. Precisava de mais dinheiro para pagar a compra anterior que fizera com Tuca e reservar novos baseados. O traficante sempre vendia fiado, confiando que receberia o pagamento no prazo determinado. E, segundo o que lhes disseram seus amigos, era melhor dever ao demônio do que àquele traficante. Tuca sabia onde ele morava e com quem residia, pois certa vez mandara um dos seus ajudantes seguir Ethan. E as ameaças, caso houvesse calote, incluíam desde sequestro e tortura a violentos assassinatos.

Onde poderia conseguir dinheiro? Ainda faltava uma semana para receber a próxima mesada do pai. Deveria ser ousado o bastante para pedir-lhe um adiantamento? Será que Inácio lhe faria esse favor, após a discussão que haviam acabado de travar durante o jantar? Além disso, se pedisse dinheiro, seus irmãos ficariam de orelhas em pé. Gustavo era muito esperto e desconfiaria de que algo estava estranho, afinal, Ethan, aparentemente, nunca comprava nada que justificasse esgotar sua mesada antes de receber a nova quantia no mês seguinte.

Foi então que a imagem de uma pessoa estalou em sua mente. Lembrou-se de Zack, o estranho que conhecera no ônibus e que lhe oferecera um emprego, garantindo-lhe que era possível ganhar dinheiro facilmente. Era exatamente isso de que ele precisava. Se não conseguisse juntar a tempo o valor que devia a Tuca, era melhor cometer suicídio. O perigo de dever a pessoas daquela espécie era ficar nas mãos delas.

Não teve dificuldades de encontrar o cartão que Zack lhe dera, pois sabia muito bem onde o guardara. Usou o telefone fixo da casa e, por meio da extensão que havia em seu quarto, fez a ligação. O aparelho possuía um painel de identificação, em que uma luz verde seria acesa caso alguém mais estivesse ouvindo a conversa. Se isso acontecesse, ele desligaria imediatamente.

Ethan recolocou os óculos e discou. Uma voz masculina cansada e arrastada atendeu após o quarto toque:

— Quem se atreve a me telefonar neste horário? Após as vinte e uma horas, não atendo nem ligação do papa.

— Zack, é você? — sussurrou Ethan.

— Depende de quem esteja ligando.

— Acho que você se lembra de mim. A gente se conheceu dias atrás, e você me deu o seu cartão — Ethan citou o nome da comunidade em que estiveram e a linha do ônibus na qual se encontraram. — Consegue se lembrar agora?

A voz de Zack transformou-se de pastosa para eufórica.

— Opa! Achei que você jamais fosse me telefonar, garoto.

— Queria saber se você ainda tem uma vaga para mim em sua empresa.

— Claro que sim. Sua vaga está aqui, reservada para você. Quando deseja vir conhecer?

Quando ia responder, ouviu uma voz resmungar algo para Zack. A frase não foi mais do que um murmúrio, de forma que Ethan não conseguiu identificar se a voz era de um homem ou de uma mulher. Fosse quem fosse, deveria estar na cama com Zack.

— Hoje está muito tarde, né? — Ethan iria naquele mesmo momento, se fosse preciso. Seu pai que se danasse!

— Que garotinho apressado! Gosto disso! — Riu Zack do outro lado da linha. — Hoje realmente está tarde, mas podemos marcar no próximo sábado. Que tal? Tenho certeza de que você não terá aula nem nada de muito útil para fazer.

— Perfeito! Qual é o endereço?

— Você comentou com alguém a meu respeito? — Zack replicou com outra indagação. — Sua família, algum amigo da escola...?

— Juro que não. Ninguém sabe que estou ligando para você.

— Vejo que está ligando de um telefone fixo. É da sua casa?

— Sim. Estou em meu quarto, onde ninguém consegue me ouvir.

Do outro lado, Zack bufou. Que menino idiota! Agora seria obrigado a trocar de número, pois aquele, para o qual Ethan discara, estaria registrado na próxima conta de telefone que a família dele receberia.

— Vou passar o endereço a você, mas venha sem fazer alarde. Não comente com ninguém. E não é preciso dizer que deverá vir sozinho.

Por um instante, Ethan sentiu medo. Tudo estava muito enigmático. E se fosse alguma armadilha? Afinal, o que conhecia sobre aquele sujeito? Entretanto, ele não poderia ser pior do que Tuca. Com certeza, não iria sequestrá-lo e vendê-lo para o tráfico internacional de seres humanos. Nem o devorar vivo, como um canibal.

Zack deu-lhe um endereço, logo após Ethan falar que estava com caneta e papel em mãos. Certamente, não dera o endereço correto de sua empresa, e sim um local próximo onde pretendia encontrá-lo. Não tinha provas de que o menino estivesse dizendo a verdade nem que uma pessoa estivesse acompanhando a ligação. Segurança e cautela nunca foram demais em sua área de atuação.

— Então, está marcado para sábado, às nove da manhã. Tudo bem para você?

— Sim, Zack, está ótimo! Não vou me atrasar.

— E repito: venha sozinho. Lembre-se de que minha empresa não está totalmente registrada perante a justiça e não quero problemas com o governo. Você entendeu?

— Entendi! Ninguém ficará sabendo de nada. Tenho apenas uma pergunta: se eu for aprovado para o serviço, quando acha que receberei meu salário ou parte dele?

— Se você for aprovado, já pode começar a trabalhar no próprio sábado e receberá seu pagamento antes de voltar para casa.

— Jura? — Por detrás das lentes dos óculos, os olhos de Ethan brilharam de empolgação. — Muito obrigado, Zack! Farei o meu melhor.

— Não tenho dúvidas disso.

Quando Ethan desligou, sorria de orelha a orelha. Se Zack realmente honrasse sua palavra, ele teria dinheiro para comprar novos baseados sem depender da mesada do pai e, quem sabe, até lhe sobrasse uma parte para comprar outro celular.

Mais tarde, quando se certificou de que a casa estava em silêncio, ele saiu sorrateiramente de seu quarto, ganhando a rua pouco depois.

O restante da semana transcorreu sem novidades. Na sexta-feira, um dia em que fazia um calor exagerado para o inverno, Márcia terminava de cobrar a compra de uma cliente. Assim que lhe devolveu a sacola com as roupas luxuosas que foram adquiridas, agradeceu:

— Muito obrigada por ter vindo! Tenho certeza de que voltará outras vezes.

— Na verdade, esta é a segunda vez que venho aqui. — A cliente sorriu. — Comprei com Sarah, a dona da loja. Você é a gerente?

Márcia não deixou o sorriso morrer.

— Sou sócia da Sarah. A loja é nossa.

— Que maravilha! Sarah é um amor de pessoa. Fez desconto nas duas calças que comprei. Onde ela se encontra, por falar nisso?

"A caminho do inferno, eu espero", pensou Márcia sendo perversa. Porém, em seu rosto imprimiu a mais sofrida das expressões ao falar:

— Sarah está internada. Teve intoxicação alimentar. Ainda não há previsão de alta. Rezo a Deus todos os dias para que ela seja liberada e volte a ficar conosco. — Piscou os olhos e baixou a cabeça. — Esta loja não é a mesma sem ela.

A cliente, penalizada, poderia jurar que Márcia começaria a chorar a qualquer momento. Pensou se deveria intervir, mas se viu sem reação e disse logo depois:

— Ela voltará, com certeza. Deus é muito poderoso. Vou colocar o nome dela em minha lista de orações.

Obrigando-se a não sorrir, Márcia imaginou aquela mulher tão distinta, cliente de uma butique de alto padrão, dobrando os joelhos enquanto rezava, lendo os muitos nomes anotados em uma folha de papel. Para ela, a cena deveria ser muito cômica.

— Vai dar tudo certo — anunciou Márcia quase às lágrimas. — Amo muito a minha sócia.

Ainda chocada, a cliente agradeceu e saiu, encontrando-se com um casal que acabava de entrar. O homem trocou algumas palavras com uma das vendedoras, que apontou para Márcia. Eles caminharam devagar até ela, olhando-a com atenção.

Ela também os fitava com curiosidade. Jamais estiveram na loja antes, pelo menos até onde ela soubesse. Memorizava o rosto de cada cliente que atendia, por isso seria difícil se esquecer do sujeito de cabelos grisalhos e pele muito escura, ou da mulher na faixa dos cinquenta anos, magra, bonita, baixinha e muito séria.

— Investigadores de polícia. — Ambos mostraram seus distintivos.

Márcia não conseguiu ler seus nomes, porque suas pernas simplesmente amoleceram e sua mente ficou embotada. Sabia que tinha empalidecido. Por um momento, imaginou que eles houvessem descoberto tudo e que lhe dariam voz de prisão.

— Você é Márcia, a dona da loja? — indagou a mulher.

— Sim. Minha sócia está internada — Márcia respondeu tentando não gaguejar.

— É exatamente por causa dela que estamos aqui — enfatizou o homem. — Tem algum lugar lá dentro onde possamos conversar com mais privacidade?

Márcia assentiu, sugando o ar com força. Estava convicta de que fora descoberta. Será que haviam prendido Dragão e ele tinha confessado que entregara o veneno a ela? Ou será que Sarah teria se recuperado e dito à polícia que desconfiava de que fora a sócia quem colocara a substância em sua vitamina?

Forçando as pernas a sustentá-la, fez um sinal para que o casal a acompanhasse. Passaram por uma sala menor, onde mantinham o estoque, e chegaram a um espaço amplo e bem decorado, onde Sarah projetara o escritório delas. Ali, Márcia indicou um sofá de couro para que eles se acomodassem e sentou-se em uma cadeira com rodinhas, mostrando um sorriso que nada tinha de verdadeiro.

— Aceitam água, chá ou um café? — ela ofereceu com cortesia.

— Não, obrigada. Fausto nos contatou. Ele é o irmão de Sarah, sua sócia — explicou a policial. — Ele é um grande cardiologista. Meu pai foi paciente dele.

— Eu o conheço — murmurou Márcia. Afinal, ambos haviam sido amantes.

— Ele desconfia de que existe algo muito estranho por trás do que aconteceu com Sarah. Os exames médicos, aos quais tivemos acesso, mostram que ela foi intoxicada por uma substância diluída em uma bebida. E tal substância tem sua comercialização proibida no Brasil, sendo seu manuseio não autorizado e considerado um crime grave.

Márcia confrontou o homem que falava calmamente, com olhos escuros e penetrantes, como se quisesse vê-la por dentro, e aguardou que ele continuasse:

— Foi a senhora quem prestou os primeiros socorros à sua sócia, pois ela se encontrava aqui quando se sentiu mal. — A mulher tirou alguns documentos de uma pasta. — Como a substância tem um efeito rápido no organismo, é evidente que ela também estava aqui quando ingeriu a bebida.

— Desculpe-me, mas não consegui ler o nome de vocês — interrompeu Márcia, tentando ganhar tempo. Sua mente trabalhava depressa, enquanto se esforçava para recuperar o autocontrole.

— Investigadores Ruy e Helena — ele respondeu pelos dois.

Helena estudava fixamente o semblante de Márcia, destacando:

— Reparei que a senhora ficou nervosa e muito lívida quando nos apresentamos. Aliás, ainda não parece totalmente recomposta.

— Com toda a razão. Quem não se assusta tendo a polícia à sua porta? — Márcia colocou a mão sobre o peito. — Meus batimentos cardíacos ainda não voltaram ao normal — Como queria saber da parte mais importante, questionou: — Eu sou suspeita? Acham que fui eu quem envenenou minha amiga?

— Conversamos com uma de suas duas vendedoras em um momento anterior a este — informou Ruy. — Não é difícil para a polícia descobrir determinados endereços. Ontem, estivemos na residência dela, que nos disse que ouviu uma discussão entre a senhora e Sarah, dias antes de ela ser internada. Parece que ela queria dissolver a sociedade.

— Qual delas lhes contou isso? — Márcia pousou as mãos sobre as coxas.

— Por questão de sigilo, não revelaremos nomes — esclareceu Helena. — Se isso for verdade, a senhora se torna, sim, uma suspeita. A principal, aliás.

— Estão me julgando mal. Amo minha sócia, como se fosse a minha irmã. Não vou negar que tivemos essa discussão, tanto que fui procurar um advogado chamado Inácio, para o qual expliquei a decisão de Sarah. Disse que ela desejava ficar com a maior parte da butique, o que seria injusto, visto que tenho cópias de todos os documentos iniciais. Nosso desentendimento foi por conta disso. — Recuperada do susto, Márcia conseguia, aos poucos, camuflar suas emoções. — Se tivéssemos que fechar o estabelecimento, faríamos isso, embora eu goste muito de trabalhar aqui. Todavia, eu jamais tentaria matá-la. Não sou uma assassina. Já devem ter pesquisado e comprovado que não há nenhuma restrição a meu respeito nos registros policiais.

— Não estamos duvidando de sua palavra — contrapôs Ruy.

— Vocês acabaram de me apontar como a principal suspeita de ter intoxicado a minha amiga, só pelo fato de eu ter discutido anteriormente com ela ou por ter fácil acesso à vitamina que ela tomou. — Demonstrando irritação, Márcia levantou-se, jogando para trás seus longos cabelos loiros. — Saibam, senhores, que as mesmas vendedoras que falaram mal de mim também estavam na loja quando Sarah passou mal. E as duas também poderiam chegar à geladeira onde a vitamina estava sem que ninguém desconfiasse.

Ruy e Helena também se levantaram. Por experiência própria, sabiam que a reunião chegara ao fim. Márcia continuava falando:

— Sou apenas uma empresária, que reza dia e noite pela recuperação de Sarah, assim como peço aos céus que possamos fazer as pazes e que ela desista de diluir a nossa sociedade. Não tenho contato com criminosos nem com o mercado negro. Jamais arriscaria meu nome e a minha reputação por causa de algo tão tolo. — Ela abriu os braços para mostrar o entorno. — Investiguem toda a loja, se quiserem, mesmo que não tenham um mandado. Ou compareçam quando desejarem à minha casa e façam uma busca completa por lá também.

— Nossa conversa está encerrada. — Helena terminou de guardar os últimos papéis em sua pasta e deu um cartão a Márcia. — Aí estão os nossos contatos, caso queira nos informar sobre algo. Agradecemos sua atenção. Retornaremos quando for necessário.

— Façam isso, mas já lhes aviso que, na próxima vez, não conversarei com vocês sem a presença de um advogado — alertou Márcia, demonstrando estar furiosa.

Depois que os investigadores saíram, ela foi ao banheiro e lavou o rosto várias vezes. Por dentro, ainda estava trêmula. Nunca poderia imaginar que a polícia chegaria a ela tão rapidamente. Bastaria uma investigação mais aprofundada para descobrirem a verdade.

Teria de agir e depressa! Sabia que soaria intrigante o fato de ela procurar as vendedoras e lhes fazer perguntas. Uma delas poderia informar aos policiais que fora questionada pela patroa. Logo, abordar as funcionárias estava fora de cogitação.

Teria, contudo, que descobrir qual delas denunciara sua discussão com Sarah para dar-lhe o troco. Detestava pessoas traidoras e fofoqueiras. Também precisava neutralizar a sócia, antes que ela recuperasse a fala e a acusasse também.

Com as ideias se formando velozmente em sua cabeça, Márcia concluiu o que deveria fazer. Precisaria mais uma vez da ajuda de Dragão. Se seus planos dessem certo, eliminaria duas coelhinhas com uma só paulada e ainda desviaria o foco da polícia de seu nome. Deveria usar de toda a sua astúcia e inteligência para que tudo saísse a contento.

CAPÍTULO 15

Ao fim da manhã daquele mesmo dia, Gustavo colocou os óculos escuros assim que saiu do prédio em que estudava. O calor estava intenso, considerando que ainda estavam a quatro meses do verão.

Viu vários outros alunos espalhando-se pelo gigantesco terreno da USP. Muitos entravam em seus carros ou nos veículos de alguém que vinha buscá-los. Gustavo pensou que já estava na hora de ter seu próprio meio de condução, pois era complicado depender do transporte público. Estava ansioso pela maioridade, pois a primeira coisa que faria ao completar dezoito anos seria tirar sua carteira de motorista e convencer o pai a ajudá-lo a financiar e a pagar um carro.

Quando entrou no ônibus, ligou para a namorada. Haviam combinado de se encontrar em um *shopping* na região. Por mensagem, Tássia lhe dissera que tinha uma boa notícia para lhe contar, o que o animou bastante. Ele gostava de boas notícias e como o clima em sua casa ainda não estava maravilhoso, realmente precisava de estímulos positivos e alegres.

O lado bom é que, aos poucos, estava se reconciliando com o pai. Achava que Ethan havia sido muito duro com Inácio e tolo por ter acatado ao pé da letra tudo o que ouvira de Silvinha. Gustavo conhecia a avó melhor do que os dois irmãos, talvez por ser mais velho e experiente. Sabia que a rixa entre ela e seu pai era tão antiga que deveria constar na Bíblia. Também sabia que a avó sempre tentou colocar os netos contra Inácio.

Gostava do pai e estava feliz por vê-lo passar mais tempo em casa. Jantavam juntos, conversavam ao telefone todos os dias e, à noite, sempre passavam alguns instantes trocando ideias. Gustavo confidenciara ao pai as suas expectativas e as suas angústias em relação à profissão que escolhera seguir. O curso de Engenharia Civil era complexo, pois requeria foco, competência e muita dedicação de seus estudantes. Inácio, por sua vez, explicava que também passara pelos mesmos dilemas quando começara a estudar Direito e que, à medida que Gustavo fosse aprimorando os estudos, se sentiria mais preparado e menos inquieto.

Quando o ônibus se aproximou do *shopping*, o rapaz deu sinal e saltou. Em menos de dez minutos, já estava na praça de alimentação à procura da namorada. Não tardou a vê-la sentada a uma mesa, beliscando algumas batatas fritas.

Ele veio por trás e a assustou ao pousar um rápido beijo em seu pescoço. Tássia era uma jovem morena, de pele clara, rosto redondo e um sorriso encantador. Também tinha dezessete anos. Não deixou de corresponder à brincadeira do namorado:

— Por pouco, minhas batatas não voaram pelos ares, tamanho o susto que você me deu!

— Seria a primeira chuva de batatas do Brasil! — revidou Gustavo sorridente. Beijou-a nos lábios e sentou-se diante dela.

— Como foi a aula?

— Hoje, teve muita teoria, mas estou gostando bastante. Tento assimilar tudo o que ensinam. Pense num curso puxado.

— Ser engenheiro civil não é para qualquer um. — Tássia riu e colocou uma batata na boca do namorado. — Um dia, quando nos casarmos, vou me orgulhar muito da profissão do meu marido.

— Por falar em casamento, conte-me logo a boa notícia. Desde que recebi sua mensagem, não consigo pensar em outra coisa. Sabe que a ansiedade é meu grande defeito.

— Certo. Vou direto ao ponto. — Tássia segurou as mãos de Gustavo e olhou-o com carinho. — Estou grávida!

Por um instante, o sorriso fugiu do rosto dele. Quando ela começou a ficar preocupada, achando que o namorado não gostara do que ouvira, Gustavo voltou a sorrir. Seus olhos brilhavam.

— Você está falando sério?

— E por que eu mentiria? Você será papai, meu amor.

— Nossa! Isso merece uma comemoração melhor! Vamos comer algo mais decente do que batatas fritas.

— Ficou feliz? Achei que você não fosse gostar.

— Se estou feliz? — Gustavo soltou uma gargalhada. — Amor, você acaba de me tornar o cara mais alegre da cidade. Quando descobriu?

— Hoje cedo, logo que acordei. Há dias, vinha sentindo alguns enjoos e logo pensei nessa possibilidade. Passei em uma farmácia, fiz o teste em casa e deu positivo. Posso refazer, caso haja dúvidas.

— Podemos ir ao médico, para que ele nos dê certeza. Mas sei que esses testes descartáveis não costumam falhar. Tássia, que notícia maravilhosa!

De repente, a expressão dela mudou, tornando-se mais compenetrada.

— Não sei o que direi aos meus pais. E você? Acha que seu Inácio vai gostar?

— Acho que sim. —Gustavo, porém, também deixou de sorrir. Vivera tanto tempo afastado do pai que, ainda que morassem na mesma casa, não conhecia exatamente a forma como Inácio pensava. Nunca haviam conversado sobre netos.

— E se ele não gostar? Desde já, aviso que não vou abortar nosso filho.

— Meu amor, não fale besteira. Eu nunca permitiria que você fizesse isso. Saiba que já amo a criança que tem aí dentro. — Ele apontou para a barriga de Tássia.

— Hoje mesmo, contarei a notícia aos meus pais e gostaria que você estivesse comigo. Eles sempre tiveram a mente muito aberta em relação a tudo, só que desta vez o ocorrido é com a filha única deles.

— Vamos para lá agora mesmo. Também vou informar ao meu pai e quero sua presença ao meu lado. Só que prefiro deixar para falar amanhã ou no domingo. Ele está diminuindo o ritmo no trabalho, contudo, ainda está bem focado no escritório e nos clientes. Creio que, no fim de semana, esteja mais sossegado para conversarmos.

Tássia assentiu, e eles se beijaram com tanta paixão que algumas pessoas os fitaram com inveja e admiração. Logo, estavam comendo pizza, como forma de celebrar a chegada do filho deles.

****

Maria Júlia saiu da escola acompanhada por uma amiga. Assim que cruzaram os portões de ferro e chegaram à rua, ouviram provocações e cantadas de alguns meninos de sua sala.

— Passa lá em casa, dupla de gostosas.

— Se eu namorasse uma de vocês, viveria de bom humor vinte e quatro horas por dia.

— Venham aqui e beijem minha boca! Sou o homem da sua vida.

Considerando que os "homens" mal haviam completado catorze anos, obviamente, elas levaram na esportiva. Já estavam acostumadas a serem assediadas ou pedidas em namoro, porque aquilo acontecia todos os dias. Tanto Maria Júlia quanto Naema, sua acompanhante, teriam correspondido às intenções de algum dos rapazes da classe, se não fosse por uma questão muito simples: ambas eram lésbicas, se conheciam havia quatro meses e estavam namorando havia algumas semanas.

Aquele, sem dúvida, era o maior segredo da vida de Maria Júlia. Em casa, jamais comentara algo com os irmãos ou com a mãe. E, agora que Débora fora embora, não tinha a mínima vontade de se abrir com o pai, já que não tinham tanta intimidade. Não sabia até que ponto Inácio era preconceituoso, portanto, era impossível adivinhar se ele aceitaria numa boa a homossexualidade da filha. O melhor seria manter o namoro no anonimato.

As duas eram extremamente discretas, pois, se não fossem assim, já teriam sido descobertas. Ninguém consegue disfarçar sentimentos e emoções em uma sala de aula com mais de vinte adolescentes. Quando qualquer desconfiança surgia, eles não se continham enquanto não descobrissem toda a verdade.

Elas não se separavam, o que era justificável, pois alegavam ser as melhores amigas uma da outra. Faziam juntas os trabalhos escolares, estavam lado a lado enquanto estudavam para as avaliações e permaneciam próximas durante os intervalos das aulas. A pedido da namorada, Naema fez alguns testes e foi aceita para integrar o elenco da peça de teatro para a qual Maria Júlia ensaiava, apesar de ter conseguido um papel de pouco destaque. Na escola, evitavam qualquer tipo de contato físico, como abraços e beijos, e jamais uma se sentava no colo da outra, como a maioria das outras meninas costumava fazer. Para os meninos, repetiam incansavelmente que não estavam a fim de namorar, porque os pais de ambas não permitiam.

Manter a discrição era a melhor saída para que o namoro continuasse fluindo bem. Havia menos de um mês, alunos flagraram dois meninos se beijando no banheiro e caçoaram deles. Os dois tornaram-se alvos de insultos e brincadeiras de mau gosto, principalmente porque um deles jurava ser heterossexual, pois namorava uma garota do nono ano. E esse era o temor de Maria Júlia e de Naema. Ambas sabiam que ficariam traumatizadas pelo resto da vida se fato semelhante acontecesse com elas.

Maria Júlia e Naema caminharam juntas até uma estação de metrô, onde costumavam se separar. Naema seguia na direção da zona leste, enquanto Maria Júlia voltava para casa de ônibus. Depois, geralmente tornavam a se encontrar no mesmo dia, quando não havia tarefas escolares pendentes. Juntas, iam a algum parque grande, quase sempre o Ibirapuera. Lá, procuravam uma área reservada entre as árvores e, finalmente, se entregavam aos beijos e às carícias. Estavam apaixonadas e se amavam muito.

Recordavam com detalhes o dia em que se viram pela primeira vez. Naema era aluna nova, que ingressara na turma com o ano letivo já em andamento. Muito tímida e pouco comunicativa, escolheu sentar-se em uma carteira vaga, atrás de Maria Júlia, que era bem mais falante e extrovertida. Graças a isso, ela começou a puxar assunto com a nova aluna, e, ao fim daquele mesmo dia, as duas já se consideravam amigas.

Naema descobriu que Maria Júlia era a amiga que sempre quis ter. Filha única, ela sempre sentira falta de uma pessoa que a compreendesse, que gostasse das mesmas coisas que ela, que falasse sobre assuntos que ela apreciasse dialogar. E Maria Júlia representava tudo isso. Conseguia fazê-la dar risadas e descontrair-se, sempre contando piadas divertidas ou falando sobre temas engraçados.

Nenhuma das duas namorava. Naema afirmava ser tímida demais para isso. Segundo ela contava, os garotos da atualidade, mesmo os que haviam acabado de entrar na adolescência, viam as meninas como um mero objeto de desejo, uma espécie de instrumento, cujo único destino seria a cama. Era por isso que o número de meninas com menos de dezesseis anos e que já engravidara crescia cada vez mais. Ela jamais transaria com alguém apenas por prazer e sabia que seus pais nunca a perdoariam quando soubessem disso. Assim, para evitar qualquer tipo de desentendimentos futuros, preferia permanecer solteira até encontrar a pessoa ideal para si.

Já Maria Júlia, sempre mais despojada, garantira ter ficado com alguns meninos, só que nada fora além de beijos e carícias. Por opção, ela também estava solteira. Sentia-se mais livre, sem a pressão normalmente imposta por um namorado.

A amizade entre elas estreitou-se cada vez mais. Deixaram de ser simples colegas de escola para se tornarem grandes amigas, principalmente depois que Maria Júlia convidou Naema para fazer parte do elenco de sua peça de teatro. Com a aprovação dos pais da menina e do diretor da peça, elas ficavam mais tempo juntas, além da escola. Três meses mais tarde, uma ia até a casa da outra para estudarem. Os pais de ambas aprovavam aquela relação fraternal, principalmente Débora, que simpatizara de imediato com Naema.

Com o decorrer do tempo, a amizade foi tomando outras formas. Em uma noite de sábado, no mês anterior, Naema foi dormir na casa de Maria Júlia. Isso já havia acontecido outras vezes, e os pais delas não se importavam. Débora gostava da Naema, e Inácio estava sempre distraído demais com seus assuntos jurídicos para prestar atenção ao que acontecia. Maria Júlia havia baixado um filme de terror pela internet, e as duas assistiam a ele juntas, deitadas na mesma cama.

As imagens na tela eram escuras, e a trilha sonora ajudava a garantir bons sustos sempre que o monstro aparecia. Quando alguma cena assustadora surgia, elas se abraçavam e gritavam juntas, para em seguida rirem como bobas. E, quando algo as impressionava de novo, tornavam a se abraçar e a gritar.

Foi Naema a primeira que percebeu, em certo momento, que permaneciam abraçadas mesmo quando tudo parecia estar tranquilo na televisão. De repente, Maria Júlia virou seu rosto e encarou a amiga. No escuro, viu apenas um brilho que de forma alguma era o reflexo provocado pela tela. Seus lábios estavam a apenas alguns centímetros de distância, e os dedos de uma roçavam suavemente na pele da outra.

Quando o monstro horrendo tornou a atacar, elas já não estavam mais assistindo ao filme. Maria Júlia sentiu que havia despertado seu próprio monstro ao beijar a boca de Naema. Era como se tivesse esperado a vida toda por aquele momento e tinha certeza de que Naema estava com a mesma sensação. Beijaram-se suavemente até o beijo se tornar mais intenso, exigindo mais ação. Por baixo da coberta, uma despiu a outra. E, no instante em que os créditos do filme apareceram, indicando que ele havia terminado, as duas estavam entregues à paixão corrosiva que as derretia por dentro como uma substância química.

Ao terminarem, souberam que estavam apaixonadas. Maria Júlia finalmente compreendeu por que nunca levara adiante seus namoros com os meninos. Não era deles que gostava. Nunca se sentira atraída sexualmente por outra menina, mas com Naema fora diferente. A atração era invisível. Talvez sempre estivesse ali, embora elas não houvessem se dado conta.

A partir daquele dia, passaram a manter relacionamentos íntimos. Preferiam se encontrar na residência de Maria Júlia, sempre à tarde, quando a casa estava vazia. Alcione, aparentemente, não desconfiava de nada. Gustavo e Ethan, quando estavam lá, nunca esboçaram qualquer suspeita. Por isso, trancavam-se no quarto e entregavam-se às exigências do amor que nutriam uma pela outra.

Como acontecia todos os dias, separaram-se na entrada da estação de metrô. Despediram-se com um simples beijo no rosto, pois nunca se sabia quem poderia estar olhando-as em meio à movimentação de pessoas. Haviam combinado de se encontrarem naquele mesmo dia, no Ibirapuera. A sorte delas é que os pais não se incomodavam quando elas saíam, porque julgavam que garotas de treze anos já devem ter sua própria independência.

— Amo você — sussurrou Naema antes de se afastar.

— Eu também, e você já sabe disso — brincou Maria Júlia.

Ela acompanhou a namorada com o olhar até que ela passou pelas catracas, acenou e desceu pela escada rolante. Com o coração palpitando de felicidade, empreendeu o trajeto para sua casa.

Elas não haviam percebido, contudo, que estavam sendo seguidas o tempo todo por alguém.

****

Assim que amanheceu, Ethan levantou-se da cama, vestiu-se às pressas e saiu de casa sem tomar café. Nem ao menos avisou ao pai ou a Alcione para onde estava indo. Achava que já estava passando da hora de parar de dar satisfações aos outros sobre tudo o que fazia quando não estava em casa. Afinal, ele mandava em sua própria vida, mesmo que ainda estivesse a três anos de completar a maioridade.

Com o endereço guardado num dos bolsos da bermuda, Ethan seguiu para o ponto do ônibus. Precisaria de três conduções para chegar à empresa de Zack. Havia pesquisado no Google Maps o melhor itinerário para ir até lá. Como o local não ficava próximo, decidiu sair mais cedo para conseguir se encontrar com seu futuro patrão no horário que haviam combinado.

Assim que desceu do primeiro ônibus, sentiu uma vontade insana de queimar um baseado. Conteve-se com muito esforço, porque não queria ser dispensado da entrevista por estar drogado. Fumaria em outro momento, quem sabe quando estivesse retornando para casa.

Levou mais de uma hora para chegar ao endereço. Mesmo assim, estava quinze minutos adiantado, pois haviam combinado de se encontrar às nove horas. Assim que saltou do último ônibus, percebeu que estava em um bairro de classe média e que tanto o comércio quanto as residências em volta pareciam acolhedores e agradáveis. Com o endereço anotado num papel, ele pediu informações a um jornaleiro e começou a procurar o número da empresa. A rua era aquela, portanto, bastava localizar o número...

Ethan levou um susto quando um carro preto e reluzente encostou junto ao meio-fio e buzinou três vezes. Assim que ele virou a cabeça para olhar melhor, viu o vidro descendo e a cabeça de Zack surgir atrás do volante:

— Entra aí — convidou.

Assim que se acomodou e prendeu o cinto de segurança, Ethan encarou Zack e perguntou:

— Sua empresa não fica nesta rua?

— Fica perto daqui. Preferi vir buscá-lo, porque o trajeto até lá é uma subida íngreme e cansa as pernas. — Zack olhou para o relógio no painel luminoso do carro. — Você está adiantado. Por sorte, eu já estava rodando por aqui, à sua espera. Vi quando saltou do ônibus.

Ethan não respondeu, porque estava intrigado demais. Zack vestia roupas finas e elegantes e usava um perfume de fragrância adocicada, que impregnara todo o carro. O veículo, aliás, era um modelo importado, com câmbio automático, cuja versão completa não custava menos de cem mil reais. Ethan sabia disso porque o carro de Inácio era do mesmo modelo.

— Este carro é seu? — Ethan perguntou ainda um tanto confuso.

— Sim. Espero que tenha gostado. — Sorriu Zack, acelerando o veículo.

— Se eu fizer uma pergunta, você não vai se chatear?

— De forma alguma. Pode falar.

— Se você é dono de um carro que não custa nada barato e tem uma empresa que fica em um bairro onde as pessoas têm dinheiro, o que estava fazendo na comunidade, no dia em que nos conhecemos? E ainda por cima andando de ônibus.

Zack soltou uma gargalhada, revelando seus belos dentes.

— Imaginei que a pergunta seria essa. Posso lhe responder assim que lhe apresentar a minha empresa e lhe explicar o que você deverá fazer? Assim, compreenderá melhor minha resposta.

— Tudo bem.

“Tudo o que envolve Zack contém mistério e suspense”, refletiu Ethan. Como estava distraído fitando o motorista, ele nem percebeu onde estava. Muito menos conseguiu ler o nome das ruas pelas quais passaram. Sua única certeza é que eles rodaram mais uns cinco minutos depois de ele ter entrado no carro. E, de fato, subiram algumas ladeiras.

— Falta muito?

— Chegamos — anunciou Zack, estacionando diante de uma casa de portões altos. — Espero que não tenha comentado com ninguém sobre sua vinda para cá.

— Eu lhe disse que não faria isso. Honro minha palavra, como um homem que sou.

— Ótimo!

Zack apertou um botão num pequeno controle remoto, e o portão começou a se erguer. Com a passagem livre, entrou em uma garagem ampla e muito limpa, onde cabiam outros dois veículos.

— Aqui parece mais uma residência do que uma empresa — comentou Ethan.

— É verdade. Adaptei meu trabalho aos cômodos do imóvel. E, antes que pergunte, não moro aqui.

Ethan notara que não havia placa no portão anunciando o nome da empresa. Quem passasse pela calçada jamais desconfiaria de que ali não era uma residência comum. Contudo, quando Zack destrancou a porta e fez um gesto para que ele entrasse, tudo ficou diferente.

Não havia móveis espalhados pela sala, além de uma única mesa e três cadeiras. Em vez disso, Ethan viu vários tapetes sobre o chão, refletores, câmeras de vídeo profissionais, diversos monitores e duas grandes televisões presas à parede. Ao lado da mesa, havia três araras com roupas coloridas penduradas em cabides. Um *notebook* estava no chão e o outro, sobre a mesa.

Tendo a impressão de que adentrara uma agência de modelos amadora, Ethan lançou a Zack uma indagação muda com o olhar.

— Como você já percebeu, eu trabalho com fotografias e imagens — esclareceu Zack. — No outro cômodo, há um estúdio parecido com este, com fundo *chroma key* em uma das paredes. Utilizamos essa técnica de efeito visual para colocar uma imagem sobre outra, ou seja, isolamos as pessoas ou objetos de interesse, para então combiná-los com outra imagem de fundo ou cenário virtual. O resultado é bem interessante. Também temos cenários feitos de madeira ou lona para incrementar as fotografias.

— Então você é fotógrafo?

— Faço de tudo um pouco.

— E trabalha sozinho? Não vejo outros funcionários.

— Tenho algumas meninas que me ajudam, mas hoje, por ser sábado, elas estão de folga. — Zack fez um gesto com os dedos. — Venha comigo.

Ethan passou pelo segundo cômodo, onde deveria ser um dormitório e viu o fundo especial que Zack mencionara. Era uma parede inteiramente pintada de um forte tom de verde. Ali também havia uma cama de casal e outras araras com roupas. Mais câmeras fotográficas, filmadoras e monitores estavam espalhados pelo aposento.

— Depois disso, temos uma pequena cozinha, a sala onde costumamos maquiar as pessoas, se necessário, e um banheiro com chuveiro instalado. Espero que tenha gostado da minha humilde empresa.

— Você ainda não me disse o que terei que fazer — especulou Ethan.

— É muito simples. — Provocou Zack com sarcasmo. — Preciso apenas que você tire a roupa.

CAPÍTULO 16

Ao ouvir a proposta de trabalho, Ethan recuou alguns passos, cada vez mais assustado e incomodado.

— Ei, que papo é esse, Zack? Você está me estranhando?

— Calma, garoto! Não quero vê-lo pelado nem algo do tipo. Também não sou tarado! Faço esse trabalho há algum tempo, mas ainda não tinha uma empresa própria. Posso lhe garantir que tudo é realizado com muito profissionalismo, respeito e seriedade. E, quando eu falo em tirar a roupa, estou me referindo ao fato de você se dispor a ser fotografado por mim sem a camiseta, ou talvez, apenas de cueca ou sunga.

O espanto de Ethan era cada vez maior.

— Você quer me transformar em seu modelo fotográfico?

— Algo parecido. Como você reparou, ainda não tenho a estrutura de uma grande agência. Por outro lado, posso lhe assegurar que é uma forma fácil de ganhar dinheiro. Você é um menino bonito, que aparenta ter um corpo interessante e deve ser muito fotogênico. É tudo o que eu preciso.

— E depois que você me fotografar, o que acontece com os retratos?

— Precisarei enviá-los a quem me contratou. As empresas, geralmente, são estrangeiras, o que nos traz um bom retorno financeiro. Funciona assim: uma determinada marca de sunga deseja fazer sua propaganda comercial. Gostam dos brasileiros, porque nós somos um povo muito bonito — Zack riu do seu próprio comentário. — Como fotografar modelos menores de idade costuma envolver muita burocracia, como a necessidade da autorização dos pais e da legalização dos documentos da empresa, eles decidiram criar um atalho. Pagam o dobro ou o triplo, desde que as fotos desejadas cheguem em suas mãos, sem grandes dificuldades.

— Isso tudo é muito estranho. Está me cheirando a algo ilegal.

— Comprar cigarros de maconha também não é tão lícito assim. Isso se chama tráfico, sabia? Será que seus pais sabem disso? Ou a polícia, quem sabe?

Pela primeira vez, os olhos de Zack exibiram um brilho gelado, quase intimidador, o que foi o suficiente para fazer Ethan ficar branco como uma vela. Quando percebeu que suas mãos começariam a tremer, Zack voltou a sorrir:

— Não se preocupe, porque não pretendo denunciá-lo. Pela sua cara, suspeito que ninguém em sua casa saiba que você frequenta aquela comunidade.

— Não mesmo e vão continuar sem saber. — Tentando se acalmar, Ethan lembrou: — Você ainda não me disse o que fazia na comunidade no dia em que nos conhecemos.

Sem responder, Zack caminhou até uma caixa grande que estava no canto e retornou trazendo um álbum de fotografias nas mãos. Ainda calado, entregou-o a Ethan.

A primeira foto mostrava um menino mais ou menos de sua idade vestindo apenas uma cueca preta. Ele estava de pé, descalço, com os braços caídos ao longo do corpo. Na segunda imagem, o menino estava sentado em uma cadeira, ainda de cueca, com as pernas exageradamente abertas. A tomada da foto fora um pouco mais próxima que a anterior. Na terceira, ele estava de costas, e novamente a câmera parecia ter dado destaque às suas nádegas.

As fotos seguintes mostravam o mesmo menino usando várias sungas e cuecas diferentes, sempre em posições variadas. O plano de fundo das imagens também mudava. Ora ele parecia estar em uma praia paradisíaca, ora em uma floresta verdejante, ora aos pés de colinas sombrias. As últimas fotografias, porém, foram as que mais chocaram Ethan. Embora não houvesse nudez explícita em nenhuma delas, nitidamente, era possível ver que o adolescente da foto estava excitado. Novamente, a câmera parecia ter dado um close sugestivo na região de sua virilha.

— Não vou ter coragem de fazer isso — avisou Ethan.

— Esse garoto é usuário de drogas e mora na comunidade que você frequenta. — Tornou Zack, retirando o álbum das mãos de Ethan. — Ganhou cerca de trezentos reais por cada uma dessas fotos. Ele já havia recebido a metade do pagamento. Naquele dia, fui lá levar o restante do valor. Preferi ir de ônibus, para não correr o risco de ter meu carro roubado, como fizeram com seu celular.

— Trezentos reais por foto? — questionou Ethan boquiaberto. — Há mais de vinte delas nesse álbum.

— Eu descrevi sua aparência aos meus contratantes, e eles se interessaram bastante em conhecê-lo. Como lhe disse, basta posar para minhas fotos. Não será abusado sexualmente, porque sou muito profissional. E, se você corresponder às expectativas deles, falaram em pagar até quatrocentos reais por foto, no ato. Você tira a foto, e eu lhe pago na hora. Depois, eles me reembolsam.

A mente de Ethan começou a funcionar depressa. Se tirasse umas quatro fotos, teria dinheiro suficiente para comprar um celular razoável e ainda pagar Tuca, sobrando alguns trocados para adquirir vários outros baseados. Porém, se posasse logo para umas dez fotos...

— Vamos, garoto! Preciso saber se você vai topar ou não. Lembrando que, se não aceitar, deverá me esquecer completamente. Nunca esteve aqui, e essa conversa jamais aconteceu. Fui claro?

— Eu topo — respondeu Ethan cada vez mais animado.

— Sendo assim, quero sua palavra de que manterá sigilo absoluto.

— Não vou contar para ninguém. Será um segredo nosso.

— Então, você acaba de ser contratado! — Exibindo seu belo sorriso, Zack apertou a mão de Ethan. — Agora, vamos às fotos. É provável que você se sinta encabulado durante as primeiras sessões, mas logo se acostumará. Precisa soar o mais natural possível, porque isso valoriza as fotografias.

Zack seguiu até uma das araras e delas retirou três cuecas, uma vermelha, uma azul e uma listrada. Entregou-as a Ethan e apontou para o banheiro.

— Vá até lá, troque-se e volte usando apenas a vermelha. Enquanto isso, eu vou preparar os materiais.

Ethan sacudiu a cabeça em consentimento. Assim que ele se fechou no banheiro, Zack ligou rapidamente um dos monitores, e a imagem do menino se trocando apareceu ali, colorida e muito nítida. Quando o viu ficar nu, Zack umedeceu a língua com os lábios e murmurou para si mesmo:

— Que delícia! Esse já está no papo!

Sem perder a atenção das imagens transmitidas, ele discou para um número usando o celular. Quando uma voz atendeu, ele apenas disse:

— Já consegui mais um. Vou começar a sessão daqui a pouco.

— Espero que não tenha me trazido outro drogado. Eles reclamaram por causa daqueles olhos avermelhados e daquela expressão apalermada, que nem os programas de edição de fotos conseguiram disfarçar direito. Sabe que isso desvaloriza os negócios

— Esse não está chapado e é mais bonito que o anterior — prometeu Zack cochichando. — Acabei de vê-lo pelado. É um espetáculo.

— Assim que ele for embora, me mande todas as fotos que tirar. Estou ansioso para conhecer sua nova aquisição.

Zack desligou com um sorriso de vitória. Viu que Ethan já estava voltando e fingiu que estava ligando uma câmera de vídeo. Não pôde deixar de soltar um suspiro de admiração ao ver o garoto com seu corpo magro e desprovido de pelos parado diante dele, vestindo a cueca vermelha.

— Estou meio nervoso — balbuciou Ethan forçando um sorriso.

— Prometo que seu nervosismo já vai passar. — Zack pegou uma das câmeras. — Podemos começar?

****

Ainda trêmulo e atordoado, Ethan decidiu parar em uma lanchonete para comer alguma coisa. Saíra de casa sem se alimentar e ficou um tanto constrangido quando seu estômago começou a roncar durante a sessão de fotos. Por sorte, Zack não percebera nada.

Até que não fora tão difícil como ele pensara. Se houvesse mais pessoas acompanhando o trabalho, ele com certeza se renderia à timidez. Entretanto, Zack era engraçado e o fizera rir várias vezes, deixando-o mais descontraído. Não era tão ruim posar de cueca para outro homem, que elogiava o corpo dele como qualquer pessoa simpática faria. Ethan teria estranhado e saído correndo caso tivesse sido tocado ou se ouvisse qualquer insinuação de cunho sexual da parte de Zack. Como nada disso aconteceu, ele conseguiu tirar seis fotos, duas com cada cueca. E, graças a Deus, não foram necessárias fotos mais provocantes, como as do garoto da comunidade.

O choque maior aconteceu quando ele saiu do banheiro já vestido e viu Zack à sua espera com várias cédulas nas mãos. Ethan contou e recontou o dinheiro, sem conseguir acreditar que tudo aquilo era seu. Recebera dois mil e quatrocentos reais por um trabalho tão simples.

— Espero que tenha gostado do seu novo trabalho — disse Zack.

— Se eu gostei? Já quero novas fotos! — Ethan guardou o dinheiro às pressas no bolso. — Quer que eu volte amanhã?

— Aguarde eu entrar em contato. Verei com calma se alguma foto precisará de edição e depois as enviarei aos meus contratantes. Se eles aprovarem, agendaremos a próxima sessão. E agora, se me permitir, vou lhe dar uma carona até o ponto de ônibus.

Tudo muito simples, seguro e pacífico. Zack era gentil, educado e um excelente patrão. Ele tivera receio à toa. Não havia desonestidade, pois, do contrário, não estaria com o bolso cheio de dinheiro.

No balcão da lanchonete, pediu um hambúrguer, refrigerante e batatas fritas. Havia dinheiro de sobra para comer o que desejasse. Quando recebeu a bandeja com os alimentos, subiu para o andar superior à procura de uma mesa, pois não havia assentos vazios no piso inferior.

Assim que saísse dali, passaria em uma loja e compraria um celular mais moderno do que aquele que fora furtado. Também voltaria a visitar Tuca, desta vez sem levar nada de valor além do dinheiro para pagá-lo. Aproveitaria para comprar outro lote de baseados, que pagaria à vista para evitar dívidas com o traficante.

Enquanto procurava uma mesa onde pudesse se acomodar, viu alguém levantar o braço e acenar para ele. Ao olhar melhor, percebeu que ali estava seu avô acompanhando pela namorada bonitona. Benjamim chamava-o para que se sentasse à mesa com eles.

Mesmo um tanto contrariado, pois desejava comer sozinho, Ethan foi até a mesa em que eles estavam. Assim que se aproximou, Benjamim levantou-se para abraçá-lo, e o menino mal pôde conter o sorriso. Seu avô vestia uma camiseta regata e bermuda esportiva, expondo os braços musculosos e firmes, considerando seus setenta anos. Óculos escuros de lentes estilizadas estavam presos acima de sua testa. Os cabelos arrepiados, onde não se enxergava um só fio branco, o rejuvenesciam muitos anos. Sua última invenção fora um brinco de argola, que balançava em sua orelha direita.

Juju, a jovem espetacular de dezoito anos, cumprimentou Ethan com um beijo. O garoto mal havia conseguido reagir, quando ela juntou os três para que ficassem bem próximos e usou o celular para tirar uma foto.

— Essa *selfie* já vai para meu Facebook e para o meu Instagram — ela garantiu, digitando freneticamente na tela do celular.

— Que surpresa boa vê-lo aqui! — Benjamim pediu que Ethan se sentasse. — Como vai meu querido neto do meio?

— Às vezes, não sei como você admite publicamente que tem netos. Com essa sua mania de se achar um adolescente...

Benjamim soltou uma gargalhada. Ao ouvi-lo rir, Juju, que estava focada no celular, também riu bastante, sem nem entender o porquê de estarem rindo.

— E como devo me achar? Um velho caquético, trêmulo, quase cego e usando fraldas? Desculpa, *parça*, mas esse não sou eu. Quando a morte chegar para mim, vou embora dançando um xaxado! — prometeu Benjamim, arrancando risadas das pessoas das mesas vizinhas.

— Você tem setenta anos e deveria se comportar como tal. Além de tudo, está falando gírias. Sua juventude ficou lá atrás — alfinetou Ethan.

— Pois estou achando que foi sua velhice que chegou primeiro. Moleque, você só tem quinze anos e não fez outra coisa a não ser reclamar desde que eu o chamei. Parece que aí dentro tem um idoso no corpo de um adolescente.

— Um idoso no corpo de um adolescente? — Juju baixou o celular e arregalou os olhos para Benjamim. — Isso é possível, meu amor?

— Claro que é. E temos um exemplo vivo disso à nossa frente. — Como não queria discutir o assunto, Benjamim mudou o foco da conversa: — E como vão as coisas em sua casa? Preciso visitá-los.

— A mesma porcaria de sempre. — Ethan mordeu com força um pedaço do hambúrguer. — A casa nunca mais será igual sem a mamãe.

— Ela estava no direito dela quando decidiu sair de casa. Seu pai permaneceu, portanto, sua vida daqui em diante será ao lado dele.

— Não aceito isso.

— E por quê não? Inácio continua trabalhando além do normal?

— Sei lá. Nós paramos de conversar desde que a vovó foi jantar em casa. Ela me fez perceber o quanto meu pai estava me enganando. Ele não gosta de mim.

— E você deu ouvidos para aquela jararaca anciã? — Foi a vez de Benjamim arregalar os olhos. — Achei que você fosse mais inteligente.

— Sabia que você está me insultando, vovô?

— Moleque, seu pai ama você. E não estou protegendo-o apenas pelo fato de Inácio ser meu filho, que sempre foi para mim motivo de orgulho e satisfação. Estou dizendo tudo isso porque Silvinha nunca gostou dele e sempre quis que os netos ficassem contra Inácio. Parece que com você deu certo. Torço para que seus irmãos tenham sido mais espertos.

— Quer saber de uma coisa? Perdi a fome. Com licença.

Ethan abandonou seu lanche sobre a mesa e saiu dando largas passadas. Benjamim manteve uma calma admirável. Quando Juju tornou a desgrudar os olhos do celular, perguntou:

— Para onde ele foi?

— Embora. Dos três filhos que Inácio teve, esse, com certeza, é o que lhe dará mais trabalho — deduziu Benjamim. — Preciso acompanhar de perto o que está acontecendo. Na semana que vem, irei vê-los.

— Você vai me levar também, não é? — Juju fez um beicinho gracioso.

— Claro que sim, meu anjo. — Eles se beijaram com paixão. — Eu não a levo a todos os lugares aonde vou? Somos almas gêmeas, próximas e muito apaixonadas.

— Amei essa frase e já vou postar no Facebook.

Benjamim limitou-se a rir quando a viu pegar o celular outra vez. Por ora, sua preocupação era com Inácio e os netos. Faria o que estivesse ao seu alcance para tentar minimizar o mal-estar que Silvinha, provavelmente, espalhara na casa do filho em sua última visita.

CAPÍTULO 17

Inácio salvou seu trabalho num programa de edição de texto, desligou o *notebook* e recostou-se na cadeira. Esfregou as vistas cansadas e exalou um suspiro de estafa. Tratava-se de uma nova petição que protocolaria no fórum na segunda-feira e que ainda precisaria de alguns ajustes, antes de chegar às mãos do juiz.

Estava no escritório de casa e havia prometido a si mesmo que não trabalharia mais aos fins de semana, salvo em casos urgentes. Também dissera a Laerte e a Renata que não atenderia ligações de clientes fora do horário de expediente. Não queria dar aos filhos novas razões para que o acusassem de estar se ausentando outra vez. Estava disposto a adotar um novo estilo de vida, do qual eles faziam parte. Queria reaproximar-se de cada um dos filhos, apoiar suas necessidades, oferecer-lhes um ombro amigo caso precisassem e, principalmente, honrar seu papel de pai.

Era por isso que não se demoraria trabalhando naquela petição. Nem mesmo deveria estar fazendo aquilo. Tratava-se de um caso complexo de um inquilino que queria processar o senhorio por requisitar o imóvel e obrigá-lo a sair sem lhe dar um prazo hábil para encontrar outra residência. Além disso, o dono da propriedade não queria reembolsar os três meses de depósito-caução que o locatário dera ao se mudar. Sendo assim, a causa estava praticamente ganha para o cliente de Inácio, que era o morador despejado e que jamais atrasara um único mês de aluguel.

— O advogado vai sair de cena agora — murmurou para si mesmo. — E em seu lugar assumirá apenas o Inácio, pai de família.

Foi quando ele prestou atenção em um porta-retratos sobre sua mesa de trabalho, onde havia uma fotografia sua ao lado de Débora. Fora tirada no ano anterior, no dia do aniversário dela. Os dois estavam bem juntinhos, com os rostos colados, sorrindo alegremente. Como ele poderia imaginar que estavam vivendo o último ano de casados?

Sentiu uma saudade tão forte da esposa que seu coração chegou a doer. Levantou-se da cadeira e apanhou o porta-retratos, fitando demoradamente o lindo rosto de Débora. Ela sempre parecera mais jovem do que os seus quarenta e três anos, assim como ele próprio. Os amigos diziam que ambos estavam bem conservados para a idade. Talvez fosse algo genético. O pai dele, com setenta anos, aparentava ser irmão de Inácio. Silvinha, apesar das plásticas, também era muito bonita e jovial. Isso deveria explicar o porquê de ele e Débora mal terem rugas.

— O que você está fazendo agora, meu amor? — ele perguntou para a foto.

Será que ela estava em casa, aproveitando a vida com Cleiton? Teriam feito amor naquele dia? Será que ela estava deitada na cama, abraçada ao amante? Ou tranquila após conversar com um advogado, que começaria a trabalhar no divórcio?

Inácio se perguntava se Débora pensava nele na mesma frequência em que ele pensava nela. Será que a ex-esposa sentia falta dele e dos filhos? Que realmente amava a todos eles, como sempre alegou? Após sua mudança de estado, teria se arrependido da decisão que tomara?

Como sentia falta da voz dela, do seu contato, dos seus beijos, de seu corpo aquecido junto ao seu na cama! Como ele pôde ser tão tolo, tão imbecil a ponto de perdê-la para outro homem? Será que era realmente necessário trabalhar tanto para conseguir os resultados atuais? A traição da esposa, a revolta de um dos filhos e o incômodo distanciamento dos outros dois? Quanto de tudo isso fora conquista e quanto fora derrota?

Com a dor da saudade ferindo-o por dentro, Inácio decidiu que precisava ouvi-la. Não importava se seria atendido pelo amante nem estava interessado em saber se o sujeito ficaria zangado. Afinal, ele e Débora ainda estavam casados, portanto, ele tinha o direito de falar com a mãe de seus filhos sempre que sentisse vontade.

Pegou o celular e discou o número de Débora, sentindo o coração bater mais forte ante a expectativa. Não escondeu a frustração quando, após vários toques, a ligação caiu na caixa postal. Tentou pela segunda vez, e o resultado foi o mesmo. Será que Débora saíra e não levara o celular, ou simplesmente não queria atendê-lo?

Mal sabia Inácio que Débora estava com o celular na mão, olhando para o aparelho em meio às lágrimas. Naquele dia, as dores em seu abdome foram tão intensas que os médicos a medicaram com morfina. Ainda estava um tanto grogue e temia que Inácio percebesse alguma coisa se conversassem. Já pensava em desligar o celular para não ser incomodada, quando uma vozinha pareceu lhe soprar ao ouvido:

— Você quer falar com ele e sabe disso! Atenda. Não custa nada.

Quando Inácio chamou pela terceira vez, Débora pigarreou para limpar a garganta, tentou forçar a voz para simular um tom neutro e atendeu:

— Alô?

— Débora, você está ocupada? Pode conversar um pouco?

— Sim. Está tudo bem?

— Tudo ótimo!

— E as crianças, como estão?

— Ethan está chateado comigo. Sua mãe esteve aqui em casa e causou uma confusão. Silvinha disse que você comentou que eu a proibi de falar com os meninos.

— Você sabe que isso é mentira. Não caia na lábia da minha mãe.

— Graças a Deus, Gustavo e Maria Júlia não acreditaram. Eu estou me entendendo aos poucos com eles. Com Ethan, infelizmente, ainda não obtive nenhum sucesso.

Débora ia falar, mas parou para engolir o choro. Quis desesperadamente estar em casa para abraçar os filhos e beijar Inácio. Queria tudo, menos estar em uma cama de hospital tentando se recuperar de um câncer devastador.

— Ele vai ceder — prometeu Débora secando as lágrimas e lutando para não soluçar e Inácio perceber. — Conheço nosso filho. Aos poucos, você conseguirá dissolver a barreira que ele construiu em torno de si.

— Espero. — Após uma breve pausa, ele afirmou: — Sinto sua falta.

"Eu também, meu amor", ela pensou, fechando os olhos. Em voz alta, retrucou:

— É normal. Estivemos casados por dezoito anos.

— Você está bem, Débora? Sua voz está estranha!

Pronto, ele havia notado! E agora, o que faria?

— Estou resfriada, mas logo estarei melhor.

— Cleiton está aí?

— Sim, tomando banho.

Era uma mentira atrás da outra. Quando teria coragem de acabar com aquela farsa?

— Como ele tem tratado você? — A pergunta escapuliu de Inácio, que logo soube que não desejava saber a resposta.

— Bem...

Inácio franziu o cenho. Algo estava errado. Não precisava ver a esposa para saber que ela não estava normal. Quando se convive tantos anos com uma pessoa, é possível reconhecer pelo tom de sua voz quando algo não vai bem com ela. E Débora estava evasiva, escorregadia, como se desejasse evitá-lo.

— Inácio, preciso desligar agora.

— O que está acontecendo com você? Em todos esses anos juntos, conversamos inúmeras vezes por telefone em ocasiões em que você ficou de cama, por causa de gripes e resfriados bem severos. E sua voz não ficou desse jeito. Quero que me diga a verdade. Por acaso esse sujeito a está maltratando? Ele a agride?

— Não é nada disso. — Débora reabriu os olhos, piscando rapidamente em meio às lágrimas. — Nós não brigamos. Só estou um pouco indisposta.

— Você está chorando, não é? Meu amor, não minta para mim.

Débora colocou o celular sob o travesseiro e entregou-se a uma onda de soluços. Ele percebera. Aquele homem a conhecia melhor do que ela mesma. Ouvir a voz de Inácio chamando-a de "meu amor" era tão romântico quanto doloroso.

Quando, alguns instantes depois, conseguiu se controlar, voltou a apanhar o telefone e se surpreendeu ao perceber que ele não desligara.

— Débora, você está aí? Sei que a ligação não caiu. Fale comigo, por favor.

— Sim, me desculpe. Só parei para assoar o nariz.

— Diga-me uma coisa, querida. Por acaso, você já solicitou nosso divórcio? Há algum advogado trabalhando nisso?

— Ainda não. Contudo, na próxima semana, irei à procura de algum que seja de confiança...

— Você não quer se divorciar de mim ou já teria feito isso, Débora. Faz quase um mês que você saiu de casa. Acredito que não tenha feito nada a respeito porque ainda me ama, não é mesmo? Tenho certeza de que quebrou a cara com esse sujeito, que não era nada daquilo que você imaginava. O famoso preço da desilusão. Está arrependida por ter deixado sua família, por isso está chorando.

Débora não respondeu. Não tinha condições. Inácio estava chegando perto demais. Se começasse a investigar sua história, logo descobriria toda a verdade. Constataria que ela era uma mentirosa, omissa e covarde. Saberia que ela estava doente, enfraquecendo diariamente. Não suportaria vê-lo sofrer junto com ela.

— Vou desligar — ela repetiu, desta vez sem se importar com o fato de mascarar a voz. Não conseguiu nem mesmo impedir os soluços.

— Onde você está morando? Quero o endereço agora, pois irei até Curitiba no próximo voo.

A linha ficou muda. Inácio passou as mãos pelos cabelos castanhos enfeitados pelos vários fios brancos em um gesto que representava desespero. Tentou ligar para Débora outra vez, mas desistiu quando ouviu a mensagem da caixa postal. Ela não lhe deixara o endereço de onde estava morando e sempre foi imprecisa ao alegar que se mudaria para a capital paranaense. Precisaria descobrir onde ela estava residindo e trazê-la de volta, nem que essa fosse sua última missão. Colocaria um detetive no caso para que obtivesse resultados mais concretos e em um curto prazo de tempo.

****

O domingo amanheceu ensolarado. Havia ainda poucos transeuntes na rua, quando um táxi adentrou o bairro em que ficava a residência de Gustavo. Tássia pegou o celular do bolso e comunicou ao namorado que estava a caminho e que ele deveria pagar ao motorista, porque ela estava sem dinheiro. Ele prometeu esperá-la diante do portão da casa.

Ao desligar, Tássia colocou ambas as mãos sobre a barriga lisa, onde uma vida crescia e se desenvolvia. Descobrir-se grávida fora o melhor presente que Deus poderia lhe dar. Seu filho amado seria seu passaporte para o sucesso e para uma vida melhor. Seria a garantia de que sempre teria um vínculo afetivo com Gustavo.

No dia anterior, Gustavo estivera na casa da namorada e conversara com os pais dela. Garantiu que assumiria todas as despesas que viessem a ter com a criança. Virgínia, mãe de Tássia, sugeriu diversas vezes que ele deveria pedir a mão da filha em casamento, mas Gustavo respondeu que só o faria após completar dezoito anos e quando conseguisse seu primeiro emprego.

Depois que o rapaz saiu, Virgínia foi procurar Tássia em seu quarto:

— Tem certeza de que realmente está grávida?

— Fiz um desses testes descartáveis que são vendidos nas farmácias. Deu positivo.

— Refaça-o na frente do seu namorado — ordenou Virgínia, uma mulher corpulenta, muito maquiada, que se esforçava para se vestir com elegância e requinte, mas sem sucesso.

— Por quê? Gustavo acreditou em mim. Até comemoramos juntos no *shopping*.

— Não discuta com sua mãe, Tássia! Esse é um assunto muito importante, que pode ser a solução para nos desatolar dessa lama de pobreza.

— Ora, mamãe! Da maneira como fala, até parece que estamos passando fome.

— Não falta muito para isso acontecer. Seu pai perdeu o pouco que tínhamos naqueles malditos jogos de loteria. Já apostou até a alma e não ganhou um só centavo. Por outro lado, nem o diabo quer uma alma penada como a dele.

Tássia permaneceu calada. A mãe sempre tinha mais argumentos convincentes do que ela.

— Nossa casa será tomada pela hipoteca muito em breve. Já tivemos de vender o carro. Parei de visitar minhas amigas e de comparecer a eventos sociais, porque todos notariam que tenho repetido as roupas, já que precisei vender as melhores também. Não podemos ser achincalhadas pela sociedade, por isso temos de manter as aparências.

— Posso arrumar um emprego.

— E vai se tornar uma assalariada qualquer? Não precisamos de uns míseros trocados para recuperarmos o status que tínhamos antes — Virgínia sentou-se diante da filha e fitou-a com olhos sérios e marcados por várias camadas de maquiagem. — Você está namorando um garoto, cujo pai mora em uma pequena mansão. Já pesquisei e descobri que ele é um dos advogados mais importantes de São Paulo. Isso não é pouca coisa. Agora que você está grávida do filho dele, que veio até aqui assumir a paternidade, deve investir nisso e arrancar da família desse rapaz o máximo que puder. Sua obrigação é nos tirar desse lodaçal. Quero voltar a usar vestidos novos e a comprar sapatos nos *shoppings*.

— Deveria fazer o papai se livrar do vício em jogos de loteria.

— Isso é complicado demais. Já abri mão daquele babaca. E, como não sou uma mulher que nasceu para trabalhar como uma funcionária medíocre, caberá a você nos conseguir um bom dinheiro. Agradeço a Deus por ter engravidado daquele rapaz.

— Aí é que está o problema. Não sei se o filho é dele.

Virgínia deu um salto para trás e quase caiu da cama. Quando se recuperou do susto, cruzou os braços roliços sobre os seios avantajados.

— Que papo é esse, Tássia?

— Foi um pequeno deslize meu. Houve uma noite em que fui ao cinema com uma amiga. Mas, durante o filme, a mãe dela telefonou pedindo que ela voltasse para casa, porque estava passando mal. Fiquei sozinha até o término da sessão. Na saída, dois garotos começaram a mexer comigo. Eram lindos, muito mais atraentes do que Gustavo. Confesso que fiquei excitada e senti uma energia gostosa dentro de mim. Conversei com eles, e nós três fomos para um motel. E, antes que você pergunte, não usamos preservativos. No dia seguinte, me relacionei com Gustavo. Portanto, não sei qual dos três é o verdadeiro pai da criança.

Tássia conhecia a mãe o suficiente para saber que aquela notícia, que teria chocado qualquer pessoa mais conservadora, mal abalara Virgínia.

— Você deverá fazer alguns exames de sangue. E se eles lhe transmitiram alguma doença?

— Faço o tratamento e pronto. Quem se cuida direitinho hoje em dia raramente morre por causa de alguma doença sexualmente transmissível, mesmo que tenha sido infectado. E eu sei me cuidar como ninguém.

— Sabe se cuidar tanto que arranjou um filho que pode ser de um vagabundo qualquer. Você é burra, minha filha! É uma incrível idiota.

— Gustavo confia em mim a ponto de não pedir um exame de DNA para comprovar a paternidade. Portanto, não entendo o porquê de tanto drama.

— O importante é fazê-lo acreditar piamente que será papai e que deve colaborar financeiramente com essa gravidez. Quando for a hora — e eu lhe direi qual será —, você sugará tudo o que conseguir daquela família. Traga dinheiro e bens materiais para nossa casa. Eu a instruirei sobre o passo a passo que deve seguir para não errar. Lembre-se de que a mamãe sempre sabe mais.

Com as palavras da mãe ainda flutuando em sua mente, Tássia tentou forçar um sorriso natural assim que divisou a figura alta e magra do namorado esperando-a na calçada. Não tinha certeza de que o amava, mas gostava bastante dele. Por essa razão, não queria vê-lo sofrer caso viesse a descobrir, um dia, que ela o traíra duplamente e que o filho que criaria possivelmente não era dele.

Com um sorriso no rosto, Gustavo pagou a corrida ao taxista e ajudou a namorada a descer do veículo com mimos e gentileza. Conduziu-a com cuidado para o interior da casa, como se estivesse guiando uma gestante prestes a dar à luz. Enquanto cruzavam as floridas alamedas que davam acesso à residência, ele comentou:

— Meu pai já sabe que vamos conversar com ele. Eu avisei a ele há pouco. O velho Inácio está bastante curioso, ainda sem desconfiar do tema.

— Espero que ele não fique aborrecido, meu amor.

— Ele tem a mente bastante aberta. E, na tentativa de recuperar minha confiança e meu carinho, está disposto a tudo. Não precisa se preocupar.

De fato, Inácio aguardava-os sentado no sofá, olhando para a nora com curiosidade. Lembrou-se de quando a vira através da tela do *notebook*. Sem dúvida, a moça era muito mais bonita pessoalmente. Seu filho mais velho tinha bom gosto.

Gustavo surpreendeu-se ao ver Alcione ao lado do pai, também acomodada no sofá. A governanta encarava-os fixamente, detendo o olhar pesquisador em Tássia.

— Eu disse que seria uma reunião familiar, papai — murmurou Gustavo.

— Alcione faz parte da nossa família. — Inácio olhou para ele e sorriu. — Você deveria considerá-la sua segunda mãe.

— Prometo não interferir muito. — Sorriu Alcione.

Dando de ombros, Gustavo, apesar de contrariado, apresentou a namorada e sentou-se com ela no outro estofado, ficando de frente para o pai e Alcione. Como estava um tanto nervoso e desejava concluir aquela conversa com a maior brevidade possível, escolheu um caminho sem rodeios:

— Tássia está grávida do nosso primeiro filho.

Gustavo percebeu que Alcione não se alterara, mantendo no semblante uma tranquilidade admirável. Já Inácio empalideceu e arregalou os olhos.

— Que brincadeira é essa, Gustavo? Não se dá uma notícia assim em plena manhã de domingo. Não estou achando graça alguma nisso.

— Não é para ser engraçado. Tássia me contou há alguns dias. Já conversei com os pais dela e prometi lhe dar todo o amparo durante a gravidez. Quando eu terminar a faculdade, vou pedi-la em casamento.

Parecia um homem maduro falando e não um garoto de dezessete anos. Gustavo sempre foi muito centrado e objetivo e, desde pequeno, tomava as próprias decisões.

— Como isso aconteceu? — Aturdido com a própria pergunta, Inácio a corrigiu em seguida: — Quero saber a razão de vocês terem se descuidado.

— Sempre usamos preservativo, doutor Inácio. — Tássia cruzou as mãos sobre o colo, um tanto constrangida. — Creio que um deles tenha se rasgado. Acontece...

— E o que exatamente você pretende fazer daqui em diante? — Inácio indagou ao filho.

— Vou arrumar um emprego. Sei que não vou ganhar muito, mas poderei ajudá-la a se manter. Também vou entregar a ela todo o dinheiro da minha mesada. Eu... — Gustavo passou a mão pelos cabelos, num gesto que herdara de Inácio. — Confesso que ainda não sei direito. Estou perdido.

— Que maravilha! — Inácio levantou-se e começou a andar de um lado a outro. — Dois jovens menores de idade, que nada entendem sobre a criação de uma criança, pretendem formar uma família. Faz ideia da responsabilidade que acabou de arrumar, meu filho?

— Vou lidar com tudo, prometo. — Gustavo baixou o rosto.

— Como, se acabou de confessar que está desorientado? Além disso, os pais dela também têm a obrigação de ajudá-los financeiramente durante a gestação do bebê.

— Dona Virgínia, minha sogra, me disse que a obrigação sempre é do pai. Cabe apenas a mim garantir que Tássia e meu filho tenham uma vida digna e confortável.

— Sua mãe está muito enganada, mocinha. — Inácio fulminou Tássia com o olhar, percebendo que a detestava por alguma razão. — Quero o telefone de sua casa para conversar com ela e com seu pai.

Tássia começou a tremer. Não havia combinado nada daquilo com a sua mãe. Inácio não era tão ingênuo quanto o filho e logo notaria que seu objetivo era aplicar o velho e famoso golpe do baú.

— Você ama Gustavo? — perguntou Alcione, manifestando-se pela primeira vez. Ela fitava Tássia com tanta intensidade que os tremores da jovem aumentaram ainda mais.

— Sim... sim. Muito.

— Compreendo. Justamente por amá-lo tanto, seria interessante que houvesse uma parceria entre os seus pais e Inácio — completou Alcione. — É do interesse de todos que o bebê cresça com saúde e alegria. E, para isso, é imprescindível que você e Gustavo também estejam em uma sintonia positiva, não acha?

Tássia não respondeu. Tentou pensar em várias coisas para dizer, porém se viu tão nervosa que faltaram palavras em seu repertório. A jovem virou-se para Gustavo:

— Meu amor, agora que seu pai já sabe, será que posso voltar para casa? Estou um pouco enjoada.

— Eu a levarei até lá. Pagarei outro táxi. — Ofereceu-se Gustavo, preocupado.

— E os contatos dos seus pais? — Insistiu Inácio. — Não saia sem deixá-los comigo. Quero conversar com eles o mais depressa possível.

Sem escapatória, Tássia citou os números de telefone dos pais e, acompanhada por Gustavo, deixou a casa quase correndo em seguida. Mal se despediu de Inácio e da governanta.

Na casa, Inácio conversava com Alcione sobre a visitante e a notícia que acabara de receber.

— Quero sua opinião sobre isso, Alcione. Ainda não acredito que terei um neto.

— Percebi que os dois estão muito inseguros e um tanto assustados. É uma experiência nova, preocupante e meio assustadora. Gustavo, apesar de sempre ter sido um menino maduro, não estava preparado para uma responsabilidade desse porte. No entanto, creio que ele tenha sido bem orientado pela sogra. Parece estar com um discurso pronto de que tem a obrigação de sustentar o filho, mesmo que ele ainda esteja em formação. Creio que a mãe de Tássia tenha incutido essa ideia na cabeça dele.

— Lavagem cerebral?! — bradou Inácio. — Agora mesmo, vou telefonar para ela e lhe dizer poucas e boas.

— Não faça isso hoje. Aguarde os próximos acontecimentos. Posso estar enganada a respeito dela e não quero dar a impressão de que estou fazendo fofoca. Vamos conhecer melhor quem é quem nessa história. Teremos nove longos meses antes de seu netinho dar as caras. Durante esse período, você saberá tomar as melhores decisões. Faça suas escolhas sempre tentando manter a paz e a serenidade. Somente assim conseguiremos encontrar qualquer solução.

— Não vou me esquecer desse conselho. Obrigado por ter me feito companhia durante essa breve e traumática reunião familiar. — Inácio beijou Alcione no rosto e começou a se afastar. Mal deu meia dúzia de passos, quando se voltou com uma careta estampada no rosto: — Tenho certeza de que não gostarei nem um pouco da ideia de ser vovô.

Alcione não conteve outra de suas maravilhosas gargalhadas.

CAPÍTULO 18

— Bom dia, dona Márcia! Que linda manhã, não é mesmo?

O gentil cumprimento e a indagação vieram de Dolores, uma das duas vendedoras que trabalhavam na butique de Márcia. Ambas as funcionárias já a aguardavam diante da porta fechada da loja, pois era a patroa quem tinha as chaves e o código do alarme de segurança.

— Sim, o dia hoje está fantástico! Adoro quando o tempo está ensolarado.

Os lábios carnudos de Márcia estavam entreabertos em um sorriso simpático. Seus olhos escuros, entretanto, revelavam outra coisa. Havia neles uma mistura de ódio, frieza e desprezo, sentimentos tão bem mascarados que nenhuma das mulheres conseguiu perceber.

Ainda não sabia ao certo qual delas a denunciara ao casal de investigadores. Quem teria sido a linguaruda que fora fofocar a Ruy e a Helena e dissera que ela discutira com Sarah sobre o rompimento da sociedade? Dolores era a funcionária mais antiga, pois trabalhava na loja desde a inauguração. Romilda viera depois, mas era tão competente e prestativa quanto a colega. Os clientes sempre elogiavam as duas mulheres pelo excelente atendimento.

Seria uma pena ter que se desfazer de uma delas.

O plano fora meticulosamente traçado durante o fim de semana. Dragão, pseudônimo do traficante com quem se relacionava de vez em quando, colaborara dando-lhe algumas sugestões de como deveria agir para despistar os policiais. Ele também lhe conseguira outra pequena quantidade do mesmo produto que depositara na vitamina de Sarah. Bastava dar andamento aos seus objetivos. Se agisse com cautela e inteligência, tudo daria certo.

— Eu faço tudo o que você me pede — disse Dragão no último telefonema que trocaram. — Lembre-se de que há um preço e que vou cobrá-lo no momento oportuno.

— Tudo tem um preço, meu gostoso! — ela respondeu com voz sensual.

Não se preocupava com as mensagens enigmáticas do traficante nem as encarava como ameaças, porque sabia que o preço dele referia-se apenas a sexo. E isso ela sabia fazer maravilhosamente bem.

— Estou ansiosa pela chegada do fim do ano — comentou Dolores, assim que Márcia desativou o alarme interno, permitindo o acesso das moças ao interior da loja. — Minha filha fará três aninhos no dia 25 de dezembro. Faremos uma grande festa de aniversário com o tema de Natal. Já falei várias vezes que vocês estão convidadas.

— Farei de tudo para comparecer — prometeu Márcia, sorrindo.

"Até parece que eu iria a uma festa de pobre, com aqueles convidados que chegam com a barriga vazia, desesperados pelos comes e bebes", pensou Márcia, vendo as funcionárias dirigirem-se aos armários fixados nas paredes, em um cômodo ao lado do estoque, onde guardavam seus pertences e pegavam o uniforme da loja para se vestirem.

Discretamente, Márcia observava os movimentos de Dolores e Romilda. Elas não trancavam os armários, pois somente as três tinham acesso àquele local e jamais houve histórico de furtos desde a inauguração da butique. Os clientes nem sabiam que aquela área existia.

— Amo o mês de dezembro, principalmente por causa do décimo terceiro e dos presentes! — Riu Romilda, sendo acompanhada por Dolores. — A parte ruim é que engordo como uma leitoa durante os festejos de fim de ano. E, na primeira semana de janeiro, me encontro diante de uma academia, jurando malhar como uma sádica, até queimar a última caloria adquirida. Pago a mensalidade e só compareço dois dias. Todos os anos é assim.

Houve mais risadas. Márcia agia com naturalidade, fingindo achar graça dos comentários de suas vendedoras. De vez em quando, dava alguns palpites para mostrar que estava interessada no assunto. Sempre tratava bem as funcionárias, por isso era querida por ambas.

Quando Romilda e Dolores terminaram de se trocar e foram assumir seus postos na loja à espera dos clientes, Márcia aproximou-se dos armários silenciosamente. Fingiu que estava arrumando um vaso sobre um aparador, mas manteve o olhar fixo na loja. As moças estavam de costas para ela, conversando animadamente entre si, ainda falando sobre comilanças e festas de aniversários.

Um casal e duas senhoras entraram quase ao mesmo tempo, e as vendedoras se separaram para atendê-los. Márcia sabia que teria de ser rápida, pois era ela quem cobrava as vendas no caixa. Tirou da bolsa um par de luvas de látex, vestiu-as, abriu o armário de Romilda e vasculhou a bolsa da vendedora. Logo encontrou o celular no bolso externo. Elas não tinham autorização para mexer no aparelho durante o expediente, por isso preferiam deixá-lo guardado até o horário do almoço ou da saída.

Márcia precisou remover uma das luvas para que o sensor captasse o toque de seus dedos e ficou furiosa quando reparou que seria necessária uma senha ou a impressão digital da proprietária para desbloquear a tela. Irritada, removeu as marcas de suas próprias impressões digitais e devolveu o celular ao local em que o encontrara. Passou para o armário de Dolores, torcendo para que tivesse mais sorte desta vez. Quando encontrou o celular, sentiu o coração bater mais forte ao notar que a funcionária não era tão precavida quanto Romilda no quesito segurança. Segundos depois, estava consultando o histórico de chamadas realizadas e recebidas.

Sem tirar os olhos da loja, em que Romilda e Dolores exibiam algumas roupas aos clientes, esforçando-se para convencê-los a comprar, Márcia tirou da própria bolsa o cartão de visitas que recebera da investigadora Helena. Havia ali três números de celular e um telefone fixo. Deslizou o dedo pela lista de chamadas realizadas e recebidas até que encontrou o que desejava. Dolores atendera duas chamadas feitas a partir de um dos números que estava anotado no cartão. Ambas foram realizadas em horários próximos, no mesmo dia em que Ruy e Helena disseram ter conversado com uma das funcionárias.

— Como aquela dupla de vagabundos descobriu o número do celular de Dolores? — murmurou Márcia, sentindo um gosto amargo chegar à boca. Sabia também que a polícia tinha meios para encontrar facilmente qualquer telefone que desejasse.

Removeu qualquer pista que a pudesse denunciar, guardou o celular de Dolores e encostou a porta do armário dela. Pelo menos já sabia quem fora a traidora. Avançou alguns passos para espiar a loja e viu que Dolores sorria para duas senhoras, que analisavam criticamente alguns vestidos.

— Acho que sua filhinha terá que comemorar o aniversário sem a presença da mãe — Márcia resmungou para si mesma, sentindo ganas de estrangular aquela mulher. Sempre foi uma excelente patroa, mas a idiota da vendedora deixara claro que gostava mais de Sarah e sugerira aos investigadores que Márcia deveria ter alguma responsabilidade no quadro de saúde da sócia, por ter discutido com ela anteriormente.

Como naquele espaço não havia câmeras, Márcia foi em frente, sempre agindo com cautela e silêncio. Pretendia seguir à risca as instruções fornecidas por Dragão. Ainda vestindo as luvas, tirou um frasco bem pequeno da bolsa, semelhante a uma embalagem de colírio, e retornou ao armário de Dolores. Encaixou-o dentro de um dos bolsos, fechou o zíper da bolsa da funcionária e livrou-se das luvas, jogando-as na privada e dando descarga.

Com os batimentos cardíacos disparados, ela pegou o próprio celular, trancou-se no banheiro e ligou para um dos telefones escritos no cartão de visitas.

— Pronto — disse uma voz feminina.

— Helena, aqui é Márcia — ela sussurrou, emprestando à voz um tom que mesclava medo e ansiedade. — Acabei de ver uma das minhas vendedoras colocando um frasquinho suspeito dentro da bolsa. Foi tudo muito rápido, porque, quando ela notou minha presença, levou um grande susto e se afastou do armário, onde a bolsa está. É melhor vocês virem até aqui para conferir se estou errada. Espero estar, porque confio muito em Dolores e acredito que ela não tenha nada a ver com a tentativa de envenenamento de Sarah. Ela não seria capaz de uma atrocidade tão tamanha.

Houve um instante de silêncio que a deixou nervosa, até que ouviu a voz de Helena retornar à linha:

— Estamos a caminho. Não toque em nada e não faça nenhum comentário com ela a respeito do que alega ter visto.

— Obrigada. Venham depressa, porque estou apavorada.

Márcia desligou o telefone, saiu do banheiro e guardou o celular. Dolores pagaria caro por ter direcionado a atenção dos investigadores para ela. Veria quem riria por último.

Por fim, pregou um luminoso sorriso nos lábios e retornou à loja, preenchendo o ambiente com sua bela presença. Cumprimentou as duas senhoras e acenou para o casal. Conhecia os quatro, pois eram seus clientes assíduos. Quando Dolores lhe entregou um recibo com o valor da compra para que ela registrasse no caixa, Márcia retribuiu com um olhar de júbilo sobre a moça, que nada percebeu. Era doce o sabor da vingança.

Depois que as duas senhoras foram embora, Márcia chamou Dolores ao balcão e teve sangue-frio o bastante para afirmar:

— Parabéns pela venda! Vai lhe render uma boa comissão.

— Obrigada. — Sorriu Dolores ingenuamente. — Preciso mesmo de dinheiro para organizar o aniversário da minha filhota.

Márcia nada respondeu. Apenas se limitou a sorrir.

O táxi estacionou atrás de uma viatura policial. Silvinha olhou de cara feia para o taxista e, após pagá-lo, desceu do veículo. Ele rodara a cidade toda, parara em todos os semáforos e trafegara pelas avenidas mais congestionadas antes de deixá-la em seu destino, tudo para encarecer a corrida. E, quando reclamou ao sujeito, ainda foi obrigada a ouvir:

— Se quer economizar dinheiro, minha senhora, ande de ônibus.

"Que desaforado!", pensou, desejando que ele não conseguisse realizar nenhuma outra corrida no restante daquele dia. Assim, deixaria de ser atrevido e malcriado com os passageiros.

Olhou para a linda fachada da butique que visitava com certa frequência e sentiu a raiva pelo motorista se dissipar. Adorava gastar o dinheiro da polpuda pensão que recebia do falecido marido. Comprar roupas e sapatos era um dos seus *hobbies* preferidos. Só perdia para o que ela mais gostava de fazer: perturbar a vida de Inácio.

Nunca gostou do genro nem aprovou o casamento entre sua filha e ele. Débora sempre foi uma jovem sábia e coerente, mas fizera duas grandes tolices na vida. A primeira fora se casar com Inácio. Ele era muito bonito, inteligente, educado, honesto e exageradamente trabalhador, ainda assim, faltavam-lhe adjetivos para que Silvinha simpatizasse com ele.

A segunda burrada de Débora fora sair de casa como uma insana, alegando estar apaixonada por alguém que Silvinha nem pudera conhecer e largando três filhos e um marido para trás, como se nunca os tivesse conhecido. Em uma das ocasiões em que Silvinha tentara contato com a filha, após sua mudança para Curitiba, Débora, ríspida, bateu o telefone em sua cara. Poderia haver desatino maior?

Pelo menos Inácio ainda não caíra totalmente nas graças dos filhos. Eles o culpavam por ter se envolvido demais com o trabalho e perdido as melhores fases de seu crescimento. Ethan era o mais revoltado, e Silvinha não lhe tirava a razão. Aliás, se soubesse persuadir o neto do meio, poderia colocá-lo contra o pai. Isso serviria de lição para que Inácio aprendesse que nunca deveria ter pedido Débora em casamento.

Na realidade, Silvinha era uma mulher vazia, desprovida de bons sentimentos. Após a morte do único marido que tivera em vida, o pai de Débora, fechou-se para o amor e para as relações humanas. Possuía várias amizades, mas sabia que todas eram frívolas e superficiais. Reparava no quanto a filha era feliz no casamento, e isso a enchia de inveja. Gilberto morreu muito jovem, e Silvinha tornou-se viúva quando a filha ainda era uma criança. Jamais voltou a se envolver com alguém, e Débora foi sua única companhia.

Sentiu-se traída e abandonada quando ela conheceu Inácio e, principalmente, quando se casaram. Desde então, decidiu que, se fizesse da vida dele um inferno, a relação seria rompida e ela teria a companhia da filha de volta. Isso nunca havia acontecido até o mês anterior, quando Débora trocou Inácio por um professor de Educação Física. Não fora aquilo o que Silvinha idealizara em todos aqueles anos. Continuaria vivendo solitária.

Nunca intencionou convidar um dos netos para morar com ela, embora isso serviria para deixar o genro à beira de um colapso nervoso. Maria Júlia era tímida demais, Gustavo era um tanto exibido, e Ethan, muito respondão. Amava os três, mas não queria dividir o mesmo teto com eles. Preferia visitá-los ocasionalmente e, com isso, azucrinar as ideias de Inácio.

Ainda pensava no que iria fazer, quando se deu conta da viatura parada diante do estabelecimento. Franziu a testa, porque achava que aquilo maculava a imagem distinta de uma loja de grife. Ao notar dois policiais fardados, parados diante da porta de entrada, sentiu o ar lhe faltar. Será que a butique fora assaltada?

Curiosa, aproximou-se, porém foi detida por um dos soldados, que resmungou asperamente:

— Não liberaremos a entrada ou a saída de ninguém até resolvermos um assunto pendente.

— Que assunto é esse? Posso saber? Há anos, sou cliente desta loja.

— O assunto é de interesse da polícia e não da senhora — replicou o policial.

Silvinha fez uma careta para o homem fardado, xingando-o mentalmente. Afastou-se alguns passos, mas se posicionou de frente para a entrada, que ficava entre duas vitrines cintilantes, com manequins exibindo trajes caríssimos. Ao fundo do carpete azul-marinho, que revestia o piso da loja inteira, ela enxergou um reboliço incomum. Viu que uma das vendedoras com quem costumava comprar roupas chorava muito, balançando freneticamente a cabeça para os lados. Um homem de terno e gravata e uma mulher pequena e magra a amparavam, cada um segurando-a por um braço. Mais dois policiais fardados estavam a postos lá dentro.

Romilda também chorava apoiada no balcão da loja, tampando a boca com a mão. Márcia estava ao lado dela, parecendo transtornada. Romilda reparara que as mãos da patroa tremiam incontrolavelmente.

— Pensamos que não é necessário algemá-la — informou Ruy a Dolores. — Basta nos acompanhar pacificamente até a viatura.

— Aquilo não é meu. Não sei como foi parar em minha bolsa. Juro que nunca vi aquele frasco antes. — Chorava Dolores, nervosa e angustiada. — Não estava lá quando eu cheguei.

— A senhora tornou-se suspeita do envenenamento de Sarah. — Ruy deu um leve tapinha nos ombros trêmulos de Dolores. — O material que coletamos em sua bolsa será enviado para análise. Se for constatado que se trata da mesma substância, provavelmente, será acusada de tentativa de homicídio.

— Não pode haver algum engano? — Márcia interceptou os investigadores. — Dolores nunca faria algo tão terrível. Confio nela como confio em mim mesma.

Helena fitou-a seriamente, sem responder. Ruy retrucou:

— Nós investigaremos todos os detalhes o mais depressa possível. Dolores será posta em liberdade se provarmos sua inocência.

— O que farão com ela? — Márcia enxugou o rosto molhado de lágrimas.

— Ficará sob nossa custódia até o resultado dos laudos laboratoriais.

— Não posso ser presa, dona Márcia — Dolores implorou à patroa. — Tenho uma filha pequena. Ela só tem três anos. Meu marido vai ficar desesperado.

— Vou atrás de um bom advogado para ajudá-la — declarou Márcia. — Sei que tudo não passa de um mal-entendido. Confio na justiça.

Ela ainda ouviu o pranto de Dolores até o momento em que a moça foi colocada dentro da viatura. Diante da loja, vários curiosos apareceram para espreitar os acontecimentos. Silvinha estava entre eles, assustada com os gritos horríveis e tristes da funcionária que fora presa. Os dois policiais do lado de fora impediam que qualquer um deles tentasse entrar.

Romilda e Márcia, ambas soluçando, saíram à calçada e foram até o meio-fio, onde a viatura estava estacionada. Mais à frente, estava o veículo civil que trouxera os dois investigadores. Todos seguiriam para a delegacia.

— A senhora deverá fechar a loja e nos acompanhar para prestar depoimento — ordenou Ruy. — E a senhora também — ele acrescentou olhando para Romilda.

— Faremos isso agora mesmo. — Márcia colocou as mãos sobre a cabeça. — Só preciso me acalmar. Meus pensamentos ainda estão desgovernados.

Helena continuava calada, olhando-a com uma dureza incômoda. Quando entrou no carro com Ruy e deu partida, Márcia liberou discretamente um suspiro de alívio.

Silvinha aproveitou-se da confusão e saiu dali depressa. Nunca se envolvera com atividades ilícitas, mas tinha pavor da polícia. Seu maior medo era ser levada para uma penitenciária e ser torturada e abusada por prisioneiras violentas e cruéis. Faltava-lhe o ar somente ao cogitar essa ideia.

No carro conduzido habilmente por Ruy o silêncio era sepulcral, mas foi quebrado pelo policial após rodarem alguns quarteirões.

— A própria funcionária tentou matar a patroa envenenada. Que mundo é esse em que estamos vivendo?

— Não foi ela — retrucou Helena, olhando através da janela.

— Como disse?

— Dolores é inocente. Aquela prova foi plantada na bolsa dela, e tenho quase certeza de que a verdadeira responsável é Márcia.

Ruy pisou no freio com força, fazendo os pneus cantarem. Ele estacionou o automóvel no acostamento e olhou atentamente para sua parceira de trabalho.

— Do que está falando? O frasco com o suposto veneno estava na bolsa dela.

— Com certeza, foi colocado ali momentos antes de sermos contatados. Márcia é a culpada. Aposto meu distintivo nisso. — Helena finalmente devolveu o olhar ao parceiro. — Foi Márcia quem envenenou a vitamina de Sarah. Ela está torcendo que a sócia morra, para ficar com todo o estabelecimento para si. De alguma forma, descobriu que foi Dolores quem nos contou que ela e Sarah haviam discutido e que esta sugeriu a dissolução da sociedade. Fez isso para se vingar, tirando de cena alguém que via como uma ameaça.

— Não temos provas contra Márcia. Aliás, nem você pode ter certeza do que está alegando.

— No centro espírita que frequento, sempre dizem que devemos aprender a confiar mais em nossos sentimentos e em nossas sensações. A alma é o nosso senso. E, em nossa profissão, seguir nosso instinto é essencial para concluirmos um caso. — Helena colocou uma mão sobre os seios. — Sinto aqui no peito que prendemos uma pessoa inocente. Márcia colocou o frasco na bolsa de Dolores e em seguida nos telefonou. Com certeza, arquitetou o plano minuciosamente, para que não restasse nenhuma ponta solta. Seus gestos são frios e calculados. Apesar das lágrimas, vi que em seus olhos havia um brilho estranho, como se estivesse se divertindo com a situação. Soube que era ela desde o momento em que colhemos seu depoimento pela primeira vez.

— Volto a insistir que, sem provas, não há prisão, Helena. Se Márcia for a verdadeira culpada, não poderemos prendê-la.

— Farei o que for possível para desmascará-la. Tenho mais de vinte anos de carreira e já lidei com toda sorte de bandidos e assassinos. Ela não escapará impune. Irei até o fim em busca da verdade. E quero você comigo, pois precisarei de sua ajuda.

Ruy concordou. Tinha menos experiência na área investigativa do que Helena e costumava seguir à risca os conselhos e as sugestões que recebia dela. Também havia ficado comovido com a prisão de Dolores, convicto de que algo parecia não se encaixar naquela história. Se Helena estivesse certa, e ele poderia apostar que sim, seria um imenso prazer prender a verdadeira criminosa.

CAPÍTULO 19

Assim que saíram da escola, Maria Júlia e Naema foram direto para o Parque Ibirapuera. Ambas as jovens haviam telefonado para seus respectivos pais avisando que estariam estudando uma na casa da outra, porque teriam duas importantes provas no decorrer da semana. Inácio concordou, porque não queria transmitir a imagem de um pai pedante, repressivo, encrenqueiro e proibitivo. Essas atitudes, com certeza, só afastariam de si a filha caçula.

Quando adentraram o parque, caminharam lado a lado pela pista de *cooper* até chegarem a uma área grande, onde havia vários bambuzais. O sol brilhava forte, então embrenharam-se na área arborizada e seguiram na direção do tronco de uma árvore frondosa e larga, que lançava uma imensa faixa de sombra no gramado verdejante. Sentaram-se nas raízes grossas e finalmente relaxaram. Após um cuidadoso olhar em torno para se certificarem de que estavam sozinhas, as adolescentes começaram a se beijar.

— Gosto tanto de estar aqui com você — murmurou Maria Júlia, afagando os cabelos crespos da namorada.

— Eu também. Acho que isso se chama amor.

Elas riram e trocaram mais alguns beijos. Depois, Naema acariciou delicadamente o rosto de Maria Júlia antes de perguntar:

— Sua mãe deu notícias?

— Nenhuma. Está tudo muito estranho. Fico triste quando penso que ela simplesmente quis sair de casa, dando pouca importância ao papai, aos meus irmãos e a mim. Trocou-nos por um sujeito que conheceu há poucos meses. Nunca nos telefona. Nem sequer temos seu endereço novo. Eu a amo muito, tenho muita saudade e sinto demais a falta dela.

Percebendo que Maria Júlia estava ficando melancólica, com os olhos marejados, Naema puxou-a para junto de si e abraçou-a com força. Ao longe, algumas pessoas viam as meninas sentadas no gramado, mas estavam distraídas com suas ocupações para perderem tempo analisando o que elas faziam.

— Creio que ela ainda voltará para casa, sabia? Talvez sua mãe tenha se iludido com esse homem, mas, quando a ilusão terminar e ela cair na real, descobrirá que o amor verdadeiro está na casa dela, com os filhos e o marido.

— Você é tão sábia, Naema. — Sorriu Maria Júlia. — Gosto de ouvi-la.

— Sei que você gosta de fazer mais coisas comigo, além de me ouvir.

As duas riram com descontração. Aos treze anos, ambas as jovens não se sentiam mais crianças e se consideravam verdadeiras experts no quesito sexualidade. Quando tinham a oportunidade de se deitarem juntas, davam asas à criatividade.

Naema amava Maria Júlia verdadeiramente e não gostava de vê-la entristecida, quando alegava se sentir abandonada pela mãe. Procurava agradá-la de algum jeito, ora lhe contando piadas engraçadas, ora falando sobre a peça de teatro que ensaiavam juntas, ora a entretendo com beijos e carícias. O romance era tão secreto quanto uma rede de espionagem. Ninguém sabia de nada e, por certo, nem mesmo desconfiavam. Eram extremamente discretas e sempre tomavam o cuidado de apagar qualquer pista que as pudesse denunciar.

As duas continuaram ali por mais de uma hora, conversando sobre a escola, o teatro, as famílias ou sobre elas mesmas. Infelizmente, não perceberam que havia mais alguém interessado nelas. Alguém que se posicionara atrás de outra árvore, relativamente próxima ao local onde as meninas estavam, e direcionava a objetiva da câmera fotográfica para captar as imagens delas. Várias fotos foram tiradas, algumas com *zoom* para garantir que eram mesmo Naema e Maria Júlia que estavam namorando ali, em pleno parque. Uniria aquelas imagens às outras que captara quando as flagrou juntas, despedindo-se na entrada da estação de metrô, embora, naquela ocasião, elas não houvessem se beijado na boca.

Foi com uma expressão de satisfação no rosto que a pessoa guardou a câmera em um estojo, dando por cumprida sua missão. E, quando o casal de namoradas decidiu voltar para suas casas, o vulto com a câmera já havia desaparecido.

****

A felicidade e a plenitude explodiam dentro do peito de Márcia como pequenas dinamites. Após o depoimento, a mulher saiu da delegacia num total estado de graça e contentamento. Por trás dos olhos chorosos, da voz trêmula e dos lábios ressecados, mal podia conter uma vibrante gargalhada.

Dolores ficara presa, e era isso o que importava. Susteve sua acusação inicial, na qual afirmava que vira a funcionária mexendo na bolsa e escondendo algo furtivamente. Dolores, obviamente, passou por dois interrogatórios árduos, negou ter mexido na bolsa após guardá-la e repetiu incansavelmente, sem contradições, a mesma história desde que chegara para trabalhar. Quando Helena a inquiriu sobre supostamente ter escondido algo na bolsa após ser flagrada por Márcia, Dolores negou que isso tivesse acontecido.

— Simplesmente conversamos sobre o fim do ano, e eu a convidei para a festa de aniversário da minha filha. Romilda e eu guardamos a bolsa nos armários, como fazemos todos os dias, vestimos o uniforme e retornamos à loja para atender os clientes.

— Notou se alguma pessoa estranha teve acesso ao interior do estabelecimento?

— Ninguém — Dolores respondeu à pergunta de Ruy sacudindo a cabeça para os lados. — Nós três éramos as únicas pessoas lá dentro. Logo depois de abrirmos a loja, alguns clientes chegaram, e nós começamos a atendê-los.

— Durante esse tempo, Márcia esteve com vocês? — questionou Helena.

Dolores esforçou-se para lembrar, contudo, como estivera distraída conversando com as duas senhoras, mostrando-lhes vários vestidos diferentes até elas decidirem quais levariam, não reparou nesse detalhe.

— Não tenho certeza. Só sei que ela estava atrás do balcão do caixa quando lhe entreguei o valor da compra para que ela cobrasse. Talvez tenha usado o banheiro antes de chegar ali. — Tristeza, aflição e medo chegaram aos olhos de Dolores. — Márcia é uma ótima patroa e não faria isso comigo, caso estejam suspeitando dela. Está havendo algum engano, e ela também sabe disso. É tão vítima quanto eu.

— Espero que você esteja certa — decretou Ruy, penalizado com a situação daquela moça. Teoricamente, ela estava encrencada. Na prática, ele desejava soltá-la.

— Vou ficar presa? — Dolores chorava muito.

— Poderá contatar seu advogado, caso tenha um. Ou o Estado poderá lhe disponibilizar um — explicou Helena, parecendo impaciente. — Porém, não poderá ser liberada enquanto os resultados laboratoriais não chegarem. Pedimos urgência, então, creio que teremos uma resposta ainda hoje.

— Meu marido está a caminho com um advogado, que é amigo nosso — Dolores esclareceu. — Deixou nossa filha aos cuidados da vizinha. Juro que não tentei matar Sarah.

Márcia dissera frase semelhante durante seu interrogatório, que fora relativamente mais curto que o de Dolores. Ressaltou que jamais faria algo para ferir Sarah. Por questões de segurança, não foi colocada diante da acusada, embora Helena tivesse dito que isso poderia vir a ocorrer. Também não caiu em contradição, pois ensaiara friamente cada palavra que pretendia dizer. Mostrava-se chorosa e cansada, mas nem um pouco nervosa ou assustada. Graças ao seu bom olho e à sua esperteza, Márcia notou o modo estranho como a investigadora a confrontava. Aquela maldita mulher baixinha e magricela estava desconfiada dela. Se desse um passo em falso, seria descoberta.

Um bom advogado livraria Dolores daquela confusão, e Márcia sabia disso. Para confundir os policiais, ela própria estava pensando em falar com Inácio para ver se ele ou algum colega poderia ajudar a vendedora, salvando a pele dela. Ruy e Helena teriam que mudar o foco da investigação, se estivessem mesmo suspeitando dela. Seria contraditório e incoerente deduzir que ela, Márcia, atuara para que Dolores fosse presa, para logo em seguida pagar um advogado para tentar soltá-la.

Isso não importava. Se Dolores voltasse à liberdade e continuasse trabalhando na butique como se nada tivesse acontecido, isso não era importante. Fizera tudo aquilo apenas para confundir a dupla de investigadores e para dar uma lição em sua funcionária para que deixasse de ser faladeira. Seu verdadeiro objetivo era Sarah. Precisava dar um jeito naquela imbecil antes que recobrasse a fala e a acusasse também.

Como tudo dera certo até ali, Márcia saiu feliz da delegacia. Romilda, a outra vendedora, também dera seu depoimento, mas só fizera gaguejar. Ruy e Helena poderiam ser inteligentes, mas ela era muito mais astuta. Além disso, pediria novas orientações a Dragão, macaco velho quando o assunto era tirar policiais de seu encalço. Não era à toa que o traficante continuava na ativa havia anos, cada vez mais bem-sucedido no comércio de drogas ilícitas, sem nunca ter sido intimado a comparecer a uma delegacia.

Márcia dirigiu até próximo do centro da cidade, desceu de seu carro vermelho, entrou em uma galeria e procurou um telefone público. Odiava orelhões, porque achava nojento encostar sua pele delicada e macia em um aparelho que certamente já havia sido tocado por mãos e orelhas infectas, gordurosas e sujas. Lamentavelmente, era sua única alternativa, pois não utilizaria seu celular para chamá-lo, pelo menos enquanto a polícia estivesse por perto. Chegara até ali com cautela, sempre se certificando de que não estava sendo seguida.

Introduziu o cartão na ranhura, discou o número que já havia decorado e limpou o fone na barra do vestido antes de encostá-lo na orelha. Dragão atendeu ao segundo toque.

— O que houve? — Tinha quase certeza de que era Márcia quem o chamava.

— Deu tudo certo. Dolores está onde deveria estar, apesar de eu achar que ela não permanecerá detida por muito tempo.

— Se está me ligando, é porque precisa de outro favor.

Márcia baixou o tom de voz para não chamar a atenção dos passantes e respondeu com tamanha crueldade e indiferença que teria abalado qualquer pessoa mais sensível.

— Quero que Sarah morra, e você me ajudará a dar cabo da vida daquela inútil.

— E por que eu faria isso? — Dragão riu do outro lado da linha.

Ela respirou fundo, implorando paciência. Odiava quando ele vinha com aqueles jogos.

— Porque você sempre esteve ao meu lado, em todas as vezes que precisei da sua ajuda. Vai dar para trás agora?

Fez-se o silêncio, e Márcia achou que ele tivesse desligado. Sentiu vontade de mandá-lo para o inferno, quando ouviu o som da respiração pesada de Dragão. Tentando manter a calma, ela contrapôs:

— Queria que você viesse me visitar em casa hoje à noite. Comprei algumas lingeries novas. Tem várias cores, mas, como sei que prefere a vermelha, já a deixei separada. Não gostaria de me ver dançando para você, como fiz da outra vez?

Ela ouviu um silvo baixo do outro lado e soube que sua ideia estava funcionando.

— E, no final, você poderá tirar minha calcinha para....

— Tudo bem, não precisa continuar. Estou trabalhando agora e não posso ouvir essas coisas. — Para Dragão, o tráfico também era uma profissão. — Preciso que me dê as informações corretas com o nome do hospital e o quarto em que sua sócia está internada. Farei o que me pede.

— Jura?

— Algumas pessoas estão me devendo favores e ficarão quites comigo se cumprirem essa... tarefa.

— Mas você precisa ser rápido. Temo que ela consiga se restabelecer nos próximos dias.

— Será feito o mais breve possível.

Márcia quase gritou de tanta euforia. Sentia-se extasiada, como uma criança que ganha um brinquedo há muito desejado.

— Obrigada, meu querido. Fico lhe devendo uma. — Subitamente, a voz dela tornou-se sensual e provocante. — Gostaria muito que você viesse me visitar hoje, para que eu possa compensar esse favor, enlouquecendo-o por uma noite inteira.

— Na hora certa, vou cobrar meu preço. Não se preocupe.

Dragão desligou antes que ela retrucasse. Novamente, ele vinha com aquele papo de cobrar um preço. Se não precisasse dele e de seus favores, há muito o teria mandado às favas. Era um homem bonito e atraente, amante ardente na cama, mas ela poderia facilmente conseguir outros infinitamente melhores.

Enquanto saía da galeria para retornar ao carro, Márcia flagrou-se pensando em uma pessoa. A imagem de Inácio povoou sua mente, e ela ainda pensaria nele por muitas horas depois.

Ao entrar no carro, Márcia jamais imaginaria que não estivesse sozinha no veículo. No assento traseiro estava o espírito de um homem inteiramente vestido de preto, usando um chapéu-coco masculino igualmente escuro. Sua pele era pálida, quase translúcida, seus lábios finos estavam contraídos em uma linha dura, e sua testa, enrugada. Porém, o mais assustador eram seus olhos, que estavam fixos em Márcia. Olhos negros e mortos.

Para a espiritualidade, o mal não existe; é apenas uma ilusão. Somente o bem é real e eterno. Entretanto, essa ilusão fere, prejudica, transforma, danifica e retarda o progresso espiritual. Para Márcia, suas atitudes não eram atos de maldade, mas ferramentas que ela utilizava para alcançar suas metas. Fazia apenas o que era funcional para ela, sem se importar com as consequências que isso traria aos outros ou a si mesma.

Somos seres energéticos, pois a todo instante enviamos e recebemos energia. Essa troca é constante, e o nível dessas energias é determinado de acordo com nossas escolhas e nossos pensamentos. Quem pratica o bem recebe energias positivas. Quem age no mal encontra energias inferiores. É simples assim. Alheia a tudo isso, Márcia nem supunha de que estava atraindo para junto de si a presença de alguns espíritos sombrios e perigosos, principalmente aquele que a acompanhava no carro e que tinha um passado estritamente ligado ao dela. Eles se sintonizavam bem, porque ambos vibravam na maldade, se compraziam com a dor alheia e se regozijavam quando viam um inimigo ser derrotado. Entretanto, o que aquele espírito desejava de Márcia ia muito além de uma mera troca energética.

Cedo ou tarde, ela responderia por suas atitudes. A vida se encarregaria de lhe mostrar os resultados de suas escolhas, pois o plantio é livre, mas a colheita é obrigatória. A todos nós é dado o livre-arbítrio, e saber como utilizá-lo é responsabilidade de cada um. Deus não interfere nas decisões de ninguém, porque somos espíritos aprendizes na escola da vida. Todas as experiências representam aprendizados, por isso cada um tem a liberdade de escolher aquilo que acredita ser o melhor para si, respondendo por suas ações.

Por outro lado, o mal não surge apenas como a prática de atos insensíveis e horrendos ao próximo. Também existe a maldade que cada um lança contra si mesmo, principalmente quando se deprecia, critica o próprio rosto ou corpo, acha que a aparência é muito feia, coloca-se para baixo ou desacredita a própria capacidade interior. Ou quando se julga inferior, ainda se compara com os outros e se acha menos, desiste de acreditar, de sonhar ou de superar um obstáculo.

É fundamental que toda escolha seja feita a nosso favor, porque sempre seremos nossa única companhia por toda a eternidade. Daí vem a necessidade de cultivar o bem, começando pela bondade interior, que é aquela em que cada um busca se apoiar, cuidando de si e se amando incondicionalmente. Quando as pessoas dão o devido valor a si mesmas, cultivam o amor-próprio e ressaltam em si todas as suas qualidades e os seus pontos positivos, o espírito se felicita e a aura se ilumina. E não há força negativa externa capaz de abalar ou destruir esse equilíbrio astral.

★★★★

Inácio chegou mais cedo em casa. A cada dia, procurava passar mais tempo na companhia dos filhos, mas desta vez eram eles que estavam ausentes. Apenas Alcione encontrava-se na residência, adiantando os preparativos para o jantar. Como sempre, ela usava roupas que simbolizavam a origem dos seus pais, ora trajes africanos, ora peruanos. Para aquele dia, ela optara por um belíssimo vestido longo com mandalas coloridas estampadas por todo o tecido. Sapatos de saltos altíssimos completavam o visual. Não se parecia com as roupas que qualquer dona de casa escolheria para cozinhar, mas era assim que ela se sentia bem. E, desde muito cedo, Alcione aprendera a importância de fazer por si somente aquilo que lhe dava prazer e satisfação.

— As criaturinhas simpáticas pelas quais sou responsável ainda não chegaram? — Inácio perguntou beijando a governanta no rosto. Despiu o paletó ali mesmo e colocou a pasta de couro sobre uma cadeira.

— Maria Júlia me ligou há pouco. Está a caminho, voltando da casa de Naema. Elas estão estudando para alguns exames da escola.

— Sim, ela me disse. — Inácio apanhou um copo e encheu-o d'água. — Ethan e Gustavo deram sinal de vida?

— Gustavo está com a namorada. Agora que será papai, quer permanecer ao lado de Tássia o maior tempo possível. Disse que chegará a tempo para o jantar. — Alcione mexeu em uma panela e olhou para o cozido com a mesma concentração com que um médico encara um paciente na mesa de cirurgia. — Tentei ligar para Ethan, mas só cai na caixa postal.

— O comportamento desse menino não está me agradando. — Inácio bebericou a água devagar. — Uma coisa é se mostrar irritadiço e rebelde porque a mãe saiu de casa. Outra é querer se vingar de mim, dando crédito às babaquices que ouve da avó, que tenta me culpar pelo que aconteceu.

Houve um instante de silêncio antes de Inácio fazer a pergunta crucial:

— E Débora? Você atendeu alguma ligação dela?

— Infelizmente, não. — Alcione percebeu que o semblante do patrão se contraíra e procurou desviar rapidamente o assunto: — Farei mais comida hoje, porque o senhor Benjamim virá jantar aqui. A namorada, naturalmente, o acompanhará.

— A namorada que dá mais atenção ao celular do que ao meu pai — dizendo isso, Inácio fez uma careta engraçada, arrancando risos da governanta.

— Dona Silvinha também ligou — continuou Alcione, cumprindo seu papel de secretária do lar. — Queria conversar com os netos, mas, como eles não estavam, prometeu telefonar mais tarde.

— E por que ela não liga diretamente para o celular de cada um deles?

— Fiz a mesma pergunta, e, antes de ela me chamar de abelhuda, ordenando que eu me limitasse a cuidar do meu serviço, me respondeu que continuará ligando para o telefone fixo da casa, pois faz isso há vários anos e não vai perder um costume que já virou tradição. Depois, desligou na minha cara.

— Velha mal-amada. Espero que não tente fazer intrigas com meus filhos sobre mim, pois não estou disposto a tolerar que ela os envenene.

— Não entre na energia dela nem se desgaste à toa. Às vezes, o silêncio é a melhor arma para evitar conflitos desnecessários. — Alcione experimentou o caldo do feijão e achou que faltava sal. — Posso dar um palpite?

— Vários, se quiser. Sabe que tem total liberdade para falar.

— Por que não propõe uma viagem às crianças? Apenas vocês quatro, para um destino de livre escolha deles. Nem que seja um fim de semana, já que eles estão em período de aula. Algo divertido, para quebrar a rotina e uni-los ainda mais.

Inácio terminou de beber a água e refletiu sobre a sugestão.

— Você tem razão. Eu havia programado uma viagem para setembro, mês que vem, com toda a nossa família. Mas, em virtude do que aconteceu com a partida de Débora, acabei colocando o assunto de lado. — Ele pensou na voz dela ao telefone, apreensiva, triste e preocupada. — Realmente, é uma excelente ideia. Vou apresentar a proposta durante o jantar.

— Então, apresse-se, querido. Vá tomar um banho e mudar de roupa. Daqui a pouco, seu pai e sua madrasta estarão aqui.

Inácio riu alto.

— Eu, no esplendor dos meus quarenta e cinco anos, tendo como madrasta uma mulher de dezoito. — Colocou o copo sobre a pia e foi saindo da cozinha. — Parece até uma piada.

Alcione acompanhou-o com o olhar até vê-lo sair. Depois, fechou os olhos rapidamente e fez uma sentida prece, pedindo pelo melhor para si e para todos os membros daquela família que ela aprendera a amar.

CAPÍTULO 20

Havia uma agitada animação na casa durante o jantar, principalmente com a chegada de Benjamim e Juju. O pai de Inácio falava com os netos sobre uma nova tatuagem que pretendia fazer no braço. Juju já havia tirado umas três fotos, que iam desde a arrumação da mesa aos closes inesperados dos presentes, postando tudo nas redes sociais. Alcione divertia-se com o que via e ouvia, e Inácio revirava os olhos ao ouvir as decisões do pai, que, em sua opinião, não passavam de maluquices.

— Tatuagem é a última moda. Quase todo mundo tem uma — expressava-se Benjamim todo empolgado. — Tatuarei no antebraço a palavra felicidade, em caracteres chineses, porque minha vida é alegria pura.

— E, quando postarmos essa foto em seu Facebook, meu amor, vai bater o recorde de curtidas. — Juju beijou-o no queixo.

— Não sabia que você tinha Facebook, pai — murmurou Inácio.

— Se você não tem, então, está muito desatualizado. — Benjamim começou a rir. — Aposto que nem sabe mexer nessa rede social.

Como Inácio realmente não sabia, preferiu se calar.

O cardápio da noite, cuidadosamente preparado por Alcione, era composto por arroz de forno, seu delicioso feijão, carne cozida, filé de peixe, dois tipos de salada e dois sabores de suco. Também foi servido vinho tinto, porque Benjamim era apreciador da bebida. Sobre a toalha azul-bebê foram dispostas as delicadas porcelanas. Não era um evento comemorativo, mas Alcione sempre fazia com que se parecesse com um.

Além deles, estavam à mesa Maria Júlia, Ethan, Alcione, Gustavo e Tássia. Inácio não ficou muito feliz ao ver a nora ali, mas lembrou-se das palavras da governanta sobre evitar confusões. Queria manter a paz em casa, pelo menos naquela noite.

Tássia quase recusou o convite, quando Gustavo pediu que ela fosse jantar em sua casa. Ao conversar com a mãe em busca de uma opinião, ouviu:

— Você não tem cérebro, minha filha? Grude nesse rapaz como um carrapato. Ele é o dono do dinheiro que poderá nos tirar desse lodo em que seu pai nos meteu.

— Na verdade, o dono da grana é o doutor Inácio.

Tássia havia feito um resumo à mãe sobre a visita a Inácio no dia anterior, acrescentando que ele não pareceu muito feliz com a ideia de ser avô. Virgínia, então, respondeu que isso não era motivo de preocupação.

— E quem é o herdeiro de tudo aquilo? —Virgínia meteu o dedo indicador na barriga da filha, com força exagerada. — Faça com que essa criança nasça em berço de ouro! Obrigue-o a lhe comprar roupas e sapatos. Peça números maiores, alegando que vai guardar para quando estiver mais gorda. Ele não precisa saber que eu as usarei.

— Meu maior medo é que Gustavo descubra que eu o traí e que o filho que espero talvez não seja dele.

— Ele só descobrirá se você for burra. E sei que resta um pouco de inteligência dentro dessa sua cabecinha. — Dessa vez, o furioso dedo indicador da mãe chocou-se contra a testa de Tássia. — Vá ao jantar e peça dinheiro para pagar o táxi de retorno. Não deixe que ele a traga. Peça o dinheiro, duas ou três vezes mais do que custa o valor da corrida. Invente algo como a tarifa ser mais cara durante a noite. Assim que chegar em casa, deposite todas as cédulas que conseguir em minhas mãos. Visite-o várias vezes nos próximos dias, sempre utilizando a mesma tática ao se despedir.

— Tentarei fazer isso. Obrigada pelos conselhos.

— Não são conselhos, mas dicas de sobrevivência! — Virgínia mostrou um sorriso gigantesco. — Quando você vai compreender que a mamãe sempre sabe mais?

E agora lá estava Tássia ouvindo as proezas do velho senhor. Achava-o um homem diferente e intrigante. Não conhecia nenhum outro idoso com tanto pique.

— Tatuagens não ficam bem em peles enrugadas como a sua, vovô — atacou Ethan de repente, com seu costumeiro mau humor.

— Enrugado está seu cérebro, menino — replicou Benjamim, sem perder a graça e a jovialidade. — Minha pele está mais firme do que a de Inácio. Afinal, a prática de exercícios físicos diários me mantém em plena forma. Se eu me entregasse à minha idade, sentindo nas costas o peso dos anos, seria agora um velho triste, deprimido, sem vontade de viver.

— E sem saber mexer no Facebook — acrescentou Juju, e os dois riram juntos.

Inácio também sorriu. Amava o pai e fazia-lhe bem vê-lo tão feliz. Ele e Juju formavam um casal nada tradicional, mas muito interessante. Benjamim sofrera com a morte da mãe de Inácio, mas rapidamente deixou a tristeza de lado e partiu em busca da superação. Encontrou conforto nos braços de mulheres jovens, que o faziam se sentir mais novo, vivo e alegre. Foi quando ele mudou seu modo de ser e agir. Trocou o guarda-roupa, substituindo as roupas antigas e cafonas por trajes da moda, usados pelos adolescentes. Trocou os sapatos engraxados por tênis de cores psicodélicas; os suéteres e roupas sociais por camisetas, regatas e bermudas cheias de bolsos. Depois, pintou os cabelos brancos e substituiu o corte escorrido por um arrepiado, finalizado com gel fixador. Sem dúvida, ninguém diria que ele já passara dos setenta.

Ver a família reunida ali também era motivo de entusiasmo e deleite para Inácio. Só faltava Débora para que sua alegria ficasse completa.

Gustavo começou a chamar a atenção dos outros para si, pois desejava falar. Quando o grupo silenciou e olhou em sua direção, ele segurou Tássia pela mão, com um sorriso largo iluminando seu rosto bonito, e disparou sem hesitação:

— Tássia está grávida, e eu sou o cara mais feliz do universo.

Inácio não era o pai mais feliz do universo, mas guardou essa informação para si. Ethan e Maria Júlia começaram a aplaudir e jogaram-se sobre o irmão e sobre Tássia, abraçando-os, beijando-os e parabenizando-os pela novidade. Benjamim e Juju fizeram o mesmo. A moça, imediatamente, pegou o celular e começou a fotografar, porque aquele era um momento importante demais para não ser compartilhado nas redes sociais.

— Acho que quero um bebê também, meu amor — balbuciou Juju para Benjamim quando a emoção serenou.

— Podemos pensar nisso, meu anjo formoso. — Ele beijou-a na ponta do nariz, arrancando risos dos demais.

Inácio fez uma de suas caretas assustadas, que só Alcione notou, sem esconder o riso. Ele girou o dedo indicador em torno da têmpora mirando as costas do pai, sinalizando para a governanta que Benjamim estava maluco.

Para tentar inibir sua mente de criar a imagem de um irmãozinho seu àquela altura do campeonato, Inácio decidiu sair pela tangente sorrindo:

— Também tenho um comunicado a fazer, direcionado aos meus três filhos queridos. — Mais uma vez, fez-se o silêncio, e vários pares de olhos fixaram-se nele. — Pensei em levá-los para curtir o próximo fim de semana em algum lugar onde nunca estivemos antes. Só não estenderemos nossa estadia no hotel, porque Ethan e Maria Júlia estão em período de aula e Gustavo não pode faltar as aulas na faculdade. Sei que está em cima da hora, mas uma semana é um prazo razoável para que todos se programem. Podem escolher entre praia ou campo. Estou à disposição para ouvir propostas e sugestões.

— Posso levar Naema comigo, se os pais dela autorizarem? — indagou Maria Júlia, limpando os lábios com o guardanapo. Ter por perto a companhia da namorada, que para os demais era apenas sua melhor amiga, tornaria o passeio muito mais agradável e divertido.

— Eu só irei se Tássia me acompanhar. — Gustavo segurou a mão da namorada. — Não conseguiria viajar com tranquilidade sabendo que ela pode precisar de mim, enquanto eu estiver longe.

Inácio quis dizer que a garota estava grávida havia poucas semanas, não era nenhuma gestante às vésperas de dar à luz e que aquilo tudo não passava de frescura e fechou um pouco o sorriso que tinha nos lábios. Quando encarou Alcione, ele a viu assentir com a cabeça. Resignado, voltou a sorrir:

— Tudo bem. Assim será melhor. E você, Ethan, deseja convidar alguém para ir conosco?

Ethan continuava sisudo, fixando o pai com ar de poucos amigos. A princípio, quis declinar do convite. Não estava nem um pouco animado para viajar. Não sabia como seus irmãos podiam estar ansiosos para sair da cidade, como se nada tivesse acontecido, como se Débora não tivesse praticamente sumido no ar. Será que, além dele, ninguém mais sentia a falta dela? Será que era o único que ainda chorava em silêncio porque não a tinha junto de si, não podia ouvir sua voz nem abraçar a mãe?

Ademais, para o fim de semana, ele havia agendado uma nova sessão de fotos com Zack. Seria desagradável cancelar o trabalho por causa de uma viagem idiota com seu pai e seus irmãos. Além disso, perderia uma soma importante. Por fim, como viajaria sem levar um de seus preciosos cigarros? Não poderia fumar durante dois dias inteiros, o que era quase impossível agora. Naquela manhã, nos fundos da escola junto de alguns colegas, Ethan fumara um baseado e pretendia fumar outro ainda naquela noite, fora de casa, após todos se recolherem.

— Não vai dizer nada, meu filho? — questionou Inácio, começando a ficar preocupado. Sabia que Ethan era instável e propenso a causar confusão.

— Sejamos razoáveis, maninho — interveio Gustavo, terminando de mastigar. — Nossa família está muito desestruturada. Não somos os mesmos desde que a mamãe saiu de casa... — E, como se respondesse à indagação que Ethan fizera a si mesmo, o rapaz continuou: — Todos nós sentimos falta dela, mas o tempo segue seu curso. Assim como ela fez a escolha dela ao sair de casa, não podemos escolher a tristeza, a dor e o sofrimento. Isso faz mal e atrasa nosso progresso. É vida que segue para todos nós.

Surpreso com as belas palavras que Gustavo proferiu, Inácio lançou um olhar de gratidão ao filho mais velho pelo apoio. Alcione, com sua hipersensibilidade, percebeu a presença de amigos espirituais no ambiente, inspirando o rapaz a falar. Agradeceu a Deus por aquela benéfica oportunidade.

— Já disse que você deve parar de se comportar como um ancião, moleque. — Benjamim sorria com sarcasmo olhando para o neto do meio. — Eu mesmo estou longe de ser comparado com um.

— Vamos nos divertir muito, Ethan — reforçou Maria Júlia. — Aliás, quero sugerir um destino e espero que todos concordem em ir até lá. Gostaria que viajássemos a Curitiba, para visitar a mamãe. O que acham da ideia?

— Perfeito! — animou-se Gustavo. — Estou com muita saudade dela. Uma visita surpresa seria genial.

— Combinado — decretou Ethan sem escapatória. — Pela mamãe, eu topo tudo.

Inácio não respondeu nada. Simplesmente não sabia o que dizer. Os filhos estavam entusiasmados com a hipótese de rever a mãe, o que era compreensível. Nunca haviam se separado dela em todos aqueles anos. Ele próprio ansiava por revê-la, contudo, onde Débora estaria morando? Quem teria seu endereço para lhes fornecer? Começava a desconfiar se ela realmente estava residindo em Curitiba. Precisaria visitar as escolas para as quais ela prestava assessoria para tentar levantar alguma informação. Laerte, seu sócio, tinha um irmão que era detetive. Conversaria com ele naquela noite, antes de dormir.

Em meio às discussões triviais que se iniciaram sobre a curta viagem que fariam, o telefone da sala tocou. Alcione foi atender e, após ouvir por alguns instantes, voltou à mesa com o aparelho nas mãos.

— É dona Silvinha. Quer conversar com os netos.

Ainda seguindo o conselho que recebera de Alcione sobre manter o silêncio para evitar problemas, Inácio não contestou. Ouviu pacientemente os três filhos falarem com a avó e lhe contarem sobre a visita que fariam a Débora em Curitiba. Ethan falou que estava menos chateado com o pai, Maria Júlia narrou os avanços em seus ensaios teatrais, e Gustavo, fazendo certo suspense, colocou a avó a par da gravidez de Tássia. Assim que ele terminou de participá-la das novidades, Silvinha quis falar com Inácio.

— O que você quer? — ele foi logo questionando, já antevendo a discussão que viria.

— Que tipo de pai é você, que não dá a mínima orientação aos seus filhos? — Ácida como sempre, a voz de Silvinha estava carregada de irritação. — Nunca fez uma roda de conversa com meus netos, intensamente amados por mim, para falar sobre a importância de se usar preservativos? Gustavo tem apenas dezessete anos, uma criança ainda, e já engravidou uma menina. Bastou minha filha virar as costas para você soltar as rédeas da criação paternal.

— Daqui a alguns meses, ele será maior de idade e mandará no próprio nariz. Eu demorei alguns anos para ser pai, assim como meu próprio pai não me teve tão jovem. Só que o mundo mudou, minha senhora. Hoje, tudo é mais dinâmico. Se ele ama a namorada e pretende formar uma família com ela, não irei impedi-lo.

— Insensato! Irresponsável! Não sabe nem administrar uma família, ou minha filha não o teria traído.

Ouvir aquilo ainda era dolorido, embora bem menos do que no início.

— E você não soube nem ser uma agradável companhia, ou Débora não teria saído de sua casa para nunca mais voltar, ao se casar comigo. E saiba que estamos em um jantar de família, para o qual você não foi convidada. Faremos uma viagem no próximo sábado, como eles acabaram de lhe contar. Estávamos fazendo alguns planos, quando fomos brutalmente interrompidos.

— Se vocês forem se encontrar com Débora, quero ir também. Estou saudosa.

— Monte em sua vassoura, chacoalhe suas pernas finas e faça boa viagem.

Inácio riu quando viu os filhos e Benjamim caírem na risada. Ao captar as gargalhadas ao fundo da ligação, Silvinha ficou ainda mais zangada.

— Quem são as bestas que estão rindo de mim?

— Seus netos, intensamente amados por você. Agora preciso desligar.

— Você é um insolente, Inácio! Saiba que nunca vou perdoá-lo por ter tirado minha filha de mim.

— Você precisa de um bom tratamento, Silvinha! Está se tornando uma velha gagá.

— Isso é o que você pensa. Estou ótima, saudável e estonteante. Quando saio às ruas, as pessoas chegam a me abordar perguntando se sou alguma celebridade da televisão. Até já pediram meu autógrafo.

— No mínimo, acham que você é alguma chacrete aposentada.

— E, muito em breve, farei outra cirurgia plástica, porque surgiram novas ruguinhas que estão me incomodando. Eu ficarei mais jovem e sedutora.

— Cuidado, porque o remendo pode ficar pior do que o estrago. — E assim Inácio deu por finalizada a ligação, contente pela troca de insultos bem-sucedida com a sogra. Todos o olhavam com curiosidade, divertindo-se com a situação. — O que foi, minha gente? Isso é apenas uma demonstração de amor entre sogra e genro. E agora que a viagem e o destino já estão definidos, vamos à sobremesa?

★★★★

A vários quilômetros de distância dali, Dolores não desfrutava do mesmo clima de descontração. Obviamente, os resultados dos testes laboratoriais foram positivos. A substância encontrada dentro do frasco em sua bolsa era a mesma que fora dissolvida na vitamina de Sarah, levando-a à internação e à perda da fala e do raciocínio lógico. Para piorar a situação da vendedora, o veneno era considerado ilegal, de comercialização proibida no Brasil.

O marido de Dolores levou um advogado, que não conseguiu liberá-la, já que o delegado não autorizou o pagamento de fiança. Era um homem duro e tirano, que, sob a alegação de banir a criminalidade da face da Terra, abusava do seu poder de autoridade. Odiava ladrões, pedófilos, golpistas, traficantes e assassinos. Se pudesse, como ele mesmo gostava de confessar a amigos mais íntimos, mataria cada um deles com as próprias mãos.

Helena não gostava de trabalhar com esse delegado, todavia, não tinha saída. Era seu superior na escala hierárquica, e ela deveria se reportar a ele. Qualquer pessoa leiga enxergaria que Dolores era uma mulher simples, mãe de uma criança pequena, sem formação acadêmica e sem antecedentes criminais, assim como seu marido. Eles não tinham condições de comprar no mercado negro o produto que fora ingerido por Sarah. Somente alguém com contatos muito influentes poderia consegui-lo. E a única pessoa que caía como uma luva nesse perfil era Márcia.

Helena tentou persuadir o delegado de todas as formas, mas para o chefe de polícia aquilo era prova mais do que suficiente de que Dolores era responsável pela tentativa de homicídio. O advogado teria que ser muito competente para auxiliar sua cliente.

Os fatos ganharam novos contornos quando Ruy entrou esbaforido na delegacia, seguido por outros dois policiais, que também se mostravam nervosos e agitados.

— O que houve? — Antes mesmo de ouvir a resposta, Helena pressentiu o que tinha acontecido.

— Sarah morreu. Alguém invadiu o quarto no qual ela estava internada e a sufocou com um travesseiro.

Márcia estava sozinha em seu apartamento, vestindo apenas uma camisola rendada vermelha, segurando uma taça de champanhe pela haste. Dragão acabara de lhe telefonar, dizendo-lhe apenas duas palavras:

— Está feito!

Ele desligou logo depois, e ela soltou uma gargalhada, que reverberou por todo o imóvel. Apesar da curiosidade, realmente não era importante saber a forma como sua sócia partira para o Além. A cláusula do contrato social da loja era clara: em caso de falecimento de uma delas, a propriedade passaria inteiramente para a outra. Nunca ambicionara ficar com a butique para si, porém, a ideia se tornara tentadora quando Sarah descobriu que Márcia era amante de seu irmão e jamais a perdoara por isso.

O cômico de tudo aquilo seria ver o investigador austero e sua parceira raquítica correndo para todos os lados como uma dupla de ratinhos tentando se salvar de um naufrágio. Márcia tinha um álibi perfeito, pois, momentos antes, estivera na casa de uma amiga, jogando conversa fora. Dolores estava presa, e o verdadeiro assassino escapara impune. Com isso, ela colocaria Inácio ou algum colega dele para atuar em favor de sua funcionária, livrando-a da cadeia e mostrando a todos que era dona do coração mais generoso do mundo.

Chegou a pensar que Dragão não viesse vê-la, mas ele compareceu duas horas depois. Usava um boné e uma barba espessa postiça para disfarçar. Aos porteiros, já dissera anteriormente que era um primo de Márcia, versão confirmada pela moradora.

Assim que adentrou o apartamento de Márcia, duas coisas cintilavam em Dragão: a aliança dourada em seu dedo anelar esquerdo e seus olhos cor de café. Os cabelos grisalhos, onde havia muito mais fios brancos do que negros, eram ondulados e penteados para trás. Quando arrancou a barba postiça, revelou um rosto quadrado, pele clara e queixo másculo. A boca sedutora era capaz de enlouquecer qualquer mulher. Tinha cinquenta e dois anos, mais de 1,80 metro de altura e um peitoral proeminente em virtude de muita musculação. O perfume suave que usava misturou-se à fragrância que Márcia borrifara em si mesma. Ela nunca soube o nome verdadeiro de Dragão e sabia que ele tampouco lhe diria.

Antes que Márcia fizesse qualquer pergunta ou lhe oferecesse uma taça de champanhe, ele tomou-a nos braços e beijou-a com ardor, fúria e paixão. Estava faminto pela boca e pelo corpo daquela mulher. Em poucos instantes, ele a despiu, para, em seguida, jogá-la sobre a cama larga e confortável. Arrancou as próprias roupas em segundos, e fizeram amor várias vezes seguidas. Márcia o seduzia de tal forma que o deixava louco. Só conseguiram parar quando a madrugada já ia alta.

— Seu rendimento está cada vez melhor, garotão! — Ela curvou o corpo e beijou o umbigo de Dragão.

— Obrigado. Manter minha virilidade em dia é tão relevante quanto cuidar dos meus negócios.

— Não vai me contar como foi?

— Isso não importa.

— Ah, me conta, vai... — Márcia começou a lamber a barriga de Dragão, traçando um caminho com a língua rumo à virilha do amante. Aquilo o tirou do sério.

— Dois sujeitos fizeram tudo — confessou, vencido pela teia sedutora. — São caras experientes. Apesar de o hospital ser de alto padrão, com segurança reforçada, não tiveram problemas para entrar no quarto de sua sócia e fazer o serviço. Ela estava desacompanhada, o que facilitou o trabalho deles. Bastou conseguirem roupas semelhantes às da equipe de enfermagem para ninguém lhes prestar atenção. Médicos e enfermeiros são, na maioria das vezes, pessoas muito ocupadas. Não gastam tempo notando o rosto de cada ser humano que cruza seu caminho.

— Existem câmeras nos corredores. Eles foram filmados.

— Com certeza, e é nisso que a polícia vai se basear. Chegaram lá dirigindo um veículo roubado, portando identidades falsas e usando disfarces no rosto, assim como eu fiz ao vir para cá. — Ele gemeu, enquanto ela continuava lambendo-o. — E agora chega de me fazer perguntas, porque fiz tudo o que me pediu. Lembre-se de que você deverá pagar o preço em um momento oportuno.

— Já estou pagando o valor, querido, e com juros.

— Esse preço não se refere a sexo.

Márcia quis fazer outra pergunta, mas ele a colocou por cima do próprio corpo e cravou sua boca na dela. Imediatamente, começaram a se amar de novo. Ela se entregou aos prazeres da carne, porque estava satisfeita demais para pensar em bobagens. Nada estragaria sua noite.

CAPÍTULO 21

Márcia acordou com um feixe de luz solar acertando precisamente seu rosto. Espreguiçou-se como uma gata e levantou-se da cama inteiramente nua. Quando abriu totalmente a janela, os raios dourados banharam seu corpo escultural.

Sabia que durante algum momento de seu sono mais profundo, Dragão havia partido. Sempre foi assim. Ele ia embora antes que ela despertasse, sem beijos de despedida, saciado após uma noite de sexo intenso.

Foi ao banheiro e fez sua higiene pessoal. Olhou-se no espelho com o rosto molhado, e o reflexo mostrou uma mulher que conseguia ser incrivelmente linda mesmo sem maquiagem. Ela piscou um olho para sua imagem e voltou ao quarto, prendendo os longos cabelos loiros em um coque frouxo.

Quando ouviu a campainha tocar, cobriu sua nudez com um penhoar branco e caminhou descalça até a porta. Quando algum visitante chegava ali sem ter sido anunciado pelos porteiros era porque se tratava de alguém já conhecido. Ao espiar pelo olho mágico, confirmou que estava certa.

Agindo como uma verdadeira atriz, o semblante de Márcia tornou-se carregado de pesar e cansaço, tão logo abriu a porta e se deparou com Fausto, seu ex-amante e irmão de Sarah. Era um renomado médico cardiologista, que lhe dera aquele apartamento como gratidão pelas várias noites em que a possuíra. Nunca mais tiveram relações, mas Márcia estaria disponível, se ele assim desejasse. Aquele homem sempre lhe fora muito rentável.

Fausto era magro, vários centímetros mais baixo do que Márcia, dono de uma barba preta encrespada, óculos de lentes muito grossas e calvície proeminente. Não tinha nenhum atrativo, além daquilo que trazia na carteira. Estava na casa dos sessenta anos.

Em seu olhar transparecia comoção, dor e tristeza. Assim que Márcia cedeu espaço para que ele entrasse, Fausto virou-se para ela e informou:

— Sarah morreu ontem à noite. Estão suspeitando de assassinato.

Num gesto teatral, que convenceria o mais experiente diretor de dramaturgia, Márcia deu um passo para trás, empalidecendo e levando a mão ao coração. Seus olhos se abriram muito, para logo em seguida ficarem banhados de lágrimas.

— Minha Nossa Senhora, valei-me! — Atordoada, ela recuou até cair sentada em uma cadeira. Seu penhoar abriu-se, expondo parte dos seios.

— Eu também estou chocado. Não bastou a tentativa de envenenamento. Alguém teve acesso à butique de vocês e cometeu essa barbárie. Suspeitam da sua vendedora, que está detida, porque ela foi flagrada com a prova do crime. — A fala de Fausto estava carregada de emoção. — Não creio que tenha sido ela. Imagino que haja outra pessoa por trás de toda essa tramoia. Estou muito sentido, porque Sarah sempre foi uma mulher incrível, que nem sequer tinha inimigos.

— E eu não sei? — As lágrimas escorriam pelo rosto bonito de Márcia, que não se dava ao trabalho de secá-las. — Trabalhamos juntas por dois anos, e ela foi a melhor amiga que jamais tive. Que tragédia, meu Deus!

— Queria que você soubesse em primeira mão, justamente por ter uma proximidade maior com ela e porque... — Ele olhou rapidamente para os seios de Márcia, que ela não se dera ao trabalho de encobrir. — Bem, nós dois tivemos uma história juntos.

— Sim, sim. E hoje somos bons amigos, o que me deixa contente. Porém, estou abalada demais para pensar em outra coisa que não seja Sarah. Também duvido que Dolores, minha funcionária, tenha algo a ver com isso. Tanto que daqui a pouco vou procurar meu advogado para tirá-la da cadeia.

— Se ela estava presa, não poderia ter matado minha irmã. É justamente isso que não consigo compreender. É como se fosse uma conspiração. Há mais de uma pessoa envolvida.

— Devem ser pessoas perigosas. — Márcia levantou-se de um salto da cadeira, e o penhoar escorregou de seu corpo, deslizando para o chão. Ela não se constrangeu nem um pouco por se ver nua diante de Fausto. — Estou com tanto medo! — Atirou-se nos braços dele em seguida.

Não fosse o momento de desolação e angústia, Fausto teria se rendido aos encantamentos daquela mulher. Nenhuma outra que viera depois de Márcia tinha o mesmo desempenho sexual que ela oferecia.

— A polícia está agindo depressa — comentou Fausto, abraçando-a com cuidado. — Os investigadores Ruy e Helena são dois grandes profissionais.

— É nisso que me apego. Eu os conheci e senti confiança no trabalho deles. — Sacudindo os ombros devido aos soluços e ainda abraçada a Fausto, Márcia perguntou: — O que fizeram com Sarah? Pergunto isso sem saber se realmente desejo ouvir a resposta.

— As filmagens das câmeras de segurança mostraram um homem vestido como um enfermeiro entrando e saindo do quarto dela. Tudo não durou mais do que dois minutos. Infelizmente, não havia câmeras dentro do dormitório. Esse sujeito pressionou um travesseiro contra o rosto dela até sufocá-la!

— Misericórdia, Senhor! Até que ponto chega a maldade de um ser humano? — Abraçada a Fausto, Márcia sorria pelas costas dele. — Espero que esse maldito já esteja na cadeia.

— Ainda não, sinto muito. É o que eu também mais desejo.

Márcia afastou-se de Fausto e quase sorriu de novo quando o flagrou tentando disfarçar para não a encarar em sua nudez. Ele lhe passou algumas informações sobre o local do velório e do enterro, e ela avisou que manteria a butique fechada por luto por uma semana, porque não sabia se teria forças para voltar a trabalhar. Afirmou que a loja nunca mais seria a mesma sem a presença de Sarah.

— A loja é sua agora. — Fausto mostrou um sorriso amarelo.

— Não quero essa recompensa, se esse é o preço a pagar por terem matado a minha amiga. Sarah era como uma irmã para mim. Venderei a butique e doarei o dinheiro às obras de caridade.

— Não faça isso. Não é a decisão que Sarah gostaria que você tomasse. — Com discrição, Fausto tornou a admirar o belo par de seios e as coxas firmes de Márcia. — Preciso ir. Há muitas providências a serem tomadas.

— Eu o ajudaria se não estivesse tão abalada. — Márcia continuava chorando. Seus olhos estavam muito vermelhos. — Pode me perdoar por isso?

— Eu a compreendo. Não se preocupe. Alguns amigos estarão ao meu lado.

— Que Deus acolha Sarah em Seus braços! — Márcia pronunciou baixinho.

Acompanhou Fausto até a porta e, após se certificar de que o elevador já havia descido, trancou o apartamento e jogou-se sobre a cama, ainda nua. Secou as falsas lágrimas com rapidez e pensou que agora tinha uma butique de alto padrão inteiramente para si. Suas gargalhadas ecoaram por todo o apartamento.

O espírito do homem, que se vestia de preto e usava chapéu, observava-a encostado à janela do quarto. Ele também sorria, contudo, era um sorriso repleto de ódio, escárnio e luxúria.

*****

Wanda, a secretária do escritório de advocacia, bateu levemente à porta da sala de Inácio para avisá-lo de que Márcia estava ali. Mais uma vez, ela não agendara um horário.

Ele lembrou-se da maravilhosa loira, de traços finos e características marcantes. Quando autorizou sua entrada, chegou a soltar um suspiro de admiração ao vê-la surgir. Márcia vestia-se inteiramente de preto. A calça e a blusa estavam coladas à sua pele, ressaltando suas curvas perfeitas. Botas pretas de cano alto e saltos agulha completavam seu visual. Não usava brincos, colares ou pulseiras, apenas um relógio no pulso. Seus cabelos caíam em cascata sobre os ombros. Inácio percebeu que seus olhos estavam levemente inchados, como se ela tivesse acabado de chorar.

— Bom dia, doutor Inácio! — Márcia falava baixinho, quase murmurando.

— Bom dia! O que houve? Você está bem?

Ela caiu em um pranto profundo, e Inácio interfonou para Wanda pedindo-lhe que levasse à sala um copo de água, que Márcia tomou em dois grandes goles.

— Desculpe-me pelo nervosismo. É que eu... ela...

Inácio ofereceu-lhe seu lenço, que ela utilizou para secar as lágrimas.

— Minha sócia...

— Sim, estou lembrado. Você esteve aqui dizendo que ela queria dissolver a sociedade da loja, ficando com mais de 70 por cento do capital. Os documentos que você me trouxe provam o contrário. Além disso, você já pagou meus honorários para que eu...

— Tudo mudou, tomou um rumo inesperado — Márcia falava pausadamente, ainda soluçando muito. — Sarah foi assassinada ontem à noite.

— Como assim? Em sua última visita, você me disse que ela estava adoentada.

Vendo o espanto do advogado, Márcia "esforçou-se" para lhe contar tudo o que sabia, selecionando atentamente cada palavra que dizia. Falou sobre a sócia ter sido envenenada, a prisão de Dolores, com a qual ela estava inconformada por ter certeza da inocência da moça e, por último, sobre o assassinato de Sarah. Também contou sobre Helena e Ruy e tudo o que declarara no depoimento que prestara na delegacia.

— Muitas coisas aconteceram em um curto período — finalizou. — Minha cabeça não está conseguindo acompanhar tudo isso.

— A primeira coisa a ser feita é procurar acalmar-se — contemporizou Inácio. — Você está muito nervosa, e isso não a ajudará em nada.

— Ajude-me a tirar Dolores da prisão. Ela é inocente, tem que ser. Acho que alguém plantou aquela prova na bolsa de minha funcionária em algum momento, sem que ela tenha notado. Acho que foi na rua, antes de ela chegar à butique para trabalhar.

— Não sou advogado criminalista, mas Laerte e Renata, meus sócios, são. Verei qual deles poderá assumir o caso. Entretanto, se a polícia está se baseando nesse argumento para incriminá-la, a liberação não será uma tarefa muito fácil.

— Temo que a polícia suspeite de mim. — Márcia secou novas lágrimas com o lenço de Inácio. — Uma das cláusulas do contrato é clara ao dizer que, em caso de falecimento de uma das sócias, o estabelecimento passa a ser inteiramente da outra. Podem achar que eu conspirei para assassinar Sarah, visando a me apoderar da loja.

— Seria um absurdo cogitar essa hipótese. Se esse fosse o caso, você teria agido muito antes. Por que esperaria dois anos para tomar tal decisão?

Márcia não respondeu, limitando-se a chorar baixinho. Pouco depois, Inácio a apresentou a Laerte, que se comprometeu a defender Dolores. Quando ele expôs o valor de seus honorários, Márcia preencheu o cheque sem contestar.

— Obrigada pela ajuda, doutor Inácio — ela agradeceu mostrando um sorriso apático.

— Vou lhe dar toda a assessoria de que precisar. E pode confiar no trabalho do doutor Laerte. É um advogado muito experiente em sua área. Hoje mesmo, ele irá à delegacia para ver o que pode ser feito.

Márcia assentiu. Quando Inácio esticou a mão direita para se despedir dela, a loira ignorou o gesto e beijou-o no rosto. Ele relevou aquela atitude por acreditar que ela estava transtornada demais.

No carro, momentos mais tarde, Márcia percebeu que se esquecera de devolver o lenço de Inácio, trazendo-o consigo dentro da bolsa. Aquilo era interessante! Usaria aquele fato a seu favor, no tempo certo.

****

A semana foi avançando rapidamente. Márcia esteve presente no velório e no enterro de Sarah. Quando percebeu que Ruy e Helena estavam lá, ela alegou sentir uma forte indisposição e fingiu um desmaio. Precisou ser levada para o ambulatório do cemitério. Helena não a perdia de vista, porque sabia que tudo não passava de encenação.

O álibi de Márcia era sólido o bastante para impedi-la de ser novamente levada para prestar depoimento. Fora comprovado que a empresária estava na casa de uma amiga no exato momento em que Sarah foi assassinada. Além disso, as imagens mostraram um homem cometendo o crime, e não havia nada que o ligasse a Márcia.

"Só preciso encontrar um jeito de fazê-la cair em minha armadilha", refletiu a investigadora. "Pode ser que demore, mas ainda vou pegá-la."

Foi com muito custo, diálogos insistentes, profissionalismo e bastante persuasão que Laerte conseguiu liberar Dolores da cadeia. O delegado intransigente pediu uma alta taxa de fiança, que Márcia pagou sem hesitação. Laerte bateu na tecla de que a prova fora plantada na bolsa de Dolores, provavelmente na rua, sem que ela notasse, e que o suspeito era o mesmo homem que fora flagrado pelas câmeras do hospital. Alguém que conseguia vestir um uniforme da enfermagem, entrar em uma instituição hospitalar da alta sociedade, cometer um crime sem chamar atenção e escapar ileso obviamente não teria a menor dificuldade de colocar um frasco na bolsa de uma mulher distraída, cuja mente estava focada no aniversário que faria para a única filha. Além disso, Dolores jamais tivera qualquer desavença pessoal com Sarah, teoria confirmada por Romilda e pela própria Márcia. Não havia razão para matar a patroa. Alguém teria entrado na loja durante um horário mais movimentado, acessado a geladeira e inserido o veneno na vitamina que Sarah tomou mais tarde. Estavam lidando com um assassino profissional, que calculava cada ação antes de praticá-la.

Sem outro suspeito em mente, o delegado cobrou maior empenho de Ruy e de Helena para a captura do verdadeiro assassino, e isso fez a dupla prometer vigiar atentamente cada passo de Márcia. Helena reconhecia que fora um golpe de mestre usar a tática de vilã e heroína quase simultaneamente, intencionando embaralhar as pistas investigativas. A loira fizera Dolores ser presa, para logo depois contratar um advogado caro para soltá-la. Não deram o nome dela como suspeita, porque sabiam que ainda seriam necessárias provas cabais para que a empresária fosse fichada.

Para demonstrar publicamente sua imagem de boa samaritana, até porque tinha quase certeza de que a polícia estava por perto, Márcia fez o que prometera. Ofereceu alguns dias de folga às duas vendedoras, pois manteria a butique fechada por motivo de luto até o fim de semana. Dolores, às lágrimas, agradeceu efusivamente à patroa a ajuda para sair da cadeia e mal pôde acreditar quando lhe Márcia garantiu que não desejava ser reembolsada.

— Sei que você é inocente, portanto, fiz o que era justo. Não precisa me devolver o dinheiro que desembolsei, porque Deus há de me recompensar um dia. Não se preocupe. — Foi a resposta de Márcia.

— Seu nome estará eternamente em minha lista de orações, senhora — garantiu Dolores, abraçando Márcia com carinho, em gratidão pelo auxílio. Intimamente, a moça transbordava de alívio e alegria. — E Deus realmente vai abençoá-la muito, porque seu coração é generoso demais.

****

Na quinta-feira, Tássia contou para a mãe sobre a viagem que faria com Gustavo e sua família a Curitiba. A princípio, Virgínia não achou que aquele passeio pudesse ser vantajoso financeiramente, mas, após refletir com mais calma, instruiu:

— Sugue seu namorado como se fosse um gigantesco aspirador de pó. Faça-o comprar-lhe os mais lindos presentes. Basta inventar qualquer besteira para comovê-lo. Diga que se sentiria a gestante mais linda do mundo se ganhasse tal coisa.

— O pai dele estará por perto e pode desconfiar.

— Isso só acontecerá se você for uma completa idiota, minha filha. Aja com naturalidade, sem demonstrar interesse. Lembre-se de comprar roupas maiores que o seu número, para que eu possa me vestir. Pretexte que as guardará para quando sua barriga estiver maior. Quero tudo da melhor marca possível.

— Farei de tudo para conseguir os presentes — prometeu Tássia.

— Capriche nos beijos, nas carícias e nos momentos de sexo, caso consigam essa oportunidade. Escape dos olhos do pai dele e dos outros irmãos para garantir alguns instantes a dois. Uma mulher fisga um homem pelo sexo, ou corre o risco de perdê-lo para outra que ofereça melhor rendimento na cama.

Os conselhos de Virgínia, todos extremamente materialistas, estavam longe de ressaltar a importância do amor, do respeito, da amizade e da confiança em um relacionamento. Para ela, apenas o dinheiro e os bens materiais deveriam ser valorizados.

— Farei com que se sinta orgulhosa de mim. — Aos dezessete anos, Tássia ainda sentia uma necessidade inata de agradar à mãe em tudo o que fazia.

— Tenho certeza disso, querida. Faça uma ótima viagem e, caso tenha dúvidas ou queira ser orientada sobre algo, chame-me pelo WhatsApp ou me ligue. Sua mamãe sempre sabe mais.

****

Nesse mesmo dia, logo após deixar o colégio, Ethan usou o celular de um amigo para avisar Alcione de que estudaria na casa de colegas e que, portanto, voltaria mais tarde. Se Maria Júlia comumente apresentava esse pretexto, ele também podia fazer a mesma coisa. Não sabia se a irmã mentia ou se estava sendo sincera. Não estudavam na mesma escola, mas sempre a via em companhia da melhor amiga, o que podia confirmar a veracidade do que ela alegava. O que ele tinha certeza é de que precisava ser cuidadoso para não se esquecer do que dissera anteriormente e cair em contradição. A governanta de sua casa era muito mais perspicaz e esperta do que seu pai.

Quando desceu no ponto final do micro-ônibus, nas entranhas daquela comunidade que tanto o amedrontava, Ethan seguiu pela pequena ladeira que levava à viela onde Tuca costumava ficar. Nos bolsos, trazia apenas o documento de identidade, o bilhete do ônibus e o dinheiro para pagar o traficante. Era apenas uma parte da verba que recebera de Zack. Na mochila, havia somente materiais escolares, como estojo, cadernos e livros didáticos. Seu relógio de pulso e seu celular ficaram bem guardados em casa. Não correria o risco de ser furtado outra vez.

Seguiu pela rua estreita, com casas de tijolinhos aparentes e cachorros magros buscando alimento em caçambas ou em sacos de lixo. Informantes e olheiros com rádios nas mãos estavam atentos aos movimentos do garoto. Como já o tinham visto anteriormente e sabiam o motivo de sua visita à comunidade, não o abordaram.

Tuca estava sentado nos degraus que davam acesso a uma casa, que parecia prestes a desabar. Ao lado dele, dois rapazes magricelos e sem camisa, com o tórax e os braços cobertos por tatuagens, fumavam maconha. O aroma da erva queimada inebriou os sentidos de Ethan. Ao chegar mais perto, reparou no revólver que cada um deles mantinha discretamente preso ao cós da calça.

— A grana! — Tuca foi logo dizendo, esticando a mão direita com a palma virada para cima. Nada de cumprimentos cordiais ou apertos de mão.

Sem falar nada, Ethan apanhou as cédulas que trouxera e as depositou na mão do jovem traficante. Ele contou o dinheiro duas vezes, antes de guardá-lo no bolso com ar de satisfação em seu semblante.

— Tudo certo! Vai levar mais?

— Sim... Eu queria comprar umas vinte unidades, se... se for possível — Ethan gaguejava ao falar. Aquelas pessoas e aquele lugar simplesmente o deixavam em pânico.

Tuca permaneceu pensativo, fixando o rosto de Ethan com tanta intensidade que o menino sentiu as pernas bambearem. Depois, fez um gesto com a cabeça para um dos rapazes sem camisa, que retirou do bolso um saquinho marrom, bem apertado, preso a várias tiras de fita adesiva.

— É seu — informou Tuca, vendo Ethan receber o embrulho. — Essa é uma amostra grátis. Como é um produto caro, tem pouco pó aí dentro. É só para você experimentar e ver se curte.

— O que é isso? — perguntou Ethan, temendo abrir o saquinho.

— Coca, meu chapa. Nunca ouviu falar?

— Sim, mas...

Respirando fundo, como um professor paciente diante de um aluno com dúvidas, Tuca levantou-se e aproximou-se de Ethan. Fitou-o com firmeza nos olhos.

— Em vez de fumar, você vai cheirar. Vou lhe dar todas as instruções para que não faça bobagem nem deixe pistas, de forma que sua família descubra alguma coisa. O efeito é mil vezes melhor do que o causado pela maconha. Meus *parças* dizem que a erva é bagulho para crianças e que esse pó é coisa de adulto.

Tuca pôs-se a esclarecer o passo a passo para que Ethan soubesse como inalar corretamente a cocaína. Falou sobre o canudinho, o espelho, o cartão e sobre a técnica de colocar um pouco do pó na ponta do dedo indicador e esfregá-lo contra as gengivas para causar o adormecimento delas. Acrescentou ainda que, ao contrário da maconha, os efeitos da cocaína podiam se estender por uma ou várias horas, dependendo do organismo.

— Antes de cheirar, se certifique de que não será incomodado por ninguém por um longo tempo — finalizou Tuca. — Ou sua família vai perceber que você está estranho, cara. E sempre limpe muito bem o nariz. Nada de deixar resíduos do pó em qualquer lugar.

— Entendi... — Com as mãos trêmulas, Ethan guardou a pequena embalagem.

— Se gostar, o próximo lote será cobrado. Como você é um bom cliente e ótimo pagador, considere isso como um presente meu. Quanto aos cigarros, pode me pagar dentro de um mês. Assim terá um bom tempo para levantar a grana. Percebe como sou generoso? — Sorrindo, Tuca virou-se para o segundo rapaz e ordenou: — Traga os baseados que meu amigão aqui veio buscar. Cliente satisfeito garante o sucesso dos negócios.

CAPÍTULO 22

Inácio saiu do fórum, após uma rápida audiência por volta do horário do almoço e seguiu direto para casa. Havia telefonado para Laerte e Renata a fim de avisá-los de que não retornaria ao escritório. Queria aproveitar o restante da quinta-feira para organizar os preparativos para a viagem. Tinha como objetivo principal descobrir o endereço de Débora, para que ele e seus filhos pudessem visitá-la.

Ao estacionar o carro na garagem de casa, Inácio conferiu as horas no relógio de pulso. Duas da tarde. Quando, nos últimos oito anos, ele voltara do trabalho naquele horário? Sempre amou incondicionalmente sua esposa e seus três filhos, porém, seu trabalho e seus clientes eram sua prioridade. Se antes parecia impossível abdicar de algumas horas de expediente em favor de sua família, agora era uma tarefa obrigatória. Ele concluiu que isso só foi possível após a mudança de Débora para outro estado, onde foi viver com outro homem.

Ainda estava refletindo sobre isso, quando chegou à sala bem decorada de casa, onde se permitiu jogar-se no sofá. A vida era cheia de reviravoltas e surpresas. A cada nova experiência, uma mudança. E a partir de cada mudança, uma nova maneira de se viver.

Inácio escutou o ruído característico dos saltos de Alcione se aproximando. Ela trazia uma pequena bandeja, com um copo de suco de manga. Ofereceu-o ao patrão, dizendo:

— Quando ouvi o barulho do seu carro chegando, apesar do espanto em vê-lo por aqui a esse horário, imaginei que desejasse se refrescar. E esse suco vai cumprir esse papel perfeitamente.

— Já lhe disse que não sei o que seria de mim sem você, Alcione? — Ele sorriu e experimentou um gole do suco, que estava delicioso.

— Continuaria tocando sua vida da melhor forma possível. Ter bons amigos é uma dádiva, mas a independência é primordial. Cada ser é único, repleto de potenciais, e depender da existência dos outros para sobreviver é ressaltar fraqueza e carência.

— Certa vez, você me disse que todos nós, alguns mais depressa, outros nem tanto, estamos sempre em constante avanço espiritual. As pessoas mais apegadas às outras demoram mais para progredir?

— O apego excessivo faz mal, pois se torna dependência. É como um vício. Se tal pessoa se afastar de sua vida, você se sentirá incapaz e anulará suas virtudes. E, quando isso acontece, você atrasa sua evolução espiritual, porque está afirmando para si que não tem capacidade de se desenvolver, de expor sua força interior, de superar a "perda" e seguir em frente. Obviamente, isso também dará acesso a doenças, sendo a depressão a mais propícia a aparecer.

— Entendi. Nunca havia pensado nisso. — Inácio sorveu mais um gole do suco. — Penso que muitas pessoas confundem amor com apego.

— É o que mais acontece, mas são coisas completamente diferentes. Quem ama, liberta, cede espaço, deseja ver o sucesso da pessoa amada. Quem se apega, prende, torna-se egoísta, sente ciúme, quer controlar a vida do outro. O amor flui naturalmente; o apego, contudo, cria barreiras. Quem ama, compreende, tolera, incentiva e sempre se mantém numa energia boa, porque o amor é a mais pura representação do bem. Quem se apega demasiadamente mantém a sensação de posse, sufoca e oprime os outros, com a desculpa de que deseja o melhor para a outra pessoa. Isso acontece muito nos relacionamentos afetivos e também na relação entre pais e filhos.

— Como assim?

Alcione sentou-se no sofá, ficando de frente com Inácio.

— A carência nada mais é do que falta de amor-próprio. Quem se ama verdadeiramente nunca se sente carente. Isso acontece porque a pessoa se banca, suprindo as próprias necessidades amorosas. Claro que há coisas que dependem de outra pessoa, como a relação sexual, os diálogos, a companhia... Contudo, é possível namorar ou casar-se sem massacrar o parceiro ou a parceira com comandos, vigilância constante, autoritarismo e crises de ciúmes. Isso também são atitudes de pessoas carentes, com baixa autoestima, que não confiam em suas qualidades, vivendo com medo de terminarem sozinhas. A mesma coisa se dá quando o pai, a mãe, ou mesmo ambos acham que podem dominar a vida dos filhos a seu bel-prazer, dizendo-lhes o que é certo ou errado, julgando-os e absolvendo-os a todo instante, porque não podem cogitar nem remotamente a possibilidade de que esses filhos crescerão um dia e viverão as próprias vidas. É preciso segurar as rédeas o tempo todo. Esse é outro exemplo de apego excessivo.

— Acha que sou muito apegado aos meus filhos? Não vou me melindrar com a sua resposta. — Sorriu Inácio.

— Ao contrário, querido. No seu caso, houve uma consequência diferente. Você cedeu tanto espaço a eles, praticamente se desvencilhando de suas vivências e necessidades, até que eles se sentiram rejeitados. Tinham a impressão de que apenas Débora os amava, porque ela era a pessoa que convivia mais tempo com eles, ouvindo o que tinham para contar, sempre contribuindo com sugestões válidas e sensatas. Infelizmente, você nunca tinha tempo para nenhum deles. — Quando Inácio abriu a boca para interferir, Alcione apressou-se em continuar: — Não encare isso como um julgamento meu a seu respeito, porque você sabe que nunca julgo ninguém, uma vez que cada um responde por suas atitudes. Você deu seu melhor, pois esse era seu jeito de ser um bom pai. Essa era sua intenção. Trabalhar muito, para que sua família tivesse boas condições de vida.

— Só que isso os afastou de mim, como você mesma acabou de dizer.

— Em meus estudos sobre a espiritualidade, tenho reparado que a vida nos dá muitas oportunidades, todas elas voltadas para nosso progresso, para nossa melhoria, para nosso crescimento. Quando as mudanças chegam, mesmo que não percebamos de início, elas são sempre para nos fortalecer. Tomamos rumos inesperados, porque aqueles caminhos nos trarão lições importantes e experiências válidas para nosso espírito. Tudo é constante aprendizado, Inácio. O que pode ser feito é reparar aquilo que está pendente. Gustavo e Maria Júlia estão se reaproximando novamente. Ethan, sempre mais resistente, ainda não quer dar o braço a torcer. Todavia, posso afirmar sem medo de errar que todos os três o amam muito. Eles realmente sentiram sua falta.

— Eu também os amo e vou me empenhar para melhorar cada vez mais em minha função de pai. Sei que não existe manual de instruções, e terei de aprender isso na prática. Tentarei fazer com que seja uma missão divertida.

Ambos sorriram, e Inácio terminou de beber o suco, devolvendo o copo a Alcione. Ficou reflexivo por alguns instantes e comentou:

— Quando você falou em carência, achei que a mensagem também serviu para mim. Sinto muito a falta de Débora. Cheguei a pensar que fosse adoecer depois que ela me deixou. Ainda não sei de onde tirei forças para continuar trabalhando e cuidando dos meus filhos. Confesso que ainda estou muito carente.

— Você a ama, e a ausência dela, aliada à forma como Débora saiu de casa, machucou-o muito. Sente-se culpado pelo fim do seu casamento, porque acha que também não foi um bom marido. Por outro lado, coube a você a responsabilidade de criar três adolescentes, todos com suas dificuldades, necessidades, diferenças, seus problemas particulares e pontos de vista. E acho bom que seja assim, porque lidar com tanta diversidade vai fortalecê-lo também como pai. Essas experiências lhe mostrarão coisas que você nunca havia notado antes, como por exemplo destacar os pontos fortes de cada um e ressaltar o que ainda precisa ser melhorado neles. Essa relação, aos poucos, os reaproximará outra vez. Sugiro que você tenha fé e acredite nas mudanças positivas que estão por vir. Sempre que for possível, ligue-se ao seu mentor e converse com ele. Os amigos espirituais estão sempre por perto, tentando nos auxiliar dentro do que lhes é permitido. Entretanto, é fundamental que cada um faça sua parte.

— Por onde posso começar?

— Por essa viagem que vocês farão neste fim de semana. É a grande chance que terão de deixar as mágoas e os desentendimentos de lado e virar a página. Aproxime-se deles, mas respeite o espaço de cada um.

— Tem certeza de que você não tem meia dúzia de filhos perdidos por aí? — Brincou Inácio. — É praticamente uma professora nas aulas de como se criar um filho.

A gargalhada alta e espontânea de Alcione fez Inácio rir também.

— Nunca tive nenhum, mas procuro entender como a vida funciona. O que eu sinto é que você deve trabalhar melhor essa reaproximação com eles, principalmente com Ethan. Assim como você, ele foi o mais abalado pela partida de Débora, porque era o mais apegado à mãe. E, às vezes — a expressão de Alcione ficou séria —, tenho a impressão de que eles escondem algo de nós. Percebo que há algo acontecendo com cada um deles... algo que nós desconhecemos. Devem ter seus segredos, alguns até obscuros, que não sentem vontade nem confiança de compartilhar com você.

— Você está começando a me assustar. Do que suspeita realmente?

— De nada. Só acho que você precisa aprender a conhecê-los melhor, pois são seus filhos. Aproveite a viagem para isso. Descubra como funciona o relacionamento de Gustavo e Tássia e se casar-se com ela é o que ele deseja de verdade. Fale com os pais da moça, mesmo que apenas por telefone, e tire suas impressões. Investigue com quem Ethan fica após a escola. Hoje, por exemplo, ele não voltou direto para casa, pois disse que estava estudando com amigos. Converse com Maria Júlia e tente descobrir se está tudo bem com ela. Procure sondar quais são os sonhos de cada um, seus medos e suas angústias. Observe se eles dissimulam ao conversar ou se suas alegações soam com naturalidade. Acima de tudo, nunca os critique. Apenas lhes mostre as consequências que podem advir de suas atitudes. Coloque-se como um amigo, um ouvinte, um adulto parceiro e, principalmente, não hesite em demonstrar que os ama. Eles precisam muito do seu amor.

Inácio concordou com a cabeça, em silêncio. De repente, saltou do sofá, sentou-se ao lado de Alcione e estalou vários beijos no rosto dela, fazendo-a rir.

— Muito obrigado pelos conselhos, Alcione. Saiba que é uma das pessoas mais importantes em minha vida. Agradeço a Deus por você existir.

— Obrigada — ela agradeceu com os olhos cheios de lágrimas. Aquela repentina atitude do patrão a emocionara. — Amo todos vocês, pois são minha família também. E agradeça a Deus, principalmente, pelos três filhos lindos que Ele lhe deu. Peça inspiração e discernimento para saber lidar, com sutileza e carinho, com tudo o que está por vir.

Inácio agradeceu mais uma vez pelos conselhos importantes que acabara de ouvir. De fato, aquela viagem seria inesquecível. Tinha certeza de que todos os envolvidos voltariam para casa completamente mudados. E ele estava convicto de que seria para melhor.

Virgínia supervisionava com atenção o trabalho que a manicure realizava em sua mão. Ela contratava os serviços da mulher semanalmente e era atendida em seu domicílio. Embora o dinheiro estivesse curto, havia certos luxos dos quais não podia se desfazer.

— Quero pintar as unhas com a cor azul — explicou à manicure. — Quais tons você me oferece?

Com praticidade, a jovem colocou a lixa de lado, abriu a bolsa que trouxera dentro de um carrinho e procurou alguns frascos. Ao encontrar os que desejava, exibiu-os a Virgínia.

— Tenho o azul-vibrante, o azul-cobalto, o azul-bebê e o azul-noite-de-verão.

Com a testa franzida, analisando os tons de azul que mais combinariam com suas mãos, Virgínia tentou ignorar os insistentes toques do telefone. Irritou-se ao se lembrar de que há muito fora obrigada a dispensar as empregadas. Como odiava aquela vida de pobreza e privação.

— Só um momento, Ana. Vou ver quem me incomoda. — Levantou-se do sofá entre gemidos e ofegos, caminhando até onde o aparelho tocava repetidas vezes. Seriam novos credores? Se fosse, desligaria na cara da pessoa, antes de mandá-la para um local bem feio. — Residência de Virgínia Lopes Pacheco e família.

Já que agora não havia funcionários para atender às ligações daquele jeito, ela mesma se encarregava de fazê-lo.

— Boa tarde! Meu nome é Inácio. Sou o pai de Gustavo, o namorado de sua filha.

Ao ouvir a voz do futuro sogro de Tássia, Virgínia empertigou-se. Chegou a pigarrear para limpar a garganta. Do outro lado da linha, estava o homem cheio de dinheiro, que, segundo soubera por meio da filha, estava separado e solitário. E rico.

— Que prazer ouvi-lo! Só lamento não nos conhecermos pessoalmente.

— Oportunidades não faltarão. No início desta semana, recebi a notícia de que sua filha está grávida...

— Espero que a notícia tenha sido agradável ao senhor. — Cortou Virgínia.

— Será agradável, se o filho que ela espera realmente for de Gustavo.

Virgínia empalideceu. Será que ele estava desconfiado de alguma coisa? Ninguém, além dela, sabia do deslize de Tássia. Nervosa, começou a roer as unhas que a manicure acabara de lixar. Tentou transmitir a impressão de que estava furiosa:

— O que está querendo dizer com isso? Não ouse insultar a imagem da minha filha! Tássia era uma menina pura, que perdeu a virgindade com seu filho!

— Isso eu não saberia lhe dizer, porque não estava presente na relação que eles tiveram. Tão logo a criança nasça, exigirei um exame de DNA que comprove a paternidade de Gustavo.

— Por que essa desconfiança? Por acaso Tássia lhe passou alguma má impressão? Estou muito ofendida com esse telefonema, sabia?

— Talvez não seja o caso de sua filha, mas, hoje em dia, há muitas jovens querendo se aproveitar de rapazes com situação financeira estável. Arranjam barriga em qualquer esquina e depois dizem que o filho é do rapaz mais rico.

Virgínia apertou os lábios devido à raiva que estava sentindo. Se estivessem cara a cara, teria sentado a mão nas fuças daquele advogado metido.

— Isso já é demais! Tássia é minha única filha, e eu lhe dei a melhor criação possível. Assim como respeito seu filho, exijo que faça o mesmo com a minha filha. O senhor não nos conhece, portanto, não venha impor seus julgamentos preconceituosos. Se acha que, ao fazer isso, conseguirá inibir Gustavo de auxiliar financeiramente minha filha durante a gestação, está muito enganado. Ele é o pai da criança e sabe disso. Tássia não vai passar necessidades, porque ele é responsável por sustentá-la.

— O próprio Gustavo se comprometeu a bancar sua filha. Não quero interferir nisso, a menos que seja necessário. Se eu estiver acusando Tássia erroneamente, serei o primeiro a pedir mil desculpas a vocês. Porém, se minha teoria estiver correta e você e sua filha forem duas farsantes tentando nos dar o golpe do baú, terei prazer em desmascará-las. Como bom advogado que sou, não hesitarei em colocar ambas na cadeia. Pode ter certeza disso.

Inácio desligou antes que Virgínia retrucasse. Sabia que não seria tão simples assim, mas esperava que seu tom intimidador servisse para assustá-la. Não queria ninguém tirando proveito de sua família. Torcia para que estivesse equivocado e que Tássia, de fato, fosse uma menina honesta e decente. A hipótese de ela estar grávida de outro destruiria o coração de Gustavo, que se mostrava tão apaixonado. Aliás, ele não gostara da primeira impressão que tivera dela ao descobrir que estava grávida. A jovem pareceu impor a Gustavo a obrigação de sustentá-la durante os nove meses de gravidez e por muito tempo depois disso.

Virgínia recolocou o telefone sem fio no suporte, sentindo a garganta e a boca ressecadas. Seria aquele homem um vidente, bruxo ou algo do tipo? Será que Tássia deixara escapar alguma frase que pudesse ter sido mal interpretada por ele ou por Gustavo? Sua menina não seria tão imbecil a esse ponto. Estava ao lado da mãe na tentativa de voltarem a ter uma vida de luxo, requinte e status. Não poderia desperdiçar tolamente uma oportunidade de ouro que tinha nas mãos.

Teria de conversar novamente com Tássia e orientá-la melhor sobre como agir na viagem que ela faria com a família do namorado. O advogado insolente manteria os olhos grudados nela, disso Virgínia tinha certeza. Se a filha pisasse em falso, seria descoberta, colocando todos os planos a perder.

Como precisava de concentração, a mulher dispensou a manicure sem grandes explicações. A moça, confusa, foi embora sem entender o que estava acontecendo. Virgínia precisaria treinar a filha como um general treina seus soldados para a guerra. Um único erro, e Tássia estaria fora de combate.

****

Inácio tomou um banho gelado para acalmar os nervos. Virgínia era tão petulante quanto ele achava que seria. Ela havia se irritado com as acusações a respeito de Tássia, mas ele fizera aquilo propositadamente para provocá-la. Ainda gostaria de ter a chance de conhecê-la pessoalmente para tirar outras conclusões a seu respeito. Sabia que Gustavo amava Tássia e esperava que a moça correspondesse da mesma maneira. Não suportaria ver o filho mais velho sofrer, assim como também não sabia do que seria capaz para proteger e defender sua prole.

Enquanto se enxugava, pensou que deveria deixar aquele assunto de lado por enquanto. Sua prioridade era descobrir novas informações a respeito da localização de Débora. Anotara em uma agenda os endereços das escolas onde ela prestava assessoria. Visitaria todas elas. Alguém deveria saber onde sua esposa estava ou lhe informar algo sobre Cleiton. Só teria que descobrir em qual das instituições escolares o sujeito trabalhara como professor de Educação Física.

Já passava das quatro da tarde, e apenas Maria Júlia havia chegado. Gustavo enviara uma mensagem ao celular do pai dizendo que iria ao cinema com Tássia e que não voltaria a tempo para jantar. Ethan, como sempre, não entrara em contato, e, quando Inácio ligou para o filho, ouviu o celular dele tocando em seu quarto. Quando o menino telefonou mais cedo para conversar com Alcione, avisando-a de que chegaria mais tarde, provavelmente usara o aparelho de outra pessoa.

Aquelas atitudes dos filhos preocupavam Inácio, principalmente após a conversa que ele tivera com sua governanta. De fato, o que ele sabia sobre os filhos era aquilo que eles estavam dispostos a lhe contar. Havia anos, Inácio não ia a uma reunião de pais na escola para se inteirar do rendimento escolar dos filhos. Gustavo já estava na universidade, porém, a única informação que ele dispunha era o local onde o jovem estudava e o curso que fazia.

Após a viagem, Inácio faria tudo aquilo mudar. Acreditava que todos se sentiriam melhor se reencontrassem Débora, por isso, precisaria ser rápido em localizar seu endereço.

No carro, a caminho da primeira escola de sua lista, Inácio telefonou para a esposa e não ficou surpreso quando a ligação caiu na caixa postal. Gustavo e Maria Júlia já haviam se queixado de que isso também acontecia com eles, quando tentavam conversar com a mãe. Era como se Débora não desejasse ser incomodada nem ouvir a voz dos filhos que tanto dizia amar.

Todas as escolas eram particulares. A primeira funcionava em um casarão antigo pintado de cinza e branco, cujos cômodos foram transformados em salas de aula. Os jardins externos viraram playgrounds com brinquedos para todas as idades. O local estava exageradamente silencioso para um ambiente que abrigava tantas crianças eufóricas e agitadas.

Inácio foi levado à presença da diretora, uma mulher alta e magra como um poste, com os lábios finos, a testa enrugada e cabelos grisalhos caídos sobre os ombros. O peso dos anos era visível pelas rugas fundas espalhadas por seu rosto. Vestia-se com um conjunto social rosa. Seu único adorno era uma fileira de contas prateadas em volta do pescoço. Sua expressão era amarga, assim como sua voz, quando ela iniciou:

— Quer dizer que o senhor é o marido de Débora? Ela é uma maravilhosa nutricionista. Lamentamos sua ausência, pois ela faz muita falta aqui.

— Na realidade, nós nos separamos. Ela está morando em Curitiba. Infelizmente, não quis deixar seu endereço, e agora não consigo contatá-la. Gostaria de saber se a senhora tem conhecimento de onde ela esteja vivendo. Peço essa gentileza em nome dos meus filhos, que estão com muita saudade da mãe. Se desejar, posso trazê-los aqui para confirmarem o que estou dizendo.

— Não conheço a situação que envolveu a separação de vocês, mas, pelo que está me contando, sua esposa não deseja ser incomodada, ou teria deixado o endereço com você.

— Não nos tornamos inimigos, se é o que a senhora está pensando. — Inácio já estava começando a se irritar com aquela velha azeda e comprida. — Se puder me ajudar, eu lhe seria imensamente grato.

— Acredito no senhor, de verdade. Lamento muito, mas Débora também não nos deixou seus contatos, ou estaríamos telefonando-lhe todos os dias para que voltasse a trabalhar conosco.

Frustração e tristeza surgiram no rosto de Inácio, que ainda insistiu:

— Cleiton também trabalhava com vocês? Refiro-me ao professor de Educação Física.

— Nunca tivemos nenhum professor com esse nome.

Apesar de aquela informação tê-lo intrigado, ainda havia outras escolas em sua lista. Cleiton poderia ter sido funcionário de uma das demais instituições. Não poderia perder as esperanças logo de cara.

Não obstante, foi o que começou a acontecer assim que saiu da terceira escola. Repetira mais ou menos as mesmas palavras que dissera à primeira diretora e de todas as outras ouvira a mesma coisa. Desculpavam-se ao garantir que Débora não lhes deixara seus contatos, afirmando que, ao se mudar para Curitiba, se desligaria de toda a vida que tinha em São Paulo, com exceção dos filhos. Até então, em nenhuma das escolas houve um funcionário chamado Cleiton.

A decepção final veio quando terminou sua última visita. Ninguém sabia nada sobre Débora, que parecera ter evaporado em pleno ar. Entretanto, o que mais o intrigara é que ninguém conhecia Cleiton ou ouvira falar de um professor com esse nome. Sua esposa fora enfática ao alegar que o conhecera em uma das escolas. Ou ela mentira ou solicitara às escolas que mantivessem a lei do silêncio, caso Inácio fosse procurá-las.

Novamente no carro, tentou telefonar mais uma vez para Débora, sem sucesso. Como iriam a Curitiba visitá-la, se ninguém sabia onde ela estava? Por sorte, dois dias antes, Inácio pedira a Laerte que conversasse com seu irmão, famoso detetive que tinha um largo currículo de casos misteriosos solucionados. O homem cobrava caro, mas Inácio estava disposto a fazer o que fosse necessário para obter notícias de Débora. Com o celular conectado ao sistema de som do carro pelo modo *bluetooth*, para que pudesse dirigir sem segurar o aparelho, chamou o detetive.

— Boa tarde! Aqui é Inácio — informou. — Há alguma boa notícia para mim? Estive em todas as escolas onde minha esposa prestou consultoria alimentar, e nenhuma delas soube informar onde Débora está. E todas foram unânimes em dizer que não conheciam nenhum Cleiton.

— Você está indo com a farinha, e eu já estou com o bolo pronto — gabou-se o homem sorrindo. — Se tivesse falado comigo antes, nem precisaria ter se dado a todo esse trabalho. Não foi para isso que fui contratado? Pode deixar as investigações por minha conta. Aliás, estava prestes a te ligar, pois tenho notícias quentinhas que vão animá-lo.

Inácio ignorou a arrogância e o exibicionismo do sujeito. Se ele fosse tão competente quanto Laerte garantira, valeria a pena aturar sua falta de modéstia.

— O que você descobriu? — Inácio estava tão ansioso que dirigia com a velocidade reduzida para manter a atenção na conversa.

— Sua esposa não foi para Curitiba.

— Não?

— Não. Digamos que você está com sorte, porque tenho uma fonte confiável que trabalha na mesma companhia aérea na qual ela embarcou. A data da viagem e o nome completo bateram, por isso afirmo com segurança que ela não está na capital paranaense. Sua esposa seguiu para um pouco mais longe.

— Tem certeza do que está dizendo?

— Não trabalho com hipóteses nem conjeturas. Não informo nada aos meus clientes, enquanto não tenho plena convicção dos fatos. Antes de lhe dizer onde Débora está, quero acrescentar outra informação igualmente relevante. Nenhum Cleiton trabalhou nas escolas por onde ela passou nos últimos cinco anos. E, considerando o local onde sua esposa está, posso lhe assegurar que Cleiton nunca existiu.

Dessa vez, Inácio precisou parar o veículo junto ao meio-fio. Não tinha mais condições de dirigir. Continuou ouvindo a voz do detetive, que preenchia todo o carro:

— Acho que ela criou uma farsa para encobrir sua verdadeira intenção. Não entendo a razão dela, mas talvez o senhor saiba qual é.

— Fale de uma vez, por favor. Onde Débora está?

— Em Porto Alegre. — Disparou o detetive. — Sua esposa está internada, tratando-se em um hospital que atende apenas pacientes com câncer.

CAPÍTULO 23

Inácio estava arrasado quando chegou em casa. A notícia que recebera do detetive simplesmente o deixara desnorteado, lançando sua mente num turbilhão tão poderoso que resultou numa incômoda dor de cabeça. Mil questionamentos bailavam em sua mente. Deduzia as respostas para alguns, enquanto outros permaneciam uma incógnita.

Logo que encerrou a ligação, recebeu por e-mail algumas imagens do hospital onde Débora supostamente estava internada. Eram fotos tiradas da internet, que lhe foram enviadas pelo detetive. Inácio relutava em acreditar que toda aquela história fosse verídica. Parecia impossível colocar fé numa informação de que sua esposa simplesmente fugira de casa para se curar de um câncer. Aquilo não combinava com o perfil de Débora, que sempre se mostrara uma mulher corajosa, aberta e sincera nos quase vinte anos de convivência como casal. Se realmente estivesse doente, Inácio seria a primeira pessoa que ela procuraria para desabafar e pedir apoio.

Entretanto, novas provas chegaram depois. Demonstrando sua eficiência, que honrava sua fama e os altos valores cobrados pelos serviços, o detetive conseguiu uma cópia da passagem aérea com o nome completo de Débora, o número do voo, além do dia e horário da partida. Batia perfeitamente com a data em que ela saíra de casa, garantindo que viajaria para Curitiba. Também anexou ao e-mail cópias das faturas do celular de Débora, que Inácio jamais tivera acesso porque era ela quem as quitava pela internet. Ali, havia várias ligações realizadas para clínicas médicas que tinham parceria com seu convênio. E na fatura do cartão de crédito, cuja cópia o detetive milagrosamente também conseguira, estavam registradas várias compras realizadas em diferentes farmácias.

— Não há dúvidas de que sua esposa está muito doente — disse o detetive por telefone, ante o mutismo de Inácio. — Liguei para a unidade hospitalar de Porto Alegre e consegui a informação de que ela realmente está internada lá. Por questões de segurança, não me passaram a enfermidade de sua esposa, porém, se estamos falando de um lugar voltado apenas para o atendimento de cancerosos...

Inácio detestou aquele termo irônico, rude e desprezível, contudo, estava abalado demais para discutir com o sujeito. Se as informações dele estivessem mesmo corretas, ele o pagaria e nunca mais procuraria seus serviços. O fato de ele ser um profissional não lhe dava o direito de ser tão topetudo e insolente.

Assim que entrou em casa, evitou encontrar-se com Alcione ou com qualquer um dos filhos, caso os três estivessem por lá. Precisava de alguns instantes sozinho apenas para pôr os pensamentos em ordem. Invadiu o quarto às pressas, como se estivesse se escondendo de alguém. Deitou-se na cama sem se dar ao trabalho de tirar os sapatos e finalmente sentiu o mundo ruir sobre si.

Lembrou-se de que a saída repentina de Débora sempre esteve cercada de muito mistério e indagações. Certa noite, ela simplesmente aguardou que ele chegasse do trabalho para lhe dar a notícia de que havia conhecido Cleiton, se apaixonado por ele e que pretendia morar com o rapaz em Curitiba. Esclareceu que pediria o divórcio, lamentaria muito a ausência dos filhos, mas precisava daquela nova vida, porque a companhia de Inácio a desapontara muito por ele trabalhar excessivamente.

Cleiton, contudo, nunca existiu, então, ele supostamente jamais fora traído. Aquele, sem dúvida, seria o melhor lado da novidade e o teria feito pular de alegria, se a segunda parte da história, a de que ela estava com câncer e internada no Rio Grande do Sul, não fosse de extrema gravidade.

Inácio recordou-se da expressão muito abatida que Débora apresentou nos dias que antecederam sua viagem. À época, ele atribuiu isso ao cansaço, à preocupação com os filhos e à reação que eles poderiam vir a ter e, principalmente, por romper um sólido casamento de dezoito anos. Agora, se tudo aquilo se confirmasse, ele saberia que o semblante alquebrado e entristecido de Débora estava relacionado aos efeitos devastadores da doença.

Deitado na cama com os olhos fixos no teto, Inácio revivia mentalmente seus últimos dias com Débora, como se estivesse assistindo às cenas em uma televisão. Algumas coisas pareciam fazer sentido, mas outras não. Por que ela o humilhou tanto ao confirmar que o traíra com um homem que não existia? Se ela sempre o amou, para que fazê-lo sofrer? Que pensamentos perpassaram por sua cabeça, acovardando-a a ponto de fugir do amor que sentia pelos filhos, e que não havia como alguém alegar não ser genuíno? Por que não pediu socorro à própria família? Por que enganou a todos, incluindo em seu rol de mentiras o próprio marido, os filhos, Alcione, Silvinha e os colegas de trabalho? Por que não confiou em nenhum deles no momento em que mais necessitava?

Inácio começou a compreender o porquê de ela nunca ter entrado com o pedido de divórcio. Não fizera aquilo, porque jamais o traíra realmente, a não ser com mentiras e acusações infundadas. Ela continuava amando-o em silêncio e, provavelmente, estava sofrendo sozinha, longe de sua cidade natal e das pessoas que lhe eram queridas. Teria que reencontrá-la, nem que fosse a última coisa que fizesse na vida. Ele a amava tanto que seria capaz de sair à janela e declarar seu amor aos berros, até que os vizinhos chamassem a polícia. Apesar do choque por saber que ela estava doente, a confirmação de que Débora não tinha outra pessoa o preenchia de ânimo e satisfação.

Pensou ainda no último telefonema que fizera para Débora, no qual a ouvira chorar. Certamente, ela atendera à ligação na cama do hospital, caso seu estado estivesse muito grave. Ele sentiu que a voz da esposa estava desanimada, fraca e deprimida e chegou a imaginar que o amante a agredisse. A verdade, contudo, era que ela estava debilitada demais para forçar uma alegria que estava longe de sentir.

Quando a visse novamente, ela teria de lhe dar muitas satisfações. Rodando distraidamente a aliança dourada em seu dedo anelar esquerdo, que nem por um segundo ele cogitara descartar, descobriu qual seria o destino da viagem que fariam no próximo fim de semana. Avisaria aos filhos que mudara o destino. Quando o questionassem sobre a tal mudança, ele teria de ser sincero, assim como o detetive fora com ele. Sabia que os filhos ficariam destruídos por dentro, loucos de preocupação com o estado de saúde da mãe e com muitas perguntas na cabeça. Era o momento de todos se unirem por um bem maior e deixarem as diferenças de lado. Para ajudá-la a sarar bem depressa, além da fé que Débora precisaria ter na própria recuperação, das orações proferidas do fundo de sua alma, dos pensamentos otimistas e positivos, da ajuda sempre bem-vinda que os espíritos amigos pudessem oferecer, o amor de sua família seria importantíssimo.

Tendo a impressão de que uma força invisível o estimulava a seguir em frente, Inácio saiu do quarto e foi procurar Alcione. Estava agitado demais para conseguir pegar no sono. O dia seguinte era uma sexta-feira, e ele telefonaria aos sócios para lhes comunicar que não iria ao escritório. Se tudo desse certo, viajariam no sábado pela manhã. Laerte e Renata sempre ficavam assombrados quando o ouviam encerrar o expediente com tanta facilidade. Até poucos meses atrás, Inácio teria ido trabalhar mesmo com a garganta inflamada, febre alta e uma virose resistente no organismo.

Encontrou Alcione terminando de preparar o jantar. A governanta informou-o de que os três filhos estavam em casa, e Inácio a avisou de que demorariam um pouco mais a descer, pois ele teria uma conversa muito séria a tratar com os três. Ante o olhar curioso da governanta, ele contou-lhe tudo o que ouvira do detetive, finalizando:

— Ao que tudo indica, ela fugiu de casa para se tratar. Só não entendo por que agiu pelas nossas costas, inventando uma série de mentiras idiotas. Ela errou feio ao fazer isso, Alcione.

— Não a julgue. Quando a reencontrar, Débora poderá lhe explicar suas razões. Não podemos dizer que as escolhas dos outros são certas ou erradas, pois isso dependeria do nosso ponto de vista, da forma como enxergamos o mundo e se o condenamos ou ilibamos. Sua verdade não é a mesma de Débora, Inácio. Ela usou o livre-arbítrio e fez o que achou ser o melhor, mesmo à custa de muito sofrimento. Imagino a dor que, como mãe, ela sentiu, por ter que abandonar os filhos, mudar-se sozinha para um lugar desconhecido e esconder de todos que estava doente para não os ver sofrer.

Inácio empalideceu ao ouvir aquilo.

— Acha que ela fez isso por nossa causa? Para que não sofrêssemos vendo-a doente?

— Inevitavelmente, isso aconteceria. Seus filhos são adolescentes, sujeitos a traumas e abalos emocionais. Creio que esse tenha sido um dos motivos de Débora tomar as decisões que tomou. — Como Inácio dissera que se atrasaria para o jantar, Alcione baixou o fogo das panelas. — De qualquer forma, apesar da notícia sobre a doença que a acomete, fico feliz em saber que ela não está envolvida amorosamente com outro homem. Sempre achei que meus patrões formavam o mais belo casal do mundo. Em segredo, rezava para que vocês reatassem, se isso fosse o melhor para ambos.

Apesar da inquietação que tomara conta do seu ser, Inácio riu e beijou Alcione no rosto com carinho, antes de subir aos quartos à procura dos filhos. Passou rapidamente por cada dormitório, pedindo-lhes que fossem imediatamente ao escritório que ele mantinha em casa. Maria Júlia obedeceu-o prontamente, Gustavo ficou meio chateado, porque estava fazendo uma pesquisa para a universidade e não gostou de ser interrompido, e Ethan, como sempre, não fez questão de esconder sua contrariedade. Todavia, algo nos olhos verdes do pai não deixava dúvidas de que o assunto era realmente urgente e importante.

— Que bom ver os três reunidos aqui. — Começou Inácio, acomodado na poltrona de couro que adornava seu escritório. Os filhos estavam sentados em confortáveis cadeiras, fitando-o com ar intrigado.

— O que houve? — questionou Gustavo, cada vez mais curioso.

— Recebi notícias da mãe de vocês. Eu sei onde ela está.

Ethan inclinou-se para frente. Maria Júlia mal piscava, e Gustavo susteve a respiração, aguardando que o pai continuasse. Tudo o que se referia a Débora era de interesse coletivo.

Soltando o ar lentamente dos pulmões, Inácio preparou-se para falar.

****

Débora tentou sorrir quando a enfermeira lhe perguntou se ela havia gostado do jantar. A moça, solícita e gentil, não fora sarcástica, embora desse essa impressão. A comida era insossa e morna, sem sal nem tempero. O suco aguado de laranja que lhe ofereceram tinha o sabor semelhante ao dos sucos artificiais em pó. Tudo ali era horrível, triste e desagradável, apesar do conforto oferecido por um hospital privado. Os médicos eram competentes e atenciosos, as enfermeiras, educadas e sorridentes, e até os funcionários da limpeza, que de vez em quando entravam em seu quarto, mostravam-se agradáveis. No entanto, ela jamais se esquecia da razão de estar ali. Por isso, mesmo sendo bem atendida, não havia como se sentir bem.

A enfermeira recolheu a bandeja com o prato e o copo, pedindo licença ao sair. A mulher comentara que Débora estava com uma aparência melhor, o que a fizera sorrir de novo. Ela olhara-se no espelho um pouco antes e precisou de todas as suas forças para não gritar. Parecia que estava encarando uma caveira, com olhos fundos, pele esbranquiçada, cabelos em desalinho e lábios ressequidos.

Naquela manhã, ela passara por outra sessão de quimioterapia. Os efeitos colaterais do tratamento vinham logo depois, por meio de náuseas, vômitos, dores musculares e no abdome e sensação de cansaço. Naquele dia, em especial, ela tivera diarreia e ainda não melhorara. Pequenas feridas surgiram nas laterais de seus lábios, mas o último médico que a atendera dissera que era uma reação aguardada, pois os sintomas provocados pelo tratamento causavam efeitos colaterais diferentes em cada pessoa, dependendo de como o organismo reagia. Ela simplesmente os escutava falar, sem fazer perguntas. O hospital tinha um sistema de grande rotatividade da equipe médica, de forma que nem sempre ela era atendida pelas mesmas pessoas. Alegavam que isso favorecia os pacientes ao submetê-los a diferentes avaliações vindas de uma excelente equipe de profissionais. Todos os médicos eram animados e sempre se esforçavam para estimulá-la.

Nos últimos dias, Débora decidira deixar o celular desligado. Imaginava o quanto aquilo preocuparia o marido e os filhos, caso tentassem contatá-la. Teriam a impressão de que ela sumira do mapa. Às vezes, achava-se egoísta tomando tal atitude, porém, sabia que sucumbiria de vez à doença se os vissem sofrendo e chorando por sua causa. Amava-os intensamente e queria evitar que eles passassem por isso. O que a confortava era saber que eles não faziam a menor ideia de onde poderiam encontrá-la.

Sentindo-se desgostosa e extenuada, Débora olhou para a televisão desligada que ficava fixada à parede e pensou em assistir a algum filme. Nunca conseguia acompanhá-los até o final, porque os remédios lhe davam sono e ela acabava dormindo. Pedira a uma enfermeira que lhe comprasse um bom romance, mas, quando a moça lhe trouxe um livro chato, maçante e com letras miúdas, ela desistiu daquele entretenimento.

Sentiu a cabeça coçar e levou a mão aos cabelos. E, quando viu um tufo de fios castanhos escorregar por entre seus dedos, sufocou um grito na garganta. Sabia que aquele era outro dos efeitos da quimioterapia, um dos mais agressivos, talvez. Quase todos os pacientes do hospital, que ela encontrava quando raramente saía do quarto, já estavam calvos. Fora prevenida por vários médicos que acompanhavam seu tratamento que aquilo poderia acontecer.

Olhando a grossa mecha de cabelos nas mãos, Débora começou a chorar. Pensou que, se já estava tão feia, se tornaria um monstro quando ficasse careca, e tinha a impressão de que envelhecia um ano a cada dia que se passava. Sua baixa autoestima colaborou para que ela se entregasse às lágrimas. Sozinha no quarto, chorou por muito tempo, até ter a impressão de ouvir alguém bater à porta.

Viu um dos médicos se aproximar com um sorriso benevolente nos lábios. Aquele ela não conhecia ainda. Tratava-se de um senhor negro, de barba e cabelos brancos, olhos escuros e doces. Aparentava ter uns setenta anos, mas se locomovia com agilidade. Estampada em sua roupa branca, havia apenas uma identificação simples: Doutor João. Ele segurava uma prancheta, que colocou sobre a cama ao vê-la chorar.

— O que houve, menina?

Assim como os olhos, sua voz também expressava doçura. Débora começou a enxugar as lágrimas, que continuavam a cair devagar.

— Veja... — Ela estendeu a mão com a mecha de cabelos que se desprendera do couro cabeludo. — Estou morrendo, doutor. Meus cabelos estão caindo.

— Essa é uma das partes chatas da doença — ele respondeu com muita serenidade. — A parte boa é que você pode se curar. Você tem fé?

Débora demorou alguns instantes para pensar na melhor resposta para aquela pergunta. Sua mente ainda estava abalada pelos últimos acontecimentos. Seu quadro clínico só apresentava retrocessos.

— Não sei se ainda tenho forças para acreditar em alguma coisa. A doença enfraqueceu até minhas crenças.

— Você tem medo da morte? — indagou o doutor João, com seu semblante tranquilo.

— Não sei o que vem depois, se é que existe alguma coisa. O desconhecido me assusta. Além disso, sou mãe de três adolescentes e casada com um homem maravilhoso. Ainda não me sinto preparada para morrer.

Débora não quis dizer ao médico que renunciara às pessoas amadas, pois não queria que elas acompanhassem a evolução de sua doença. Seria estranho explicar a um médico desconhecido as razões pelas quais saíra de casa e que contara várias mentiras a todos na intenção de afastá-los da sua realidade.

— Tenho duas certezas para compartilhar com você. A primeira é que você morrerá um dia, assim como todos os demais seres vivos da Terra. A segunda é que sobrevivemos à morte do corpo físico. Nossa vida continua no astral.

— Já percebi que o senhor é espírita. Li alguns livros que falavam sobre esse assunto. Nos romances, tudo parece muito convincente, até que você se vê com uma doença terminal e simplesmente não sabe mais em que acreditar.

— Estudei o Espiritismo por vários anos, assim como busquei conhecer muitas outras vertentes espiritualistas que defendem a existência da vida após a morte e da reencarnação do espírito. Descartei aquilo com que não concordava e assimilei as ideias que me faziam sentido. Hoje, sou totalmente desprendido de religiões, dogmas e crenças arraigadas, que permaneceram imutáveis mesmo com a chegada da modernidade.

Devagar, doutor João caminhou alguns passos na direção da cabeceira da cama de Débora, olhando com ternura para a paciente.

— Sempre ouvi pessoas falando que não estavam preparadas para morrer. E há tempo para tal coisa? Seria preciso um ritual emocional e psicológico, no qual seria trabalhado o desprendimento, a saudade e a despedida? — Ele mostrou seu sorriso confortador. — Não seria injusto com as pessoas que falecem devido a um acidente repentino ou com aquelas que são assassinadas e que não têm tempo para esse preparo? Isso sem falar nas crianças que partem em idade precoce. Ninguém sabe o dia e a hora em que voltará ao mundo espiritual. Assim, acredito que, em vez de se preocuparem tanto com o que pode existir do outro lado, as pessoas deveriam viver com mais paixão, alegria e entusiasmo. Há tanta gente que apenas se deixa arrastar em um dia atrás do outro, como se não tivesse foco, objetivo ou razões para continuar vivendo. Isso é morrer em vida.

— Nem todos têm condições de viver com a alegria que o senhor está mencionando, por maior que seja a força de vontade. — Débora ergueu a mão com o tufo de cabelo e apontou para o braço, onde havia a marca de uma picada de agulha. Lágrimas brotaram dos seus olhos. — Sou uma dessas pessoas. Gostaria de estar em minha casa, junto da minha família, saudável e extrovertida como eu sempre fui. No entanto, mal tenho forças para me levantar e ir ao banheiro. Quando me vejo no espelho, percebo que estou ficando velha e feia. Eu me alimento com uma comida horrível, e agora meus cabelos estão caindo. Não atendo a nenhuma ligação, porque meus filhos e meu marido não sabem que estou aqui. Fugi deles, da minha casa e do meu trabalho, de colegas e amigos, fugi da minha antiga vida. Não sei se sobreviverei ao câncer, porque sinto que estou mais fraca...

— Você não sobreviverá, sinto muito — interrompeu-a o médico idoso.

Débora parou de falar e arregalou os olhos. As lágrimas pareceram surgir mais depressa. Quando abriu a boca para fazer uma pergunta, doutor João continuou:

— Não sobreviverá se continuar se entregando à doença. Você não quer resistir a ela. Só alimenta a dor e a tristeza dentro de si. E assim, enfraquecendo a mente, seu corpo tende a sucumbir. Seu sistema imunológico declina, seu organismo desiste de lutar, e você vai a óbito.

Como se desse a conversa por encerrada, ele deu meia-volta, apanhou a prancheta e fez menção de sair. Débora reagiu:

— Espere, doutor. Por favor, perdoe minhas queixas. Estou muito nervosa e não sei bem o que estou falando. Eu nunca fui de desistir dos meus objetivos.

— Então que esta não seja a primeira vez. — A voz dele soou firme ao voltar-se para ela. — Trabalho aqui há anos e conheço as reações causadas por todos os tipos de câncer. Diariamente, vejo lágrimas, sofrimento, dor, tensão, medo, pessoas carecas, magras demais ou inchadas devido a alguns medicamentos. Sou informado dos óbitos, mas também das recuperações. Essas pessoas fizeram mais do que apenas acreditar em sua melhoria e crer na cura da doença. Essas pessoas tiveram fé. Por isso, essa foi a segunda pergunta que lhe fiz ao entrar e vê-la chorando.

— Como ter fé? Não sei se ainda acredito em Deus. Se Ele existisse da forma como nos é apresentado pelas religiões, não permitiria que Seus filhos sofressem tanto.

— É por isso que me desvencilhei das correntes religiosas, como já lhe falei. Para mim, Deus é uma força universal, presente dentro de cada um de nós. Não permite o sofrimento banal, mas sim aprendizados, que muitas vezes só acontecem de formas dolorosas, porque tal espírito necessita disso para desenvolver sua consciência. Tem gente que precisa da dor para conhecer o amor, das trevas para chegar à luz, da desilusão para compreender os verdadeiros valores da alma. E a fé pode vir de muitas maneiras diferentes. Quando você muda o teor dos pensamentos e os troca por outros mais estimulantes, positivos e equilibrados, consegue mentalizar o que deseja, e a Vida lhe traz. Isso também é ter fé, é acreditar em sua capacidade de superar qualquer adversidade. Sempre aprendi que o segredo é crer no bem, deixar que a fé ilumine seus passos e nunca desistir diante da primeira queda.

Aquelas palavras deram novo fôlego a Débora. Continuava sentindo-se mal, os cabelos ainda estavam em sua mão, mas algo pareceu lhe dar um novo impulso. Ergueu a mão direita para secar o rosto molhado.

— É tão simples assim? Se eu acreditar em minha recuperação, poderei melhorar?

— Nossos pensamentos possuem uma força incrível. Assim como podem nos destruir, quando ficamos no pensa-pensa, dando força a bobagens e frivolidades que aparecem em nossa cabeça, eles também podem nos fortalecer, quando descobrimos que somos os donos do nosso corpo e que nenhuma doença tem vez, a não ser que permitamos sua invasão. A prece, a confiança no bem, a certeza de que a espiritualidade é protetora são fundamentais nesse processo. Cabe a você decidir o que fazer, querida. Se não quiser piorar cada vez mais, reaja imediatamente. Diga a si mesma que tem saúde, determinação, fé, coragem e esperança na recuperação. O amor-próprio também é relevante, portanto, pare de se depreciar ao se encarar no espelho. Para mim, você sempre será uma mulher bonita, esteja pálida ou corada, careca ou cabeluda.

Débora começou a rir. Não se lembrava de quando o fizera pela última vez. A sensação era maravilhosa. O médico fez uma careta engraçada e soltou uma risada que a fez rir ainda mais. Instantes depois, os dois riram descontraidamente, até que Débora, sentindo a barriga doer de tanto gargalhar, ergueu a mão:

— Por favor, não me faça rir mais. O senhor é muito engraçado, doutor.

— Viu como eu estava certo sobre sua beleza? Quando sorri, torna-se ainda mais linda. — Ele franziu a testa. — Não encare isso como uma cantada. Você não aceitaria namorar comigo, porque eu ronco à noite.

— O senhor é o melhor médico que já apareceu aqui desde que cheguei. Espero que possa voltar mais vezes.

— Voltarei. Gostaria que lesse alguns livros que falam sobre espiritualidade. — Ele fez um muxoxo hilário, o que arrancou novas risadas de Débora. — A direção do hospital ficaria zangada se me visse trazendo esses livros aqui. Assim, sugiro que peça a alguma enfermeira para comprá-los. Recomendo *Cure seu corpo,* de Louise L. Hay, e *Laços eternos,* de Zibia Gasparetto. Tenho certeza de que aprenderá muito com as duas obras, pois serão de grande ajuda para você enquanto estiver aqui.

— Obrigada, doutor João. Já memorizei os títulos e falarei com as enfermeiras. Alcione, a governanta que trabalha em minha casa, sempre conversava comigo sobre espiritualidade e outros temas relacionados à nossa vida. Estava sentindo falta de alguém que tivesse uma visão semelhante à dela.

— Fico feliz que tenha gostado de mim. Prometo que retornarei outras vezes. — Ele mostrou mais um de seus sorrisos balsâmicos.

Débora o viu dirigir-se à porta, que acabara de ser aberta para dar passagem à outra enfermeira, que fora lhe ministrar mais um medicamento. Discretamente, colocou os fios de cabelo sob o travesseiro. Sim, ela realmente estava se sentindo melhor.

E o mais interessante foi o fato de que o doutor João não a medicara, não conferira os aparelhos que a cercavam nem tomara nota em sua prancheta. Mesmo assim, foi o único médico que lhe dera o mais poderoso remédio de que sua alma necessitava: uma boa dose de fé.

CAPÍTULO 24

Tudo estava tranquilo demais, exageradamente quieto e pacífico. E tanta serenidade intrigava Márcia da mesma maneira que a preocuparia se tivesse sido acusada formalmente pela polícia.

Os dias que se seguiram à morte de Sarah foram tranquilos. A butique permanecia fechada por luto, e as duas funcionárias estavam descansando em suas casas após os últimos acontecimentos agitados e angustiantes. Dolores estava novamente no conforto do seu lar, ao lado do marido e da filha, aliviada porque a justiça fora feita. Talvez nunca mais fosse a mesma pessoa, pois fora presa injustamente. Não fosse sua sorte de ter uma patroa tão amável e generosa, poderia ter passado um longo tempo atrás das grades.

Esses pensamentos fizeram Márcia rir, no silêncio do seu amplo apartamento. Pensou que voltaria a receber outras incômodas visitas de Ruy e Helena, mas os investigadores também haviam se aquietado. Ela sabia que a policial estava em sua cola, vigiando-a discretamente e aguardando que ela cometesse algum erro que evidenciasse sua culpa. Poderia conversar com Dragão e bolar com ele algum esquema para tirar Helena do caminho, porém, tinha quase certeza de que o traficante recusaria participar do plano. Ele sempre lhe dizia que não gostava de matar e que, por mais que odiasse a polícia, jamais tirara a vida de alguém que trabalhasse para a corporação. Além disso, se Helena fosse assassinada misteriosamente, Ruy seria o primeiro a suspeitar de Márcia. O melhor seria aturar a investigadora e despistá-la sempre que fosse necessário.

Por mais competentes que eles fossem, era possível que jamais a associassem à morte de Sarah. Precavia-se com os telefonemas que fazia a Dragão para que não fosse rastreada, ora ligando de telefones públicos, ora usando chips descartáveis em seu celular. Evitaria que ele retornasse ao seu apartamento, pois a polícia poderia estar à espreita.

Apanhou a bolsa que estava sobre um aparador e despejou seu conteúdo sobre a cama. Com um sorriso iluminando seu rosto, ela contemplou o lenço acinzentado que se esquecera de devolver a Inácio. Aproximou-o do rosto e inalou a suave fragrância que estava impregnada no tecido. Lembrou-se de que o advogado também exalava aquele cheiro delicioso e agradável, o que a deixou excitada.

Graças àquele pano, teria um pretexto para se reaproximar de Inácio, sem ter que retornar ao escritório para conversarem sobre negócios. Talvez propusesse algo mais íntimo, como um jantar em um restaurante aconchegante. Se ele declinasse do convite, pensaria em outra justificativa para lhe devolver o lenço fora de seu local de trabalho.

Com seu costumeiro sorriso vitorioso nos lábios, Márcia apanhou uma lixa e pôs-se a cuidar das unhas. O espírito do homem que se vestia inteiramente de preto estava ali, a poucos metros de distância. Seu rosto estava parcialmente oculto sob a aba do chapéu igualmente preto, mas isso não era impeditivo para que ele encarasse Márcia fixamente.

****

Em seu escritório doméstico, Inácio estudava as expressões de seus três filhos, que se mostravam em expectativa pela notícia que estava por vir. Quando falou que sabia onde Débora estava, notou que eles pareceram prender a respiração, como se o menor movimento pudesse atrapalhá-los de ouvir a informação com exatidão.

— E onde ela está? — questionou Gustavo, ansioso. — Deveríamos vê-la imediatamente.

— Débora nunca foi para Curitiba. Ela está em Porto Alegre.

Expressões atônitas surgiram no rosto dos adolescentes. Inácio prosseguiu:

— Eu contratei um detetive particular para descobrir a localização dela e fiz uma pequena investigação por conta própria, visitando as escolas para as quais ela prestava assessoria nutricional. Descobri que Débora não deixou seu novo endereço em Curitiba com nenhum de seus colegas. Mas sabem qual foi a descoberta mais chocante? Nunca houve um professor chamado Cleiton trabalhando em nenhum desses colégios.

— Por que ela mentiria para nós? — Havia preocupação estampada no rosto de Maria Júlia. — Sempre confiamos na mamãe.

— Muito mais do que confiaríamos em você. — Atacou Ethan.

Inácio ignorou a provocação, dando sequência à narrativa:

— Ela tinha suas razões, e eu já descobri algumas delas. Débora descobriu que estava doente e saiu de casa em busca de um tratamento.

— Doente? — Gustavo levantou-se sem desviar os olhos do pai. — Não poderia haver pessoa mais saudável do que ela no dia em que foi embora. Nós percebemos que ela estava triste, mas não havia vestígios de doença em sua aparência.

— Nem todas as enfermidades afetam a aparência, meu filho. Algumas doenças são muito silenciosas, e, quando os seus efeitos surgem, é porque ela já está em estágio bastante avançado. Débora está com câncer.

Inácio sentiu o coração oprimir-se ao ver os filhos empalidecerem. Maria Júlia começou a chorar, Gustavo precisou apoiar as mãos no espaldar da cadeira e Ethan simplesmente permaneceu imóvel, lívido como um boneco de cera.

— Ela inventou muitas mentiras, que me machucaram bastante até descobrir a verdade. A mãe de vocês nunca conheceu o tal Cleiton. Jamais teve um amante, assim como não foi embora porque me considerava um marido ausente. Ela simplesmente procurou um refúgio onde pudesse se esconder durante o período em que durasse seu tratamento. Quis evitar que sofrêssemos por ela. — Após uma rápida pausa, Inácio acrescentou: — Pelo menos é essa a teoria que consigo formular sobre a razão de ter nos deixado. Por isso, creio que o momento seja de união e não de críticas. Ela precisa de nós, do nosso apoio, do nosso amor, da nossa presença ao seu lado. Infelizmente, não podemos permanecer muitos dias em Porto Alegre em razão dos nossos compromissos aqui com escola, faculdade e trabalho, mas acredito que ela ficaria surpresa e contente por nos rever. Já que tínhamos uma viagem marcada para este fim de semana, creio que não teremos dúvida na escolha do nosso destino.

— Não consigo compreender muitas coisas, pai. — Gustavo, ainda de pé, secava algumas lágrimas que haviam surgido. — Ela sempre dizia que nos amava. Como poderia fugir de casa só porque não queria que a gente sofresse por vê-la doente? Não sofremos do mesmo jeito, pensando que ela nos trocou por um cara que havia acabado de conhecer? Ela tentou suavizar a situação nos enganando com mentiras, mas só acabou piorando tudo. Cheguei a sentir raiva de você e culpá-lo pela partida dela.

— Como lhe disse, não devemos criticá-la nem julgar suas decisões. Precisamos ouvir suas justificativas. Eu também sofri muito quando ela se foi, porque me considerei o pior pai, o pior marido, o cara mais canalha do universo. Sofri por imaginar que havia sido traído somente porque trabalhava demais. É claro que isso também teve seu lado positivo, porque passei a repensar minhas atitudes, mudando-as para melhor. Hoje, compreendo que nada é tão importante quanto estar ao lado de vocês. Eu os amo muito e, mesmo que Débora volte para casa totalmente curada, prometo que jamais manterei a rotina turbulenta de antigamente.

Como resposta, Maria Júlia, ainda soluçando muito, saiu de sua cadeira e jogou-se nos braços do pai, abraçando-o com força. Tinha a impressão de que havia sido enganada pela própria mãe e traída pela mulher que sempre teve como referência. No entanto, seu pai tinha razão. Era preciso reencontrar Débora e ouvir o que ela teria a lhes dizer. Nos braços de Inácio, ela sentia-se segura. Queria que Naema também estivesse ali agora. A namorada lhe daria carinho e conforto.

Ethan também estava pensativo. Se tudo o que o pai lhes dissera fosse verdade, o vento sopraria em outra direção. Ele não veria Inácio como o culpado pelo rompimento da família, após a partida de Débora. Teria que dar o braço a torcer e admitir que o pai realmente o amava, como estava declarando? Por que relutava tanto em acreditar nele? Maria Júlia e Gustavo o haviam perdoado, e todos estavam se dando bem. Então, por que lhe parecia tão difícil amar o pai, abraçá-lo, confiar em suas palavras e acreditar que ele nunca mais os trocaria pelos clientes? Por qual motivo se sentia mais confortável mantendo aquele distanciamento de Inácio?

Havia algo que faltava dentro de si. Ethan tinha quinze anos e era maduro o suficiente para perceber essa ausência, esse buraco dentro do peito. Talvez já estivesse lá, mesmo antes de Débora ir embora. Do que ele necessitava para preencher aquele espaço? Quando fumava maconha, tinha a impressão de que estava totalmente saciado, satisfeito, completo. Porém, quando os efeitos desapareciam, a sensação de que algo importante lhe faltava retornava com força total. Aquilo o deixava triste, amargurado, revoltado e pronto para descontar sua mágoa no pai. Mas será que Inácio era o culpado? Aquele homem bonito, com olhos verdes tristes, nitidamente preocupado com o futuro da esposa, que garantia amar os filhos intensamente teria algo a ver com sua incompletude? Será que o imenso vácuo em seu interior era causado, de alguma forma, pelo afastamento que mantinha do pai?

— Acho que não vai adiantar nada continuarmos tristes e chorosos — declarou Gustavo, esforçando-se para conter o pranto. — O papai tem razão. Vamos nos empenhar em ajudar a mamãe da melhor forma que pudermos. Ela merece isso de nossa parte. Que este fim de semana em Porto Alegre possa nos reaproximar dela e nos ajudar a compreender o que realmente aconteceu!

— Concordo — murmurou Maria Júlia, ainda muito sensibilizada. A jovem afastou-se dos braços de Inácio, mas apoiou a cabeça no ombro do pai. — Se aparecermos assim diante de mamãe, ela ficará pior. Ou os médicos internarão a todos nós, pensando que estamos nas últimas.

Apesar da tensão que pairava no ambiente, todos eles riram. Inácio olhou para Ethan, aguardando a opinião do filho do meio, que logo se manifestou:

— Estou de acordo. Vamos fazer de tudo para reencontrá-la e mostrar-lhe que estávamos preocupados com ela, mas não tristes.

— Gostaria de lhes fazer um pedido — continuou Inácio. — Não quero que Silvinha saiba onde Débora está e muito menos sobre nossa viagem. Sei que ela é a minha sogra, mas prefiro que ela não saiba de nada até que a própria Débora nos autorize a contar. Sabem como a avó de vocês consegue ser inoportuna.

Eles riram, garantindo manter silêncio.

— Por isso, eu volto a lhes dizer: amo muito vocês. — Inácio ficou de pé e abriu os braços. — Quem me der um abraço primeiro, viajará sentado à janela do avião.

Maria Júlia, que estava ao lado dele, foi a primeira a abraçá-lo. Gustavo, entrando na brincadeira, jogou-se sobre os dois e envolveu-os com força. Ethan, sempre relutante, aproximou-se devagar, mas logo se rendeu ao carinho e se uniu ao abraço coletivo. Os quatro permaneceram ali juntos por alguns instantes, cada um desejando em pensamento o melhor para a recuperação de Débora.

Como a porta do escritório estava parcialmente aberta, Alcione, que passava pelo corredor, parou ao vê-los abraçados. Lágrimas de alegria chegaram aos olhos dela. Como era maravilhoso presenciar aquela cena! Agradeceu mentalmente pela ajuda dos amigos espirituais, pedindo-lhes que aquelas vibrações sutis, leves e agradáveis se mantivessem na casa por muito tempo.

Na sexta-feira, na escola, Maria Júlia contou as últimas informações sobre Débora a Naema. Revelou suas angústias e inquietações e confessou seu temor com a possibilidade da morte da mãe.

— Se isso acontecer, não sei o que seria de mim, sabia?

As duas estavam sentadas em um dos bancos externos, próximos à quadra. Era hora do intervalo, e vários adolescentes se movimentavam por ali. Alguns conversavam em rodinhas, outros namoravam encostados no muro que contornava a instituição, outros ainda ouviam música com seus fones de ouvidos. As duas sempre permaneciam juntas, mas jamais se tocavam de forma que pudessem chamar a atenção dos colegas.

— Mantenha a calma! Veja como ela está antes de ficar nervosa. Tenho certeza de que ela ficará muito feliz ao revê-la.

— Você sempre consegue me acalmar. — Baixando a voz para um sussurro, Maria Júlia emendou: — É por isso que eu a amo tanto.

— E eu mais ainda. Além disso, estou muito feliz porque meus pais me deixaram viajar com você, seu pai e seus irmãos. Vamos juntas conhecer Porto Alegre.

Como Maria Júlia convidara a namorada para a viagem, os pais de Naema não viram restrições para impedi-la de ir. Conheciam Inácio, confiavam nele e conversaram por telefone para combinar os detalhes. Já haviam lhe enviado por e-mail uma autorização para que ele pudesse levar Naema para outro estado.

Perceberam uma movimentação diferente entre os alunos e, antes que pudessem ver a causa daquele burburinho, já sabiam que se tratava de Indiara, a negra linda, cheia de estilo, arrogante, encrenqueira e considerada por unanimidade a garota mais popular da escola. Ela andava em grupo com outras quatro meninas, que atormentavam os mais fracos e oprimidos. Quando elas passavam, os alunos evitavam encará-las, porque sabiam que isso geraria encrenca. Indiara odiava que ficassem encarando-a e não hesitava em partir para a briga, ou preparar seu grupo para "catar" a pessoa atrevida na saída das aulas. Já fora suspensa duas vezes, mas os boatos davam conta de que seus pais eram pessoas muito influentes na sociedade paulistana e que a diretora não queria ver seu nome e o de sua escola jogados na lama, caso optasse pela expulsão da aluna rebelde. Por sorte, Indiara não estudava na mesma sala de Maria Júlia e Naema e nunca se metera com elas até então.

Quando elas viraram a cabeça, viram Indiara descendo as escadas, com duas amigas de cada lado. Formava uma imensa bola de chiclete, antes de estourá-la e mascar novamente. Apesar do calor que fazia, a jovem usava botas cor-de-rosa com canos tão altos que chegavam aos joelhos. Meia-calça arrastão preta, blusa laranja colada em seu corpo escultural, óculos de lentes roxas e cabelos longos e encaracolados completavam seu visual. Seu rosto era anguloso, com feições delicadas e bonitas.

Ao chegar ao último degrau, ela empurrou um menino magro, de óculos, apenas porque podia fazer isso. Avançou mais alguns metros e cuspiu seu chiclete no rosto de uma menina, que se encolheu de medo. As quatro amigas caíram na gargalhada. Ela continuou caminhando como se desfilasse e, quando parou diante do casal de namoradas, Maria Júlia sentiu o coração disparar.

— Olha só quem está aqui. — Indiara apontou um dedo para elas, mostrando uma imensa unha vermelha. — As meninas inseparáveis. Quando uma falta, a outra entra em depressão.

As amigas de Indiara continuavam rindo. Como já sabiam que se retrucassem ou fechassem a cara seria pior, Maria Júlia e Naema fingiram achar graça da brincadeira e começaram a rir. Indiara, que parecia ter uma necessidade inata de ser bajulada, deu-se por satisfeita e continuou seu itinerário em busca da próxima vítima que pudesse infernizar.

— Por que será que ela disse isso? — questionou Naema, após o inevitável suspiro de alívio por ver a barraqueira se afastar. — Nunca mexeu com a gente.

— Melhor não nos preocuparmos com ela. Vamos evitar confusão.

Entretanto, algo deixou Maria Júlia inquieta. Não gostara da maneira como Indiara as olhara, como se estivesse sendo sarcástica. O melhor a fazer, por ora, era realmente esquecê-la. Tinha outras preocupações em mente, como a viagem que fariam no dia seguinte.

★★★★

Quando Ethan desceu no ponto de ônibus, Zack já o esperava dentro de seu carro importado. O menino confirmara o encontro na noite anterior, logo após a reunião que tivera com o pai e os irmãos. Precisava de um dinheiro extra para levar para a viagem. Talvez fosse necessário comprar alguns medicamentos para sua mãe. Reservara o que sobrara do seu pagamento anterior para comprar as "mercadorias" de Tuca.

Além disso, que mal havia em tirar fotos de cueca e sunga? Não era comum que moleques de sua idade fizessem isso em praias ou parques aquáticos? Além disso, ele era muito bem pago por elas. O único fotógrafo durante as sessões era Zack, o que o deixava bem mais à vontade. Quem poderia desejar emprego melhor do que aquele?

Como acontecera da outra vez, eles rodaram por algumas ruas muito semelhantes, subiram uma ladeira e pararam diante da residência que fora transformada em estúdio. Ethan ainda não conseguira memorizar o trajeto, de forma que não teria conseguido chegar lá sozinho a partir do ponto em que descera.

Zack, como sempre, vestia-se com elegância e distinção. Sempre cordial, ofereceu um refrigerante gelado a Ethan, que aceitou para refrescar a garganta. Desta vez, sentia-se mais tranquilo e confiante.

Já sabia o que o esperava, pensando, a todo instante, no dinheiro que receberia pelo serviço.

— Contou para alguém que viria para cá? — questionou Zack, olhando-o com atenção. Ambos estavam sentados em bancos de plástico, na sala do primeiro estúdio, enquanto Ethan bebericava o conteúdo da latinha.

— Eu nunca digo nada a ninguém a respeito das coisas que faço — o que era verdade. Não confiava nem mesmo nos amigos mais chegados da escola e muito menos nos irmãos.

— Lembre-se de que costumo agir com cautela. Não quero problemas para minha empresa enquanto ela não estiver devidamente registrada.

Ethan empurrou os óculos para trás, pois haviam escorregado para a ponta do nariz. Aquele papo sobre sigilo e segurança o enfadava. Será que Zack pensava que ele era um tolo descuidado ou algo parecido?

— E aí, vamos às fotos? — Bebeu o último gole do refrigerante e colocou a latinha no chão. — Como lhe disse pelo telefone ontem, estarei fora de São Paulo neste fim de semana, por isso quis adiantar o novo ensaio.

— Seus problemas pessoais não me interessam, querido. — Como a frase soara um pouco ríspida, Zack completou: — Hoje, faremos um *book* completo. Já tenho um cliente interessado nas fotos. Querem um ensaio estilo estudantil.

— O quê?

— É algo bem simples. Você vestirá umas roupas que simulam o uniforme de alguma escola. Com esses óculos, já tem cara de intelectual e estudioso. Vai segurar alguns livros e cadernos, como se estivesse chegando ou saindo do colégio. Na sequência, vou fotografá-lo sem os livros, depois sem a camiseta e, por último, sem a bermuda. Acha que consegue fazer isso?

— Com certeza! — Empolgado, Ethan sorriu. — Quanto me pagarão por isso?

— Se as fotos ficarem como eu espero, você deve receber em torno de quatro mil reais, em dinheiro vivo.

O espanto e a ambição chegaram juntos aos olhos do garoto.

— Está falando sério?

Como resposta, Zack enfiou a mão no bolso e começou a contar várias cédulas de cem e de cinquenta reais. Deixou-as ao lado de uma mesa, colocando um cinzeiro sobre elas.

— Serão suas após o término das fotos.

Animado como uma criança feliz, Ethan tinha os olhos brilhantes ao indagar:

— Onde estão as roupas que devo vestir?

Zack entregou-lhe um pequeno monte de roupas passadas e cheirosas. Por cima delas, havia duas cuecas que ele deveria usar durante a sessão de fotos. Quando o garoto se trancou no banheiro, Zack, imediatamente, ligou um dos monitores, que exibiram imagens nítidas do adolescente se trocando no banheiro. Lambeu os lábios, percebendo que estava ficando excitado.

Ao vê-lo retornar, já vestido com um uniforme escolar, Zack ligou a câmera, acendeu os refletores e pediu que Ethan se posicionasse diante do fundo verde para que depois pudesse adicionar cenários às imagens. Entregou três livros e um caderno para que o garoto os segurasse e deu início às fotos.

Percebeu, satisfeito, que o menino estava muito à vontade desta vez. Não parecia tímido nem constrangido ao tirar as peças de roupa. Quando ficou apenas de meias e cueca, Zack colocou a câmera de lado e aproximou-se dele.

— Não se mexa, por favor.

Intrigado, Ethan acompanhou-o com os olhos. Zack agachou-se diante do jovem, e, quando tentou tocar em suas partes íntimas, o garoto saltou para trás.

— Ei! O que pensa que está fazendo?

— Digamos que eu queira dar mais... destaque a isso aí. — Apontou para a genitália do garoto. — Quando o tocamos, geralmente ele se altera.

O rosto de Ethan ficou vermelho como um tomate.

— Não vou deixar que você ponha a mão em mim, pelo menos não nessa parte. Isso não estava no nosso acordo inicial.

— Tudo bem. Já imaginava que você fosse discordar. — Zack levantou-se e seguiu até onde deixara o dinheiro. — A sessão está encerrada. Pode voltar ao banheiro e colocar suas roupas. Eu o deixarei no ponto de onde veio.

Pegou as notas e mostrou-as a Ethan.

— Vou guardá-las até encontrar outro garoto que não tenha frescura. Muito obrigado por ter colaborado comigo até aqui.

Quando ele fez menção de guardar o dinheiro, Ethan gritou:

— Espere! Não precisa ficar chateado. Só fiquei bravo porque nunca uma pessoa estranha tocou em meu...

— Você já entendeu o que preciso para as fotos. Tem cinco segundos para decidir o que vai fazer. Se não quiser, basta se trocar e ir embora.

A ganância foi mais forte do que o pudor, e Ethan simplesmente assentiu. Se pensasse friamente, não era um sacrifício muito grande em troca de tanto dinheiro fácil.

Zack mostrou um sorriso resplandecente, voltou até Ethan e começou a tocá-lo. Quando deixou o menino excitado, apanhou novamente a câmera e começou a tirar outras fotos. Adorava sua profissão. Já vivenciara aquela situação com outros garotos da mesma faixa etária. Levara alguns na lábia e até conseguira arrastá-los para a cama. Zack usava todo o seu poder de persuasão para atingir seus objetivos. Ethan parecia ser uma presa fácil e com certeza se entregaria a ele na hora certa.

Que culpa tinha de sentir uma irresistível atração por adolescentes do sexo masculino? Além disso, fotos de qualidade desses meninos seminus ou totalmente pelados valiam um dinheiro alto no mercado negro. Unir o útil ao agradável lhe trazia uma sensação de prazer, poder e soberba. Sim, ele realmente amava seu trabalho.

Quando Ethan voltou para casa, ainda se sentia um tanto encabulado. Porém, os quatro mil reais em seu bolso eram incentivo suficiente para deixar qualquer timidez de lado e estar disponível para Zack sempre que o fotógrafo o solicitasse.

CAPÍTULO 25

Inácio terminou de colocar a última camisa na mala que levaria na viagem, antes de fechar o zíper e travá-lo com o código de segurança. Já havia comprado as passagens pela internet e reservado um hotel de alto padrão no centro da capital gaúcha. O avião decolaria às seis da manhã do dia seguinte, e o tempo previsto de voo seria em torno de uma hora e quarenta minutos.

Ainda não havia estabelecido um roteiro para fazerem assim que se hospedassem. Os filhos, obviamente, pediriam para visitar a mãe, mas ainda seria necessário descobrir os horários de visitação e se menores de idade poderiam ter acesso à paciente. Alguns hospitais impunham essa limitação, principalmente quando se tratava de filhos ou netos da pessoa que estava internada.

Ainda eram sete horas da noite, contudo, os filhos estavam bem mais adiantados no quesito organização. Maria Júlia e Gustavo lhe disseram que cada um já montara sua mala. Ethan, ao regressar da sessão de fotos com Zack, fez o mesmo, escondendo parte do dinheiro entre algumas cuecas. A outra parte colocou num compartimento secreto em seu guarda-roupa, próximo de onde ficava seu estoque de cigarros. Chegou a pensar em levá-los, quando se lembrou de que poderia ser barrado no aeroporto antes de embarcar, e o pai descobriria tudo. Teria de fazer um esforço gigantesco para aguentar um fim de semana inteiro sem tragar a erva ou experimentar pela primeira vez o pó mágico que fazia milagres. Alguns colegas seus da escola juravam que já haviam cheirado coca e que, de fato, os efeitos eram infinitamente melhores e mais duradouros.

As acompanhantes dos filhos também estavam na casa. Naema chegou primeiro trazendo uma mala pequena com rodinhas e logo se trancou no quarto de Maria Júlia para ajudar a namorada a arrumar a dela. Tássia apareceu pouco depois. Inácio recebeu-a com o cenho franzido, cumprimentando-a com certo distanciamento. Lembrava-se da discussão que tivera por telefone com a mãe da moça e estava quase certo de que elas eram duas falsárias e aproveitadoras, sendo a mãe muito mais do que a filha. Por outro lado, Gustavo nunca acreditaria nele se não houvesse provas concretas e não desejava brigar com o filho nem deixá-lo magoado com a namorada.

Ao ouvir o celular tocar e se deparar com um número desconhecido no visor, Inácio decidiu ignorar a ligação. Se um dos filhos estivesse na rua, ele teria atendido sem pensar duas vezes, pensando que algo pudesse ter lhes acontecido. Mas, como os três se encontravam em casa, possivelmente o telefonema vinha de algum cliente chato ou do advogado da parte contrária da que defendia. Algumas pessoas não tinham bom senso nem noção de horário. Se bem que, se fosse em outros tempos, ele teria atendido à ligação até depois de meia-noite.

Como será que Débora reagiria ao vê-los e perceber que fora descoberta? Ficaria contente ou irritada? Sentiria alívio com a presença deles ou furiosa por ter sido investigada, perdendo a privacidade que ela mesma quisera se impor?

O celular voltou a tocar, tirando Inácio de seus devaneios. Pensou em desligar o aparelho, mas a curiosidade foi maior, e ele resolveu atender. Se fosse mesmo algum cliente, diria que estava viajando e que não poderia falar.

— Alô? — A voz feminina e familiar surgiu do outro lado.

— Quem fala?

— Doutor Inácio, aqui é Márcia. Sabe quem eu sou, não é mesmo?

Sim, a ligação tinha a ver com trabalho. Ele preparou-se para cortá-la:

— Espero que esteja se sentindo melhor em relação ao que aconteceu com sua sócia e a prisão de sua funcionária. Acontece que eu...

— Você me emprestou seu lenço e acabei trazendo-o comigo. Quero devolvê-lo, mas me recuso a passar em seu escritório e deixá-lo com sua secretária. Foi um gesto muito educado e pessoal de sua parte ao me emprestá-lo, pois eu realmente estava chorosa demais naquele dia. Por isso, pretendo lhe entregar pessoalmente.

— Não precisa se preocupar com isso, Márcia. Tenho muitos outros lenços.

— Eu ficaria ofendida se você se recusasse a me receber. Sei que é um homem ocupado, mas estou passando por uma fase tão ruim, tão difícil...

Ele ouviu o choro baixinho e instantaneamente ficou comovido.

— Não precisar chorar. Sei que ainda está muito abalada, então, achei melhor deixar isso pra lá. Não quero que se sinta dispensada nem nada do tipo. Além disso, viajo amanhã cedo com meus filhos e só devo retornar no domingo à noite ou na madrugada da segunda-feira.

— Seria complicado demais ou petulância da minha parte se o convidasse para algo fora do escritório e mais informal? — Entre soluços, a voz de Márcia continuou, baixinha e comovente: — Sarah era uma grande amiga e agora ela não está mais comigo. Sou sozinha na vida, sem filhos nem marido. Também tenho poucos amigos, mas acho que não me sentiria à vontade com nenhum deles. Tudo o que eu quero é desabafar com alguém que possa me ouvir e, quem sabe, me aconselhar.

Em seus muitos anos de advocacia, Inácio já fora paquerado por muitas clientes. Algumas delas flertavam com ele descaradamente. Também já recebera convites para sair e, certa vez, até um pedido de namoro. Contudo, nunca passara por nada parecido. Sabia da situação que Márcia estava vivendo e, apesar de ela ser naturalmente provocante e sedutora, ele não percebera malícia em seus gestos nos dois encontros em que a vira. Além disso, qual mulher pensaria em uma paquera estando tão desgostosa com a morte da sócia? Possivelmente, tudo o que ela queria era um ombro amigo para conversar. E se ela tentasse avançar além do limite permitido, ele lhe diria que era um homem casado, que amava a esposa e ponto final.

— O que você tinha em mente como um encontro informal?

— Um jantar em algum restaurante de sua escolha. Pode me despachar agora mesmo, se quiser, mas não sabe o quanto me deixaria feliz se concordasse em me ver. Mais do que devolver seu lenço, queria alguém inteligente e confiável que possa me ouvir um pouco.

Houve mais soluços e mais gemidos abafados. Ele a ouviu assoar o nariz e, por um breve instante, sentiu vontade de abraçá-la apenas para lhe dar conforto. Decidiu:

— Às vinte horas da próxima sexta-feira, em um restaurante que serve uma deliciosa comida caseira. Será o dia em que terei mais tempo, pois todas as noites eu quero estar com meus filhos. Pode anotar o endereço?

Márcia não gostou de ter que esperar mais uma semana. Por outro lado, se demonstrasse insistência, ele poderia desconfiar de algo e desistir de vez. Quando ela repetiu o endereço que anotara, Inácio deu-se por satisfeito. Que mal tinha em ajudar aquela mulher? Além disso, considerando a gravidade da questão, até mesmo Débora o compreenderia por jantar com aquela cliente.

Márcia agradeceu-o efusivamente, e ele desejou-lhe boa noite, antes de desligar. Do outro lado da linha, ela não conteve uma gargalhada, que repercutiu por seu quarto. Como os homens podiam ser tão tolos e ingênuos? Era correto o ditado que dizia que eles não pensavam com a cabeça. Depois daquele primeiro encontro, tinha certeza de que muitos outros viriam. Era perita em conquistar homens, principalmente os casados. Nunca falhara na arte da sedução, e não seria aquela a primeira vez que falharia. Já podia visualizar o corpo nu de Inácio ao seu lado, em uma cama macia e perfumada, amando-a com desejo e furor. Eles se divertiriam muito juntos.

Na delegacia, em uma sala pequena e apertada, com uma xícara de café já frio sobre a mesa, a investigadora Helena mal piscava enquanto analisava a tela do computador. Ruy já fora embora, mas ela telefonaria para o parceiro a fim de colocá-lo a par de suas mais recentes descobertas.

Tinha toda a ficha de Márcia diante de si e a partir dela montara um relatório particular acrescentando seus apontamentos e suas reflexões. A loira de vinte e nove anos tinha um passado muito interessante, embora não tivesse nenhum antecedente criminal nem passagem pela polícia por qualquer tipo de delito. O material que conseguira reunir sobre ela após exaustivas horas de pesquisa ainda não servia como prova para incriminá-la, mas mostrava que Helena estava indo pelo caminho certo.

Os pais de Márcia haviam morrido havia menos de dez anos, em um acidente de carro. Seus pais vinham de família humilde, o que significava que ela também desfrutara de uma vida simples durante a infância e a adolescência. Era filha única, com excelentes notas na escola, o que revelava seu alto nível de inteligência. Jamais se envolvera em brigas com outros colegas e sempre fora motivo de orgulho para os pais.

Antes de inaugurar a requintada butique com Sarah, teve apenas dois empregos com carteira registrada. Trabalhou como operadora de telemarketing, num serviço que durou apenas dois meses, e como vendedora em uma loja de roupas por um ano e meio. Ela pedira as contas de ambos os empregos. Estava em dia com a justiça eleitoral, com o fisco e não tinha o nome sujo na praça. Nunca fora casada, mas estranhamente um homem chamado Maurício de Oliveira comprara um apartamento pequeno em Moema e o transferira para seu nome. O sujeito era casado, e Helena deduziu que sua esposa jamais soubera da transação.

Por que um homem casado presentearia com um apartamento uma mulher que, aparentemente, não tinha nenhuma relação oficial com ele?

A resposta soava-lhe óbvia. Márcia deveria ter investido no sujeito, oferecido bom sexo em troca de objetos pessoais valiosos, como roupas e joias caras. O ápice veio com a aquisição do apartamento. Quando conseguiu o que queria, possivelmente se mostrou desinteressada até o amante se tocar que não estava mais agradando e dar no pé. Ou, quem sabe, ela o tenha chantageado, ameaçando denunciá-lo à esposa caso não a deixasse em paz.

Nessa época, os pais de Márcia já haviam morrido. Estavam em um carro na Rodovia Anchieta a caminho do litoral, quando o veículo derrapou e foi parar debaixo de um caminhão. Ambos morreram na hora. Aparentemente, Márcia não tivera nada a ver com o acidente, mas Helena anotou numa caderneta que deveria investigar melhor aquela história.

Márcia mudou-se para o novo apartamento, até conhecer um homem chamado Odair Sampaio, que a presenteou com um carro importado. Algum tempo depois, ela vendeu o veículo para comprar o modelo que dirigia atualmente. Após esse relacionamento, apareceu um médico chamado Fausto, que, por coincidência, era o irmão de Sarah, e este lhe deu outro apartamento. O que aquela mulher fazia para conquistar presentes tão caros de seus amantes? Será que era apenas a garantia de um sexo muito intenso ou ameaças e chantagens?

Helena tinha certeza de que Márcia também possuía muito dinheiro guardado em alguma conta bancária. Conversaria com o delegado para que tentassem conseguir um mandado judicial para terem acesso às contas bancárias da mulher. Helena apostaria um mês de seu salário que Márcia tinha poupado dinheiro suficiente para viver sem precisar trabalhar pela próxima década.

Por último, veio a butique. Quem duvidaria da existência de uma cláusula que a tornaria única dona da loja, na hipótese da morte de Sarah? Precisaria ter acesso ao contrato, mas já sabia o que iria encontrar. Ao que tudo indicava, Márcia era uma oportunista interesseira, que seduzia homens com situação financeira estável para lhes sugar tudo o que conseguisse. Queria se dar bem na vida, simples assim.

No entanto, nada a ligava a assassinatos nem sugeria que ela pudesse cometer um. Todos os seus ex-amantes, pelo menos os que Helena localizara em suas pesquisas, estavam vivos. Aparentemente, nunca matara nenhum deles para ficar com o dinheiro.

Não obstante, Helena tinha certeza de que Márcia fora a responsável pelo envenenamento da sócia e, consequentemente, por seu assassinato, além da tentativa de incriminar Dolores. Talvez por se tratar de mulheres, tenha sido mais fácil tirá-las de cena, em vez de desprezá-las ou chantageá-las, como certamente fizera com os homens com quem se relacionara.

Uma ideia tomou forma em sua mente, e Helena bebericou o café, sem se importar com o fato de ele estar gelado. E se ela tivesse contratado alguém para fazer o serviço sujo? Afinal, um homem fora visto pelas câmeras de segurança do hospital entrando e saindo do quarto de Sarah. E se ela chantageara outro de seus amantes, exigindo o assassinato em vez de um carro ou um apartamento? Pelo pouco contato que Helena tivera com ela, sabia que Márcia tinha um grande poder de convencimento.

Se essa teoria fosse válida, seria preciso descobrir quem a ajudara a cometer o crime. Também tinha certeza de que Márcia se livraria do sujeito assim que tivesse oportunidade. Não iria correr o risco de manter à solta e longe de seus olhos alguém que pudesse entregá-la à polícia num futuro próximo.

Helena ainda tinha outra certeza: a de que a loira de beleza estonteante já deveria estar de olho na próxima vítima em quem pretendia aplicar mais um golpe, arrancando-lhe bens materiais e dinheiro. Outro homem rico e interessante deveria estar em sua lista de prioridades. E tal qual um pequeno inseto em uma teia de aranha, não haveria escapatória depois que ela o envolvesse.

Chovia fraco e fazia muito frio em Porto Alegre quando o avião aterrissou na pista molhada. O céu cinzento e as águas frias do Lago Guaíba não convidavam os turistas a deixarem seus hotéis e visitarem os pontos turísticos.

Assim que retiraram as bagagens da esteira, o grupo de seis pessoas seguiu na direção da saída do aeroporto, onde embarcaria em dois táxis até o hotel. Inácio, Maria Júlia e Naema acomodaram-se no primeiro veículo, seguidos pelo segundo carro, que levava Gustavo, Tássia e Ethan.

Inácio convidara Alcione para a viagem, pois fora a própria governanta quem lhe sugerira a ideia, porém, ela recusara o convite dizendo que preferia cuidar da casa e que o momento era, exclusivamente, familiar. Ele lhe pedira sigilo quanto a Silvinha, pois tudo o que menos desejava era que a sogra também aparecesse na cidade para atazanar a vida de todos, principalmente da própria Débora.

No hotel, eles se dividiram entre os dois dormitórios que Inácio reservara. Pensando na privacidade do casal, embora nenhum dos dois ainda tivesse alcançado a maioridade, ele decidiu que Tássia e Gustavo usufruiriam sozinhos de um dos quartos. No mesmo andar e corredor ficaria o aposento maior, que acomodaria Ethan, Maria Júlia, Naema e Inácio. A filha caçula do advogado não gostou muito daquela escolha, porque achou-a injusta para com ela e a namorada. Contudo, como poderia pedir um quarto só para ela e Naema, sem que ninguém desconfiasse da secreta relação que as duas mantinham?

Depois que se acomodaram e fizeram uma refeição rápida no restaurante do hotel, Inácio reuniu o grupo para expor seu planejamento:

— Agora que todos nós estamos aqui, reencontrar Débora será inevitável. Mas vocês devem se lembrar de que poderemos lidar com alguns imprevistos. É possível que nem todos possam visitá-la, porque isso dependerá da organização do hospital. Não sabemos como a encontraremos, física e psicologicamente falando. Rezo para que a aparência da Débora que encontrarmos seja a mesma da que saiu de casa.

— Como faremos então? — sondou Maria Júlia.

— Se vocês concordarem, penso que o ideal seria eu ir ao hospital sozinho, para conversar com a direção e falar sobre a presença de vocês. — Inácio olhava cada rosto com atenção e seriedade. — Além disso, há coisas que precisam ser esclarecidas entre mim e ela, e eu não gostaria de fazer isso na frente de vocês. Por favor, me compreendam.

— Ok, papo de adultos. — Sorrindo, Gustavo colocou um braço sobre os ombros de Tássia. — Acho que você tem razão. Nós podemos nos comportar bem até sua volta.

Os demais assentiram com a cabeça, um pouco relutantes. Ethan não queria esperar nem mais um minuto para rever a mãe, mas também não desejava criar um clima chato iniciando uma discussão com o pai e o irmão. Maria Júlia mostrava-se igualmente ansiosa, todavia, seria divertido desfrutar de alguns momentos a sós com Naema, mesmo que elas ficassem em locais públicos. Pensava em levar a namorada para dar alguns mergulhos em uma das piscinas cobertas e aquecidas que avistara ao chegarem, pois o tempo continuava chuvoso.

Já Gustavo estava ansioso por tomar Tássia nos braços e amá-la ao som das gotas d'água que despencavam do céu. Achava maravilhoso fazer amor durante a chuva e só precisava que o pai lhes desse algumas horas de liberdade, para que não corressem o risco de ser interrompidos.

Como não houve reclamações por parte dos filhos, Inácio deu-se por satisfeito. Transmitiu-lhes algumas orientações e pediu que não saíssem sozinhos à rua, mesmo se parasse de chover, pois não conheciam a cidade. Também falou que estaria com o celular, mas que não sabia se poderia atender a ligações dentro do hospital. Prometeu que colocaria Débora para falar com eles, se conseguisse ter acesso a ela.

— Este hotel oferece muitas opções de lazer aos hóspedes, portanto, encontrarão aqui dentro tudo o que precisarem para se divertir. — Inácio fez um gesto de despedida, caminhando na direção das portas de saída. — Volto logo!

Pouco depois de ele embarcar em um táxi, os filhos se dispersaram. Maria Júlia e Naema falaram que iriam colocar seus biquínis e que estariam nas piscinas cobertas. Tássia sugeriu a Gustavo que percorressem as lojas e butiques disponíveis dentro do hotel ou fora dele, caso estiasse. Sentindo-se um tanto deslocado, Ethan comunicou que ficaria no quarto mexendo no celular.

Tássia deu graças a Deus quando Gustavo se livrou dos irmãos menores. Eram dois chatinhos, que ficavam dando pitaco em tudo. Não queria testemunhas de seu pequeno *tour* com o namorado nem das compras que pretendia realizar.

— Amor, veja aquilo! — Ela indicou uma pequena loja ao lado da recepção, onde um manequim com barriga estufada trajava um belo vestido azul-celeste. — Que graça esse vestido! Imagine como eu ficaria vestida nele quando minha barriga estivesse desse tamanho?

Gustavo achou graça do comentário, pegou a etiqueta da roupa e parou de rir quando conferiu o preço. Chegou a ficar ligeiramente pálido.

— O que foi? — Tássia beijou-o no rosto. — O preço está salgado?

— Digamos que nem o oceano Atlântico inteiro possua tanto sal quanto esse preço. Encontraremos algo parecido em outra loja.

— Não quero nada parecido e sim este vestido. — Ela tocou no tecido, cheirou-o, olhou o valor e fez biquinho. — Parece até que não gosta de me ver feliz. E nem achei tão caro assim.

— Não se trata disso, meu amor, só que...

— Deixa quieto! — Tássia cruzou os braços e franziu o cenho. — Você deve pensar que é melhor poupar dinheiro do que agradar à sua namorada grávida. Se vai me negar todas as vontades que eu venha a ter, sinto que nosso bebê talvez até nasça com problemas físicos.

— Não fale besteira, meu anjo. Esse vestido ficaria muito largo para você.

— E eu não posso guardá-lo? Ou acha que vou vendê-lo em um bazar qualquer?

Gustavo não soube o que responder. Ele possuía um cartão de crédito adicional de seu pai, que raramente usava por fazer uso de sua mesada. O limite era cinco vezes mais alto do que o valor do vestido, mas ele tinha certeza de que Inácio criaria caso quando soubesse da compra na fatura do cartão.

— Acho que, se eu parcelar o valor, não terei problemas. — Ele resolveu, por fim. Assim não ficaria muito pesado para pagar com a própria mesada.

Compraram o vestido, para alegria de Tássia. Quando percorreram a loja seguinte, ela indicou duas sandálias e uma bolsa, dizendo que se sentiria a gestante mais bonita do universo se as colocasse para ir a algum evento. Eram quase tão caras quanto o vestido, mas Gustavo não se fez de rogado desta vez, pois detestava ver Tássia triste ou aborrecida.

Por fim, ela disse que Virgínia ficaria muito chateada se não ganhasse alguma lembrancinha de Porto Alegre. Para a mãe, resolveu comprar algumas semijoias em um uma loja especializada, ainda dentro do hotel. Não tinham grande valor, mas poderiam ser vendidas futuramente, caso a situação financeira delas ficasse muito limitada.

— Acho melhor voltarmos direto para o quarto, ou vou esgotar o limite do cartão do meu pai — recomendou Gustavo sendo sensato. Além do mais, seus hormônios clamavam por sexo.

— Obrigada, meu amor. Amo você demais. — Tássia começou a beijá-lo no rosto e nos lábios, o que só serviu para excitá-lo ainda mais.

Instantes depois, estavam entregues à quietude dos aposentos e à paixão cega que os envolvia. Enquanto era beijada e amada pelo namorado, Tássia pensava que sua mãe tinha toda a razão. Se um homem tinha dinheiro, nada melhor do que convencê-lo a gastá-lo com elas. Já Gustavo, por outro lado, confiava ingenuamente nos sentimentos que Tássia alegava sentir por ele, mantendo-se alheio às verdadeiras intenções da moça.

CAPÍTULO 26

Débora estava na janela de seu quarto, contemplando com desânimo as grossas gotas que cutucavam o vidro fechado. Dali, conseguia enxergar parte da área externa, onde havia uma praça linda e bem-cuidada para que os pacientes pudessem ter contato com a natureza nos dias em que o clima colaborava.

Em um gesto que se tornara automático desde a primeira queda de cabelos, Débora levou a mão à cabeça e alisou o couro cabeludo raspado. O médico que a atendera no dia anterior explicou-lhe que muitos pacientes submetidos à quimioterapia preferiam raspar os cabelos logo que os primeiros sinais de queda surgiam, porque achavam que o sofrimento era maior em ver as mechas se desprendendo da cabeça aos poucos. Débora concordou com aquela ideia, e uma enfermeira fez o serviço de cabeleireira. Ela chorou baixinho quando viu os fios despencando em seu colo e no chão. Não quis se olhar no espelho quando a enfermeira terminou e ainda não tivera coragem de encarar seu reflexo no banheiro. Pensava que jamais se esqueceria da imagem que veria, o que só serviria para deixá-la ainda mais chorosa e abatida.

Como queria que Inácio estivesse ali! Como queria poder beijar os filhos! Como desejava que tudo aquilo terminasse logo e pudesse, finalmente, se curar. Ou deixar aquela vida de sofrimento e seguir para algum lugar na eternidade.

— Imaginei que a encontraria admirando a chuva. — Ela ouviu uma voz cordial atrás de si. — Penso que todo espetáculo da natureza é um colírio para os olhos.

Débora virou-se devagar e sorriu ao ver João parado ali. O médico idoso, assim como da vez anterior, a observava com olhos meigos e carinhosos. Tinha um estetoscópio pendurado no pescoço e segurava a prancheta com uma das mãos.

— Pode ser bonito assistir à chuva, mas não é nenhuma visão do paraíso encontrar uma mulher careca, pálida e feia.

— Está falando de si mesma? — O sorriso dele alargou-se. — Não posso discordar do termo careca, porém, não vejo a mulher pálida e feia. Será que precisarei usar óculos?

— Sempre tentando ser agradável comigo. — Ela sentou-se devagar na beirada da cama e o confrontou: — Decidi raspar a cabeça, mas ainda não consigo lidar com isso.

Débora começou a chorar. João, em vez de se sentar também, preferiu ficar de pé, bem diante dela.

— Toda mudança é necessária, mesmo que a gente não concorde com ela num primeiro momento. Hoje, você pode estar calva, mas seus cabelos crescerão de novo, mais fortes, bonitos e saudáveis do que antes. E não sou eu que estou falando, porque isso é cientificamente comprovado.

— Até isso acontecer... nem sei se vou sobreviver, sabia?

— Seu pessimismo a enfea mais do que sua aparência, que, aliás, continua muito linda.

— Diz isso porque está acostumado a ver pacientes com câncer.

— Estou acostumado a estudar aparências e fisionomias. Há pessoas que chegam aqui com a expressão destruída, enquanto outras, em fase terminal, se mostram joviais, serenas e luminosas. Tudo depende de nós e de como encaramos cada situação que a vida nos traz. Fraquejar ou lutar é uma opção de cada um. Qual você escolhe?

— Acho que o que me entristece mais é estar longe da minha família. Estou arrependida de ter mentido para eles. Pensam que estou morando em Curitiba com um amante. Sei que esmigalhei o coração de Inácio e nunca vou me perdoar por isso.

— Temos de tomar cuidado para não deixar que as atitudes que tomamos e das quais nos arrependemos se transformem em culpa ou em remorso, pois isso só nos acarretará mais sofrimento. Preferimos nos sabotar, nos criticar, nos colocar para baixo, mas nunca refletir que isso foi o melhor que conseguimos na época. Não espere que eu vá opinar sobre sua decisão com relação à sua família. Só não quero vê-la chorosa por algo que já aconteceu e que você não pode mais mudar, a menos que pegue um telefone, ligue para eles e lhes conte toda a verdade.

— Não poderei fazer isso. Não quero que eles sofram por me verem aqui.

— Então, prefere sofrer sozinha, pois acha que sua doença é uma espécie de cruz que você deve carregar por conta própria.

A forma como Débora pensava estava muito próxima daquela frase. Ela realmente achava que deveria arcar sozinha com as próprias consequências. Afinal, ela adoecera, portanto, a ela também caberia a inteira responsabilidade de lidar com seus problemas, sem o envolvimento do marido e dos filhos.

— Volto a lhe fazer a mesma pergunta que fiz quando estive aqui pela primeira vez — prosseguiu João, fitando-a nos olhos. — Você tem fé?

— Sei que devo acreditar em minha recuperação...

— Quando você tem fé em si, a vida faz o resto. Quando você acredita que pode, Deus abençoa e faz acontecer. Assim são os atos que chamamos de milagre. Tudo depende da nossa fé, das nossas crenças e do poder dos nossos pensamentos. Você é a dona do seu corpo e pode começar seu próprio tratamento contra a doença mudando o teor de seus pensamentos. Ideias negativas, medonhas ou pessimistas darão força ao câncer para que ele continue se propagando. Pensamentos alegres, equilibrados, positivos e otimistas, aliados ao poder da oração sincera, colaborarão para que as células cancerígenas sejam destruídas. A eficácia desse método já foi experimentada por pacientes do mundo inteiro e até estudada por cientistas renomados, que comprovaram a sua veracidade. A fé move o mundo. Além disso, aqui há uma equipe de médicos preparados para auxiliar no tratamento de cada paciente, desde que o interessado também queira se ajudar.

Débora estava tão interessada naquele assunto que, por alguns instantes, até se esqueceu de sua melancolia.

— De fato, os médicos deste hospital são maravilhosos.

— São sim, devo concordar. — João tamborilou os dedos sobre a prancheta que segurava. — Mas estou me referindo à outra equipe médica, que você não pode ver. Aqui, como em qualquer outro hospital, há muitos médicos espirituais que trabalham em sintonia com os médicos encarnados, buscando o melhor para os pacientes.

— Médicos espirituais?

— O mundo astral é mais surpreendente do que podemos imaginar. Médicos, professores, cozinheiros, músicos, cientistas, artistas e muitas outras profissões continuam existindo do outro lado da vida. Assim como aqui, lá as pessoas continuam estudando, aprimorando seus conhecimentos na área de interesse, para que possam auxiliar outros indivíduos. O bem, quando feito de coração, é uma dádiva ao próximo.

— Sempre pensei que a morte representasse o descanso eterno.

— Nada está em total descanso porque a vida é constante. Assim como a Terra não para de girar, cada pessoa, vivendo como espírito, encontrará uma ocupação no mundo espiritual, nem que seja para vagar no mundo carnal ou em regiões inferiores. Mas continuaremos existindo, com os mesmos costumes e as características que temos aqui. Quem nos garante que agora, neste quarto, não haja um médico lhe aplicando um passe espiritual, remédio valioso para nossa alma?

Por instinto, Débora olhou ao redor, fazendo João dar risada.

— Sempre me sinto bem com suas visitas — ela comentou. — A enfermeira ficou de me trazer hoje aqueles livros que o senhor indicou. Quero começar a leitura o quanto antes.

— Vai gostar muito, porém não se esqueça de que tudo depende de você e do uso que faz da sua fé. Os livros não serão úteis se sua mentalidade se mantiver no derrotismo, na incredulidade, na certeza de que a doença a matará. O trabalho dos médicos espirituais e encarnados também não terá valia se você não acreditar que sairá daqui totalmente curada. Não permita que as dores, a palidez, a calvície e a perda de alguns quilos a coloquem fora de combate. Foque no que lhe dá estímulo, como o amor que sente por seu marido e por seus filhos. Onde está a Débora que existia antes de descobrir o câncer? Busque-a dentro de si e traga-a à tona. Tudo faz parte da sua evolução espiritual, do seu aprendizado, da sua experiência, mesmo que a princípio você não consiga notar nada disso. A vida não joga ninguém em um buraco, se não for para ensinar como se sai de lá. E quando a pessoa retorna à superfície, sente-se forte, madura e resistente.

Débora assentiu. Teve vontade de se levantar e abraçar João com toda a força, mas se conteve. Não queria parecer uma tola emotiva, embora se considerasse uma. Como se adivinhasse os pensamentos dela, ele voltou a sorrir:

— Quando eu a encontrar de novo, quero vê-la muito mais animada e extrovertida do que hoje. Promete?

— Com certeza, doutor. Farei isso por mim mesma, pela minha família e também pelo senhor. Até porque, se eu desistisse, já que não tenho mais cabelos para serem puxados, o senhor agarraria minhas orelhas.

Os dois riram alto. João soprou um beijo para Débora e seguiu na direção da porta, que estava aberta. Ela levantou-se outra vez e voltou a contemplar a janela. A chuva finalmente havia passado.

Foi fácil e rápido chegar ao hospital em que Débora deveria estar internada, de acordo com as informações que Inácio recebera do detetive. O taxista disse que conhecia a instituição, pois sua tia ficara internada lá por vinte e três dias tentando se recuperar de um avançado câncer de estômago. A mulher não resistiu e faleceu, deixando filhos e parentes desconsolados.

A informação só serviu para piorar o estado de espírito de Inácio. Quando desceu do carro, após pagar a corrida e dar uma gorjeta ao simpático motorista, sentiu um leve mal-estar ao estudar a imensa construção que se agigantava logo após o estacionamento. Pela milionésima vez, pensou no que se passara pela cabeça da esposa para largar toda a segurança e o conforto da família, mentir para o marido e os filhos, viajar muitos quilômetros e se esconder naquele local, tudo por causa de uma doença maldita. Esperava encontrar a resposta quando estivesse cara a cara com ela.

Com a chuva transformada em uma tênue garoa, ele seguiu rapidamente até a recepção, carregando o pequeno ramalhete que comprara em uma floricultura próxima ao hotel. Pediu para falar com a administração, mostrando sua carteirinha da Ordem dos Advogados do Brasil e dizendo que o assunto requeria urgência. Pouco depois, estava diante do vice-presidente do hospital. Como bom advogado que era, falou sobre a internação de sua esposa que ocorrera no anonimato, já que ela saíra de São Paulo ocultando seu verdadeiro destino. Disse que trouxera os três filhos para vê-la, todos menores de idade, e que precisaria de autorização para que eles pudessem visitar a mãe. Vendo a expressão desconfiada do homem, justificou:

— A impressão que o senhor pode ter de mim é que sou um marido violento e que por isso ela fugiu de mim, mas isso não se aplica aos meus filhos. Imploro que me permita vê-la, porém peço a gentileza de que ela não seja comunicada. Ainda não conheço suas intenções quando fugiu em meio a algumas mentiras e temo que ela se sinta mal com minha presença.

— E por que acha que revê-lo seria benéfico para a paciente?

— Porque ela é minha esposa e eu a amo. Pode pedir para uma enfermeira me acompanhar, mas lhe garanto que Débora não fará um escândalo quando me encontrar. Eu conheço bem a mulher com quem estou casado há dezoito anos.

Algo nos olhos verdes de Inácio inspirou confiança no vice-presidente, que entrou em contato por telefone com a enfermeira-chefe e lhe explicou o caso. Ouviu dela que Débora tinha plenas condições emocionais de receber o marido e os filhos, caso fosse autorizado. Pensava até que isso a deixaria um tanto mais animada, pois a paciente mostrava-se mais deprimida a cada dia que se passava.

— Pode ver sua esposa agora. Peço-lhe que traga seus filhos somente amanhã, para que a paciente não passe por uma grande descarga emocional em um único dia. Sei do que estou falando, pois também sou médico.

Inácio assentiu, embora não concordasse muito com aquilo. Tinha certeza de que a presença dos filhos seria um precioso remédio para a cura de Débora.

Agradeceu ao vice-presidente do hospital e pouco depois acompanhou a enfermeira-chefe, que ficou encantada com Inácio. "Se eu tivesse um marido como esse, ficaria curada na mesma hora", pensou com um sorriso dissimulado.

— Espero que não se importe se eu acompanhar o senhor durante sua conversa com a paciente — ela justificou, parecendo triste por ser burocrática. — Foram as ordens que recebi.

— Sim, eu estava com o vice-presidente quando ele falou com você. Não se preocupe. Tudo o que mais desejo é rever Débora.

Pararam diante de uma porta larga de madeira. A enfermeira-chefe bateu levemente e deu passagem para Inácio.

Ele entrou devagar, o coração disparado, a mão apertando com força a parte inferior do ramalhete. Empalideceu ao vê-la de pé e de costas, olhando pela janela. Notou de cara o quanto ela havia emagrecido. Tentando não se sentir impactado com a visão da cabeça raspada, pigarreou para se fazer anunciar.

— Já é hora do almoço? — ela perguntou. Estava sorrindo quando se virou, pensando que se tratava de uma das enfermeiras.

Débora ficou lívida como um cadáver ao se deparar com o marido. Ao vê-lo admirando-a com olhos tão apaixonados, segurando as belas rosas vermelhas nos braços e com um lindo sorriso nos lábios, ela caiu num pranto sofrido.

— Oh, meu amor, não chore. — Imediatamente, ele deixou as flores sobre a cama e lançou-se sobre Débora, abraçando-a com força e encostando-a em seu peito. — Estou aqui. Fique calma!

Ela tentou falar, mas os soluços entrecortaram sua voz. Ficaram ali abraçados por quase três minutos inteiros, sem dizerem nenhuma palavra. A enfermeira-chefe, mera espectadora num canto do quarto, tinha os olhos marejados.

— Como... como me encontrou aqui? — Débora finalmente perguntou, quando a emoção serenou um pouco.

— Um coração apaixonado sabe onde está seu grande amor. — Inácio beijou-a na testa e em seguida nos lábios. Quase gritou de alegria quando a sentiu correspondendo.

— Eu não sei o que dizer... confesso que me sinto envergonhada.

— Venha, sente-se aqui. — Tomando-a pela mão, ele a fez sentar-se ao seu lado na cama. Fingiu não perceber a extrema palidez do rosto da esposa, as olheiras escuras, os lábios ressecados e os olhos um pouco inchados, como se ela tivesse chorado recentemente. — Precisamos conversar, não acha?

Débora concordou com a cabeça. A surpresa e a emoção foram tantas por ver o marido ali que ela ainda não conseguia colocar os pensamentos em ordem. Inácio era a última pessoa do planeta que ela esperava adentrar seu quarto.

— Se você está aqui, é porque já sabe a verdade — murmurou baixinho.

— Descobri apenas parte dela. Espero que você possa me esclarecer o que eu ainda não sei.

— Isso explica tudo. — Ela tocou na cabeça raspada, e seus olhos ficaram rasos d'água. — Pode me chamar de covarde, se quiser, porque sei que sou uma.

— Eu diria que você foi muito corajosa por ter tomado essa atitude de vir sozinha para cá. Apesar da preocupação que me causou, saiba que eu continuo amando-a demais.

Ela mostrou um sorriso fraco.

— E as crianças, como estão?

— Ficaram aguardando no hotel, ansiosas para visitá-la.

— Você trouxe nossos filhos para cá? — Ela ergueu a cabeça, surpresa.

— Achou que eu os deixaria sozinhos em São Paulo? Eles enlouqueceriam Alcione.

— Meu coração dói toda vez que penso neles... e em você.

A enfermeira-chefe, que continuava ali em silêncio, sorria ao vê-los. Decidiu que poderia desobedecer à ordem do vice-presidente e deixá-los sozinhos. Inácio era o marido mais apaixonado de que ela já tivera notícias, e a paciente parecera imensamente feliz e emocionada por reencontrá-lo. Tinha certeza de que dali não sairia nenhuma discussão nem confusão que atentasse contra a saúde de Débora. Devagar, ela saiu do quarto, encostando a porta ao passar.

Inácio segurou a mão pequena e delicada de Débora entre as dele e sentiu-a fria e trêmula.

— Olhe em meus olhos e me fale uma coisa. Alguma vez, você me traiu com outro cara?

Débora meneou a cabeça para os lados:

— Você é a pessoa mais importante em minha vida. Nunca deixei de amá-lo.

Aquela declaração deixou o coração de Inácio em êxtase.

— Só que eu precisava pensar em alguma coisa para sair de casa. Quando descobri a doença e soube que ela havia avançado rapidamente, imaginei que pudesse terminar assim, exatamente como estou agora, e isso era tudo o que eu queria evitar. Não suportaria os olhares piedosos de amigos e colegas de trabalho nem teria forças suficientes para aguentar as lágrimas que veria nos olhos de vocês. Qual mãe se sentiria confortável vendo os filhos sofrerem por causa de sua doença, preocupados com a possibilidade de sua morte? Foi então que bolei um plano.

Inácio apertou a mão de Débora, que ele retinha entre as suas, incentivando-a a continuar:

— Descobri que havia este hospital e que o plano de saúde daria cobertura para meu tratamento, enquanto eu permanecesse internada aqui. Além disso... bem, a situação em casa não estava muito agradável.

— Sei do que você está falando.

— Pois é. Você trabalhava demais e não tinha tempo para mim e para as crianças. Eu estava tão acostumada a vê-lo trabalhando em seu *notebook* ou conversando com seus clientes pelo celular que não ousava mais cobrar sua presença em casa. Sabia que não conseguiria mudar isso, porque sua profissão é extremamente importante em sua vida. Sofria vendo o quanto você se distanciava de mim e das crianças, que várias vezes me confidenciaram em segredo o quanto você lhes fazia falta. Quando cresceram e entraram na adolescência, pararam de se queixar, mas era nítido que gostariam que você fosse mais presente em suas vidas. Muitas vezes, Gustavo e Ethan vieram me procurar, revoltados, dizendo que você pouco se importava com eles. Eu sabia que isso não era verdade, mas não tinha meios de lhes provar o contrário. Não acreditavam em mim quando eu lhes dizia que você os amava.

Inácio apertou os lábios, porque sabia que Débora tinha razão.

— Imaginei que, se eu saísse de casa, você seria obrigado a mudar sua rotina. Teria de se aproximar mais deles, que passariam a depender única e exclusivamente de você. Eu queria que você honrasse seu papel de pai.

— Tenho feito isso, pode acreditar. Atualmente, trabalho poucas horas por dia no escritório e raramente atendo a telefonemas que se refiram ao trabalho. Laerte e Renata já estão cientes disso e não me incomodam também.

— Jura? — Os olhos de Débora brilharam. — Fico feliz em ouvir isso.

— Maria Júlia e Gustavo me perdoaram, e hoje mantemos um bom relacionamento, embora eu saiba que ainda preciso melhorar muito em meu papel de pai, como você acabou de dizer. Ethan, contudo, ainda está relutante. Ele secretamente me culpa por você ter saído de casa. E, para ajudar, sua mãe tem o envenenado contra mim.

— Acho que ele precisa de tempo para se certificar de que você não se afastará novamente. Está estudando seus movimentos. Não suportaria outra decepção. Quanto à minha mãe... — Débora pulou de repente, assustada: — Você contou a ela que estou aqui?

— Não contaria nem se me encostassem um revólver na cabeça.

Os dois riram. Débora gostava da mãe, contudo, sabia que ela era uma pessoa difícil e que em nada colaboraria na recuperação de seu quadro clínico.

— Tenho uma pergunta importante a lhe fazer. — Inácio massageou a mão da esposa. — Por que mentiu para mim dizendo que havia se apaixonado por outro cara?

Débora suspirou fundo, baixando o rosto.

— Acho que, de certa forma, eu quis me vingar de você por morar conosco e ser tão distante ao mesmo tempo. Sei que foi uma ideia idiota, que certamente o fez sofrer. Nunca me esquecerei da expressão em seu rosto, quando lhe revelei que estava envolvida com Cleiton e que jogaria quase duas décadas de casamento no lixo por causa de um homem que me dava o que não tinha em casa.

— Você partiu meu coração em vários pedaços.

— Eu sei e quero lhe pedir desculpas por isso. O fictício Cleiton, que estava sempre comigo, me dando carinho e amor, era o homem que eu gostaria que você fosse. Prometi que pediria o divórcio. Obviamente, nunca tive essa intenção. — Ela exibiu a aliança no dedo e voltou a olhá-lo nos olhos. — Porque eu o amo, apesar de tudo.

Inácio não pensou em mais nada. Mergulhou nos lábios descorados de Débora, em um beijo envolvente e apaixonado. Quando se separaram, ela quis saber:

— Como me encontrou aqui? Eu me certifiquei de ter apagado meus rastros.

Inácio lhe falou sobre suas visitas às escolas às quais ela prestara assessoria e sobre o detetive que ele contratara. Disse que Alcione sugerira uma viagem para que ele e os filhos tivessem a oportunidade de fortalecer o vínculo e que todos toparam vir a Porto Alegre quando souberam que ela estava lá.

— Consegui a autorização para que eles a visitem, mas vou deixar para trazê-los amanhã. O vice-presidente do hospital acha que você ficaria emocionada demais, a ponto de ter um colapso nervoso. — Ambos riram, e Inácio olhou pela janela. — Ademais, o tempo não está muito firme.

— Ainda não acredito que vocês estejam aqui. Senti tanto a falta de vocês que tive vontade de ligar e lhes contar tudo.

— Deveria ter feito isso. Longe de julgá-la, mas não penso que sua decisão tenha sido muito sábia. Você praticamente saiu fugida de casa! Eles sofreram muito com sua partida repentina e ainda não estão completamente recuperados. Isso sem falar nos olhares acusadores que eu recebi nos primeiros dias. Eles me culpavam de ter sido um péssimo marido, permitindo que você me traísse com outro.

— Só posso lhe pedir desculpas mais uma vez.

— Está perdoada, mas só porque a amo muito. Eles ficaram tristes, porque você parou de telefonar para casa e manteve seu celular desligado.

— Não queria que notassem que minha voz estava estranha. Os efeitos dos medicamentos, principalmente da quimioterapia, têm sido devastadores. Isso sem falar que, cada vez que ouvia a voz deles, ficava enlouquecida de tanta dor, saudade e de desespero por me ver impotente.

— Não pense mais nisso, minha querida. — Ele pegou o celular e fez um muxoxo ao constatar que não havia sinal ali, provavelmente por causa da chuva. — Droga! Prometi às crianças que telefonaria caso a encontrasse.

— Prefiro vê-los pessoalmente. — Sorriu Débora.

Uma ideia assomou à mente de Inácio:

— Será que você não poderia pedir transferência para uma unidade hospitalar em São Paulo? Viajar para cá todo fim de semana vai acabar com meus recursos.

Ele estava brincando, por isso Débora riu. Ela já pensara naquela possibilidade algumas vezes. Sentia vontade de estar mais próxima de casa. E agora que sua localização fora descoberta, provavelmente era o melhor a fazer.

Débora contou a Inácio sobre os médicos que a atendiam, dando destaque ao doutor João. Teceu vários elogios ao senhor, comentando sobre os ensinamentos que ele havia lhe trazido.

— Vai adorar conhecê-lo. Nunca vi tanta sabedoria em uma só pessoa.

— Tenho certeza disso. Fico animado em saber que aqui há pessoas boas cuidando de você.

— Sim, muitas. Claro que não é a mesma coisa que estar em casa, com a família que tanto amo, mas admito que aqui tenho sido bem assistida. — Débora sorriu para o marido e tocou novamente na cabeça. — Acha que preciso providenciar uma peruca para quando nossos filhos chegarem?

— Não. Eles devem estar cientes de seu tratamento. Não esconda mais nada de mim nem deles, por favor. Prometa que, daqui para frente, nos dirá apenas a verdade.

— Eu prometo — ela garantiu, bem animada agora.

— Até que você está uma gata assim, carequinha. Está me dando uma vontade incontrolável de beijar esse couro cabeludo até meus lábios cansarem.

— Ora, não seja bobo! — Débora sorriu outra vez. — Por acaso, essas rosas vermelhas em que você se sentou eram para mim?

— O quê?! — Inácio saltou, ficando de pé, e olhou para o ramalhete, cujas flores ficaram um pouco amassadas. Algumas pétalas caíram sobre o lençol branco. — A emoção foi tanta que não senti nada. — Ele agarrou o buquê e estendeu-o para ela. — Estão meio tortinhas, mas são suas, com todo o amor e carinho do seu marido.

Débora recebeu o presente, inalou o perfume das flores e levantou-se, olhando-o com devoção.

— Senti muito sua falta, Inácio. Só Deus sabe como estou feliz por você estar aqui comigo.

— E Ele é testemunha da minha alegria, não apenas por tê-la encontrado, como também por saber que ainda sou o único homem em sua vida.

— Não é verdade. — Ela ficou séria, esforçando-se para não rir quando o viu piscar, assustado. — Há outros homens em minha vida. Chamam-se Gustavo e Ethan.

Inácio deu uma gargalhada e tomou-a nos braços. Pouco depois, estavam se beijando, esquecidos de todos os problemas.

CAPÍTULO 27

Era maçante ficar sozinho dentro de um quarto de hotel, e aquela droga de tempo nublado não colaborava em nada. Até aquele momento, Ethan não estava gostando nem um pouco da viagem.

Se pelo menos tivesse trazido um de seus baseados, daria um jeito de ir às ruas, mesmo à revelia do pai, para procurar alguma praça onde não houvesse a presença de policiais e inalar a fumaça da erva queimada. De que adiantara ter trazido parte do pagamento que recebera de Zack pelas fotos, se não havia com o que gastar?

Sua irmã não desgrudava da amiga nem por um instante. Aquilo já estava lhe dando nos nervos. Gustavo e Tássia estavam trancados no outro quarto, possivelmente repetindo a ação que a levara a engravidar. O sinal de Wi-Fi fornecido pelo hotel era razoável, mas não havia nada de interessante para ver na internet. Estava sem um pingo de sono, o que descartava a opção de tirar um cochilo. Só queria rever a mãe e sair daquele lugar.

Como o pai não dera sinal de vida, Ethan, deduzindo que ele fosse demorar a regressar, decidiu sair do quarto e circular pelas dependências do hotel. O pai tivera bom gosto ao fazer as reservas ali. Quem sabe não encontraria algo que o distraísse até Inácio chegar.

Passou pelo restaurante, fechado naquele momento, e pelo salão de jogos. Deveria ter convidado um de seus amigos da escola para a viagem, do mesmo jeito que Maria Júlia fizera. Pelo menos não se sentiria tão solitário.

Sem ter com quem jogar, Ethan seguiu em frente. Passou por um fraldário, um *playground* infantil, algumas lojas de suvenires e chegou à área com as piscinas cobertas, onde Naema e Maria Júlia disseram que estariam. Na falta de alternativa, talvez se juntasse a elas, dando alguns mergulhos nas águas aquecidas.

Havia várias crianças e alguns adultos brincando nas piscinas, porém, Ethan não avistou as duas em lugar algum. Possivelmente, já tinham se cansado de ficar ali e procurado outra opção de lazer. Dando de ombros, ele pegou uma toalha em um balcão, que ficava ao lado de um corredor comprido, que passava pelos vestiários e terminava nas saunas. Como estava apenas explorando o hotel, seguiu por ali, distraidamente, com a toalha dobrada sobre o ombro.

Chegou à estreita porta da sauna a vapor, abriu-a e apenas espiou seu interior, que estava completamente vazio. Detestava saunas como aquela, porque embaçavam as lentes de seus óculos, fazendo-o não enxergar nada. Foi para a sauna seguinte, que era seca. Era possível sentir o odor de eucalipto até mesmo do lado de fora. Abriu a porta devagar, esperando que ela também estivesse vazia.

Ele congelou com a mão sobre o puxador da porta.

As duas únicas pessoas ali dentro eram Maria Júlia e Naema, ambas de biquínis. O movimento silencioso da porta ao ser aberta não atraiu a atenção das meninas, que continuaram se beijando com ardor. Maria Júlia estava com uma das pernas sobre a perna de Naema, e as duas jovens trocavam carícias enquanto se beijavam nos lábios.

Lentamente, Ethan soltou a porta e afastou-se a passos largos dali. Que diabos era aquilo? Sua irmã era lésbica, e a melhor amiga de Maria Júlia era, na verdade, sua namorada? Há quanto tempo aquilo vinha acontecendo, sem que ninguém suspeitasse de nada?

As pernas de Ethan estavam bambas, quando ele voltou para o quarto. Nunca dera importância aos homossexuais, porque não se interessava por eles. O que faziam ou deixavam de fazer não era problema dele, contudo, isso mudava de figura quando o assunto envolvia sua irmã. Maria Júlia tinha apenas treze anos e já estava envolvida com aquele tipo de coisa? O que seus pais diriam, se tomassem conhecimento da orientação sexual da caçula da família?

Uma dúvida atroz, então, surgiu em sua mente: o que seus pais diriam se soubessem que ele consumia drogas e que tirava fotos sensuais para serem vendidas para empresas internacionais de peças íntimas? Em que ele era melhor que Maria Júlia para criticar, julgar ou repudiar a atitude da irmã? Se ela estivesse feliz com a namoradinha, o que ele tinha a ver com isso?

Decidiu que manteria aquele segredo em nome do bem-estar de todos. Não queria que o pai tivesse mais uma preocupação, além da doença que acometera Débora. Por isso, o ideal era manter a boca fechada.

Alcione colocou o livro de lado no instante em que a campainha começou a soar insistentemente. A primeira pessoa que surgiu em sua mente foi Silvinha, e Alcione constatou que havia acertado quando a encontrou, tão logo abriu a porta.

— Oi. — Com pesadas pulseiras douradas retinindo em seus pulsos, Silvinha invadiu a casa antes mesmo de Alcione pestanejar. — Que silêncio sepulcral impera nesta casa! Onde estão todos?

— Viajaram. — Alcione fechou a porta, encarando a visitante com firmeza.

— Para onde foram?

— O doutor Inácio levou os filhos para conhecerem alguma cidade distante daqui. Devem voltar amanhã à noite ou na manhã da segunda-feira, porque as crianças têm aula.

— Onde eles estão? — Silvinha estreitou os olhos. — Aposto que foram para Curitiba perturbar a vida da minha filha. Inácio não se conforma mesmo com o fato de ter levado um pontapé no traseiro.

— Eles não me informaram para onde iriam.

— Duvido. Você sabe onde eles estão, mas não quer me contar. Exijo que me fale a verdade agora mesmo.

— A senhora não está em condições de me exigir nada. Já lhe disse o que sabia, portanto, a menos que aceite tomar alguma coisa... — Alcione, que se mantivera encostada à porta de saída, tocou na maçaneta.

— Você é muito mentirosa, sua empregadinha metida à maluca. Já não bastasse usar essas roupas ridículas e trabalhar de salto alto, gosta de bancar a espiritualizada, enchendo a cabeça das pessoas com aquele papo furado de mortos, espíritos, reencarnação e sei lá mais o quê. Não acredito em nada disso! Só não sabia que também era dada a mentiras.

— Se um dos meninos ou o próprio doutor Inácio telefonar, direi que a senhora esteve aqui à procura deles. Se tiverem interesse, entrarão em contato.

— Ora, sua... — Apesar da raiva que sentia por estar sendo afrontada, Silvinha controlou-se. Se desse uma bofetada naquela criada, Inácio, assim que voltasse, iria à casa dela com a fúria de um deus maligno. — Sei muito bem que adora puxar o saco do seu patrão.

— Verdade, porque ganho para agradá-lo. — Alcione mostrou um de seus belos sorrisos. — Eu mesma sugeri que ele convidasse os filhos para uma viagem, porque a relação entre eles estava um pouco estremecida, em parte pela saída de Débora, em parte pelo veneno de suas fofocas. Tenho certeza de que voltarão reconciliados.

— E como você pode estar tão convicta disso?

— Eles acabaram de me dizer. — Tornou Alcione, irônica, apontando para um espaço atrás de Silvinha.

A mãe de Débora, branca como leite, virou-se velozmente. Quando não viu ninguém, indagou:

— De quem você está falando?

— De alguns amigos meus, que aparecem por aqui de vez em quando. Todos eles morreram há muitos anos.

— Louvado seja Deus! — Silvinha benzeu-se. — Vou dar o fora daqui!

— Disse que não acreditava em espíritos.

— E não acredito mesmo! Isso é conversa de pessoas ignorantes. Eu...

— Agora mesmo um deles está segurando seu braço. — Provocou Alcione.

Silvinha soltou um grito agudo e começou a estapear ambos os braços ao mesmo tempo. Foi assim que deixou a casa, fazendo Alcione dar uma gostosa risada, antes de trancar a porta e retornar à sua edificante leitura.

****

O sábado transcorreu tranquilamente, com o tempo instável em Porto Alegre. No trajeto do hospital ao hotel, Inácio ligou para o pai e contou-lhe as novidades. Disse que estava na capital gaúcha com os filhos e relatou as descobertas a respeito de Débora:

— Fiquei muito abalado quando soube que ela estava com câncer, mas também feliz por não ter sido traído e constatar que ela ainda me ama — concluiu.

— Quando somos amados por alguém, nos tornamos a criatura mais feliz da face da Terra. — Benjamim baixou o tom de voz ao acrescentar: — Ontem, Juju e eu fizemos amor três vezes.

— Papai, poupe-me de suas libertinagens — ralhou Inácio em tom de chacota. Sentia certa inveja da vida sexual do pai, que estava melhor que a dele.

— São essas libertinagens que me mantêm vivo, garoto! Seu pai é um cara extremamente feliz, porque sabe aproveitar o melhor da vida.

Benjamim provavelmente tinha razão, e Inácio refletia sobre isso quando saltou do táxi diante do hotel. Problemas, preocupações e angústias não existiam na vida de Benjamin. Para ele, tudo era diversão, jovialidade e alegria. Quem poderia culpá-lo?

Logo depois, Inácio reuniu os filhos e contou-lhes as novidades sobre Débora. Não escondeu nenhum detalhe. Falou sobre a aparência debilitada da esposa e sobre a queda dos cabelos. Não ficou surpreso quando viu os três começarem a chorar, porém, acrescentou que aquele clima de desolação só contribuiria para deixá-la pior. Houve protestos, quando os filhos souberam que só poderiam vê-la no dia seguinte.

— Sei que estão muito ansiosos, porém, essas foram as instruções que recebi do hospital — disse Inácio. — O fato de a visita de vocês ter sido autorizada já é um grande ponto positivo.

Sem alternativa, eles concordaram em aguardar. Inácio não percebeu que Gustavo parecia inquieto, temeroso por causa das compras que fizera para Tássia. Também não notou os olhares que Ethan lançava para Maria Júlia e Naema. As meninas, longe de desconfiarem de que o garoto havia descoberto seu segredo, mostravam-se tranquilas e empolgadas com a visita a Débora.

Inácio sugeriu que eles aproveitassem o restante do dia para conhecerem parte da cidade. A temperatura continuava baixa e o ar estava muito úmido, mas pelo menos a chuva havia cessado. Como todos eles já haviam circulado pelas dependências do hotel, foram unânimes em optar pelo passeio.

Conseguiram algumas informações com a recepcionista, embarcaram em dois táxis e passaram a tarde visitando museus, igrejas e praças. Tiraram muitas fotos juntos, comeram cachorro-quente em uma lanchonete e compraram cartões-postais da cidade. Finalizaram o circuito na Praia de Belém Novo, deserta por causa do clima. Não chegaram a adentrar as águas frias, mas tiraram muitas fotografias.

Inácio havia se divertido mais do que os filhos, porque aquela era a primeira vez, em muitos anos, que ele se dedicava inteiramente ao lazer com os adolescentes. Até mesmo Ethan, sempre mais sisudo, não conteve a gargalhada, quando Inácio e Gustavo o ergueram no colo e ameaçaram atirá-lo no lago. Maria Júlia abraçava o pai quase a todo instante, como se temesse perdê-lo. Tássia e Naema tiraram algumas fotos em que os quatro apareciam abraçados, tendo as águas cinzentas como pano de fundo. Quando retornaram ao hotel estavam exaustos e felizes como nunca.

Inácio esmerava-se nas funções que acreditava que todo pai deveria assumir. Certificou-se de que todos os filhos jantaram e perguntou-lhes se havia alguma queixa com relação à viagem. Todos estavam alegres demais e o agradeceram por aquele dia inesquecível. Até mesmo Ethan estava bem mais entusiasmado.

— Pai, você é o cara! — declarou Gustavo durante o jantar. — Achei que um dia como esse nunca mais aconteceria em nossa vida.

— Eu o amo demais. — Reforçou Maria Júlia. — Obrigada por ter mudado, estar mais próximo de nós e mostrar que é o melhor pai que poderíamos ter.

— Fazia anos que eu não me divertia tanto quanto hoje — completou Ethan.

As declarações repentinas dos filhos emocionaram Inácio, que começou a chorar. Perverso, Gustavo fotografou-o em meio às lágrimas e prometeu que postaria as fotos no Facebook. Todos riram, finalizando a noite com boas energias e muita descontração.

O domingo amanheceu frio, com nesgas de céu azul entre as nuvens cinzas. O serviço de meteorologia dava conta de que não choveria naquele dia. Pela manhã, todos foram para o hospital. No caminho, os três irmãos compraram bombons, flores e uma blusa nova para Débora. Estavam apreensivos como que encontrariam, embora Inácio já lhes tivesse descrito a situação em que a mãe se encontrava.

Naquele dia, Débora despertou com uma energia revigorante. Ainda se sentia muito fraca, com muitas dores, contudo, era inegável que estava mais animada, e, provavelmente, isso se devia à possibilidade de reencontrar os filhos. Pensara na sugestão do marido de se transferir para São Paulo e já tomara sua decisão a respeito, principalmente após conversar com um dos médicos na noite anterior. Esperava que eles pudessem compreendê-la.

Uma das enfermeiras foi buscar Débora, dizendo que a aguardavam no jardim externo e que ela deveria vestir uma blusa por causa do frio. Com o coração batendo forte, Débora acompanhou a moça. Pensara em colocar uma touca para encobrir a careca, mas desistiu logo depois. Seria melhor que eles vissem a realidade. Se parasse para pensar, tudo o que ela quis evitar ao sair de casa estava acontecendo agora. Todos sabiam de sua doença e a veriam com aquela aparência extenuada e nada saudável.

Assim que cruzou as portas duplas que levavam ao jardim, Débora não conteve um gritinho de animação ao vê-los ali. Além do marido e dos filhos, ali também estavam a namorada de Gustavo e a amiga de Maria Júlia. Fingiu não perceber o impacto inicial nos olhares deles quando a encararam e mostrou um sorriso no instante em que os três filhos correram em sua direção.

Qualquer pessoa com a mediunidade mais desenvolvida teria visto os pequenos raios de luz, semelhantes a flocos de neve, descendo do alto sobre eles. Dois médicos astrais, abnegados tarefeiros do bem, aplicavam um passe fluídico em todos, restaurando suas energias.

Débora foi abraçada com tanta força que por pouco não caiu no chão. Gustavo, Ethan e Maria Júlia choravam e riam ao mesmo tempo, beijando-a sem parar. Tássia e Naema juntaram-se a eles para cumprimentar a paciente. Inácio apenas observava a cena, pois a emoção do momento limitara suas ações.

— Vocês não sabem o quanto estou feliz nem como era grande a saudade que eu sentia de todos. — Débora conseguiu falar, em meio às lágrimas insistentes.

— A gente também sentia muito sua falta! — Gustavo beijou-a na testa. — Por que nos deixou?

— Porque não queria que vocês ficassem traumatizados com minha doença. Não queria que me vissem assim, careca — Débora sussurrou. — Sei que fiz mal ao mentir. Já pedi desculpas ao seu pai e peço a todos vocês também.

— Seus cabelos crescerão de novo, mamãe. — Maria Júlia tomou a mão da mãe e beijou-a. — Pode usar uma peruca enquanto isso.

— Eu sei, querida. Ainda não pensei em algumas coisas, porque, depois que vi seu pai aqui, só vocês ocuparam minha mente.

— Ontem, o papai nos levou para passear. — Maria Júlia olhou de Débora para Inácio, com um largo sorriso na boca. — Conhecemos alguns pontos turísticos da cidade. Foi muito bom, mas teria sido melhor se você estivesse com a gente. Ele mudou muito, sabia? Agora não fica tanto tempo no escritório conversando com aqueles clientes desocupados. Todas as noites, ele fica em casa, janta conosco e ainda nos conta coisas engraçadas.

Débora virou o rosto para o marido e lhe lançou um olhar de gratidão. Ela também notara que Inácio amadurecera muito como chefe de família e era infinitamente grata a Deus por aquela mudança.

Como o sinal do celular estava melhor do que no dia anterior, Inácio telefonou para casa e colocou Débora para conversar com Alcione. Mais uma vez, ela emocionou-se ouvindo as palavras motivadoras de sua governanta, que falou sobre a prece, ferramenta indispensável para a conexão com as forças universais do bem. Por último, Alcione contou que Silvinha a visitara, e Débora respondeu que, por ora, preferia que a mãe não soubesse onde ela estava.

— Quando você poderá voltar para casa? — questionou Ethan, abraçado a Débora, assim que ela finalizou a ligação. — Não queremos que continue morando neste hospital tão longe de São Paulo.

Ela percebeu que Inácio a fitava fixamente, pois ele também tocara naquele assunto no dia anterior. Chegara a hora de colocá-los a par de sua decisão. Com um suspiro escapando de seu corpo, ela convidou-os para se sentarem nos bancos de ferro espalhados pelo jardim. Estava frio lá fora, apesar de nenhum deles parecer senti-lo.

— Não posso voltar... pelo menos não ainda. — Ela disparou, evitando encará-los nos olhos.

— Como assim não pode? — A pergunta veio de Inácio, que estava sentado ao lado dela.

— Eu me sinto muito fraca, passo mal com frequência, e as dores castigam meu corpo a todo o momento — era verdade. Ela estava se esforçando para não deixar transparecer a dor que estava sentindo para que os filhos não percebessem. — Ontem, conversei com um médico, que poderá lhes atestar o que estou dizendo. O voo pode prejudicar minha saúde, pois ainda estou muito sensível. E viajar tantas horas de ônibus daqui até São Paulo é uma hipótese totalmente descartável. Preciso continuar aqui, pelo menos por mais algumas semanas.

— Não acredito nisso. — Ethan esforçou-se para conter o pranto.

— Eu sei, meus amores, e lamento muito. Acham que desejo ficar aqui? Pensam que não estou com saudades de casa, dos meus amigos e de poder vê-los diariamente?

Os adolescentes fizeram o possível para convencê-la a voltar, mas ninguém conseguiu demovê-la da ideia de permanecer no hospital até que estivesse mais saudável. Intimamente, eles sabiam que a mãe tinha razão e não queriam fazer nada que piorasse seu quadro clínico. Lamentaram não poder regressarem a São Paulo na companhia da mãe, como haviam idealizado antes de embarcar para Porto Alegre.

A despedida foi triste, repleta de novas lágrimas e muita emoção. Ninguém queria se separar de Débora, nem ela desejava separar-se da família, mas não havia saída. Por enquanto, tinham de aceitar o inevitável. Fizeram-na jurar que ela não manteria mais o celular desligado e que conversariam todos os dias. Haviam perdoado Débora pelas mentiras, que agora soavam compreensíveis, e tinham convicção agora de que ela nunca deixara de amá-los, como chegaram a cogitar. Débora, por sua vez, tinha certeza de que, quando retornasse para casa, a família estaria completa e que todos seriam muito felizes.

CAPÍTULO 28

Todos retomaram sua rotina na semana seguinte, cujos dias pareceram avançar rapidamente. A frente fria que estivera sobre Porto Alegre chegou a São Paulo, trazendo frio e chuva à cidade.

Gustavo não comentou com o pai sobre as despesas que tivera com Tássia no hotel. Na terça-feira, a namorada lhe disse que precisava renovar todo o seu guarda-roupa e que ele deveria se virar para lhe comprar roupas novas. Afinal, quem gostaria de ver a garota amada e grávida tão chateada e infeliz? Com sua chantagem emocional, que surtia efeito no rapaz facilmente, Tássia ameaçava-o, dizendo que o bebê corria risco de nascer com problemas físicos se ela tivesse seus desejos reprimidos. Com a tolice e a ingenuidade que costumam aparecer junto com a paixão cega, Gustavo concordava com tudo o que ela dizia. Por sorte, tinha uma boa quantia de dinheiro guardada em casa, graças à mesada que recebia do pai e que evitava gastar.

Após a viagem, Ethan, por sua vez, voltou para casa mais mal-humorado do que havia ido. A recusa da mãe em retornar para casa deixou-o revoltado e indignado. Será que ninguém conseguia compreender o quanto ele sofria longe dela ou quanta falta Débora lhe fazia?

Por sorte, havia algo que lhe serviria de consolo e que estava muito bem escondido em seu guarda-roupa. Ethan lembrou-se das instruções que recebera de Tuca sobre como inalar o pó sem deixar pistas. Na quarta-feira, durante uma noite fria, após a casa silenciar e ele se certificar de que a porta estava trancada, pegou um espelho de mão, um canudo e um cartão. Despejou uma pequena quantidade da cocaína sobre a mesa, fez uma carreira e cheirou o pó.

Os efeitos logo começaram a aparecer. De repente, seu quarto pareceu se transformar. As paredes derreteram e começaram a se movimentar como ondas gigantes. No lugar em que estava a cama, surgira um pequeno redemoinho, e a janela era agora um portal dourado, que parecia dar passagem à outra dimensão.

Ethan sentia-se imenso, forte e muito poderoso. Naquele momento, não precisava mais da companhia da mãe para se sentir satisfeito. Ele podia se bancar, porque era um rapaz intenso, pujante, inabalável, indestrutível. Jamais experimentara aquela sensação, que parecia tê-lo transformado em um herói de guerra. Inalou o pó de novo e outras vezes mais, e aquela explosão de poder em seu interior só parecia crescer.

Em nenhum momento, Ethan percebeu que espíritos sombrios o cercavam. Todos eles, atraídos pelo consumo da droga, rodeavam o jovem como abelhas sobre o açúcar. Alguns se curvavam e também cheiravam o pó, como se ainda estivessem encarnados, compartilhando com Ethan o mesmo prazer que a cocaína lhe trazia. Outros se encostavam no corpo do garoto, vampirizando suas energias.

O mundo físico e o espiritual estão conectados o tempo todo. Pessoas com mais sensibilidade conseguem captar essa interação com mais facilidade por meio da audição, da visão, de sensações físicas, intuições, inspirações ou de um simples arrepio, que muitas vezes passa despercebido.

Normalmente, alcóolatras ou dependentes químicos atraem para junto de si espíritos que mantinham esse vício antes de desencarnarem. Como todos os seres humanos levam consigo suas preferências para o astral, o vício acompanha aqueles que tinham envolvimento com entorpecentes ou bebidas etílicas e que quase sempre permanecem no mundo corpóreo para continuar desfrutando de seus prazeres. Para isso, precisam de um meio de acesso e buscam pessoas encarnadas para saciarem seus prazeres, como era o caso de Ethan. O ato de vampirização nada mais é do que a absorção de fluidos vitais de um encarnado ou desencarnado, ou seja, trata-se de sugar energias prazerosas, que, para os espíritos viciados, têm quase o mesmo efeito de beber ou consumir drogas pessoalmente.

Ao contrário do que muitos pensam e dizem, o caminho das drogas não é um trajeto sem volta, porque a vida é sábia demais para criar roteiros sem saída. Embora quase sempre traga resultados trágicos e dolorosos — além da atração de espíritos perturbados e perigosos —, o espírito de um usuário precisa passar por aquela experiência de alguma forma, porque foi ele mesmo quem a atraiu. Cada um é inteiramente responsável pelo que acontece de bom ou de ruim na própria vida.

Cada um encontrará uma justificativa para mergulhar no universo das drogas. No caso de Ethan, ele dizia a si mesmo que sentia muito a ausência do pai, por isso a maconha lhe trazia uma sensação de saciedade. Agora, tendo estreitado um pouco mais seu relacionamento com Inácio, pretextava o consumo da cocaína, droga infinitamente mais poderosa do que a maconha, porque Débora não quisera voltar para São Paulo. E, provavelmente, o garoto ainda criaria outras desculpas para seguir por aquele caminho que ele mesmo escolheu. Com a intenção de burlar o sofrimento e a dor, mergulhava nos entorpecentes.

Ninguém encontra em seu caminho obstáculos inúteis, que em nada contribuirão para o desenvolvimento de sua consciência e para sua evolução espiritual. Cada acontecimento é válido para o espírito, que escolheu as experiências pelas quais seu corpo físico precisa passar. O caminho da dor também ensina, contribuindo para o desenvolvimento de virtudes e habilidades. Assim, um usuário de drogas ou um alcóolatra não está "perdido", como se costuma dizer. Essas pessoas estão seguindo seu caminho, escolhido por elas mesmas e jamais estarão sozinhas, porque seus guias e amigos espirituais sempre estarão por perto, lhes dando sugestões e orientações, que chegarão por meio de pensamentos ou intuições. Por mais injusta que uma determinada situação nos pareça, tudo está certo para a espiritualidade, porque Deus está no comando da vida e Ele jamais erra.

Ethan conseguiu encontrar a cama, para ele ainda transformada em um redemoinho, e jogou-se sobre ela. Os espíritos continuavam parados próximos à droga sobre a mesa, tentando absorver sua essência, quando subitamente foram lançados para fora da casa por uma força tão potente que eles nem sequer conseguiram reagir a ela. Do lado externo, olharam na direção do quarto de Ethan e viram uma luz branca e tão luminosa dominando os aposentos, que não tiveram outra opção a não ser desaparecer dali.

Do outro lado da casa, em seu quarto, Alcione estava concentrada em profunda prece. Dona de mediunidade bastante acentuada, ela logo sentiu a presença dos espíritos inferiores por perto e deu início a uma singela oração, enquanto mentalizava um campo de luz contornando toda a propriedade. Sempre que percebia discussões, brigas, tristeza e negatividade envolvendo os moradores, adotava aquele procedimento, que aprendera havia muitos anos no centro espírita que frequentava. Haviam lhe dito que o poder do pensamento é criador e que, quando se visualizava mentalmente a mais pura e radiante luz dominando um local, ela se concretizava, espalhando-se por cada cantinho, por cada cômodo, abraçando cada ser vivo, fossem eles plantas, animais ou seres humanos. Constatou que isso era verdade, porque a sensação de paz que chegava com essa luminosidade deixava o ambiente leve e agradável. Sabia também que a luz auxiliava a afastar energias impuras e degradantes, que também eram criadas pelos pensamentos humanos e que quase sempre eram muito mais destrutivas do que a presença de obsessores astrais.

Quando sentiu que o ambiente ficara mais equilibrado, mas ainda sem saber o que atraíra a presença daqueles espíritos, Alcione deixou seu dormitório e circulou pela casa. Todos os quartos estavam mergulhados no escuro, com exceção do de Ethan. Encostou o ouvido à porta e, como só obteve o silêncio como resposta, bateu levemente. Como ele não a atendeu, Alcione deduziu que Ethan tivesse adormecido com a luz acesa. Tentou girar a maçaneta e não se surpreendeu ao encontrá-la trancada.

— O que está fazendo parada aí, Alcione?

Ela não se assustou. Voltou-se calmamente para Gustavo, que saíra de seu quarto vestindo apenas uma bermuda preta.

— Vim ver se estava tudo bem. Seu irmão dormiu com a luz acesa. — Alcione sorriu o rapaz, seguindo na direção das escadas. — Talvez tenha sido impressão minha. Melhor irmos dormir.

Gustavo assentiu, voltou para o quarto, mas saiu novamente em seguida. Conhecia Alcione suficientemente bem para saber que ela não era dada a comentários sobre a vida alheia e que, quando estava desconfiada de algo a respeito de um dos meninos, recorria diretamente aos pais deles. Se ela fora até a porta de Ethan, era porque algo estava acontecendo. Algo estranho o bastante para levantar a desconfiança da governanta.

Gustavo caminhou descalço até a porta vizinha e bateu com força. Como não foi atendido, bateu novamente, tomando o cuidado para não exagerar nos ruídos e acordar o pai ou a irmã. Ouviu alguns resmungos no interior do dormitório, o som de algo se quebrando, movimentos de alguma coisa sendo arrastada e o som da porta do guarda-roupa fechando-se. Somente depois de quase três minutos, Ethan abriu a porta.

Gustavo empalideceu, pois a primeira coisa que notou foram os tênues traços do pó esbranquiçado grudados nas narinas do irmão. Ethan, ainda muito atordoado, tentara limpar-se do jeito que foi possível, mas estava alucinado demais para fazer qualquer coisa com coerência e eficiência. Não usava os óculos, e seus olhos, avermelhados e vítreos deixaram Gustavo ainda mais horrorizado.

— Que porcaria é essa?! — Gustavo empurrou o irmão e por pouco não o derrubou. Fechou a porta atrás de si ao passar. — O que está acontecendo aqui?

Ethan precisou apoiar-se na parede, porque tudo estava girando outra vez. Não respondeu ao irmão, porque tinha a impressão de que seu cérebro estava paralisado.

Como resposta à sua indagação, Gustavo viu pedaços de um espelho quebrado sobre o piso e vestígios do pó formando uma pequena linha na direção do guarda-roupa. Seguiu até lá e não foi impedido pelo irmão, que se mantinha totalmente alheio ao que estava acontecendo. Quando bateram à porta, Ethan despertou e tentou esconder a cocaína em uma das gavetas, sem ter certeza de que havia feito um bom trabalho. Na pressa, o espelho caiu, e cacos espalharam-se pelo chão.

Gustavo abriu o guarda-roupa com tanta impetuosidade que qualquer pessoa teria a impressão de que ele era o pai de Ethan. Ali, sobre algumas camisetas dobradas, encontrou o canudo, o cartão e o restante do pó. Jogou tudo no chão e começou a abrir todas as gavetas, procurando mais evidências.

— Tire as mãos daí! — Finalmente recuperando parte de seu raciocínio, Ethan atirou-se sobre o irmão, tentando impedi-lo de continuar.

— Caia fora, moleque! — Gustavo voltou a empurrá-lo. — Desde quando você está mexendo com esse tipo de coisa?

— Nada disso é da sua conta! — gritou Ethan, começando a apavorar-se.

— Somos irmãos, sou mais velho do que você e moramos juntos. São razões suficientes para que essa palhaçada importe a mim também. — Outra gaveta foi esvaziada. — Já pensou no que o pai dirá quando souber disso? Quer matar a mãe de tanta decepção? O que se passa dentro dessa porcaria de cabeça?

— Vou encher você de porrada!

Ethan fechou ambas as mãos e tentou mirar um soco no rosto do irmão. Como estava paranoico e muito transtornado, errou o alvo por vários centímetros. Gustavo aproveitou a deixa para revidar. Disparou um murro contra o queixo de Ethan, que caiu no chão e começou a chorar como uma criança recém-nascida.

A gritaria acordou Inácio e Maria Júlia no mesmo instante em que Gustavo localizava os cigarros de maconha e o dinheiro, presos estrategicamente atrás de uma das gavetas. Quando eles invadiram o quarto, seguidos por Alcione, viram Ethan aos prantos, sentado no chão, com um hematoma arroxeado surgindo em seu queixo, e Gustavo segurando as cédulas com uma das mãos e os baseados com a outra.

— Meu Deus! — Inácio, que não tardou a perceber o que tinha acontecido, sentiu o sangue esvair-se do rosto. — Alguém pode me explicar o que é tudo isso?

— Meu irmão é um drogado, pai! — Gustavo soltou o dinheiro e os cigarros no chão. Também parecia pronto para se render às lágrimas. — Ele escondia aqui maconha, cocaína, muito dinheiro e sabe-se Deus o que mais! Acho que, se nós terminarmos de revistar o guarda-roupa dele, encontraremos até o próprio traficante lá dentro.

Inácio tinha as mãos trêmulas, quando levantou Ethan do chão e o fez sentar-se na cama. Muito nervosa, Maria Júlia abraçou-se a Alcione. A governanta percebeu novamente a presença dos espíritos inferiores, que conseguiram retornar graças à frequência energética que se instalou por causa dos sentimentos de revolta, tristeza, medo e raiva que surgiram entre Gustavo e Ethan.

— Nada disso é meu — Ethan tentou justificar, massageando o queixo dolorido. — Só guardei para um amigo.

— Mentiroso! — berrou Gustavo, cujos olhos davam indícios de que ele também iria chorar. — Então, nós não estamos vendo seu nariz cheio de pó? E mesmo que você estivesse guardando isso para alguém, não sabe dos riscos que nos colocaria perante a polícia por armazenarmos drogas ilícitas em casa? O pai poderia ser preso, já que responde por nós todos. E toda essa grana no chão? Onde a conseguiu? Será que, além de drogado, virou bandido também?

— Vá cuidar da sua vida, seu otário! — rebateu Ethan furioso.

— Eu cuido mesmo, porque em minha vida não há drogas, amigão.

Os espíritos presentes compraziam-se com a discussão, divertindo-se com as expressões de rancor, medo e preocupação que todos traziam no semblante. Alcione tentava concentrar-se em uma prece, mas sabia que, desta vez, teria mais dificuldade.

— Calem a boca, os dois! — Inácio sentou-se ao lado de Ethan. — Tudo isso é verdade, meu filho? Há quanto tempo está usando essas coisas? E por que começou a usá-las?

Ethan sacudia a cabeça para os lados, soluçando muito. Inácio sentiu uma pressão forte no peito ao contemplar os entorpecentes no chão. Sempre que ouvia falar sobre jovens usuários de drogas, agradecia a Deus por seus filhos não estarem envolvidos com entorpecentes. E agora aquela descoberta chocante. Estava acontecendo bem debaixo de seu nariz, mas Inácio nunca notara nada. Que espécie de pai ele era?

Decidiu que precisaria conversar com Ethan em outro momento, porque o menino estava muito alterado, tanto pelos efeitos químicos quanto por seu segredo ter sido exposto tão inesperadamente. Além disso, havia uma quantidade de dinheiro relativamente grande ali, que também requeria explicações com urgência.

— Todos nós estamos abalados demais e não vamos nos ajudar se continuarmos aqui, chorando ou acusando Ethan — considerou Inácio. — Peço que todos voltem aos seus quartos, pois prefiro conversar com ele em particular.

— Somos uma família, papai — murmurou Maria Júlia enxugando o rosto.

— Por isso mesmo, vamos agir como uma. Ethan precisa de ajuda e não de recriminações. — Inácio olhou para Gustavo. — Sei que você ama seu irmão e que está desesperado com tudo isso. Ofendê-lo não vai trazer nenhuma solução. Permitam que eu converse com ele a sós, por favor.

— Pai, ele só pode estar envolvido com gente barra-pesada — incitou Gustavo.

— Eu sei, por isso quero conversar com ele. Apenas nós dois. Preciso saber como toda essa história começou. Já fui ausente demais na vida de vocês e jurei a mim mesmo que nunca mais cometeria o mesmo erro.

Alcione puxou Maria Júlia para fora, e Gustavo saiu logo depois, a contragosto. Vendo-se sozinho com o filho, Inácio abraçou-o com força. E chorou.

CAPÍTULO 29

Naquele momento, em outra parte da cidade, alguém conferia as diversas folhas impressas de papel sulfite sobre a mesa, que exibiam várias imagens de Naema e Maria Júlia beijando-se em dias e locais diferentes. Quem diria que as duas meninas, sempre "pagando" de boas moças, ocultavam aquele segredinho de todos?

Valera a pena acompanhar de perto a rotina do casalzinho lésbico. Quando a notícia viesse à tona, elas se veriam humilhadas e sofreriam o peso do preconceito por serem expostas perante todos. A sociedade atual demonstrava tolerar e aceitar os homossexuais, mas tudo não passava de mentiras sujas e hipócritas. Poucos concordavam com a ideia de duas pessoas do mesmo sexo manterem um relacionamento afetivo, formarem família e criarem filhos. Fingiam o que estavam longe de sentir, porque era preferível mascarar seus reais sentimentos a admitir abertamente que não respeitavam a diversidade. Bando de imbecis preconceituosos! Os homossexuais continuariam a existir, independentemente da repulsa dos homofóbicos.

Sabia disso porque também sentia atração por pessoas do mesmo sexo. Em seu caso, aquele segredo deveria ser mantido por muitos anos. Seus pais eram evangélicos fervorosos e diziam que a homossexualidade era obra do demônio. Assim, pelo menos enquanto dependesse deles, ninguém jamais tomaria conhecimento de sua orientação sexual.

Então, por qual motivo queria punir Naema e Maria Júlia? Por que as seguira nos últimos meses, desde que tivera a certeza de que elas eram mais do que grandes amigas? Por que se dera ao trabalho de fotografá-las a distância para expô-las ao ridículo, dando um voto favorável aos preconceituosos a quem tanto detestava, que veriam ali muitas razões para discriminarem as meninas?

A resposta para essa indagação era uma só: ninguém desfrutaria da felicidade que aquela pessoa solitária jamais poderia ter. Se não podia "sair do armário" e assumir-se homossexual para não causar a ira dos pais, Naema e Maria Júlia também não teriam esse direito. Pouco importava se estava sendo egoísta. O que lhe fora negado pelas circunstâncias familiares também seria negado às duas namoradinhas. Elas mal perdiam por esperar.

Inácio forçou Ethan a entrar debaixo do chuveiro, que despejava água gelada. O menino, ainda um tanto grogue, não protestou quando o pai o despiu. Gritou quando começou a se molhar e tentou escapulir, mas Inácio, muito mais forte fisicamente e dominante de suas faculdades cerebrais, o manteve sob a água.

— Vai ficar aí até voltar ao normal. E lave bem esse nariz, porque não quero ver nada esbranquiçado grudado nele! — ordenou Inácio, mantendo a cabeça do filho debaixo do chuveiro.

— Você está me torturando, sabia? Eu deveria denunciá-lo à polícia.

— Faça isso, e iremos os dois para a cadeia. Afinal, quem está escondendo drogas em casa é você. — Inácio abriu um frasco de xampu, despejou um pouco na mão e esfregou nos cabelos escuros de Ethan. — Onde já viu isso? Um rapaz de quinze anos que ainda precisa ser banhado pelo pai.

Ethan resmungou algo baixinho, mas se deixou vencer. Quando terminou o banho e recebeu uma toalha felpuda em suas mãos, estava bem melhor. Os efeitos ainda demorariam várias horas para serem completamente eliminados de seu organismo, mas agora era possível falar e raciocinar com muito mais clareza e objetividade. E justamente por isso ele estava em pânico, pois temia que o pai lhe aplicasse um severo castigo.

— Termine de secar-se, vista uma roupa e venha conversar comigo na cama. Vou passar uma pomada nesse hematoma.

Minutos depois, Ethan encontrou Inácio sentado na beirada da cama, fitando-o com um olhar indecifrável. Sentia que a cabeça estava prestes a explodir e que os batimentos cardíacos ainda estavam bastante acelerados. Sentou-se ao lado do pai, aguardou Inácio esfregar delicadamente um pouco de pomada em seu queixo machucado e baixou o rosto para os fardos que comprara de Tuca e que repousavam no piso junto do dinheiro que ganhara de Zack.

— Muito bem! Antes de começarmos nosso papo, saiba que não vou julgar suas atitudes nem vou tratá-lo como um delinquente. Quero saber exatamente por que tudo isso começou. Espero que me veja não apenas como seu pai, mas como um amigo em quem possa confiar.

Ethan assentiu. Sempre temera aquele momento. Sentia-se tão encabulado que mal conseguia encarar os olhos do pai:

— Vários amigos meus já haviam experimentado e estavam sempre me convidando para usar também... — Apontou para os cigarros no chão. — Estou me referindo à maconha. Quase todos os moleques da minha idade fumam ou já fumaram.

— Então, para evitar tanta insistência e cobrança, você concordou.

— Sim. Eu sabia que isso era errado... Estou cansado de ouvir que as drogas não levam ninguém a nada. Muitos desses amigos já estão fazendo coisas mais graves, cometendo pequenos furtos, muitas vezes dentro da própria casa. Eles dizem que é preciso sacrificar algumas coisas em troca de alguns momentos de prazer.

— E quem ou o que você decidiu sacrificar? — Inácio perguntou, já antevendo a resposta. Começava a deduzir a razão de tudo aquilo ter começado.

— Você. — Foi a resposta quase sussurrada de Ethan.

Durante alguns segundos, ninguém falou nada. Inácio rompeu o silêncio:

— Por quê?

— Porque você nos trocou por seus clientes. Dava a eles toda a atenção do mundo e mal nos dirigia a palavra. Foram muitas as vezes em que dormi chorando porque sentia sua falta.

— E por que nunca me procurou para desabafar?

— Eu tentei, pai. Tentei muito. — Ethan finalmente olhou para Inácio. Sua voz estava rouca e trêmula. — Você falava que estava resolvendo um assunto importante por telefone ou terminando de escrever uma petição e que, quando acabasse, viria me procurar para conversarmos. Isso, no entanto, nunca acontecia. Quando terminava um trabalho, outro aparecia, e isso continuava acontecendo até que você ia dormir.

Inácio meneou a cabeça em assentimento. Sabia que Ethan tinha razão até ali. Sentia-se cada vez mais culpado por ter se desligado tanto da família. Pensando em ganhar dinheiro cada vez mais, para que eles tivessem uma vida confortável, não percebeu os dilemas que os filhos vivenciavam nem que uma doença catastrófica atingira sua esposa. Estivera dentro de casa sem realmente viver nela.

— Acho que uma parte dentro de mim esperava que isso fosse acontecer. — Ethan mostrou novamente os entorpecentes no chão. — Assim, você pararia de ser só um advogado para ser simplesmente meu pai.

Ao que parecia, tudo não passava de um pedido de socorro. Percebia que havia uma mensagem subliminar ali. Era como se Ethan estivesse usando drogas para chamar a sua atenção para ele. "Por favor, pai, olhe para mim. Eu existo."

O remorso acertou Inácio com o impacto de uma paulada na cabeça. Que moral teria para recriminar o menino depois daquela descoberta?

— Seus amigos vendiam os cigarros para você?

— Não. Eles me levaram a um bairro de periferia e me apresentaram a um traficante chamado Tuca. Claro que esse não é nome verdadeiro dele — Ethan explicou como se chegava ao bairro. — Sempre pegava os cigarros fiado, para pagar na semana seguinte. Isso não acontecia porque ele confiava em mim, mas para me manter em suas mãos. Dizia que, se eu não pagasse pela mercadoria, ele e seus amigos se vingariam de você e de meus irmãos. Falaram que haviam me seguido e que sabiam onde eu morava.

— Jesus! — balbuciou Inácio. A cada instante, aquela história mostrava-se mais horripilante e assustadora.

— Na última vez em que fui lá, recebi a cocaína. Ele falou que era amostra grátis, apenas para que eu experimentasse. Que se eu curtisse, passaria a comprar. Claro que não acreditei nisso. Tuca nunca daria nada de graça a alguém, e sei que tenho outra dívida com ele. Foi por isso que eu precisava juntar dinheiro.

— Ainda não contei quanto tem ali, mas isso é mais do que você ganhava de mesada.

— Eu guardava meu dinheiro — mentiu Ethan. Ainda não estava preparado para falar sobre seu emprego com Zack. Uma bomba de cada vez. — Comprei apenas um celular novo, porque eles me roubaram o outro.

Ethan falou sobre o furto, vendo o pai ficar lívido. Esperava que Inácio acreditasse naquela história sobre o dinheiro realmente ser seu, poupado durante muito tempo, porque não estava com o raciocínio bom o suficiente para inventar mentiras bem elaboradas.

— Hoje foi a primeira vez que experimentei o pó — confessou. — Já sei que não haverá uma segunda.

— É claro que não. Vou dar um sumiço em tudo isso.

— Sou usuário iniciante, mas já sinto o vício fazendo efeito em mim. O que vou fazer quando a vontade voltar?

Era uma pergunta importante, e Inácio não sabia direito como respondê-la. Sabia que a abstinência, mesmo para quem estava no processo inicial de consumo, era bastante trabalhosa, principalmente após o primeiro contato com a cocaína.

— Você vai me ligar, onde quer que esteja, assim que sentir voltar de fumar ou de cheirar essa porcaria. Se for necessário, vou encaminhá-lo a uma clínica de reabilitação. Será menos complexo do que com as pessoas que usam drogas há muitos anos. Quero que me prometa que fará isso e que nunca mais voltará a mentir ou me esconder as coisas. Eu o amo, meu filho, e preciso de sua colaboração mais do que nunca.

— O que farei a respeito de Tuca? Estou devendo dinheiro a ele e preciso pagar minha dívida. Ele me deu o prazo de um mês, então, ainda tenho algumas semanas.

— Não vai pagar nada. Não quero você envolvido com essa gente. Ninguém o mandou vender fiado. Sei que, se voltar lá, ele insistirá para que traga mais mercadoria, porque é assim que ele garante seus clientes: viciando-os cada vez mais.

— Pai! — Ethan apertou o braço de Inácio com força. — Não ouviu o que falei? Ele ameaçou matar a todos nós, se eu não lhe pagar até o último centavo. Veja quanto dinheiro tem aí. Vamos nos livrar dele quitando minha dívida. Pense no que ele pode fazer com Gustavo ou Maria Júlia.

Embora odiasse concordar com aquilo, Inácio sabia que Ethan tinha razão. Os traficantes, em sua maioria, não sentiam pena de ninguém quando a ordem era exterminar. Tudo para manter o comércio ilícito em pleno desenvolvimento.

— Faremos o seguinte: eu irei com você no dia do pagamento.

— De jeito nenhum! — Ethan arregalou os olhos. — Ele sempre falou que eu pagaria muito caro se levasse uma pessoa desconhecida até lá, principalmente a polícia. Falou que, mesmo se fosse preso, continuaria mantendo contato com seus comparsas na rua e que mandaria acabar comigo do mesmo jeito.

— Não me agrada nada saber que você voltará sozinho a esse lugar. Tenho certeza de que ele vai se enfurecer quando souber que você não vai comprar mais.

— Vou lhe dar todo esse dinheiro, que é muito mais do que devo a ele. Acho que assim ele não ficará tão irritado.

Não era a melhor das sugestões, porém, não conseguiram pensar em outra. Só de saber que Ethan se livraria daquele tipo de coisa, o coração de Inácio já batia mais aliviado.

— Tudo bem! Faça isso. Seja o que Deus quiser! Agora, quero que me prometa que nunca mais mexerá com drogas nem me esconderá seus segredos. Tem em mim um amigo, que jura que jamais o trocará novamente pelo trabalho.

— Prometo, pai. Nunca mais farei coisas erradas. Pode acreditar em mim.

Ethan abraçou Inácio com força. Decidira não contar ainda sobre as fotos que tirara para Zack, pois tinha certeza de que poderia se livrar dele quando bem entendesse, porque o homem lhe parecia bem menos perigoso do que Tuca.

Vendo que, por ora, Ethan não era mais interessante para eles, os espíritos inferiores foram embora dali.

****

A situação ficou mais calma no dia seguinte. Durante o café da manhã, Gustavo pediu desculpas a Ethan, apesar de seu tom de voz ainda soar ríspido e magoado. Maria Júlia também parecia bastante chateada. Para tentar aliviar a tensão, Inácio explicou que havia se acertado com o filho, justificando que ele cometera um erro do qual se arrependera e que prometera nunca mais fazer aquele tipo de coisa novamente. Acrescentou que se livrara das drogas e que todos poderiam retomar suas vidas normalmente, pois aquele episódio deveria ser esquecido.

Depois que Maria Júlia e Ethan saíram para a escola e Gustavo foi para a faculdade, Alcione acercou-se do patrão e comentou:

— Sua decisão em se colocar ao lado de Ethan foi muito boa. Neste momento, ele precisa de você mais do que nunca.

— Ainda não me perdoo por tê-lo ouvido dizer que começou a usar drogas porque eu fazia falta em sua vida.

— Não fique se culpando por isso. Todo usuário sempre tem um pretexto na ponta da língua para justificar o fato de ter enveredado por esse caminho. Ninguém é tão inocente assim, se analisarmos do ponto de vista espiritual.

— Por quê?

— Porque todos nós trazemos uma vasta bagagem de experiência de outras vidas. Já fomos crianças e adultos, homens e mulheres. Trazemos crenças enraizadas em nós de encarnações passadas. Somos maduros, com muito conhecimento, por isso estamos longe de sermos inocentes. Antes de retornarmos ao mundo físico, nosso espírito teve todo um preparo e escolheu algumas situações que desejava vivenciar para desenvolver certas habilidades necessárias ao seu crescimento. Escolhemos a todo instante, por isso somos os responsáveis pelas situações que chegam até nós, já que atraímos todas elas. Foi Ethan quem optou por usar drogas, mesmo que ele o aponte como o gatilho desencadeador do problema. Foi uma decisão do espírito dele, que, provavelmente, necessitava daquele aprendizado. Cabe a nós apenas ajudá-lo da melhor forma que pudermos. De nada adiantará lamentar-se.

Inácio concordou. Alcione era uma mulher sábia, que estudava a espiritualidade e o funcionamento da vida, por isso ele sempre seguia seus conselhos.

Quando a sexta-feira chegou, seus pensamentos ainda estavam muito direcionados a Ethan, contudo, pensava também no jantar que havia marcado com Márcia. Esperava que ela tivesse se esquecido e que o encontro passasse batido. Intimamente, algo lhe dizia para não contar com aquela possibilidade.

Por volta das dezesseis horas, Márcia telefonou para o escritório a fim de confirmar o jantar. Inácio percebeu que a voz dela soava mais animada do que na semana anterior, apesar de ainda um tanto fraca e tristonha. Explicou rapidamente que reabrira a butique e que lhe contaria os detalhes durante o jantar.

— Certo, ela não esqueceu... — murmurou a si mesmo ao desligar.

Era praticamente um jantar de negócios, o primeiro desde que Débora fora para Porto Alegre. Para evitar implicações ou contrariedades, avisou aos filhos que se encontraria com uma cliente, cuja sócia fora assassinada. Abriria apenas aquela exceção, porque o caso dela lhe parecia mais grave do que qualquer outro.

Gustavo concordou de imediato, até porque marcara um cinema com Tássia e não estaria em casa para o jantar. Ethan disse que sairia com dois amigos, jurando que nenhum deles fumava nem cheirava nada ilegal. A verdade é que ele aproveitaria parte da noite para voltar ao estúdio de Zack. Quando pagasse Tuca, ficaria sem um tostão e precisava de mais alguma verba para não depender exclusivamente da mesada que recebia do pai.

Maria Júlia, por sua vez, ficara desconfiada do encontro que Inácio teria. Não gostava nada de imaginá-lo jantando com uma mulher, principalmente se ela fosse bonita e solteira. Sabia que ele amava Débora e confiava cegamente nele. Era na desconhecida que a jovem não confiava. Mesmo assim, não podia interferir na profissão do pai.

Inácio sorria ao entrar no carro, refletindo que agora era necessário obter a autorização dos filhos para trabalhar além do horário do expediente. Devia isso a eles, pelos anos em que os deixara de lado.

Chegou ao restaurante dez minutos antes do combinado e foi conduzido à mesa que reservara. Disse ao garçom que aguardaria sua acompanhante chegar antes de fazer o pedido.

Inácio apenas não saberia dizer o motivo pelo qual se sentia tão ansioso com aquele encontro.

CAPÍTULO 30

Márcia cruzou as portas do restaurante pontualmente às vinte horas. Quando a viu entrar, algo pareceu esquentar dentro de Inácio. Ela usava um vestido azul-escuro, justo na cintura fina, que terminava um pouco acima dos joelhos. Pedras que imitavam diamantes estavam coladas próximas ao amplo decote, que exibia uma visão farta de seus seios. Uma cascata de cabelos loiros e cacheados desciam sobre seus ombros. Brincos que também se assemelhavam a gotas de diamante balançavam em suas orelhas. Pintara os lábios com algum batom vermelho-sangue. A maquiagem discreta no rosto e em torno dos olhos cor de café completavam sua beleza estonteante.

Todos os garçons, além de alguns homens que jantavam sozinhos, viraram a cabeça para acompanhar os movimentos da recém-chegada. Ela sorriu para Inácio, que se levantou e puxou uma cadeira para que ela se sentasse. Márcia colocou a pequena bolsa preta sobre a mesa e brincou com o pingente prateado, posicionado entre seus seios.

— Espero que não o tenha feito esperar muito tempo. — Ela jogou as madeixas loiras por cima dos ombros.

— Cheguei quase agora — esclareceu Inácio, contendo o fôlego. Como aquela mulher conseguia ser tão perfeita? — Você que é a pontual da história.

Ela sorriu, porém seu sorriso murchou um pouco. Inácio percebeu que os olhos dela pareciam tristes.

— Olha, sei o quanto você deve estar sofrendo pela perda de sua sócia, mas não gostaria que isso tirasse seu apetite. Não acha melhor pedirmos algo primeiro?

Márcia notou que Inácio fitava discretamente seus seios e teve vontade de rir. Os homens realmente pareciam clones uns dos outros. Lidar com aquele seria mais fácil do que ela imaginara.

Márcia apanhou o cardápio e optou por camarões ao *curry* e alho-poró. Inácio não foi tão sofisticado, decidindo-se por um ensopado de lagosta à moda da casa. Para beber, ambos escolheram vinho tinto.

Enquanto os pratos eram servidos, Márcia começou:

— Agradeço muito por dispor de seu tempo para estar aqui. Eu precisava de verdade desabafar com alguém que tivesse paciência para me ouvir, Inácio. Espero que não se importe se eu pular as formalidades.

— Não, eu até prefiro, afinal, não estamos no escritório. Desejo ser útil como um bom ouvinte.

— Como foi a viagem? — Ela colocou um dos pequenos camarões na boca. — Hum, isso está delicioso!

— Bem... fui resolver um assunto pessoal.

— Espero que tenha dado tudo certo.

— Na medida do possível, sim. — Inácio provou o ensopado de lagosta, que também estava divino. — É minha esposa. Como tenho fé, acredito que isso não passe de uma fase ruim.

— Ela está bem? — Era fundamental demonstrar interesse pelos problemas dele, e Márcia sabia disso.

— Não. Débora está com câncer. A quimioterapia a fez perder os cabelos. — Não precisava fazer segredo quanto aquilo.

— Sinto muito! — Na mente dela surgiu a imagem de uma mulher qualquer, careca e acabada. Aquilo lhe pareceu muito divertido.

— Obrigado. Débora está se tratando em Porto Alegre. Optou por lá por ter parentes na cidade. — Inácio não iria contar que a esposa praticamente fugira de casa. Isso não interessava a Márcia. — Ela ainda ficará internada por mais alguns dias, até que esteja completamente recuperada.

— Hoje mesmo rezarei por ela, Inácio. Se Deus quiser, ela voltará para casa o mais breve possível.

Então, se analisasse ao pé da letra, ele estava disponível. Com a esposa ausente sabe-se lá por quanto tempo mais, Inácio deveria estar carente e solitário. Não era à toa que ele não tirava os olhos dos seios dela. Seduzi-lo seria mais fácil do que bocejar.

— Agradeço toda forma de ajuda. Tudo o que mais quero é que ela volte para casa. — Ele experimentou um gole do vinho, que estava muito saboroso. — Meus filhos estão sofrendo muito pela ausência dela.

— Quantos filhos você tem?

Inácio lhe falou sobre Gustavo, Ethan e Maria Júlia e percebeu que Márcia sabia como manter uma boa conversa. Era curiosa sem ser invasiva, educada, gentil e muito carinhosa. Com certeza, uma boa amiga para os momentos mais difíceis.

— Eu nunca tive filhos — ela contrapôs, quando ele parou de falar. Mastigou outro camarão antes de emendar: — Nem sequer tenho namorado.

— Com todo o respeito, não entendo como uma mulher como você, com situação financeira estável, belíssima e detentora de uma educação ímpar, esteja disponível.

— Primeiro, porque não estou procurando ninguém. Não quero um homem que me dê dor de cabeça. Além disso, agora que Sarah se foi, preciso voltar todo o meu foco para a butique.

Inácio percebeu o quanto ela se entristecia quando mencionava a sócia.

— E pensar que brigamos, que eu queria dissolver a sociedade por causa de meras questões contratuais. De que me adiantou ser assim, se agora ela está morta? — Márcia ergueu o rosto para o alto. — Sarah, minha querida, de onde estiver, saiba que sinto demais sua falta e lhe peço mil vezes perdão por ter valorizado mais um contrato do que nossa amizade. Aquela loja sem você não me interessa.

— Acredito que ela já a perdoou, porque provavelmente conhecia seu caráter e sua honestidade. E ficaria feliz vendo-a tocar a loja, fazendo o negócio progredir cada vez mais.

— Que Deus o ouça! — Márcia colocou a mão sobre a de Inácio por alguns instantes. Quando o sentiu estremecer, retirou-a devagar. — Gostaria que você fosse o advogado oficial da loja. Falo isso porque já o tenho como um importante amigo. Acho que esse jantar não aconteceu por acaso.

Quando Inácio pensou em algo para responder, Márcia foi mais rápida:

— Sei o quanto a relação entre um homem casado e uma mulher solteira pode ser mal interpretada por muitos. Quero deixar claro que não tenho interesse em me envolver com você além do campo da amizade. Como lhe disse, tenho poucos amigos. Gostaria muito que você fosse um deles.

— Não vejo problemas em mantermos uma amizade.

— Fico feliz por confiar em mim. Espero que a gente não perca contato.

Um pensamento trespassou a mente de Inácio. Não seria má ideia se a apresentasse aos filhos como uma amiga, deixando claro que não tinha nenhum interesse sexual por ela. Márcia era uma mulher agradável, que até poderia ajudá-lo com Ethan, que realmente estava precisando de um amparo. Poderia se tornar amiga de Maria Júlia para conversarem sobre assuntos femininos. E quem sabe, após conhecer Tássia, opinar se achava que a moça era sincera ou oportunista.

— Penso que meus filhos iriam gostar de conhecê-la — ele murmurou. — Poderia convidá-la para almoçar em casa qualquer dia desses para apresentá-la a eles.

— Não quero que eles pensem que eu estou substituindo a mãe deles.

— Não pensarão isso, porque não a levarei para morar comigo. Em casa, eles contam com a presença de minha governanta, que tem cuidado de todos nós com amor, carinho e muita sabedoria. É uma mulher espiritualizada, que sempre está pronta a nos trazer algum ensinamento fundamental para o nosso dia a dia. Entretanto, sei que eles sentem falta de uma presença feminina que possam ter como referência.

— Não sei se mereço tamanho privilégio. — Márcia pareceu sem graça com o convite. Estudava cada palavra antes de pronunciá-la. — Sempre gostei de adolescentes.

Ela odiava adolescentes, tanto que essa foi uma das razões para jamais querer filhos. Tinha certeza de que os filhos dele formavam um trio irritante, mimado e dramático. Não sabia de onde tiraria paciência para lidar com as criaturas, todavia, esse era o passaporte de que necessitava para ter acesso à casa de Inácio. Se inspirasse confiança no advogado, teria dele tudo o que desejasse, tanto sexo quanto dinheiro, mesmo que a esposa à beira da morte voltasse para casa.

— Eu ficaria muito feliz se aceitasse meu convite. Seria uma forma de distrair sua cabeça para que não pense tanto no que houve com Sarah e ainda ajudar meus filhos. Isso me deixaria eternamente grato.

Márcia fingiu pensar um pouquinho, mas, por fim, concordou. Para que ele não desconfiasse de que estava muito interessada em entrar na casa dele, desviou o assunto. Falou sobre o assassinato misterioso da sócia e que a polícia ainda não encontrara um suspeito. Relatou que ficara aliviada quando conseguiu liberar Dolores da prisão.

Quando terminaram o jantar e a sobremesa, Inácio fez questão de pagar a conta e de acompanhar Márcia até onde ela estacionara o carro. Mais uma vez, ela o agradeceu pela noite agradável, pela comida maravilhosa e pelo convite irrecusável. Ao se despedir, beijou-o na bochecha, tão próximo da boca que os cantos de seus lábios se tocaram. Novamente, ele sentiu uma espécie de fervura no abdome, que parecia atiçar todos os seus hormônios.

Enquanto retornava para casa, pensava que era uma grande sorte ele ser casado e apaixonado por Débora e Márcia não desejar envolvimento com nenhum homem. Tendo-a apenas como uma amiga, seu casamento estaria sempre seguro.

****

Ethan estava com o rosto rubro, quase arroxeado, sem conseguir acreditar no que acabara de ouvir de Zack.

— Você quer que eu faça o quê?

— Você ouviu, garoto! Um importante cliente solicitou algumas fotos, e você se encaixa perfeitamente no padrão que ele espera. Mas, como lhe disse, você deverá posar inteiramente nu.

Ambos estavam no estúdio de Zack. Ethan sabia que tinha pouco tempo para permanecer ali, pois pretendia estar em casa antes que o pai retornasse do jantar com a tal cliente.

— Não vou tirar fotos pelado, meu chapa! Nem conte com isso — protestou Ethan. — Eu só tenho quinze anos. Você deve saber que é proibido divulgar fotos de nudez de menores de idade.

— Sério? Acredita que nunca me disseram isso antes? — Provocou Zack. Ele tirou do bolso da calça um maço de dinheiro e atirou-o na direção de Ethan. —Se eu puder fotografá-lo, você ficará com isso. Se não quiser, você me devolve a grana e dá o fora.

Mais uma vez, a ganância tomou forma dentro do menino. Parecia que um monstro faminto surgira em sua barriga, pronto para ser alimentado. Ali havia quase cinco mil reais. O dinheiro que usaria para pagar Tuca não lhe faria a menor falta. Além disso, sabia que Zack facilmente encontraria outro rapaz que fizesse o que ele não queria. Quanto a ele, onde arranjaria outro trabalho em que pudesse ganhar tão bem sem ter que fazer esforço?

O jeito seria lidar com a timidez e atender ao novo pedido.

— Eu topo. Como posso ter certeza de que essas fotos não serão divulgadas na internet?

— A certeza é a minha palavra. Meus clientes não estão interessados em pagar altas quantias por fotos exclusivas para que todos tenham acesso gratuito a elas na internet. Seria incoerente, não acha?

Ethan concordou. Zack falou que, desta vez, a tomada de fotos seria realizada em um colchão de casal, forrado com um lençol vermelho. Com a câmera na mão, murmurava palavras dóceis com o intuito de tranquilizar o modelo.

Visando apenas ao dinheiro, Ethan despiu toda a roupa e deixou-se fotografar em todas as posições que Zack solicitou. Sentia-se como um dos atores dos filmes pornográficos a que às vezes assistia pelo celular. Encarou tudo aquilo como um trabalho profissional.

Em sua ambição para encerrar logo a sessão e ir embora com o dinheiro, não percebia que Zack se excitava mais a cada foto que tirava de Ethan. Por isso, qual não foi seu espanto quando Zack também tirou a própria roupa e pousou a câmera no chão.

— As fotos ficaram ótimas. Meu cliente vai aprovar. Agora, o que acha de brincarmos um pouco?

Quando ele deslizou a mão pela perna peluda de Ethan, o adolescente pulou:

— O que é isso agora? Quer bancar o tarado?

Zack voltou-se para suas roupas, que estavam jogadas no chão, apanhou mais um pequeno volume de cédulas presas com elástico e colocou-as na mão do menino.

— Tem mais dois mil reais aí, por uma transa gostosa e caprichada. O que acha?

— Não sou garoto de programa...

— É pegar ou largar. — Cortou Zack. — Decida-se logo, antes que eu perca todo o interesse.

Pela primeira vez, um sentimento de nojo apossou-se de Ethan. Sempre gostou de garotas e jamais se imaginara fazendo sexo com outro homem. Além disso, era virgem e não queria que sua primeira vez fosse daquele jeito. Nem fazia ideia do que Zack esperava daquele momento.

No entanto, o anseio pelo dinheiro mais uma vez falou mais alto. Assim como as fotos, bastaria agir mecanicamente. Evitaria demonstrar o asco que sentiria com aquele ato e ponto final.

*****

— Burra! Quantas vezes terei de lhe dizer que você é a menina mais burra do universo?

Virgínia estava furiosa, andando de um lado a outro em seu quarto. Tássia estava sentada em uma cadeira ao lado da cama, assustada com o rompante de fúria da mãe.

— Tenho me esforçado para fazer o que me pediu. Não posso exagerar, ou Gustavo vai acabar desconfiando.

— Durante a viagem, você comprou vestidos, bolsas, sandálias e algumas semijoias, que valem pouco mais do que meras bijuterias. E isso foi tudo.

— Tive trabalho para conseguir essas coisas.

— Porque não é uma menina esperta! Tudo bem que você escolheu mercadorias de excelente qualidade, que devem valer uma grana razoável quando eu for revendê-las. Isso, no entanto, mal paga as diárias de um fim de semana no SPA ao qual estou acostumada a ir.

— Posso pedir outros presentes... — Tássia prometeu, levantando-se.

— Vamos mudar o foco. Esqueça roupas e objetos e concentre-se em conseguir dinheiro daqui para frente. Peça sem parar! Alegue desejo de grávida, exagere bastante, assuste-o dizendo que, se suas vontades não forem atendidas, o bebê poderá morrer. E, sempre que conseguir algo, faça o melhor sexo do mundo como recompensa. É assim que se prende um homem. Aprenda de uma vez por todas que a mamãe sempre sabe mais.

— Se fosse tão sábia assim, não teria deixado o papai acabar com o nosso dinheiro naqueles jogos de loteria. Às vezes, acho que estou pagando por um erro de vocês, tendo que sacrificar meu namoro para sustentar sua ambição mesquinha.

Virgínia estreitou os olhos e acertou uma bofetada fortíssima no rosto da filha. Pega de surpresa, Tássia cobriu o local atingido com a mão e começou a chorar.

— Como se atreve a me afrontar?! Volte a se rebelar contra mim, e eu lhe quebrarei todos os dentes. — Obrigando-se a se acalmar, Virgínia colocou as mãos na cintura. — Se tivesse cérebro, já teríamos conseguido grandes avanços. Seu namorado é podre de rico, embora o dono da grana seja aquele advogado nojento. De qualquer forma, Gustavo é um dos herdeiros e tem acesso ao dinheiro. Invista nisso.

— Não posso chegar até ele e lhe pedir dez mil reais! — Soluçava Tássia.

— Mas pode conseguir que ele lhe dê esse dinheiro por meio de chantagens emocionais eficientes. Homens apaixonados são presas fáceis. Aja com rapidez, antes que o pai dele se dê conta e meta um processo em minhas costas. Detesto advogados!

Com o rosto ainda ardendo bastante, Tássia assentiu. Havia momentos em que queria parar com o plano, pois Gustavo não merecia ser extorquido daquele jeito. O filho que esperava muito provavelmente não era dele, o que já era motivo suficiente para fazê-lo sofrer, caso o rapaz viesse a descobrir a verdade. E, quando soubesse que a relação era de puro interesse, com certeza a odiaria pelo resto da vida.

Infelizmente, Tássia era uma moça facilmente dominável pela mãe, que, desde a infância, exercia poderoso controle sobre as ações da única filha. Aos dezessete anos, a jovem temia Virgínia e não se considerava plenamente capaz de tomar suas próprias decisões. Tinha certeza de que nunca se tornaria uma mulher independente.

CAPÍTULO 31

Custou a Inácio dormir naquela noite. Vários pensamentos misturavam-se em sua cabeça. Ora pensava na descoberta do vício de Ethan e em seu futuro processo de recuperação, ora lembrava-se de Débora, abatida e melancólica, apesar do desejo evidente de lutar por sua sobrevivência, ora mentalizava Márcia e o jantar que tiveram.

Não hesitaria em dizer que amava a esposa, porque essa era a mais absoluta verdade. Jamais pensara em traí-la desde que a conheceu, porque Débora o satisfazia em todos os sentidos. Muitas mulheres interessantes haviam cruzado seu caminho, e Inácio mantivera-se firme em sua fidelidade, pois não achava que um casamento sólido como o dele merecesse ser destruído por causa de um rabo de saia. Recusara todos os tipos de proposta, paquera ou pedido de namoro que recebera.

Contudo, havia algo diferente acontecendo dessa vez. Apesar de não ter se oferecido nem o provocado sexualmente, Márcia exalava luxúria e sensualidade por todos os poros. Seu coração sabia que era preciso resistir, porque Débora não merecia ser traída, principalmente estando afastada de casa por causa do tratamento de saúde. No entanto, sua cabeça e seus hormônios diziam que ele precisava aproveitar a oportunidade, nem que fosse uma única e discreta vez. Débora saíra de casa havia quase dois meses, mas ele estava sem sexo havia um bom tempo antes disso, porque não tinha tempo para relações íntimas.

A parte boa é que Márcia lhe dera a palavra de que seriam apenas amigos, porque não estava interessada em relacionamentos amorosos. Ela encontrava-se fragilizada, e ele seria cruel se tirasse proveito disso.

Na segunda-feira, ainda pensava nela e decidiu que aquilo não poderia continuar. Ao chegar ao escritório, procurou em sua agenda o telefone da butique e ligou. Ela mesma atendeu e pareceu surpresa por ouvi-lo. Taxando-se de imbecil, porque estava sendo consumido por um desejo que jamais poderia ser correspondido, e sentindo que seu próprio corpo o traía, perguntou se ela estava disponível para almoçarem juntos. Márcia explicou que conseguiria dar uma escapulida rápida, porque a loja estava bem movimentada naquele dia e não queria deixá-la apenas com as funcionárias. Marcaram o almoço em um restaurante que ela sugeriu por ser próximo da butique.

— O que estou fazendo, meu Deus? — balbuciou a si mesmo ao desligar. Nunca sentira nada parecido com aquilo. — Não posso me envolver com essa mulher, porque amo Débora e não tenho dúvidas disso.

Passou a repetir essa frase como um mantra, mas não surtiu nenhum efeito. Ao meio-dia e meia, horário combinado, ele estacionava o carro na garagem do restaurante.

Desta vez, Márcia chegara primeiro. Usava um vestido branco de seda fina e calçava sandálias igualmente brancas, de salto alto. Prendera os cabelos dourados num penteado elegante atrás da cabeça. Mesmo durante o intervalo do trabalho, aquela mulher mostrava-se majestosa e elegante como uma princesa.

Ela pareceu curiosa pelo motivo do convite, e Inácio, sentindo-se cada vez mais tolo, disse que simplesmente queria conferir com os próprios olhos se ela estava melhor. Márcia percebeu que, a todo instante, ele afrouxava o nó da gravata, como se estivesse sentindo um calor que o corroía por dentro. Bebiam suco em vez de algo alcóolico, já que o álcool não era necessário para estimular o advogado.

"É hora de colocar o plano em ação", ela decidiu.

— Confesso que ainda estamos na segunda-feira e já me sinto cansada. — Márcia disparou. Tinha que ser ligeira e tirar proveito daquela oportunidade. Nem precisara ir atrás dele, já que o próprio Inácio a procurara. — Se eu pudesse, voltaria à loja apenas para fechar o caixa e trancar as portas. Ai, me desculpe!

Propositadamente, ela fingiu cruzar as pernas apenas para cutucar as coxas de Inácio com a ponta da sandália. Quase sorriu ao vê-lo estremecer.

— E por que não tira o restante da tarde para descansar? — Ele arfou com a voz falha. Não conseguia afastar os olhos daquele par de seios tão firmes, redondos e perfeitos. Isso sem falar naquela boca de lábios carnudos, que pareciam implorar para serem beijados.

— Para onde eu iria? — Ela ajeitou o vestido à altura do decote, exibindo ainda mais sua pele macia.

— Podemos dar uma volta por aí. Estou com meu carro.

Márcia colocou um dedo sob o queixo, aparentando estar pensativa.

— Pode ser. Antes, preciso avisar às meninas que vou demorar a retornar.

Enquanto ela ligava para as funcionárias, Inácio pegou o próprio celular e telefonou para o escritório. Avisou a Laerte que não estava se sentindo bem e que iria direto para casa. O sócio não estranhou, visto que nos últimos tempos ele parecia não se importar tanto com o trabalho como antigamente.

Pouco depois, os dois estavam no carro de Inácio. Márcia colocou o cinto de segurança e cruzou as pernas, expondo quase toda a sua coxa bem torneada. Inácio tremia, tentando controlar-se. Sabia que faria uma besteira da qual se arrependeria muito depois, mas o desejo era ardente demais, e ele precisava ir até o fim.

Assim que pararam em um semáforo, virou-se para ela e percebeu que novamente Márcia mexia no decote. Não sabia se estava sendo provocado. Tudo o que queria era tocá-la com urgência.

Márcia percebeu quais eram as intenções de Inácio e que ele lutava consigo mesmo para não cruzar as fronteiras da amizade. Percebeu que, se não desse uma "forcinha", ele poderia resistir e encerrar o encontro sem que nada de mais acontecesse.

Antes que o semáforo reabrisse, ela inclinou o corpo e atacou a boca de Inácio, que, ao sentir tamanha volúpia, quase a tomou nos braços para amá-la ali mesmo. Gemeu de prazer quando ela começou a acariciá-lo na virilha.

— Pare, pelo amor de Deus, ou vou acabar batendo o carro. — Ele ofegou, quando ela se afastou. — Vamos para um motel. Estou implorando por isso.

Márcia assentiu, satisfeita por dentro. De todos os homens com quem se envolvera, Inácio era o mais fácil, bobinho como um adolescente fogoso. Percebeu que seria muito simples arrancar dele até o último centavo. Ela o teria na palma da mão.

Entraram aos tropeços no quarto de um motel cinco estrelas, enquanto ele ardia de vontade de possuí-la. Quando percebeu que ela não usava nada por baixo do vestido, ele urrou de desejo. Ela beijava-o como jamais havia sido beijado por outra mulher e acariciava-o de um modo que o enlouquecia. Ela despiu-o com destreza, e Inácio fitou-a, embevecido com sua nudez esplêndida. Realmente, Márcia era de tirar o fôlego.

Amaram-se como loucos, e ela elogiou o vigor sexual de Inácio. Quando saíram do motel, já passava das dezessete horas, e ela disse que precisava voltar rapidamente para a butique.

— Nossa brincadeira me atrasou muito. — Ela sorriu novamente no carro.

— Com certeza, mulher. Você tem mais fogo do que a pira olímpica!

Márcia mostrou um sorriso tímido e não respondeu.

— Preciso que isso ocorra novamente — Inácio pediu, mordiscando a bochecha dela. — Essa não pode ser a nossa única vez.

— Foi ótimo mesmo. Porém, saiba que estou me sentindo muito culpada. Você é um homem casado, cuja esposa está adoecida. Juro que estou me considerando uma moça vulgar, a pior das meretrizes.

— Por favor, não pense assim. Eu sei o que estava fazendo. O que houve entre nós foi apenas sexo, um dos melhores da minha vida. Os sentimentos verdadeiros eu guardo para minha esposa, porque a amo. Espero que não se ofenda e me compreenda.

Ela anuiu, demonstrando compreensão. Pela primeira vez, odiou-o por dizer aquilo. Traduzindo por miúdos, Inácio acabara de lhe jogar na cara que ela servia apenas como diversão sexual temporária, porque o amor sincero ele dedicava apenas para a mulherzinha careca e moribunda que desposara.

Todavia, não lhe era conveniente dramatizar nem se fazer de rogada. Limitou-se a sorrir, dizendo que ele lhe dera a melhor tarde de sua vida, mas que seria a primeira a defender o casamento dele, pois orava pela saúde de Débora dia e noite.

Ele deixou-a próximo à butique e beijou-a outra vez.

— Teremos outros momentos como os de hoje? — ele sondou antes que ela descesse.

— Espero que sim. Mas lembre-se, Inácio... independentemente de como tudo isso termine, não quero perder sua amizade. Para mim, isso tem um valor inestimável.

— Tem minha palavra de que sempre seremos bons amigos.

Ela acenou e deixou o carro, afastando-se com aquele molejo do quadril que o enlouquecia. Quando chegou em casa, Inácio pensou em Débora. A imagem da esposa pareceu-lhe distante, menos nítida, como uma névoa fina. Quase se arrependeu do que fizera. Quase, porque sabia que faria aquilo outras vezes. Márcia era irresistível.

A partir desse dia, Inácio e Márcia passaram a se encontrar quase diariamente, sempre após o horário do almoço. Visitavam diversos motéis diferentes, geralmente durante o horário do expediente. Na butique, ela dizia às duas funcionárias que estava se reunindo com alguns fornecedores de grifes internacionais, aproveitando a estadia deles no Brasil. Inácio, por sua vez, mentia para Renata e Laerte, garantindo aos sócios que estava acompanhando de perto o dia a dia dos filhos, optando por permanecer ainda mais tempo em casa. Na hora certa, ele a apresentaria aos filhos como uma amiga importante e torcia para que não houvesse suspeitas maliciosas.

Alcione notara que o patrão parecia mais disposto, menos preocupado, com a aparência sadia e corada. Sabia que deveria atribuir tais mudanças de comportamento ao fato de que sua relação com Ethan estava mais próxima e pacífica, porém algo lhe dizia que não era somente aquilo. Alguma coisa estava acontecendo com Inácio, e ele preferia guardar consigo. Só esperava que, independentemente das escolhas que ele tomasse, não se arrependesse das consequências.

Ethan fingia demonstrar tranquilidade perante todos, para que ninguém notasse sua inquietação e o questionasse. Desde sua transa com Zack, da qual só não se arrependia mais por causa do dinheiro que ganhara, não voltara mais a falar com o fotógrafo. A menos que fosse convocado, preferia esperar que a poeira assentasse antes de retornar ao estúdio. Sempre que ia se deitar, refletia se o fato de ter se relacionado amorosamente com outro homem fazia dele uma pessoa bissexual, já que era inegável a sua atração pelas mulheres, ou não afetava em nada sua heterossexualidade, uma vez que considerava o sexo como mero trabalho profissional.

Igualmente imerso em seus pensamentos, Gustavo tinha duas grandes preocupações. A primeira girava em torno da discussão que provavelmente teria com o pai quando as compras que realizara para Tássia fossem descobertas. A segunda, bem mais complexa, fazia-o pensar em seu relacionamento com a namorada. Amava Tássia com toda a força de seu coração, mas algo parecia estar se desencaixando nos últimos tempos. Queria que seu filho se desenvolvesse com todo o bem-estar possível e achava justo que Tássia lhe fizesse certas exigências, no entanto, ela parecia estar exagerando. No dia anterior, pedira que ele lhe arranjasse dez mil reais, pois queria reformar um quarto vago em sua casa para dispô-lo ao bebê. Ela não achava que ainda era cedo demais para isso, pois queria pintar as paredes, trocar a porta por outra com motivos infantis, comprar um berço, uma cômoda e outros acessórios que seriam necessários.

— Saiba que esse dinheiro é só para o início, meu amor — ela lhe dissera, pouco antes de começar a peça de teatro para a qual a convidara. — Como vou comprar tudo do bom e do melhor, esse valor se tornará uma bagatela. E como sua situação financeira é melhor do que a minha, sinto lhe dizer que é sua obrigação providenciar tudo.

— Esse dinheiro é praticamente tudo o que guardei no último ano.

— Aí já é um problema seu. Não quer que nosso filho nasça num ambiente desconfortável, feio e abandonado, certo?

Gustavo não viu outra saída a não ser concordar com o pedido. Na manhã seguinte, ele pegou todo o dinheiro que tinha guardado em casa, separou os dez mil reais e entregou-os a Tássia assim que saiu da faculdade. Ela mal conteve a alegria, enchendo-o de beijos. Seguindo à risca as instruções que recebera da mãe, terminaram a tarde amando-se no quarto do rapaz.

***

O tempo seguiu seu curso. Em uma manhã de sexta-feira, havia uma agitação fora do comum na escola de Maria Júlia. Um grupo teatral fora contratado pela diretora para apresentar aos alunos uma produção de *cosplay*[1]. Todos os atores estavam fantasiados de personagens fictícios da cultura pop japonesa, relacionados com *games*, animes e mangás, as clássicas histórias em quadrinhos desenhadas no estilo nipônico.

Todos os alunos do sexto ano do Ensino Fundamental ao terceiro ano do Ensino Médio estavam sentados em cadeiras plásticas enfileiradas no amplo pátio do colégio. Um palco improvisado fora montado próximo à sala do grêmio estudantil, onde logo mais os atores se apresentariam. Aquela moda virara febre entre muitos jovens brasileiros, e a expectativa dos alunos era grande, até porque aquilo representaria uma hora a menos nas salas de aula.

Como sempre acontecia, Maria Júlia e Naema estavam sentadas uma ao lado da outra e perceberam quando uma pequena confusão se formou duas fileiras atrás. Indiara e seu grupo de amigas haviam expulsado dois rapazes das cadeiras, porque elas queriam se sentar juntas. A linda negra, respeitada por todos e que causava pânico na maioria, mascava seu chiclete, demonstrando ar de tédio.

A apresentação durou em torno de cinquenta minutos. No palco, adultos vestindo fantasias muito coloridas, que representavam personagens com superpoderes, e usando diálogos afiados e muito bem ensaiados conseguiram a atenção da plateia e interagiam com os alunos de vez em quando. Ao término da peça, foram aplaudidos de pé entre gritos de bis!

Enquanto os atores se dispersavam, Indiara e as amigas levantaram-se de seus lugares e começaram a distribuir um envelope cor-de-rosa

---

1 Abreviação de *costume play* (do inglês, costume; traduzido como "fantasia" ou "figurino", e *play*, traduzido como "jogo" ou "dramatização").

para cada aluno. Quando os professores se deram conta e tentaram intervir, a tragédia já havia acontecido.

Risadinhas insidiosas, murmúrios debochados e olhares maliciosos surgiram de repente. De alguma forma, dois dos envelopes foram parar nas mãos de Naema e de Maria Júlia. Quando elas abriram e checaram o conteúdo, sentiram o coração parar. Por muito pouco, Maria Júlia não desmaiou.

Ali havia várias fotos das jovens em dias e situações diferentes. Em todas, as duas estavam se beijando. Com horror, viram a si mesmas no Ibirapuera, namorando sob uma árvore frondosa, abraçadas nos fundos do teatro onde ensaiavam para a peça, sentadas no colo uma da outra na Praça do Pôr do Sol, sempre com os lábios unidos e as mãos entrelaçadas. E ainda havia outras, em que elas apenas caminhavam juntas, como duas boas amigas.

— Vocês queriam emoção, pessoal? — Indiara levantou-se de seu lugar, calçando suas botas de imenso cano rosa. Estourou uma bola de chiclete e aproximou-se dos lugares em que as meninas estavam. As inseparáveis amigas a seguiram como cordeirinhos. — Que tal a descoberta de que as duas são lésbicas? Aposto que ninguém sabia disso.

Naema tremia como se queimasse de febre. Aquilo chegaria aos ouvidos dos pais, que a matariam quando soubessem. Maria Júlia, igualmente assustada, parecia menos nervosa do que a namorada. Sabia que cedo ou tarde seriam descobertas, mas não esperava que fossem expostas perante todos.

— Conte pra gente, queridas — Indiara sorriu para Maria Júlia —, como é ser sapatão! Revelem algumas curiosidades sobre o sexo entre vocês, se é que já aprenderam a fazer.

Mais risadinhas espocaram aqui e ali. Duas professoras apareceram e tentaram conter Indiara, que as ignorou por completo. Sabia que era temida por todos graças à influência de seus pais.

— Foi divertido segui-las. — Indiara formou outra bola com o chiclete. — Minhas amigas me ajudaram algumas vezes. Não me importei nem um pouco em gastar dinheiro com as impressões e os envelopes. Queria que o serviço ficasse perfeito. — A bola de chiclete estourou e desapareceu na boca da jovem. — Sempre achei estranha a amizade entre vocês duas, que ficavam grudadinhas como dois pedaços de ímã. Minha inteligência aguçada me fez perceber que havia algo errado aí e, quando as segui, não me restaram dúvidas. As duas são namoradinhas. Isso não é lindo, pessoal?

— Respeite sua colega, Indiara! — repreendeu a professora, que já recebera ordens da direção de que não deveria punir a adolescente com severidade, ou os pais dela poderiam acabar com a reputação do colégio.

— Respeitar as lésbicas? Por qual motivo eu faria isso? — Virou-se para os demais alunos, que aguardavam sentados. — Alguém aqui curte gays? Ou é homossexual? Digo isso, porque meus pais são evangélicos e sempre me ensinaram que isso é obra do demônio.

Ela sabia que havia outras pessoas como o casal de namoradas, mas que obviamente não se revelariam. Enquanto o medo e a vergonha se transformavam aos poucos em uma forte onda de raiva, Maria Júlia também se levantou. Não havia mais nada a perder, além da pouca dignidade que lhes restavam.

— Seus pais devem ser duas amebas, que não percebem que o demônio está na pele da própria filha! — rebateu Maria Júlia, tremendo de raiva.

O silêncio se fez.

Indiara ficou séria, aturdida durante alguns segundos. Nunca fora afrontada por ninguém daquela maneira, muito menos diante da escola inteira. Quem aquela lésbica infeliz pensava que era?

— O que foi que você disse? — Indiara colocou ambas as mãos em concha atrás dos ouvidos. — Quer repetir?

— Será que, além de chata, esnobe, preconceituosa e insuportável, você também é surda? Nós duas nunca tivemos problemas, portanto, quero que continue me deixando em paz. Respeite a mim e a Naema, se quiser ser respeitada.

A audácia de Maria Júlia era tão surpreendente que os alunos começaram a ficar de pé, prontos para assistir a uma briga entre as duas. Sabiam que Indiara e suas súditas massacrariam o casal de namoradas.

— Maria Júlia, por favor, não diga mais nada — implorou Naema, apavorada. — Não piore a situação. Ela e as amigas são perigosas. Já bateram em várias pessoas na saída da escola.

— Não tenho medo dessa vagabunda, que se considera a melhor só porque os pais são políticos. Aposto que são corruptos.

A professora que estava mais próxima tentou intervir, mas Indiara avançou sobre Maria Júlia como um trem-bala. Tinha de colocar aquela menina em seu lugar ou seria desmoralizada para sempre perante todos. Se bancasse a ridícula, jamais voltaria a ser a líder.

Abriu a mão com os dedos bem afastados e preparou o tapa. Maria Júlia, contudo, foi mais rápida e sentou uma bofetada no rosto de Indiara, seguida por outra, que jogou a encrenqueira sobre duas meninas.

As amigas da jovem tentaram ajudar, porém outros professores já a estavam acudindo, contando com a ajuda de dois inspetores.

Um verdadeiro caos instaurou-se. Os alunos começaram a gritar, incentivando a confusão, ávidos para verem trocas de socos e puxões de cabelos. Um dos inspetores agarrou Maria Júlia pelo braço, enquanto Indiara esfregava as duas bochechas, proferindo toda sorte de palavrões. Naema também foi amparada por uma professora.

— Está doendo, amiga? — perguntou uma de suas seguidoras, enquanto Indiara era arrastada para a diretoria.

— O que acha?! — ela berrou furiosa. — Isso está queimando mais do que o fogo do inferno!

Quando todos sumiram rumo à diretoria, as quatro amigas fiéis de Indiara não contiveram a gargalhada. O riso espalhou-se pelos outros alunos, que sempre sonharam em ver a garota mais detestada da escola levando o que merecia.

CAPÍTULO 32

No momento em que a diretoria comunicava o ocorrido aos pais das alunas envolvidas na confusão e os convocava a comparecer com urgência à escola, três espíritos trajando roupas brancas contemplavam o grupo de seres escuros e inferiores, que se divertiam a um canto do pátio da escola.

A crescente violência nas escolas é um fato que tem preocupado pais e alunos. Além do problema das drogas, cujo acesso é crescente em muitas instituições de ensino, principalmente nas públicas, ocorre também a questão do *bullying*, quando uma pessoa ou um grupo de pessoas escolhe um indivíduo para humilhá-lo de forma repetitiva, usando alguma característica física ou orientação sexual e isolando-o, o que muitas vezes resulta em depressão, falta de motivação, baixa autoestima, redução no desempenho escolar, síndrome do pânico e, na pior das hipóteses, até em suicídio. Em muitos casos, há o envolvimento de força física, violência psicológica ou ainda da maledicência e da exposição difamatória.

Indiara e seu grupo de amigas formavam um time que causava verdadeiro terror por onde passava. Adoravam esnobar, ofender e humilhar outros alunos, porque sentiam prazer em vê-los sentir medo ou simplesmente se render ao pranto exaustivo. Apesar das reclamações dos pais dos alunos vítimas de *bullying*, que muitas vezes transferiram os filhos para outra escola, a diretora fazia vista grossa para algumas situações. Se ela conferisse na ficha de matrícula que o aluno humilhado era bolsista, até dava graças a Deus quando a transferência se efetivava. Se o aluno fosse pagante integral da matrícula, ela se comprometia a orientar os alunos envolvidos para que aquilo não voltasse a ocorrer.

O que ninguém sabia era que, naquela escola em especial, havia a interferência de um grupo de espíritos que motivava aquelas situações, tornando-as corriqueiras. Gostavam de ver o circo pegar fogo e torciam para que os alunos chegassem às vias de fato. Notando que o grupo de Indiara era o mais propenso a brigas e confusões, colavam-se às meninas, incentivando-as a atacarem os alunos mais calados e sensíveis, criando verdadeiras situações de pânico e horror, que nem os professores conseguiam conter por meio de constantes projetos sobre violência escolar.

Os espíritos de luz ali estavam para tentar convidá-los a seguir para locais onde seriam submetidos a alguns tratamentos, para que tivessem condições de continuar sua jornada em cidades astrais mais elevadas, até que chegasse o momento de reencarnarem novamente. Já haviam tentado em outras ocasiões, sem obter, contudo, qualquer sucesso. As criaturas, presas à matéria, davam valor às brigas e aos atritos que eles mesmos ajudavam a causar, por isso recusavam-se a sair dali.

Há também interferência espiritual em outras escolas, sempre de acordo com a afinidade do corpo discente. Alguns espíritos das trevas procuram os alunos para lhes incutir ideias sobre os benefícios das drogas, dos furtos, da violência contra outros colegas ou contra os próprios professores. Paralelo a eles, há também os mentores e amigos astrais que auxiliam na tarefa contrária, sempre tentando demover seus protegidos de escolherem caminhos que possam levá-los ao sofrimento.

Apesar da influência espiritual positiva ou negativa, tudo ocorre de acordo com as escolhas de cada um. Geralmente, crianças ou adolescentes que sofrem *bullying* reencarnam justamente para valorizar o corpo e a si mesmos, aprendendo a se amar em primeiro lugar. Provavelmente, já haviam se abandonado em encarnações passadas, recusando-se a se aceitar do jeito que nasceram e apagando a luz interior. Em outras situações, os alvos de *bullying* precisam, desde pequenos e com o apoio dos pais, aceitar suas características físicas e psicológicas, que são fundamentais para seu aprendizado. Quando cada ser humano compreender como respeitar sua individualidade, parar de se comparar aos outros e colocar-se em primeiro lugar, as energias se transformarão de tóxicas a saudáveis, atraindo pessoas boas e alegres para seu redor. Todo mundo tem o mesmo potencial e precisa aprender a usá-lo. É a energia de cada um que atrai para si ou afasta de si toda sorte de pessoas. Se os pais apoiassem os filhos, ensinando-lhes determinados valores sobre a vida e não apenas protegendo-os, mas ressaltando a importância de eles mesmos se tratarem com carinho, atenção, respeito e amor, essas pessoas nunca seriam alvo de ninguém, porque nem mesmo os espíritos ignorantes podem interferir em suas escolhas. Quando o padrão energético muda, esses espíritos automaticamente se afastam, tal qual as sombras somem quando a luz aparece. A opinião dos outros a respeito de alguém interessa somente a eles, porque não reflete a realidade de cada um.

Quando Inácio chegou em casa trazendo Maria Júlia, que estava mergulhada no mais completo silêncio desde que saíram da escola, ele exigiu da filha uma explicação:

— Não se bate em uma colega a troco de nada. A diretora me contou que a tal menina expôs você e Naema a uma situação ofensiva e pessoal. Quero saber que situação foi essa, já que ela pediu que perguntasse a você.

— Eu gostaria que Naema estivesse aqui para conversarmos juntos. E, se possível, os pais dela também.

Ambos conversavam na sala de estar. Alcione apareceu rapidamente e, notando que o clima estava tenso, ofereceu-lhes um refresco, que os dois recusaram. A governanta voltou para a cozinha e logo se colocou em prece.

— É tão grave assim? — inquiriu Inácio. Por um momento, pensou que Maria Júlia também estivesse envolvida com drogas. Se a polêmica fosse essa, ele entraria em desespero.

— Envolve minha vida particular com Naema. É um segredo nosso, que eu já não aguento mais esconder.

Inácio assentiu, imensamente preocupado. Estava atendendo dois clientes no escritório, quando a diretora da escola entrou em contato para lhe falar sobre a briga na escola, exigindo sua presença lá. Embora fosse um pai ausente, Inácio não se lembrava de Maria Júlia ter se envolvido alguma vez em confusão, ou Débora o teria colocado a par.

Viu quando Maria Júlia telefonou para a casa de Naema, que prometeu ir até lá com os pais. Eles chegaram em menos de uma hora. A mãe de Naema era uma mulher encorpada, com pele clara, cabelos escuros e estava muito bem-vestida. O pai também era elegante, tinha a mesma idade de Inácio, ombros largos, cabelos e olhos castanhos. Como todos já se conheciam graças à amizade entre as filhas, Inácio convidou-os a se sentarem e foi direto ao assunto:

— Hoje, tivemos de ir à escola porque minha filha e uma garota discutiram até brigarem. Maria Júlia a agrediu fisicamente, e eu ainda não sei o motivo disso. Naema não se envolveu diretamente na confusão, mas parece ter sido vítima da garota encrenqueira.

— Naema não quer nos contar o que está acontecendo. — O pai dela a fitou com desgosto. — Nunca nos escondeu nada, e não estamos gostando disso.

— É por isso que os chamei aqui — replicou Inácio. — Maria Júlia disse que há um segredo entre elas, que passou da hora de ser revelado.

— Maria Júlia, não diga nada... — Naema uniu as mãos como se fosse rezar.

— Cansei de esconder, de fingir para os outros o que não somos. Nossos pais devem saber de tudo.

— Deveríamos ser transferidas, porque não vou aguentar tanta humilhação se continuarmos lá. — Naema começou a chorar. — Indiara se vingará de nós.

— Ela não fará nada, porque certamente está com medo de mim. Não quer correr o risco de ser exposta ao ridículo de novo. É briguenta, mas não é burra. Posso lhe dar essa certeza. — Sorriu Maria Júlia, sentando-se ao lado da namorada para lhe segurar as mãos.

— Vão nos contar o que está se passando aqui ou não? — Inácio indagou em tom grave.

— Muito bem. — Sentindo-se encorajada graças ao toque macio das mãos de Naema, Maria Júlia revelou: — Nós duas somos namoradas.

Reações diversas aconteceram. A mãe de Naema empalideceu. O pai dela piscou atordoado. Inácio simplesmente arqueou uma sobrancelha.

— Não contamos nada, porque essa não é uma informação que possa ser dita com tanta facilidade. No começo, nós duas não sabíamos direito o que estava acontecendo, até que passamos a prestar mais atenção aos nossos sentimentos e descobrimos que estávamos apaixonadas uma pela outra. — Maria Júlia sorriu novamente. — Eu a amo e sei que ela me ama também.

— Vocês estão brincando? — A mãe de Naema parecia prestes a se debulhar em lágrimas. — São praticamente duas crianças ainda.

— Não somos mais crianças. — Como se quisesse dar o golpe final, Maria Júlia disparou. — Até já fizemos sexo!

Sem dar tempo aos adultos de cobri-las de perguntas, a esperta menina revelou todos os detalhes. Contou como as duas haviam iniciado o namoro, falou sobre o primeiro beijo e a primeira relação íntima. De fato, quando uma ia à casa da outra, estudavam juntas, mas também se entregavam ao sexo sempre que se viam sozinhas. Disse que havia muito tempo elas perceberam que não sentiam nenhum interesse pelos meninos, pois os consideravam chatos, traidores, sempre fedendo a suor após um jogo de futebol. Falaram também sobre a forma como Indiara as seguira, as fotos que ela tirara e sobre como a garota as expusera para a escola inteira.

Ethan, que acabara de chegar da escola, escutou parte da narrativa da irmã e ali ficou. Ao ver o menino imóvel atrás do sofá, Inácio, que ainda estava um tanto chocado, pediu que ele subisse, pois a conversa era particular.

— Tudo bem! Eu já sabia que elas namoravam. Quando viajamos, eu as vi se beijando dentro da sauna do hotel. — E, rindo como um menino peralta, ele subiu as escadas correndo, pulando os degraus de dois em dois.

Trêmula, Naema soluçava. Já Maria Júlia só conseguiu rir do comentário do irmão.

— O que seu irmão falou é verdade? — questionou Inácio, com a impressão de que os filhos nunca foram realmente sinceros com ele.

— É a mais completa verdade. Eu só não sabia que ele havia descoberto, porque nunca me contou nada. Para vocês verem como estamos ficando descuidadas.

— Minha filha, isso não é um assunto com o qual se deve brincar. — Inácio fitou-a com seriedade ao falar.

— E quem está brincando aqui? Tudo o que nós queremos é ser felizes. Não temos esse direito?

— Treze anos — lamentou o pai de Naema. — Essa é a idade de vocês.

— A gente sabe disso, pai — Naema manifestou-se finalmente, com a voz muito trêmula. — Achamos que vocês não iriam nos aceitar. Para a sociedade, gostar de uma pessoa do mesmo sexo é feio, nojento e pecaminoso. Dizem até que Deus castiga.

— Eu nunca acreditei nisso. — Reforçou Maria Júlia. — Não falam que Deus é pura bondade e que abençoa toda forma de amor? A gente se ama, então, por que Ele nos desprezaria, já que ama todos os Seus filhos sem preconceito?

Ninguém conseguiu responder às questões da menina, que sequenciou:

— Nós duas também somos fruto da criação divina, que nunca erra. Então, somos perfeitas do jeito que nascemos e com nossas particularidades. Se Deus é justo, por que ser homossexual é pecado? Se ele nos deixou escolher o que queremos para nossa vida, por que sou obrigada a me casar com um homem? Somente porque, antigamente, isso era visto como o correto? Eu seria infeliz e viveria deprimida, deixando meu marido insatisfeito também. É o que você quer para mim?

Ela desviou o olhar para Inácio, que sacudiu a cabeça para os lados. Por um lado, estava um tanto abalado com aquela descoberta, mas, por outro, sentia o peito explodir de orgulho. Maria Júlia falava como uma mulher adulta, revelando muita sabedoria, maturidade e segurança ao se expressar. Nunca percebera o quanto a filha era inteligente. Ouvindo-a ali, defendendo o fato de namorar outra menina, viu uma versão mais jovem de Débora, cheia de si, astuta e decidida, dona de suas vontades.

— Por favor, só queremos ser felizes — murmurou Maria Júlia, quase como se fosse um pedido sincero e profundo.

— O que vocês pensam a respeito de tudo isso? — Inácio voltou-se para os pais de Naema, que estavam abraçados no sofá, em um gesto de conforto mútuo. A mãe dela havia parado de chorar. O pai, apesar de um tanto estarrecido, não parecia furioso.

— Se proibirmos as duas de se verem ou mesmo de conversarem, creio que dariam um jeito de fazerem isso às escondidas. — O pai de Naema levantou-se e olhou para a filha com carinho. — Sempre achei que vocês formavam uma linda dupla. Admito que não é o que eu esperava para o futuro de Naema, porque sempre sonhei com netos... Enfim, vocês têm minha bênção, apesar de achar que ainda são muito novinhas para pensarem em relacionamento sério.

— Quando formos maiores de idade, adotaremos uma criança — comunicou Maria Júlia emocionada. — Já conversamos sobre isso. Vocês serão avós.

— Concordo com meu marido. — A distinta senhora também ficou de pé. — Nunca fui uma mulher preconceituosa e detesto as pessoas que o são. Eu as vejo como vulgares, intolerantes e mal-amadas. Acredito que toda forma de amor seja válida. Concordo com Maria Júlia quando disse que Deus não erra nem cria imperfeições. Espero que sejam muito felizes juntas, porque eu as amo muito.

Desta vez, até Maria Júlia começou a chorar. Naema, que sempre temeu a reação dos pais, não podia acreditar que eles a aceitariam do jeito que era. Tudo aquilo era tão lindo que mais parecia ser um sonho, do qual não queria acordar.

— E você, papai? — Maria Júlia preparou-se para ouvir um sermão. Inácio mudara muito nos últimos tempos, porém não conhecia a opinião dele acerca da homossexualidade. Nunca entraram no assunto, porque ela temia se revelar demais.

Ele estava muito sério, com a expressão fechada. Andou calmamente até parar diante da filha e finalmente sorriu, abrindo os dois braços.

— Como pôde achar que eu seria contra seu namoro? Eu a amo do jeito que Deus a criou, com todas as suas qualidades e todos os seus defeitos, se é que existe algum. Contem com meu apoio sempre, porque para mim só a sua felicidade importa. E agora, me dê aqui um abraço apertado, minha querida!

Maria Júlia rendeu-se ao pranto, enlaçando Inácio com força. Naema fez o mesmo com os pais dela, e a emoção foi geral. Alcione, que havia se mantido afastada logo que percebeu a gravidade do assunto, decidiu entrar em cena, empurrando um carrinho que continha chá, café e biscoitos amanteigados.

— Elas são namoradas, acredita? — Inácio informou à governanta, com um sorriso meio bobo nos lábios, o que fez todos caírem na risada.

— Que vocês sejam muito felizes — desejou Alcione, contente pelas meninas.

— Se a garota voltar a criar confusão com vocês, podem me chamar, porque eu mesma darei uns tabefes na cara dela! — prometeu a mãe de Naema, arrancando novas risadas.

A tempestade chegou, desabou e finalmente se foi. O perigo passou, e Maria Júlia sentiu que uma tonelada saíra de cima de seus ombros. Agora não havia mais segredos. Nada mais de fingir que eram apenas amiguinhas, quando se amavam verdadeiramente. Se alguém na escola as insultasse, saberia como colocar a pessoa em seu devido lugar.

Experimentava pela primeira vez o gostinho da liberdade, da aceitação, do respeito, da compreensão e, principalmente, do amor incondicional.

CAPÍTULO 33

O mês de setembro chegou, trazendo chuva e as belezas da primavera. Os pássaros pareciam mais alegres, e as árvores desabrochavam, exibindo com graça e orgulho suas flores coloridas e vistosas.

Ethan não pensava em nada disso quando desceu do ônibus. Estava tão furioso que era capaz de esmurrar o nariz de alguém. Tudo porque Zack tivera a petulância de lhe telefonar na noite anterior, para falar que gostaria de se encontrar com ele para que tivessem outra relação. O rapaz nem sequer mencionara as fotos dessa vez. Se o imbecil pensava que ele se transformaria em um garoto de programa, estava muito enganado. Nem por um gordo pagamento se renderia aos prazeres pervertidos daquele mané.

Como sempre, Zack aguardava-o dentro de seu carro escuro. Ethan esforçou-se para dissimular a raiva que estava sentindo. Pensara bastante sobre tudo o que vinha acontecendo em sua casa e achava que era hora de dar um basta naquele trabalho, se é que poderia chamar aquilo de trabalho. Pela primeira vez, notou que Inácio estava muito diferente do homem que ele conhecia até pouco antes de a mãe ir embora. Não ficava mais pendurado no celular por horas ou com o rosto colado à tela do *notebook*. O pai que morava agora em sua casa sentava-se à mesa todos os dias com os filhos, durante o café da manhã e o jantar, para conversarem sobre o dia de cada um. Ele falava e sabia ouvir também. Ria e contava coisas engraçadas. A cada dia, Ethan surpreendia-se com Inácio, sentindo que a afinidade entre eles se estreitava.

A notícia da homossexualidade de Maria Júlia fora bem aceita por Gustavo, que não via problema algum de a irmã namorar outra menina. O jovem precisava se preocupar com seu relacionamento com Tássia, que caminhava aos tropeços, de um jeito que já não o agradava como antes, pois ela agora sempre estava lhe pedindo algo.

Enquanto Zack dava partida no carro, Ethan lembrava-se de como fora difícil, nos dias que se seguiram à descoberta da família, resistir à vontade de fumar maconha. Quando a vontade vinha com força, ele tomava um energético, jogava vários chicletes na boca e forçava-se a pensar em outras coisas. Passou a evitar contato com seus amigos usuários, porque as roupas deles exalavam o odor da planta, e Ethan não queria saber de nada que o fizesse consumi-la de novo. Os outros garotos, percebendo que Ethan estava diferente e decidido, taxaram-no de careta e, aos poucos, desistiram dele.

Por sorte, Ethan havia experimentado a cocaína uma única vez, logo, seu organismo sofria apenas de abstinência da maconha. Os primeiros quatro dias foram os piores. Ele sentia insônia, falta de apetite e náuseas. Irritava-se facilmente, passando por picos de alteração de humor. Sentia-se muito ansioso, procurando distrair sua mente com outros assuntos pelo celular. Nas semanas seguintes, as crises foram enfraquecendo, e agora eram raras as ocasiões em que o desejo de fumar o consumia. Dentro de mais alguns dias, tornaria a visitar Tuca. Ele pagaria ao traficante, se recusaria a aceitar novos produtos que lhe fossem oferecidos e, sem causar atritos, desapareceria de lá para nunca mais voltar.

Agora, precisava livrar-se de Zack.

Desta vez, Ethan prestou bastante atenção ao percurso que fizeram para chegar ao estúdio. Tinha certeza de que conseguiria chegar lá por conta própria, a partir do ponto de ônibus em que descia. Zack teceu alguns comentários sobre o clima e, ao estacionar, salientou que seu cliente ficara maravilhado com as fotos em que Ethan estava nu.

— Depois que terminarmos o que você veio fazer, poderíamos, se quiser, tirar outras fotos. Serão pagas à parte. — Destacou Zack com seu largo sorriso nos lábios.

Assim como era uma tarefa sobre-humana resistir às drogas, era difícil para Ethan controlar-se e não deixar que a ganância ganhasse forma. Pediria um aumento da mesada ao pai, se fosse necessário, mas não se deixaria vencer pela ambição sem limites.

— Bem, vamos descer. — Quando Zack virou o corpo para abrir a porta, Ethan o cutucou no braço.

— Não vou sair daqui — determinou o menino com voz segura.

— Como disse? — O costumeiro sorriso de Zack desapareceu.

— Não quero mais trabalhar para você. Vim aqui para lhe dizer isso pessoalmente, porque você foi bom comigo e não merecia ouvir minha demissão por telefone.

— Por que mudou de ideia?

— Porque não gosto de homens, sexualmente falando. Não tenho namorada, mas, quando eu tiver, será uma linda menina. Terei prazer em fazer sexo com ela. O que nós tivemos foi forçado. Admito que senti nojo em vários momentos.

Ethan falava naturalmente, sem perceber a frieza que surgia nos olhos azuis de Zack.

— E agora vai desistir? Nem quer que eu continue a fotografá-lo?

— Não. Pesquisei na internet e não gostei do que vi. Fotos de nudez de menores de idade são proibidas. Seus clientes não devem ser boa coisa. Cuidado com eles, hein? — Ethan desprendeu o cinto de segurança. — Foi muito bom conhecer você, Zack. Espero que encontre outros meninos que o interessem.

Quando Ethan tentou abrir a porta para descer, a trava automática foi acionada.

— Ei, por que trancou a porta?

Ao se virar para brigar com Zack, viu a lâmina brilhante que surgira do nada. O fotógrafo, segurando o cabo da faca com firmeza, esticou o braço e encostou-a na garganta do menino, cujo rosto perdeu toda a cor.

— Acho que você não sabe com quem está se metendo, sabia? Meus clientes podem não ser coisa boa e justamente por isso se tornam bastante perigosos quando contrariados. Gostaram muito de você e não aceitarão sua demissão.

— Por favor, pare — balbuciou Ethan desesperado.

Os vidros do carro estavam fechados e eram escuros o bastante para que os pedestres ou outros motoristas não se dessem conta do que estavam acontecendo lá dentro.

— Não me custa nada passar essa faca por sua linda gargantinha. Sabia que já fiz isso antes? — A expressão de Zack era assustadora agora. — Depois que transei com um delicioso garotinho de sua idade, descobri que ele estava gravando tudo pelo celular. Na certa, queria mostrar a alguém. O corpo foi encontrado em uma desova.

— Você é um pedófilo, além de ser um assassino nojento! — A voz de Ethan soava aguda e desafinada.

— É... será uma pena cortar seu pescoço. E você está meio desinformado. Só é considerada pedofilia a relação sexual com menores de quatorze anos e sem o consentimento dos pais. Geralmente, quando um adulto se envolve com crianças ou pré-adolescentes. Eu não curto assim, pois são muito infantis. Aliás, nunca o obriguei a transar comigo. Você tem quinze anos e fez tudo por livre e espontânea vontade.

— Você divulgou minhas fotos sem roupa para pessoas desconhecidas e pagou para ficar comigo. Isso é prostituir um menor de idade.

— Cale essa boca, desgraçado!

O grito fez Ethan encolher-se. Percebendo que estava sendo corroído pelo medo, Ethan jogou sua última cartada, porque sabia que Zack era realmente capaz de cumprir sua promessa.

— Você não vai me matar... e sabe por quê? Contei tudo ao meu pai. Ele é advogado, um dos melhores da cidade. Virá para cá com a polícia. Já memorizei seu endereço. — O garoto repetiu o caminho que percorrera, mostrando uma confiança que estava longe de sentir.

Desta vez, foi Zack quem ficou lívido. A faca que segurava tremeu um pouco.

— Não acredito em você, moleque ordinário.

— Pague para ver. Você pode até me machucar com essa faca, mas com certeza irá para a cadeia. Veja o que compensa mais. Deixe-me ir embora e fuja daqui enquanto tem tempo.

Zack sabia que não teria muito tempo para pensar. Ethan poderia estar falando a verdade ou não. Se a polícia o capturasse, todos os seus negócios seriam destruídos. E era muito bem remunerado por pessoas importantes para colocar tudo a perder.

A melhor alternativa seria deixar aquele garoto infeliz ir embora. Teria de abandonar seu estúdio até ter certeza de que a polícia não faria uma batida por lá. Se ninguém aparecesse, descobriria que Ethan havia mentido. Porém, embora ele fosse lindo e fotogênico, não valia a pena arriscar sua liberdade. Poderia montar seu estúdio em outro lugar, encontrar garotos da idade que desejasse e começar tudo outra vez. E não estava nem aí se a lei o considerava um pedófilo, afinal, quem se importava com rótulos no país da corrupção?

Zack baixou a faca e destravou a porta.

— Vá embora! Você perdeu a grande chance de sua vida. Poderia se tornar um cara rico, sabia?

— Seu dinheiro é sujo e me arrependo do que ganhei.

— Cuidado com quem anda, menino. Nunca se sabe se você não está sendo seguido...

Apesar de estremecer, Ethan abriu a porta do carro e saiu correndo, sem olhar para trás. Nunca fora dado a orações, mas agradeceu a Deus por ter escapado com vida. Assim que chegasse em casa, contaria tudo ao pai. E rezou para que Inácio pudesse, mais uma vez, compreender suas razões.

****

Um médico jovem, de sorriso fácil, estava visitando Débora em seu quarto. Levara para a paciente o resultado de seus últimos exames, para que ela acompanhasse a situação em que a doença se encontrava. Era a responsável por si mesma e, desde sua internação, sempre fora informada de seu quadro clínico.

— A quimioterapia tem surtido efeito — anunciou o médico com animação. — Seus exames mostram que o câncer, que se originou no pâncreas e se espalhou para outros órgãos, como intestino e fígado, está regredindo visivelmente. Não foram encontradas novas metástases. Se continuar assim, você estará curada em breve.

Aquela foi a melhor notícia que ela poderia ter recebido em semanas. Muito emocionada, Débora não se conteve e abraçou o médico.

Assim que estivesse sozinha, telefonaria para casa a fim de contar as boas notícias à família. Desde a visita do marido e dos filhos, conforme prometera, ligava diariamente para conversar com eles. Percebeu que as crianças pareciam mais alegres, o que a deixava igualmente feliz. Provavelmente, isso também colaborava para sua recuperação.

Assim que o médico saiu, Débora fechou os olhos e agradeceu a Deus pelo que considerava ser um grande milagre.

★★★★★

— Nós precisamos conversar — exprimiu Ethan, ofegante, assim que voltou para casa e encontrou o pai conversando com Alcione na cozinha. — Assunto particular. Desculpe, Alcione.

— Sem problemas, querido. — Ela sorriu para o menino. — Espero que você esteja bem.

Era evidente que ele não estava. O rosto muito pálido e suado, os lábios ressecados e os olhos com um brilho estranho por trás dos óculos mostravam claramente que algo grave estava acontecendo. Notava-se que Ethan correra, porque estava com a respiração descontrolada.

Pouco depois, pai e filho entravam no escritório de Inácio. Com a porta fechada e uma expressão de curiosidade no rosto, Inácio perguntou:

— O que houve? Você me parece assustado.

— Tentaram me matar há pouco.

O coração de Inácio descompassou, e suas feições endureceram.

— Como assim? Você voltou a procurar o traficante sem que eu soubesse?

— Não, pai, não foi ele. — Já que não havia outra maneira de contar o que acontecera sem deixar o pai transtornado, Ethan não fez rodeios: — Foi Zacarias, mais conhecido como Zack. Trata-se de um fotógrafo.

— E quem é esse sujeito?

— Pai, você precisa me entender, por favor. Não quero que brigue comigo pelo que vou contar. Sei que errei e muito, mas lhe peço que não me julgue.

Os olhos de Ethan estavam vermelhos, prontos para verterem lágrimas. O medo da reação do pai também o incomodava muito, mais até do que quando fora flagrado consumindo drogas.

— O que você fez, meu filho? Quem é esse tal de Zack?

— Eu o conheci na comunidade, em uma das vezes em que fui comprar os baseados com o Tuca. Estava no mesmo ônibus que eu. Conversamos um pouco, e ele me ofereceu um emprego. Disse que eu poderia ganhar muito dinheiro.

— Em que você se meteu dessa vez? — censurou Inácio, receoso do que estava por vir.

— Eu o procurei. Juro que, de alguma forma, fiz tudo para atingir você. Eu estava com raiva, não acreditava que você realmente mudaria, que passaria a nos dar atenção. Eu o culpava pela partida da mamãe. Além disso, ganhar dinheiro fácil me despertou sentimentos bem ruins. Fiquei ganancioso, pois só queria ganhar mais e mais.

Com poucas palavras, Ethan falou sobre as fotos, que, a princípio, foram somente de peças íntimas. Depois, foi preciso que ele estivesse excitado e, por último, completamente nu. O garoto chorava e soluçava, quando narrou a relação íntima que tivera com Zack.

— Aquele dinheiro que você encontrou com as drogas foi o que recebi dele. Eu menti dizendo que era minha mesada acumulada. Pretendia ganhar muito dinheiro para que sempre pudesse comprar os bagulhos de Tuca, sem ter de usar minha mesada. Era a forma mais fácil de ganhar dinheiro sem muito esforço. Então acabei descobrindo que os tais clientes de Zack são pessoas perigosas.

Inácio também chorava e reuniu forças suficientes para argumentar:

— Você se envolveu com uma máfia de comercialização de fotografias de menores de idade em situação de nudez. Isso é crime. Logo mais, ele certamente iria lhe pedir que gravasse um filme pornográfico, porque há pessoas que se comprazem assistindo a crianças e adolescentes em situações que remetem a sexo.

— Eu o chamei de pedófilo, e ele quase me matou. Chegou a encostar uma faca em meu pescoço. Nunca passei tanto medo na vida.

— Pelo menos você usou preservativo? Ele pode ter lhe passado alguma doença.

— Usei, sim. Mas isso não muda nada, pai. Estou tão arrependido...

— Você sabe onde fica esse estúdio em que tirava as fotos?

— Sim, consegui memorizar o itinerário. Ele sempre me dizia que gostava de sigilo, já que sua empresa não era legalmente registrada.

— Tudo papo-furado, no qual você caiu direitinho. Ele agia assim, com tanta discrição, para não ser descoberto pela polícia. O que ele faz é ilegal, Ethan. Vamos agora mesmo a uma delegacia para prestarmos queixa.

— Ele fugiu.

— Não importa. Se a polícia encontrar provas no local onde as fotografias foram tiradas, talvez consigam rastreá-lo.

— Zack contou que já matou um menino da minha idade. Não sei se é verdade.

— Se for, a polícia terá um motivo a mais para manter esse cara enjaulado por muito tempo.

Quando Inácio fez menção de se levantar, Ethan o deteve pelo braço.

— Por favor, me perdoe.

— Quando conversamos da última vez, você me prometeu que jamais me esconderia outros segredos. Sabia que sua irmã e Naema eram namoradas e mesmo assim me omitiu isso também. Agora, ainda descubro que você se expôs em troca de dinheiro. Bastava me pedir que eu aumentaria o valor de sua mesada. Por que continuou mentindo para mim?

— Porque sou um covarde. É isso que eu sou. — Ethan chorava.

Inácio segurou-o pelo queixo, obrigando-o a levantar o rosto e olhá-lo.

— Há mais alguma coisa que eu não saiba? Você guarda outros segredos?

— Juro que não. Pode acreditar em mim, pai. Não há mais nada que você não saiba. Por favor, acredite em mim. Só preciso do seu perdão.

Que alternativa havia para um pai que amava o filho a não ser perdoá-lo por suas atitudes tortuosas? Por isso, Inácio simplesmente abraçou Ethan, enquanto choravam juntos. Ali permaneceram por alguns minutos. Quando se separaram, Inácio beijou-o na testa, e o adolescente soube que fora perdoado.

— Vamos agora mesmo à delegacia, Ethan. Esse sujeito precisa ser detido.

O delegado ficou satisfeito com a denúncia, dizendo que Zack era procurado havia quase dois anos, desde que uma rede de comércio ilegal de fotos e vídeos de menores de idade começou a se espalhar do Brasil para o mundo. Se Zack fosse detido, tinham certeza de que conseguiriam prender os outros, pois arrancaria dele todas as informações possíveis. Com o endereço dos estúdios em mãos, o delegado anunciou que seguiriam para lá imediatamente e elogiou Ethan por ter contado a verdade ao pai.

CAPÍTULO 34

Só havia uma única diversão capaz de distrair Inácio de tantos problemas envolvendo os filhos e ela se chamava Márcia. A loira sensual, belíssima, bem-humorada e compreensiva, com quem vinha se relacionando secretamente nas últimas semanas, precisava se aproximar de seus filhos. Às vezes, ele tinha a impressão de que continuava sendo um péssimo pai, já que só descobria os segredos dos adolescentes quando não havia mais como escondê-los. Pensava que Gustavo também deveria ter os seus, já que continuava namorando aquela moça da qual ele não gostava nem um pouco.

Tinha certeza de que outra presença feminina na casa, que inspirasse a confiança dos filhos, era fundamental. Enquanto Débora não voltava — ele conversava com a esposa todos os dias e, uma vez que estava sendo infiel, sentia-se culpado quando a ouvia falar de sua esperança com relação à cura da doença —, Márcia poderia conversar com o trio, oferecendo sua amizade, se eles assim o desejassem.

Inácio agendou um almoço para a última sexta-feira de setembro. Não foi trabalhar naquele dia para ajudar Alcione nos preparativos. Contou à governanta que traria uma amiga para almoçar e que a apresentaria aos filhos. Pela indisfarçável empolgação que ele exibia, Alcione fez alguns apontamentos mentais, que guardou para si mesma.

Como sempre, Gustavo convidara Tássia. Apesar de não simpatizar com a futura nora, Inácio não fez objeção. Maria Júlia também chamara Naema. Assim que as duas meninas, além de Ethan, chegaram da escola, Inácio reuniu todos os filhos na sala:

— Hoje, teremos uma visita especial durante o almoço. Trata-se de Márcia, uma empresária bem-sucedida. É uma grande amiga minha e está ansiosa para conhecê-los.

— Ela é bonita? É solteira? — interessou-se Maria Júlia, com a testa franzida.

— Sim, para as duas perguntas. Contudo, não é o que vocês estão pensando. Amo Débora, que isso fique bem claro. Quero que a conheçam antes de tirarem suas conclusões.

Ethan deu de ombros. O pai fora tão compreensivo com ele em suas últimas conversas que o garoto não se achava no direito de condená-lo. Inclusive, aumentara sua mesada em trezentos reais, o que era o máximo. A cada dia, gostava mais de Inácio.

Como sempre, Márcia foi pontual e chegara no horário que combinara com Inácio. Para a ocasião, optou por calça jeans, blusa verde e larga, que mostrava parte de seus ombros bronzeados, e sapatos de salto alto. Não queria soar chamativa para que os filhos de Inácio não ficassem muito ouriçados e brigassem com o pai. Sabia que era possível que eles a vissem como uma substituta da mãe.

Inácio recebeu-a na porta com um discreto beijo no rosto e conduziu-a pelo braço até a mesa posta, em que os demais a aguardavam. Tão logo a viu, Alcione não gostou dela. Sentiu uma energia sufocante e densa, que a deixou arrepiada. Maria Júlia também fechou a cara. Então aquela era a amiguinha do pai, com aquele jeito de prostituta?

— Esta é Márcia, a amiga de quem lhes falei. E estes são meus filhos, Gustavo, Ethan e Maria Júlia. Aquela moça é Tássia, namorada de Gustavo, e esta é Naema, amiga da minha filha.

— Namorada. — Provocou Maria Júlia sendo petulante de propósito. — Eu sou lésbica, sabia?

— Não, eu não sabia. — Sorriu Márcia, sentando-se no local que lhe fora indicado.

Inácio lançou um olhar de repreensão para Maria Júlia, que fingiu não perceber.

Tássia não conseguia tirar os olhos dos brincos verdes que a visitante usava. Se a mulher tinha dinheiro, aquelas pedras com certeza eram esmeraldas. Virgínia desmaiaria se tivesse brincos como aquele. Lembrou-se de que deveria pedir mais dinheiro a Gustavo assim que fosse possível, pois os dez mil reais que ele lhe dera já haviam desaparecido nas mãos de sua mãe, que continuava pedindo mais, como uma leoa faminta.

— Seus filhos são lindos, Inácio — elogiou Márcia, buscando angariar a simpatia de cada um. — Todos são muito parecidos com você.

— Obrigado. Eles são minha maior riqueza.

Alcione começou a servir a comida. Assim que Márcia experimentou, revirou os olhos fingindo um prazer que estava longe de sentir. Olhou para a governanta:

— Querida, sua comida é um espetáculo! Nunca experimentei nada tão delicioso.

— Obrigada. — Foi a única resposta de Alcione, que continuou seu trabalho.

— Aqui você faz de tudo? — indagou Márcia, que já percebera que a mulher não simpatizara com ela. — Lava, passa, cozinha, limpa e mantém a casa em ordem? Deve ganhar um salário invejável por desempenhar tantas funções.

— Ganho o suficiente para satisfazer às minhas necessidades — replicou Alcione. — Quanto ao meu trabalho, amo tudo o que faço aqui. Nada como amar de verdade aquilo que fazemos, não é? Quando não há amor, tudo não passa de mera ilusão.

Sem esperar por resposta, Alcione afastou-se na direção da cozinha.

Com um sorriso doce nos lábios, Márcia pensava: "Velha maldita, desgraçada!".

— Meu pai disse que você é empresária... qual é seu trabalho? — perguntou Gustavo.

— Tenho uma butique — ela não mencionaria Sarah nem o que ocorrera com ela. Rezava para que sua sócia estivesse sendo assada como um churrasquinho nas profundezas do inferno. — Há roupas lindas lá, masculinas e femininas. Todos vocês deveriam me fazer uma visita com Inácio. Cada um poderá escolher uma peça, como um presente de minha parte.

— Jura? — Os olhos de Tássia acenderam-se como lâmpadas. — Vamos, amor?

— Podemos ver isso — confirmou Gustavo.

A campainha tocou, e Márcia virou-se para Inácio.

— Está esperando visitas?

— É o correio entregando correspondências — avisou Alcione, retornando da cozinha e seguindo até a porta. Voltou logo depois trazendo alguns envelopes. — Quer olhar as cartas agora? — ela indagou ao patrão.

— Coloque-as aqui. — Ele bateu num espaço vazio ao lado do prato. — Vou abri-las assim que terminar de comer.

— Então, você é solteira, Márcia? — Maria Júlia olhava-a com sarcasmo. — Nunca teve filhos?

— Nunca quis me envolver com ninguém. Não gosto de relacionamento sério. Por isso, as pessoas podem até pensar mal de mim e de seu pai por nos verem juntos, mas estão perdendo tempo. Somos grandes amigos e nada mais. Aliás, rezo pela saúde da mãe de vocês. Quero muito conhecê-la quando ela voltar para casa.

Em pensamento, Inácio agradeceu a Márcia por aquela justificativa. Isso serviria para desmistificar qualquer ideia maliciosa que brotasse na mente dos filhos a respeito deles.

— Você está certa. Meu pai ama a mamãe — alfinetou Maria Júlia. — Nunca a trocaria por uma qualquer, nem que fosse a melhor prostituta de São Paulo.

— Filha, por favor, respeite a visitante.

— Márcia sabe que não estou me referindo a ela. — Maria Júlia focou os olhos em Márcia. — Afinal, vocês dois são apenas grandes amigos.

A menina viu quando um fogo surgiu nos olhos cor de café de Márcia. Foi algo muito rápido e que logo desapareceu. O olhar da loira voltou a transparecer serenidade.

— Eu não torceria pelo contrário — retrucou Márcia. — Quando um casal se ama, ninguém tem o poder de interferir, a menos que eles permitam.

Percebendo que o assunto estava ficando perigoso, Inácio deu-lhe outro rumo. Falaram sobre o curso de Gustavo na faculdade, sobre a gravidez de Tássia e sobre a esperança de todos de que Débora retornasse para casa.

Assim que a sobremesa foi servida, Inácio, distraidamente, começou a abrir as cartas. Conversava alegremente, quando, de repente, algo lhe chamou a atenção. À medida que lia, seu rosto empalidecia. Quando colocou o papel sobre a mesa, olhou furioso para Gustavo.

— Que compras são essas em meu cartão, que foram feitas durante nossa viagem? Tem ideia do valor absurdo que veio para eu pagar?

— Pai, tem certeza de que vamos falar sobre isso na frente da sua amiga? Não estrague nosso almoço — pediu Gustavo, receoso com a bronca que levaria.

— Você já estragou meu dia com essa notícia. Isso é verdade? — Ele pegou a fatura do cartão e a chacoalhou. — Para quem comprou tudo isso?

— Para Tássia e para mim.

— Você estava com meu filho e não fez nada para tentar impedi-lo de cometer esse desatino? É tão maluca quanto ele? — Rugiu Inácio para Tássia.

— Deixe-me ver isso. — Num gesto rápido, Márcia arrebatou-lhe a fatura. De fato, o valor era altíssimo, mas Inácio estava reclamando à toa, já que tinha dinheiro suficiente para pagar aquela conta sem necessidade de escândalo. Por outro lado, precisava mostrar-se condescendente com Gustavo. Valeria a pena angariar a simpatia do filho mais velho, já que a idiota da caçula não gostara dela. — Inácio, pelo que vejo aqui, seu filho usou seu cartão adicional para comprar presentinhos para ele e para a namorada.

— E gastaram essa fortuna toda?

— Sabe como são os jovens. Além disso, as compras foram parceladas. Não precisa ficar tão nervoso.

— Sei que errei por não o avisar, pai — atalhou Gustavo. — Saiba que vou pagar a dívida com minha mesada. Enquanto não me formo, vou ver se consigo algum estágio remunerado em minha área, para ter meu próprio dinheiro.

— Está vendo como tudo se resolve, querido? — Márcia sorriu para Inácio e ganhou um olhar de gratidão da parte de Tássia.

— Que isso nunca mais aconteça, está me ouvindo? — ralhou Inácio. — Compre os presentes que sua namorada quiser, desde que não sejam tão caros. Nem ela nem o bebê precisam de coisas luxuosas.

Tássia pensou em xingar o sogro de mão de vaca e fominha, mas desistiu, pois sabia que isso só o enfureceria ainda mais com ela. Gustavo olhou para Márcia e a agradeceu silenciosamente pelo apoio.

Ethan limitava-se a comer em silêncio, assim como Naema. Maria Júlia continuava encarando Márcia com cara de poucos amigos. Quando finalmente terminaram a refeição, ela anunciou que iria embora:

— Foi um prazer conhecê-los. Inácio tinha razão quando dizia que seus filhos eram maravilhosos.

— Obrigado. Também gostamos muito de você. — Devolveu Gustavo.

— Fale isso por você. — Soltou Maria Júlia entredentes.

Márcia assoprou um beijo para Gustavo, que riu um tanto encabulado. Inácio acompanhou-a até a garagem e só voltou quando ela já havia partido em seu carro.

— Que papelão, hein? — ele reclamou assim que parou diante da mesa. — Gustavo me enganando com compras exorbitantes e me fazendo passar vergonha na frente da moça. Maria Júlia aproveitando qualquer oportunidade para ofender Márcia, que nada lhe fez.

— Eu lhe peço desculpas, pai, mas você passou vergonha porque quis. — Gustavo levantou-se e segurou Tássia pela mão. — Ninguém o mandou abrir as cartas na hora do almoço.

Dando o assunto por finalizado, subiu para o quarto levando Tássia consigo.

— Essa mulher parece uma garota de programa de luxo — criticou Maria Júlia. — Pela forma como ela o olhava, tenho certeza de que está dando em cima de você.

— Márcia respeita meu casamento com sua mãe.

— Duvido. Ela é uma interesseira. Percebi isso só pelo jeito como ela olhava para a decoração da casa, sem dizer nada. Você me decepcionaria muito se traísse a mamãe.

Repetindo a atitude do irmão, Maria Júlia, muito nervosa, subiu para o próprio quarto, sendo seguida por Naema.

Sozinho com o filho do meio, Inácio olhou para Ethan.

— Vai me criticar também?

— Não estou falando nada, pai. — Sorriu o menino. — Estou calado como um cadáver. Com licença!

Inácio ficou sozinho à mesa, pensativo. Mais uma vez, descobrira que um de seus filhos guardava segredo. Gustavo nada lhe falara sobre as compras, e Inácio tinha certeza de que foram feitas a pedido de Tássia. Quantas verdades secretas ainda descobriria? Haveria um dia em que os três realmente confiariam nele?

Quanto a Márcia, ele tinha certeza de que Maria Júlia estava exagerando. A reação desagradável da menina fora causada por ciúmes e nada mais. Convencido disso, ele começou a tirar os pratos da mesa, para adiantar o serviço de Alcione.

*****

Gustavo ainda estava chateado quando fechou a porta de seu dormitório. Jogou-se na cama de cara feia. Sabia que Inácio explodiria quando soubesse dos gastos, mas não esperava que ele fizesse isso diante de todos, principalmente da desconhecida que ele trouxera para almoçar.

— Seu pai é muito grosseiro. — Tássia deitou-se ao lado de Gustavo e começou a acariciar-lhe os cabelos. — Onde já se viu fazer tanto drama por causa de umas coisinhas? Quem o ouvir falar, pensará que você me comprou uma mansão no Morumbi.

— Ele tem razão. Eu menti, escondi a verdade. Deveria ter falado no mesmo dia em que compramos as coisas. Mas minha preocupação era rever minha mãe.

— Seu pai não gosta de mim. Já percebi isso.

— De novo esse assunto, amor? Já falei que isso é coisa da sua cabeça.

— Não é. Ele me olha estranho, como se estivesse com raiva de mim. Não reparou nos olhares de acusação que ele me lançava? Fiquei até assustada.

— Acho que ele ainda não assimilou a ideia de que será vovô.

Gustavo mostrou um sorriso amarelo. Tássia não achou graça. Ainda brincando com os cabelos dele, lembrou:

— Sabe aquele dinheiro que você me deu para reformar o quarto do nosso filho? — ela se referia aos dez mil reais que Gustavo lhe dera. Ele praticamente havia esvaziado seu cofre e agora estava sem um tostão. — Não será suficiente.

— Como não? Você disse que saberia aproveitar bem o dinheiro.

— Comprei tudo da melhor qualidade, por isso acabou rápido.

— E quando poderei ver como ficou?

Tássia já havia pensado naquilo. Obviamente, ela não estava decorando nenhum quarto. A jovem entregara todo o dinheiro para a mãe, que pulou de alegria ao conferir o valor. No entanto, Virgínia disse que era pouco e que Tássia precisaria conseguir quantias maiores. Somente assim, a família poderia sair do fundo do poço e retornar com louvor às altas rodas da sociedade paulistana.

— Terá que conter um pouquinho a ansiedade. — Ela beijou-o nos lábios. — Só poderá ver o quarto quando tudo estiver pronto.

— E de quanto você ainda acha que vai precisar? Meu dinheiro acabou, e, depois do que aconteceu hoje, meu pai não vai me emprestar nenhum centavo.

Tássia também já tinha uma resposta pronta para aquele argumento. Virgínia era uma mulher inteligente, que já deduzira tudo o que Gustavo poderia dizer quando abordasse aquele assunto.

— Uns cinquenta mil seriam suficientes — murmurou enquanto o beijava.

— O quê?! — Gustavo deu um pulo e sentou-se. — Você pirou, amor? Não arranjaria toda essa grana nem se assaltasse um banco!

— Não precisa chegar a esse ponto. Pode conseguir um empréstimo com seu pai. Tenho certeza de que ele tem essa quantia no banco.

— E que justificativa eu daria para conseguir esse valor?

— Completarei dezoito anos na semana que vem e vou tirar a carteira de motorista. Diga a ele que você quer o dinheiro para me presentear com um carro. Não é indicado que uma gestante ande a pé ou de condução. Quer que nosso filho nasça deficiente?

— Eu não deixaria de amá-lo se isso acontecesse.

Virgínia não a instruíra quanto àquela resposta. Isso não estava nos planos delas.

— E acho que um bom pré-natal ajudará nosso filho a se desenvolver de forma saudável. Se mesmo assim ele nascer com algum problema, eu o amarei muito, porque será o fruto do nosso amor — concluiu Gustavo.

— Está dizendo isso para não comprar o carro para mim?

— Há algumas concessionárias que vendem bons veículos usados. Podemos pesquisar os preços e tentar convencer meu pai a financiar um para você.

— Você diz que me ama, que quer o melhor para mim e deseja me enfiar em uma carroça velha, com milhares de quilômetros rodados? — Tássia cruzou os braços e fez beicinho. — Achei que eu merecesse um bom carro zero quilômetro.

— Conheço muitas mulheres gestantes que nunca tiveram carros, sempre andaram a pé ou de ônibus, e nem por isso seus filhos tiveram problemas. Amor, você está sendo muito dramática, sabia?

— Estou sensível. Compreenda isso, por favor. — Ela fez algumas caretas tentando simular um choro. Como as lágrimas não compareceram, desistiu. — Só quero o melhor para mim. Com esses cinquenta mil, eu compraria um veículo simples, embora novo, e ainda sobraria dinheiro para terminar a reforma do quarto do nosso bebê. Ele terá um lindo cantinho, até que possamos nos casar e morar em nossa própria casa.

— Repito, Tássia, não tenho como arrumar esse dinheiro. Sou menor de idade e não posso pedir empréstimo ao banco.

— Tenho uma ideia — que também lhe fora sugerida por Virgínia. — E se você transferisse esse dinheiro da conta do seu pai diretamente para a da minha mãe?

— Ele não autorizaria.

— De fato, não. E se você descobrir as senhas dele e solicitar uma transferência *on-line*? Depois que a transação for concluída, você avisa ao seu pai para que não haja novos conflitos. E poderá pagá-lo aos poucos, assim que conseguir um emprego. Eu mesma vou ajudá-lo a quitar as dívidas, pois também quero trabalhar assim que nosso filho estiver mais crescidinho.

Para não dar muito tempo para Gustavo pensar, Tássia começou a deslizar a língua pela garganta dele, porque sabia que isso o deixava louco de desejo. Ele, por sua vez, pensou que, se fizesse o que ela lhe pedia, seria o mesmo que roubar o próprio pai. Todavia, se avisasse Inácio da transferência no dia seguinte, comprometendo-se a pagar a dívida aos poucos, talvez o pai não esbravejasse muito. Faria o que Tássia desejava, pelo bem dela e do bebê que nasceria.

— Tudo bem. Não sei se será fácil conseguir as senhas dele, mas prometo tentar.

Ainda seguindo a cartilha da mãe, Tássia intensificou as provocações. Logo depois, estavam entregues à paixão, completamente esquecidos do restante do mundo.

Naquela noite, depois que todos dormiram, Gustavo foi ao escritório do pai e acessou seu *notebook*. Abriu o site do banco e, quando as senhas foram solicitadas, começou a vasculhar gavetas e arquivos. Sabia que o pai não tinha boa memória para números, por isso tinha quase certeza de que ele as anotara em algum lugar.

Sorriu satisfeito quando encontrou o que procurava em uma das agendas. Estava ali, bem simples, na letra S. Inácio escrevera "senha" seguida do símbolo do cifrão. Tinha que ser aquilo. Digitou o código e conteve um grito de empolgação quando acessou a conta do pai. Ao conferir o saldo, percebeu que ele realmente possuía muito mais de cinquenta mil. Ali estava o resultado de anos de trabalho árduo e constante, que quase destruíra toda a família.

Gustavo digitou a conta de Virgínia, que lhe fora fornecida por Tássia, e respirou fundo assim que a operação foi efetivada. Assim que amanhecesse, contaria tudo ao pai, antes que ele descobrisse por si mesmo.

CAPÍTULO 35

Na manhã seguinte, um sábado, assim que o dia clareou, Ethan saltou da cama, passou pela cozinha, serviu-se de um iogurte e de uma fatia de bolo, deixou um bilhete preso à porta da geladeira avisando ao pai para onde iria e ganhou a rua. Nos bolsos, levava apenas o RG, o bilhete do ônibus e o dinheiro que pagaria a Tuca. Finalmente, o dia de rever o traficante havia chegado. Teria que usar de toda a sua força de vontade para resistir a qualquer insistência do criminoso. E, caso encontrasse pessoas fumando maconha, prenderia a respiração para não cair em tentação.

Enquanto aguardava o ônibus, não percebeu que sua avó passava por ali dentro de um táxi. Silvinha estava a caminho do salão de cabeleireiros, onde era atendida havia anos, sempre às sete da manhã. Gostava de começar o dia estando bonita e arrumada, já que pagava bem por isso.

Com seus olhos de águia, que enxergavam à grande distância tudo o que a interessava, gritou quando viu Ethan no ponto:

— Freiaaaaaa!

— O que é isso? — O motorista, que brecara em um gesto automático, olhou para trás zangado. — A senhora quer me matar de susto?

— Pare um pouquinho aí. Estou vendo meu neto no ponto.

— Devemos chamá-lo?

— Ainda não. Quero saber aonde ele vai tão cedo.

— Talvez a algum curso. Existem vários que funcionam aos sábados. — Ignorando a sessão de buzinada que se formou, o taxista alertou: — Não posso ficar parado aqui, porque essa faixa é proibida. Quer que eu seja multado?

Não foi, contudo, preciso aguardar muito. Ethan entrou no primeiro ônibus que passou. Silvinha esticou o braço e apontou para frente.

— Siga o ônibus!

— A senhora não estava indo ao salão de beleza?

— Não ouviu o que eu disse? Siga aquele ônibus e não me faça perguntas que não lhe dizem respeito.

Se não estivesse precisando tanto de um dinheiro extra, já que seu filho caçula estava adoentado e carecia de remédios caros, teria jogado Silvinha para fora do carro. Mulherzinha irritante!

O ônibus chegou ao seu ponto final dentro de um terminal. Por sorte, os passageiros desembarcaram na primeira plataforma. O táxi parou do lado de fora, de forma que Silvinha conseguiu acompanhar o neto, assim que ele saltou do ônibus. Viu quando o garoto percorreu uns cem metros e entrou em um micro-ônibus desta vez.

— Sabe para onde aquela miniatura de ônibus está indo?

— Para a periferia. Aliás, já estamos nela.

Silvinha estremeceu, mas ordenou ao taxista que continuasse seguindo Ethan. Percorreram cerca de vinte minutos, quando o micro-ônibus tomou um desvio para dar início à subida de um morro, repleto de casas com tijolinhos aparentes, que pareciam prestes a despencar lá de cima.

— A senhora vai me desculpar, mas não vou continuar.

— E posso saber o porquê?

— Conheço a fama dessa comunidade. É uma das mais violentas de São Paulo. Os bandidos, que certamente já estão nos vigiando, chegam a disparar contra veículos desconhecidos. Não vou correr risco de morte nem dar chance para que me roubem meu táxi. Preciso dele para trabalhar. Tenho filhos pequenos.

— Covarde! Medroso! Será que pode pelo menos ultrapassar essa porcaria de ônibus anão, para que eu possa pegá-lo no ponto da frente? Preciso descobrir o que meu neto veio fazer nessa imundície. Essas coisas provam a incapacidade do meu genro. Sempre falei que Débora fez uma péssima escolha ao se casar com aquele energúmeno.

O motorista, que desconhecia as pessoas mencionadas, fez o que ela lhe pediu. Acelerou assim que o micro-ônibus parou em um ponto no quarteirão da frente.

— Pague logo minha corrida, senão não pegará o ônibus a tempo.

— Tome aí seu dinheiro! — Ela atirou-lhe algumas cédulas, quase vinte reais a mais do valor da corrida. — E não encha mais a minha paciência!

Como estava apressada, Silvinha abriu a porta e correu para o ponto, esticando o braço para dar o sinal. Jamais andava de ônibus, muito menos em uma lata de sardinha com rodas como aquela. Tudo pelo bem-estar do seu neto querido.

Uma mulher negra e corpulenta, com cara de poucos amigos, subiu primeiro, quase derrubando Silvinha ao passar. Quando ela subiu os degraus, descobriu que deveria pagar a passagem ao motorista, que exercia também a função de cobrador.

— Quanto custa essa porcaria? — exigiu saber.

— O preço está aí na placa. — Bufou o motorista. — Não sabe olhar, não?

— Sabia que é por isso que odeio a pobreza?

— E eu odeio trabalhar aos fins de semana, no entanto, estou aqui. A senhora não tem bilhete para idosos?

Silvinha ficou indignada. Sacou uma cédula de dez reais e mal fez questão de conferir o troco. Assim que cruzou a catraca, avistou Ethan, que estava sentado sozinho nos últimos assentos. Ele a reconheceu desde que a viu entrar no ônibus e começar a discutir com o motorista. O que sua avó estaria fazendo ali?

Silvinha sorria para Ethan, agarrando-se às barras de ferro para chegar até o neto. O micro-ônibus virou abruptamente em uma curva, e ela perdeu o equilíbrio, quase caindo sentada sobre a negra que entrara com ela.

— Ei, vai mesmo se sentar em meu colo, tiazinha? — Rugiu a passageira.

Silvinha disfarçou a careta de nojo, sentindo vontade de puxar os cabelos da mulher. Pediu-lhe desculpas e finalmente conseguiu se sentar ao lado do neto.

— A senhora é a última pessoa que eu esperava encontrar aqui. O que faz na periferia?

— Eu o segui, desde perto de sua casa. Quero saber o que veio fazer nessa favela. Seu pai sabe que está aqui?

— Eu saí antes que ele acordasse. Vim quitar uma dívida.

— Dívida? Aqui? — Silvinha tinha os olhos esbugalhados. — Para quem está devendo? Estamos no fim do mundo! Essa porcaria de ônibus sacode tanto que meus pulmões foram parar nas pernas.

— Se não está satisfeita, desça, madame metida! — gritou a negra lá da frente, que conseguiu ouvir as reclamações de Silvinha. — E se voltar a chamar minha quebrada de favela, arrebento sua fuça.

— Acha que tenho medo de você? — debochou Silvinha. — Cão que ladra não morde, minha filha.

Isso bastou para que a mulher se levantasse de seu assento, com os punhos fechados e os olhos chispando. Percebendo que Silvinha estava prestes a ser massacrada, Ethan também ficou de pé e anunciou:

— Por favor, não machuque minha avó. Ela nunca veio aqui e está assustada. Viemos falar com Tuca.

A simples menção ao nome do traficante foi o suficiente para que a passageira voltasse a se sentar. Silvinha mal conteve o alívio. Dali até o fim do trajeto, tentou sondar como estava a situação na casa de Inácio.

— Eu e meu pai somos amigos agora. Se eu tivesse seguido seus conselhos, vovó, teria me dado mal.

— Acredita mesmo que ele mudou? Se um dia Débora resolver voltar para casa, ele continuará trabalhando como um insano, deixando vocês de lado.

— Não acredito nisso. Ele está muito diferente, acredite ou não. Pare de perder seu tempo brigando com meu pai, porque desta vez irei defendê-lo.

Silvinha calou-se, tentando conter a raiva. O que Inácio teria feito para mudar a cabeça dos filhos daquele jeito?

— E quem é o tal de Tuca, que você diz que veio ver?

— A senhora deve voltar, vovó. Preciso vê-lo sozinho.

— Não sairei daqui sem você.

— Já estive aqui outras vezes, sempre desacompanhado. Não precisa se preocupar. O próximo ponto é o final. Assim que descermos, finja que não me conhece. Dê meia-volta e pegue o próximo ônibus para retornar ao terminal. De lá, consiga um táxi e vá para casa. Faça isso por mim.

— Eu já lhe disse que não.

— Aqui há olheiros. Eles se comunicam por rádio, quando notam uma pessoa estranha na área. Podem achar que a senhora é policial ou detetive. Eles são muito desconfiados, porque protegem o comércio das drogas. Todos andam armados.

Silvinha espantava-se mais a cada frase dita pelo menino. Queria saber como Ethan descobrira tudo aquilo. Sabia que ele tinha razão. Já ouvira falar que muitas comunidades eram agressivas, e o próprio taxista a alertara de que aquela, especialmente, era uma das piores.

Quando o micro-ônibus chegou ao ponto final, Ethan mostrou à avó onde ficava o ponto de retorno e despediu-se dela ali mesmo. Afastou-se a passos largos sem olhar para trás, pois só queria pagar Tuca e sair daquele lugar.

Ethan, contudo, não percebeu que Silvinha estava em seu encalço, andando o mais depressa que podia. A avó passou pelos olheiros, que acionaram seus rádios portáteis.

Assim que entrou na biqueira em que Tuca costumava ficar, Ethan gelou ao ver que o traficante o esperava com outros três comparsas. O criminoso abriu um sorriso ao ver o menino, porém seu sorriso se congelou ao deparar-se com Silvinha, que apareceu logo atrás, gritando:

— Ethan, você está envolvido com bandidos? Vou chamar a polícia agora.

Tudo aconteceu rápido demais. Assustado por achar que lhe armaram uma emboscada, Tuca e os outros homens sacaram seus revólveres e atiraram. Três balas atingiram Ethan, que tombou para trás. Um dos homens ainda teve sangue-frio o bastante para voltar ao corpo do garoto, revistar seus bolsos, encontrar o dinheiro que sabia que ele traria e desaparecer dali. Logo uma poça de sangue se formou ao redor do corpo inerte de Ethan. Silvinha só teve tempo de gritar quando outra bala passou de raspão por ela. Os traficantes já estavam fugindo, quando ela, ao ver o neto caído, provavelmente morto, viu tudo girar e perdeu os sentidos.

★★★★★

De dentro de um carro preto, com os vidros escuros, que alugara usando uma documentação falsa que recebera de presente de Dragão, Márcia aguardava, tamborilando os dedos enluvados sobre o volante. Estava parada na rua de Inácio, alguns metros antes da casa dele. Tinha de ser rápida para cumprir sua missão, largar o carro em qualquer lugar ermo, voltar para casa, trocar de roupa e ir à butique, como se nada tivesse acontecido. Certificara-se de que não fora seguida por aquela dupla de investigadores idiotas. De qualquer forma, estava disfarçada com uma peruca de cabelos pretos e curtos e grandes óculos escuros.

Em algum momento, a filha de Inácio sairia de casa e então a atropelaria. Depois, era só fugir, livrar-se do carro e dos disfarces.

Aquela era a melhor opção para se livrar daquela menina cretina, que ficara provocando-a o tempo todo durante o almoço, no dia anterior. Quando ela morresse, além de tirar um possível problema do caminho, teria um Inácio descontrolado, abalado e entristecido. E um homem sem controle, triste e abalado, era presa fácil para lhe dar o que desejasse. Pensava em arrancar dele um novo apartamento, muito maior e melhor do que aquele em que morava. Vinham se relacionando com frequência, mas, até o presente momento, tornar-se amante dele não fora nada lucrativo.

Márcia viu quando a governanta estúpida saiu da casa, provavelmente a caminho do mercado, e retornou meia hora depois trazendo sacolas plásticas nas mãos. Futuramente, também daria um jeito naquela velha que se vestia de forma tão ridícula.

Finalmente, Maria Júlia apareceu acompanhada da namoradinha. As duas não andavam de mãos dadas, mas caminhavam juntinhas como um casalzinho apaixonado! Que pena! A felicidade delas não duraria muito.

Girou a chave na ignição e preparou-se. Por trás das lentes escuras dos óculos, seus olhos despejavam ódio e maldade. Deu partida, dirigindo devagar, acompanhando os movimentos das meninas. Quando ambas fossem atravessar a rua, assim que o semáforo ficasse verde para elas, jogaria o veículo em cima das duas. Se a outra morresse também, paciência. Nem todos tinham sorte na vida.

No momento que as duas meninas colocaram os pés no asfalto para atravessarem a rua, Márcia arrancou, pisando com força no pedal. As jovens atravessavam distraidamente, aproveitando o movimento tranquilo do tráfego. Foi então que Maria Júlia jurou ouvir uma voz soprar em seu ouvido:

— Cuidado!

Ela olhou para o lado no momento que o carro estava a menos de três metros de distância das duas e teve tempo de vislumbrar uma mulher morena dirigindo. Agindo por impulso, jogou o braço contra o peito de Naema, derrubando-a para trás. Maria Júlia só conseguiu pular a tempo de a fuselagem do carro passar raspando por elas. O veículo não se deteve e seguiu em alta velocidade.

— O que foi isso? — Naema, toda dolorida em virtude da queda repentina, esforçava-se para se levantar.

Alguns pedestres, que testemunharam o ocorrido, se aproximaram.

— Uma doida quase nos matou! — Maria Júlia abraçou a namorada, olhando para as pessoas ao redor. — Alguém conseguiu anotar a placa do carro daquela maluca?

— Não deu tempo. Foi tudo rápido demais. Só vimos que se tratava de um Golf preto, com vidros escuros — explicou um rapaz, assustado com a cena que presenciara do outro lado da calçada. Por causa de um ou dois segundos, aquelas garotas poderiam estar mortas.

— Estamos bem, obrigada — informou Maria Júlia às pessoas. — Eu moro logo ali na frente. Assim que chegar em casa, avisarei a polícia.

— Polícia?

— Sim, Naema. Não percebeu que tentaram nos matar? Quem dirigia o carro não era uma motorista qualquer apressada. Esperou que atravessássemos a rua para passar por cima da gente com o carro.

— Não será necessário chamar ninguém! Veja!

Naema apontava para frente. Maria Lúcia estacou ao ver uma viatura parada diante de sua casa e sentiu o corpo gelar, além do frio que ainda a sacudia pelo que acabara de acontecer.

Já bem longe dali, Márcia gritava, furiosa. Seu plano falhara. Aquela menina era mesmo uma maldita. Conseguira evitar o atropelamento no último instante. Mas ela não perdia por esperar. Daria um jeito de se livrar da garota, do mesmo jeito que se livrara de outras pessoas que atrapalharam seu caminho.

Ruy encontrou sua parceira de trabalho com o rosto enterrado em uma pilha de relatórios. Admirava Helena, porque sabia o quanto a investigadora era metódica, exigente, competente e até um pouco perfeccionista com seu trabalho.

— Aceita um café? — Ele colocou uma xícara fumegante diante dela.

— Obrigada. Precisava mesmo de uma boa dose de cafeína. — Helena experimentou um gole e fitou Ruy por cima da borda da xícara. — Acho que encontrei o que procurávamos, pelo menos algo sólido para pegarmos aquela loira de farmácia e a colocarmos no lugar em que merece estar.

— Li seus últimos relatórios. — Ruy sentou-se na quina da mesa dela. — Neles, você apontou que ela só conseguiu um carro e dois imóveis relacionando-se afetivamente com homens casados.

— Sim. Pensei em intimá-los para prestar depoimento, mas refleti melhor e achei que isso poderia afugentá-la. Um deles acabaria dando com a língua nos dentes, e Márcia se precaveria. Vamos dar corda para que ela continue se enforcando, pois tenho certeza de que ela já tem outro amante de quem pretende arrancar até a cueca. Só preciso descobrir quem é esse homem.

— Ainda não temos nada que a ligue ao assassinato de Sarah.

— Por enquanto. — Helena empurrou os papéis que estava lendo na direção de Ruy. — Os pais dela morreram anos atrás, na Rodovia Anchieta. Estavam indo à praia, quando o carro derrapou e foi parar sob um caminhão. Ambos morreram na hora.

— Sim, já li isso nos relatórios anteriores.

— Mas não leu que os freios apresentavam estranhas avarias. Encontrei o laudo da perícia da época. Há uma observação que diz que os freios pareciam programados para falhar. Não sei por que o caso não foi aberto como uma possível investigação de homicídio.

— Você está querendo dizer que...

— Os pais dela não tinham inimigos, mas possuíam um pequeno seguro de vida que foi deixado para a única filha. Márcia sempre lhes deu orgulho. Mesmo assim, pelo dinheiro, que não era muito, acredito que ela desejava tirá-los da jogada. Talvez eles a incomodassem, fossem verdadeiras pedras no sapato dela. Depois da morte de Sarah e de toda a cena que ela armou para incriminar Dolores, mostrando-se, mais tarde, compadecida da funcionária pela prisão, tenho certeza de que ela é mais fria e perigosa do que parece.

— Precisamos trazê-la para cá. Durante um depoimento, se a pressionarmos bastante, ela vai abrir o bico e entregar o ouro.

— Duvido. Ela tem dinheiro e cérebro e usará as duas coisas a seu favor. Trará um batalhão de advogados, e ainda passaremos por incompetentes perante o delegado. Ainda não temos nada concreto para prendê-la, porém, se ela realmente deu cabo dos próprios pais, Márcia é capaz de tudo. Estamos lidando com uma assassina perigosa que pode...

— Com licença, senhores. — Um policial jovem e magro apareceu à porta da sala. — O delegado está solicitando sua presença. Conhecem um homem chamado Inácio Valentino?

— Não foi aquele que registrou uma denúncia contra Zacarias Santana, um dos braços da rede de tráfico de imagens de crianças e adolescentes? — Helena olhou para Ruy e novamente para o policial.

— Ele mesmo, senhora. Aconteceram duas coisas estranhas hoje de manhã. O filho dele foi baleado em uma comunidade da zona norte. Quase ao mesmo tempo, a filha foi vítima de uma tentativa de atropelamento. A motorista que dirigia um Golf preto fugiu sem deixar vestígios.

— Uma mulher? Suponho que esse Inácio Valentino seja um homem rico.

— Sim, senhora.

— Acabamos de encontrar o novo amante de Márcia — disse Helena para Ruy, antes de deixarem a sala.

CAPÍTULO 36

Desde que passou a estudar sobre a espiritualidade e a realizar trabalhos no centro espírita que frequentava para desenvolver sua mediunidade, Alcione nunca mais descartou qualquer sensação que tinha, fosse uma leve dor de cabeça, uma brisa singela, um arrepio no corpo ou um pensamento que surgia de repente e que ela sabia não ser seu. Sempre que se sentia angustiada, fechava os olhos e procurava conectar-se com a Divina Presença. Após a prece, sentia-se melhor e entregava tudo nas mãos de Deus.

Essas sensações incômodas vinham perseguindo-a desde que Márcia pisara naquela casa. Não tinha motivos aparentes para não gostar da amiga do patrão, entretanto, as energias carregadas que chegaram com ela deixaram Alcione de sobreaviso. Havia algo errado naquela mulher, algo que ela não apreciava.

As sensações permaneceram e só diminuíam um pouco quando Alcione se entregava aos seus momentos de oração. Sentia um aperto no peito, uma ansiedade estranha, como se algo de ruim estivesse para acontecer. Pedia aos espíritos amigos que acompanhassem Inácio e os filhos dele aonde quer que eles fossem. Também pedia pela recuperação da patroa, para que ela voltasse para casa o quanto antes. Foi por isso que Maria Júlia ouviu uma voz sussurrar a palavra "cuidado" ao seu ouvido, evitando o atropelamento. Os amigos espirituais estão sempre próximos, prontos a oferecer sua ajuda.

Tudo começou assim que Alcione despertou naquele sábado. Os pressentimentos ruins estavam mais fortes do que no dia anterior. Quando encontrou o bilhete de Ethan fixado na porta da geladeira, avisando que iria pagar a dívida ao traficante, correu ao quarto de Inácio e despertou-o às pressas. Suas mãos estavam frias, e gotas de suor haviam surgido em suas costas, o que raramente acontecia. Tinha certeza de que algo desagradável estava prestes a acontecer e narrou sua aflição ao patrão.

— Eu falei tantas vezes que não queria que ele fosse sozinho para aquele lugar — lamentou Inácio desesperado. — Eu poderia segui-lo a distância.

— O que houve, pai? — Com os cabelos em desalinho, Gustavo abriu a porta do quarto. Mal dormira a noite toda após a transferência secreta que fizera para a conta de Virgínia. Tinha certeza de que, desta vez, o pai não o perdoaria e estava disposto a lhe contar naquele momento, antes que Inácio soubesse por outras vias.

— Seu irmão foi ao morro procurar o traficante. E foi sozinho. Alcione está angustiada, e agora eu também estou.

— Ele não levou o celular? — inquiriu Gustavo.

— A primeira coisa que fiz, assim que vi o bilhete na porta da geladeira, foi telefonar a ele — informou Alcione. — O celular está desligado. Provavelmente, Ethan o deixou no quarto.

Maria Júlia também saiu do quarto. Naema dormira lá. Para que ninguém pensasse bobagem, haviam optado por dormir com a porta aberta.

— Pai, vou deixar Naema no ponto de ônibus e... o que aconteceu?

— O pai está nervoso porque Ethan foi procurar o traficante — respondeu Gustavo.

— Acho que não temos motivos para ficar assim — considerou Maria Júlia. — Ele já esteve lá outras vezes, sem que nenhum de nós soubesse. Sabe se virar sozinho.

— Minha irmã tem razão, pai. — Gustavo foi até Inácio e abraçou-o com força. — Vamos aguardar até que ele volte. Veremos que tudo não passa de preocupação boba.

Inácio assentiu. Alcione perguntou se eles queriam tomar café, mas, como se mostravam ansiosos demais, todos recusaram. Ela, então, avisou que iria se recolher. Na realidade, continuaria conectada com o astral, pedindo pela segurança de Ethan.

— Pode levar Naema ao ponto. — Inácio forçou um sorriso para a filha. — De fato, o desespero não nos ajudará em nada.

Pouco depois, Maria Júlia e Naema saíram, enquanto Inácio avisou que se trocaria para aguardar notícias de Ethan. Gustavo, que ainda estava sonolento, voltou para o quarto, onde Tássia, adormecida, o esperava.

Menos de quinze minutos se passaram, quando a campainha soou. Inácio, já penteado, vestido e com a barba feita, avisou a Alcione, que saíra da cozinha, que ele mesmo atenderia à porta. Seu coração estava aos saltos, e ele sentiu as pernas amolecerem ao se deparar com dois policiais fardados à porta.

— O senhor é o responsável por Ethan Valentino de Freitas? — inquiriu um deles.

— Sim. O que houve? Meu filho está bem, certo?

Alcione parou atrás de Inácio, levando uma mão ao peito. Antes que os policiais respondessem, Maria Júlia e Naema chegaram correndo, ambas pálidas e esbaforidas.

— Pai, tentaram nos atropelar! Escapamos por muito pouco.

A voz de Inácio sumiu na garganta. Eram informações demais para ele conseguir raciocinar e falar com clareza.

— Seu filho foi encontrado em uma comunidade na zona norte da cidade. Infelizmente, ele foi baleado e seu estado é grave. Com ele, foi encontrada uma mulher inconsciente chamada Silvia Freitas Albuquerque. Só conseguimos chegar ao senhor, porque havia seu endereço na bolsa dessa senhora.

Inácio sentiu que iria desmaiar. Uma falta de ar tão violenta apoderou-se dele que foi preciso que os policiais o amparassem. Maria Júlia entrou correndo, gritou para que Gustavo descesse e voltou à porta trazendo uma cadeira para que o pai se sentasse.

— Ele... — Um nó se formara em seu estômago. — Meu filho está vivo?

Era tudo o que lhe interessava saber, apesar de não ter certeza de que querer ouvir a resposta.

— Felizmente, sim. Ele levou três tiros, porém apenas um deles o atingiu em regiões vitais. Precisamos que o senhor nos acompanhe ao hospital imediatamente.

Começou para a família de Inácio um período de angústia, dor, pesar e muito sofrimento. Silvinha, assim que se recuperou do desmaio, encontrou Inácio no hospital e contou-lhe tudo o que acontecera, desde o momento em que começou a seguir o neto. Toda a máscara de orgulho e arrogância da mãe de Débora fora substituída por uma expressão de terror, remorso e preocupação, principalmente quando ela confessou chorando:

— Foi tudo culpa minha. Ele me pediu para não segui-lo, mas fui insistente. Estava preocupada com a segurança de Ethan.

Aquela era a primeira vez que Inácio via a sogra chorar de verdade. Ela não estava representando suas cenas dramáticas. Tinha diante de si uma avó desesperada com a situação que envolvia seu neto.

Silvinha, por sua vez, jamais esqueceria a expressão abatida e desfigurada de Inácio. Parecia que estava conhecendo o genro pela primeira vez. O que via ali era a representação da dor de um pai, que ama o filho com todas as forças de seu ser. Arrependeu-se de muitas coisas, de sempre ter sido tão crítica com ele, sentindo um prazer sádico de ofendê-lo e atormentá-lo, de ter perturbado a vida da filha durante todos aqueles anos de casamento para que eles se divorciassem e por ter colocado a vida de Ethan em risco. Se o neto morresse, jamais se perdoaria.

Todos aguardavam notícias na sala de espera do hospital, quando o médico responsável por Ethan conseguiu uma brecha no seu trabalho apenas para avisá-los de que o menino entraria em uma cirurgia nos próximos minutos. Uma das balas o atingira no ombro, a segunda na coxa e a terceira, mais preocupante, passara de raspão pela lateral da cabeça, próximo à orelha direita. O impacto do projétil ferira profundamente seu crânio, espalhando fragmentos de ossos pelo cérebro.

Inácio pouco falava, não comia e só chorava. Benjamim foi chamado e apareceu logo depois, trazendo Juju pela mão. Em respeito à situação, desta vez ninguém a viu mexendo no celular para postar fotos nas redes sociais. Gustavo abraçava-se a Tássia, e Maria Júlia soluçava no ombro de Naema. Alcione rezava. Laerte e Renata, sócios de Inácio, também compareceram. E, finalmente, Márcia chegou. Maria Júlia só queria saber como aquela mulher tivera conhecimento do ocorrido. Teve a resposta ao ouvir o pai dizer:

— Eu a chamei, porque precisava de um consolo.

— Mas a mamãe não foi avisada! — insistiu Maria Júlia furiosa.

— Porque ela está adoentada, querida. Se souber disso, pode piorar. — Baixando a voz para um sussurro, acrescentou em um tom que só a menina ouviu: — E não queremos dois enterros em sua família, certo?

Maria Júlia afastou-se dela com raiva. A expressão de Márcia mudou, assumindo um ar de pesar tão grande que parecia que Ethan era filho dela. Seus olhos logo estavam marejados, e seus lábios não paravam de tremer.

A espera foi longa. Márcia começou a fazer perguntas discretas a Inácio, tentando descobrir o que tinha acontecido e foi informada sobre o local em que Ethan estivera ao ser baleado, à procura de um traficante conhecido como Tuca. Falou brevemente sobre o vício do filho nas drogas e como ele havia conseguido superá-lo.

— Eu sabia que não deveria ter consentido que ele fosse sozinho — desesperava-se Inácio. — Meu Deus, o que será de mim se ele morrer?

— Não pense no pior, meu querido. Ele vai sair dessa. Acredite — consolou Márcia, em sua melhor atuação de mulher sofrida.

Ninguém prestava atenção às horas, por isso não souberam dizer quanto tempo se passou até que o médico aparecesse outra vez. Sua expressão estava pálida, resultado de tanto esforço e grande concentração na cirurgia de Ethan.

Inácio aguardou-o de pé, preparado para o que ouviria:

— A cirurgia foi bem-sucedida.

Aplausos, sorrisos nervosos, abraços trêmulos e suspiros de alívio foram vistos e ouvidos. O médico, contudo, não terminara de falar:

— Não sabemos se haverá sequelas, porque o paciente entrou em coma.

— Como assim? — Inácio sentiu uma bola de ferro na barriga. Sua cabeça estava latejando de dor.

— Ele não respondeu a nenhum dos nossos estímulos. Vamos aguardar até a eliminação total dos efeitos da anestesia em seu organismo.

— Ele está fora de perigo, doutor? — Silvinha saltou na frente de Inácio.

— Saberemos com mais exatidão amanhã, porém acredito que sim. Seu filho goza de excelente saúde, senhor Inácio. Isso o ajudou bastante.

— Podemos vê-lo? — Inácio quase suplicou.

— Tudo dependerá de como ele reagir. Se sair do coma, deixará a UTI e poderá receber visitas — completou o médico, que pediu licença a todos e voltou à sala de cirurgia.

Todos começaram a falar ao mesmo tempo, porém logo se calaram quando um casal surgiu ali. O homem era alto e forte, tinha cabelos grisalhos e pele negra. A mulher aparentava ter cerca de cinquenta anos, era bem magra, pequenina e bonita. Ambos mostraram os distintivos policiais a Inácio.

— Senhor Inácio Valentino? — Helena perguntou. — Podemos conversar por um instante a sós?

— Estou sendo preso? — Os olhos dele, já bastante apagados, pareceram perder o restante do brilho.

— Ele fez alguma coisa? — Márcia postou-se ao lado de Inácio, olhando desafiadoramente para a dupla de investigadores.

"Ele não, mas você sim, vadia", pensou Helena, olhando tão fixamente para Márcia que a loira foi obrigada a desviar o olhar.

Enquanto os policiais levavam Inácio, todos começaram a falar de novo, sem entender o que a polícia queria com o advogado. Márcia aproveitou-se da distração, correu para o lado de fora e procurou um telefone público. Inseriu o cartão na ranhura e aguardou que Dragão atendesse.

— Sabe que detesto atender a ligações de números desconhecidos. — Ela ouviu a voz dele, bonita, grave e máscula.

— Preciso de outro favor seu. Prometo que este será o último.

— Com certeza será. O que quer desta vez?

— Já ouviu falar de um traficante chamando Tuca? — Ela forneceu o nome da comunidade. — Disseram que ele atua nesse lugar.

— Claro. É um dos meus melhores revendedores.

— Ele acabou de atirar contra o filho de um amigo. Pessoas de boa índole, que não mereciam esse tipo de coisa.

— Por quê? Tuca não é violento. Se ele agiu assim, algo o motivou.

— Quero que apague esse traficante ainda hoje, se for possível.

— Entenda que não sou uma borracha, Marcinha.

— Era pra rir? Ouça, estou no hospital com o pai da vítima. Aqueles investigadores insuportáveis estão aqui e o levaram para fazer perguntas. Tenho certeza de que é a meu respeito. Estão na minha cola, e já não sei mais como despistá-los.

— E o que Tuca tem a ver com isso? Ele é um dos meus melhores funcionários.

— Totalmente substituível. Se ele aparecer morto, meu amigo se sentirá mais consolado, ainda que o filho não se recupere tão cedo. Trata-se de um homem importante, que, futuramente, pode vir a ser útil em seus negócios. Sabe que não lido com peixe pequeno. — Enquanto falava, Márcia olhava atentamente ao redor para se certificar de que não estava sendo vigiada.

— Nós temos uma dívida, está lembrada? Se eu fizer o que me pede, apesar do arrependimento que terei depois, vou cobrar esse preço. Sempre lhe falei isso.

— Prometo que faremos o melhor sexo que você já teve. Vai se surpreender.

— Vou ao seu apartamento hoje à noite.

— Não! — Márcia quase gritou. Dragão era outro que estava ficando intragável. — Já falei que estão atrás de mim. Não quero colocá-lo em risco. Deixe-me ver... — Ela fingiu pensar um pouco. — Vamos nos encontrar em um local um pouco mais afastado. Tem algum problema para você?

— Nenhum. Onde seria esse local?

— Podemos ver um. Acho que qualquer ponto em uma das saídas de São Paulo ajudaria muito. Prezo por nossa discrição e admito que estou com muito medo, Dragão. Não quero ser presa.

A voz dela era tão convincente que ele acreditou.

— Na Rodovia Anhanguera, há uma chácara de um conhecido meu. O imóvel fica vazio, porque ele trabalha no Amazonas, na fronteira com o Peru. — Obviamente, o sujeito tinha a mesma profissão que Dragão. — Vou entrar em contato com ele, comunicando que iremos ao local. Às vinte e uma horas está bom?

— Perfeito. Passe-me em qual quilômetro da rodovia fica essa chácara para que eu possa me localizar.

Dragão passou todas as coordenadas. Ao desligar, Márcia sorria. Estava curiosa quanto ao assunto que ele queria tratar com ela.

Enquanto retornava à sala de espera, voltou a imaginar o contexto da conversa entre os investigadores e Inácio e cogitou se seu nome fora mencionado.

CAPÍTULO 37

A conversa que tanto inquietava Márcia não foi extensa. Na realidade, sabendo que Inácio precisava ser emocionalmente poupado por conta da situação que envolvia seu filho, Helena e Ruy fizeram poucas perguntas, embora todas elas muito precisas. Quiseram saber há quanto tempo ele tomara conhecimento de que Ethan estava envolvido com drogas e com Zack. Inácio respondia com sinceridade, baseando-se naquilo que sabia. Depois, perguntaram sobre a misteriosa tentativa de atropelamento, da qual a filha dele e sua amiga foram vítimas naquela mesma manhã. Por fim, indagaram sobre Márcia.

— O senhor confia plenamente nela? — Interessou-se Ruy, que anotava todas as respostas em uma caderneta.

— Eu a considero uma grande amiga, tanto que a convidei para vir aqui...

— Há quanto tempo são amigos? — Helena perguntou.

— Há poucas semanas. — Inácio esforçou-se para se lembrar da data, porém sua mente estava muito confusa. A cabeça ainda doía muito.

— Foi ela quem o procurou?

— Sim, senhora. Disse que precisava de um ombro amigo para desabafar, já que estava muito triste com o passamento de sua sócia.

— Que foi assassinada... e o responsável ainda não foi encontrado — tornou Helena, com a impessoalidade característica de sua profissão.

— Espero que seja encontrado o mais depressa possível — desejou Inácio.

— Por ora, isso é tudo. Vou lhe pedir a gentileza de não comentar com ninguém sobre essa conversa. Com ninguém mesmo. Agradecemos sua colaboração e estimamos melhoras ao seu filho — Helena agradeceu, apertando a mão de Inácio. Ruy fez o mesmo.

Antes de saírem, voltaram a se encontrar com Márcia. Por alguns segundos, Helena fez questão de parar e encará-la. Percebeu que a dona da butique a encarava com certo sarcasmo. Havia vestígios de diversão e satisfação em seus olhos, como se desafiasse silenciosamente a policial a provar que ela era, de fato, culpada.

"Você não perde por esperar, loira. Ainda vou colocá-la atrás das grades", jurou Helena a si mesma.

Aquele clima de velório no hospital deixava Márcia enjoada. Por onde olhava, via rostos chorosos, lamentos e preces sussurradas. A família de Inácio, que agora estava praticamente completa, com seu pai bancando o garotão e sua sogra arrependida — que era cliente de sua butique, diga-se de passagem —, formava um verdadeiro circo dos horrores.

Pensou que seria divertido se pudesse ter acesso ao leito do menino e desligar todos os aparelhos que o mantinham vivo. Ou sufocá-lo com o travesseiro, para que ele nunca despertasse do coma. Depois, eliminaria a filha caçula. Por último, incitaria Gustavo a se casar com sua namorada insossa e sair de casa. Inácio seria o pai mais solitário e transtornado do universo, com a perda dos três filhos em um curto período de tempo. E quem estaria do seu lado, oferecendo consolo, carinho e muito amor? Ah, e caso a esposa careca reaparecesse, terminaria o serviço que o câncer não pôde concluir.

Não obstante, Márcia estava preocupada com o encontro que Dragão havia agendado para aquela noite. A qual preço ele se referia, quando dizia que ela deveria pagá-lo? Será que pretendia cobrar-lhe dinheiro pelos serviços prestados? Era um homem rico, que nunca se importou com bagatelas. O jeito era aguardar e conter a ansiedade.

— O que aqueles investigadores queriam? — ela sondou, olhando para Inácio.

— Fazer perguntas sobre Ethan e o traficante que supostamente atirou nele.

— Apenas isso?

— Sim, apenas isso.

Ela sentiu o celular de Inácio vibrar dentro do bolso da calça dele, porque estava sentada ao seu lado, e teve vontade de atirar o maldito aparelho contra uma parede. Por que ele não desligava aquela porcaria? Só faltava ser a esposa cancerosa querendo chorar as pitangas.

— Alô? — Inácio atendeu com voz deplorável e escutou um pouco. — Não, tenho certeza de que... Como? Eu jamais faria algo assim sem comunicar ao banco.

Vivamente, o rosto de Inácio ergueu-se e encontrou o de Gustavo, que prestava atenção na conversa. Vendo o filho corar, soube o que acontecera.

— Cinquenta mil? Virgínia Maria Pacheco? Creio que tenha sido obra de outra pessoa que acessou minha conta... sei quem foi. Obrigado por avisar-me.

Era como se as lágrimas, de repente, tivessem secado, como se o coração tivesse deixado de bater. Era como se as vozes em torno tivessem silenciado. Sem piscar ou desviar o olhar, Inácio levantou-se, pediu a Márcia que aguardasse sentada e aproximou-se de Gustavo, cujo rosto passou do vermelho para o branco em questão de segundos. Para lhe incutir confiança, Tássia apertou a mão dele.

— Nós três podemos conversar lá fora? — indagou Inácio. Sua voz estava rouca e exalava fúria e decepção.

Gustavo e Tássia assentiram, ganhando a área externa pouco depois. Aproximaram-se de uma árvore frondosa, cujo tronco largo e cujas raízes grossas, despontando sobre o calçamento, revelavam que estava ali havia pelo menos um século.

— Acabei de receber uma ligação do gerente do banco... — Inácio começou.

— Eu pretendia lhe contar tudo hoje pela manhã, pai. Juro que iria. Então, soubemos que Ethan foi procurar o traficante e depois a notícia de que ele havia sido baleado... — Gustavo não se conteve. Sabia que seria difícil controlar o pranto.

— Você me roubou? Meu próprio filho me apunhalou pelas costas?

— Não, pai, por favor, não pense isso de mim. Tássia e eu vamos lhe devolver cada centavo, com juros, se for preciso. Vou me esforçar para conseguir um emprego.

— Você transferiu cinquenta mil reais da minha conta, sem minha autorização, para a conta da mãe dela! — Inácio focava somente o filho, como se a nora não estivesse ali. — Por que fez isso? Quero uma explicação satisfatória.

— Ela quer um carro novo. Está gestante e não acha viável andar a pé. Além disso, estamos reformando o quarto do nosso filho, na casa dela. — Gustavo, tamanho o nervosismo que sentia, disparava as justificativas como uma metralhadora. — Já havia lhe dado os dez mil reais que acumulei com minha mesada e...

— Quer dizer que, além daquela compra absurda que você lhe fez, já entregou a ela e a mãe um montante de sessenta mil reais? — Inácio mal podia acreditar.

— É pelo nosso filho! — Exasperado, Gustavo tocou no ventre liso de Tássia. — Pelo seu netinho. Não acha que ele merece todo o conforto do mundo?

— É isso que você vem fazendo com meu filho, não é mesmo? — Inácio, um homem sempre sensato e tranquilo, gritou com Tássia. — Responda, sua interesseira!

— Pai, não brigue com Tássia! A culpa não é dela.

— Cale-se, Gustavo! Agora o assunto é entre mim e essa mocinha com cara de sonsa e cérebro de oportunista. É você quem vem enchendo a cabeça do meu filho com essas porcarias sobre conforto e bem-estar? Exijo a verdade.

— Se o senhor gritar comigo mais uma vez, terminarei meu relacionamento com Gustavo — rebateu Tássia, mostrando-se ofendida.

— Pai, não coloque meu namoro à prova. — Gustavo segurou-o pelo ombro. — Por favor, não diga mais nada.

— Já mandei você ficar calado! — ele ralhou com o filho e voltou-se para Tássia. — Quanto a você, saiba que nos fará um favor desaparecendo da nossa vida. Nunca gostei de você, pois jamais me inspirou confiança. Não passa de uma interesseira atrevida, arguta o bastante para fazer uma lavagem cerebral em Gustavo. E ele, bobo ingênuo e apaixonado, nunca enxergou quem você é por detrás da máscara.

Tássia estava furiosa e quase se entregou, dizendo que Inácio tinha toda a razão. Sua raiva era tão grande que quis encher o sogro de bofetadas.

— Quero falar com a sua mãe agora — ordenou Inácio. — Ligue para ela e me entregue o celular.

— Por que eu faria isso?

— Porque, se não o fizer, sairei daqui diretamente para a delegacia. Aqueles investigadores que vieram falar comigo me entregaram seu cartão. Com uma ligação minha, eu e sua mãe resolveremos o assunto diante do delegado.

Como Inácio realmente parecia pronto para cumprir sua ameaça, ela pegou o celular, passou o dedo pela tela e ligou para mãe, cujo rosto maquiado apareceu sorridente no visor. Enquanto chamava, entregou o aparelho para Inácio.

— Minha filha, eu não disse que a mamãe sempre sabe mais? — Virgínia começou falando, certa de que era Tássia quem estava do outro lado. — A grana caiu em minha conta. Estou saltitante como um cabrito a caminho do pasto!

— Então foi você quem me roubou, sua pilantra! — bradejou Inácio. — Saiba que estou indo à polícia agora mesmo para reaver meu dinheiro.

— O quê?! — Pega de surpresa, Virgínia tentou raciocinar depressa. — Você me transferiu a grana. Eu não roubei nada. O extrato bancário provará isso.

— Sabe muito bem que foi meu filho quem fez isso a pedido de Tássia.

— Isso já não é problema meu.

— Ah, não? Ótimo. Resolveremos o assunto na presença do delegado. Até mais.

— Espere! — O grito de Virgínia soou desesperado. O que seria dela se recebesse voz de prisão? Jamais teria chance de voltar aos círculos sociais. — Gustavo irá lhe reembolsar esse valor. Ele só quis comprar um carro para que minha filha...

— Ele não quis nada! É um boboca iludido, que ouve tudo o que a namorada fala e a obedece. Vou processá-la, Virgínia, por ser a representante legal de Tássia. E se não solicitar a devolução desse valor com seu gerente, juro que acabarei com sua raça pelos recursos legais. Tenho muitos meios para fazer isso.

Virgínia começou a tremer. Um advogado renomado como aquele deveria ter contatos muito influentes, que não hesitariam em prendê-la. O que suas amigas diriam se ela fosse levada para o xadrez? Não suportaria tanta vergonha e humilhação. Depois, quando o clima serenasse, poderia pedir que Tássia voltasse a arrancar algumas coisas de valor do namorado. Até lá, sua barriga estaria maior e suas chantagens soariam mais convincentes. Sem opção, respondeu em tom altivo:

— Vou devolver seus cinquenta mil. Aliás, pouco estou interessada em seu dinheiro. Minha filha e eu nunca precisamos de esmola. E saiba que é responsabilidade paterna colaborar financeiramente com o desenvolvimento de um filho.

— Esteja ciente de que os últimos meses me ensinaram tudo sobre responsabilidade paterna! — Finalizou Inácio. — Aguardo a devolução do dinheiro.

Desligou sem dar tempo para a mulher responder. Tássia recolheu o aparelho demonstrando toda a sua irritação.

— Querem saber de uma coisa? Estou indo embora. Passe bem, Gustavo.

— Meu amor, espere um pouco...

— Não venha me agradar! — Tássia empurrou-o. — Pode ficar aí com seu papaizinho sovina! Seu filho não é mais importante do que ele.

Ela caminhou depressa pelas alamedas floridas do hospital que davam acesso à rua. Totalmente perplexo, Gustavo encarou o pai à espera de uma resposta.

— Se ela o ama de verdade, não colocará o dinheiro à frente do relacionamento. Fique em paz. As coisas só terminam quando isso é o melhor para todos os envolvidos — argumentou Inácio, abraçando o filho com força.

*****

Márcia saiu de casa dirigindo seu próprio carro e foi ao encontro que teria com Dragão. Teve todo o cuidado de se certificar de que não estava sendo seguida, porém, a quase um quarteirão de distância, dentro de um veículo descaracterizado, estavam Ruy e Helena. A investigadora avisou ao parceiro, que estava ao volante:

— Mantenha uma distância segura para não chamar a atenção dela. Márcia precisa estar convicta de que não estamos por perto. O carro dela é grande e chamativo. Não há como perdê-lo de vista, mesmo que a noite já tenha caído por completo.

Ruy fez o sinal de positivo com o dedo polegar e deu a partida. Poucos depois, ambos os carros saíam da Marginal Tietê e ganhavam a Rodovia Anhanguera. Havia muitos caminhões transitando por ali, de forma que os policiais podiam se infiltrar entre eles para não despertar a atenção de Márcia.

— Sei que foi ela quem tentou atropelar Maria Júlia. — Continuou Helena, olhos fixos à frente, a mão direita sobre o coldre com o revólver. — A menina disse ter visto uma mulher morena, mas era ela usando uma peruca. Tenho certeza.

— O delegado já liberou alguns policiais para encontrarem o Golf preto — contrapôs Ruy, atento ao tráfego e ao veículo de Márcia. — Será tão difícil quanto encontrar uma agulha num palheiro.

Helena sorriu. Às vezes, Ruy demonstrava uma ingenuidade que a surpreendia.

— Ela alugou o veículo usando um nome falso. É assim que um bom criminoso atua para manter sua verdadeira identidade preservada. Se raciocinou como eu estou pensando, abandonou o carro em uma área menos movimentada da cidade e fugiu a pé, porque não estava sendo perseguida. Algumas locadoras de veículos instalam rastreadores nos carros, portanto, vamos procurar as agências e descobrir em qual delas um Golf preto não foi devolvido. Simples.

Ruy soltou um assovio diante do raciocínio ligeiro da colega. Ele a admirava mais a cada dia e lamentava o fato de Helena já ser casada.

Vinte minutos depois, eles viram quando Márcia começou a reduzir a velocidade e tomou a faixa da direita. Em seguida, adentrou em um atalho que saía da rodovia, mergulhando em uma estradinha de terra escura e estreita, rodeada por árvores e arbustos. Logo depois, apenas os faróis de seu veículo se tornaram visíveis.

— Vamos atrás dela? — indagou Ruy, parando um pouco antes da trilha na qual Márcia se embrenhara. — Se demorarmos, a perderemos de vista.

— Não. Pode ser uma armadilha. Estamos em menor número, e ela pode ter marcado encontro com alguns criminosos. Talvez tenha fingido não notar que estávamos seguindo-a para nos atrair até aqui. Dessa mulher espero tudo.

— E agora? Não podemos ficar parados aqui no meio da estrada escura.

— Quem disse que não? — Helena bateu no distintivo. — Sei que não há outra saída além desta, porque, ao final desta trilha, há a mata protegida do Parque Estadual do Jaraguá. Cedo ou tarde, ela terá de voltar por aqui.

— Veja! Há outro carro entrando lá.

Os dois acompanharam o novo veículo que fez o mesmo trajeto de Márcia. Imediatamente, Helena telefonou para Inácio e, ao ouvir a confirmação de que ele e os filhos estavam no hospital, aguardando notícias de Ethan, ela ficou mais tranquila.

— Não é o amante que chegou, o que me deixa mais calma. Vamos aguardar aqui. Deixe apenas o pisca-alerta ligado.

Enquanto Helena ditava algumas instruções ao companheiro de trabalho, Márcia desceu do carro diante de uma casinha branca, silenciosa, mal pintada e com todas as luzes apagadas. Gritou o nome de Dragão e, como ninguém respondeu, decidiu esperar. O local estava muito escuro, e era possível ouvir apenas a estridulação de alguns grilos. Ela não entraria naquela casa sozinha, porque não era idiota.

Márcia soltou um suspiro de alívio, quando Dragão apareceu dirigindo logo depois. Ele estava bonito como sempre, elegante ao extremo, mesmo para um ambiente rústico e desértico como aquele. Trazia uma lanterna na mão, que acendeu ao vê-la.

— Sempre gostei da sua pontualidade. — Ao aproximar-se, beijou Márcia nos lábios.

— Não tinha um lugar menos escuro para me trazer?

— Foi você quem pediu um lugar ermo. Aqui, de vez em quando, estocamos algum material importante, que você deduz qual seja. Vamos entrar? Meu colega, dono desta chácara simples, que é perfeita como disfarce, disse que encontraríamos a porta aberta.

Márcia o seguiu. De fato, a porta não estava trancada. Adentraram a sala, e ela tranquilizou-se quando Dragão encontrou um interruptor e acendeu a luz.

— Vamos aos negócios? — Ele sorriu fechando a porta.

Não havia muitos móveis ali e os poucos que existiam denunciavam que havia tempo não eram usados. A sala cheirava a mofo e à umidade.

— Tuca? — Foi a única pergunta de Márcia.

— Quando o corpo começar a cheirar mal, alguém chamará a polícia — Dragão baixou o olhar. — Lamentei muito fazer isso, porque o cara era realmente bom. Porém... seus pedidos são ordens para mim, gata.

— Você sempre me diz que seus serviços têm um preço e disse que hoje me revelaria exatamente o que quer. Imagino que seja sexo.

— É uma pena que aqui não haja um lugar decente para que possamos nos sentar. — Dragão suspirou. — Vou direto ao assunto. Adoro seus serviços sexuais, mas quero algo a mais. Eu e alguns amigos precisamos de um local seguro e discreto para guardar alguns produtos. Coisas importantes.

Márcia não respondeu, contudo, sua mente já estava trabalhando intensamente.

— Queremos um lugar que não seja visado pela polícia. Receberemos um importante carregamento vindo da Colômbia na semana que vem. Só coisas finas, como cocaína, heroína, comprimidos de ecstasy, entre outros. Como a butique agora é exclusivamente sua, você deverá abrir um espaço em seu estoque para armazenar um pouco desse material, só até fecharmos negócio e o repassarmos.

— Você ficou louco?! Já falei que a polícia está por perto. Se eles revistarem a loja e encontrarem tanta droga, como poderei me defender?

— Isso é um problema seu. Em nome de tantos serviços sujos prestados a você, fazer esse favor para mim será tarefa simples, concorda?

— Minhas vendedoras acessam o estoque, Dragão. Veriam caixas estranhas por lá e, mesmo sem querer, podem comentar com a polícia. Esqueceu-se de que foi Dolores quem contou à polícia sobre minha discussão com Sarah?

— Já lhe disse que isso é um problema seu. — O tom de voz de Dragão começou a mudar, e seus olhos se tornaram frios. — Se não quiser colaborar comigo, talvez a polícia receba uma denúncia dizendo que existem provas de que você foi a mandante do assassinato de Sarah. E, agora, de um jovem traficante, que só queria enriquecer.

Márcia corou de ódio, mas, como era mestre em dissimular suas expressões, forçou um sorriso sem graça.

— Tudo bem. Não precisa me chantagear. Farei o que me pede. Ando nervosa demais para arrumar confusão e não quero perder sua amizade.

— É assim que se fala, garota! — Ele beijou-a na boca. — Manterei contato e informarei sobre a chegada do carregamento e os cuidados que você deve ter para armazenar a mercadoria sem danificá-la. Lembre-se de que isso vale muito.

Ela assentiu, sem deixar de sorrir.

— Vamos dar o fora daqui? — sugeriu Dragão. — Não gosto deste lugar.

Dragão virou-se de costas para ela e caminhou devagar na direção da porta por onde tinham entrado. Ao perceber algo atrás de si, não teve tempo de imaginar o que estava acontecendo; apenas sentiu a faca penetrar em suas costas.

Com os olhos arregalados pela surpresa da traição, Dragão virou-se e recebeu outro golpe, agora na região do coração, e vários outros depois. Havia sangue na roupa, nas mãos, no rosto e no cabelo de Márcia. Ao deparar-se com o corpo do traficante aos seus pés, já sem vida, ela apanhou a lanterna que ele trouxera, acendeu-a e guiou-se pelos corredores escuros até localizar um banheiro. Ali, lavou-se e enxergou pelo reflexo do espelho encardido que eliminara todos os vestígios de sangue. Lavou também a faca que trouxera acomodada no cós da calça. Antes de voltar para o carro, teria de se livrar dela, descartando-a em algum lugar da mata.

De volta à sala onde jazia o corpo de Dragão, ela apalpou a calça do traficante e sorriu ao encontrar a arma carregada, exatamente como ela imaginara. Passou por cima do corpo com desprezo, apagou as luzes e retornou à área externa. Jogou a faca em um arbusto, logo depois de limpar suas impressões digitais na arma. Por último, colocou o revólver no porta-luvas, girou a chave na ignição e afastou-se dali assoviando alegremente.

Tão logo recebeu a segunda facada no coração, o espírito de Dragão deixou o corpo físico. Aturdido, viu Márcia desferindo punhaladas em seu corpo até se certificar de que ele estava realmente morto. Tentou sacar a arma e percebeu que sua mão simplesmente atravessava o cabo do revólver plasmado em seu corpo astral.

— O que está acontecendo comigo? Por que não consigo atirar? — Ele começou a se perguntar em voz alta, entrando em pânico.

— Acalme-se, amigo. — Um homem muito pálido, vestido inteiramente de preto e usando um chapéu-coco masculino, também preto, surgiu de um dos cômodos da casa vazia. — Ela fez mais uma vítima. Você não está sozinho.

Uma mulher descabelada, com o rosto arroxeado, também apareceu. Dragão considerou-a levemente familiar.

— Sou Sarah, a ex-sócia dela — apresentou-se o espírito. — Sei que você teve participação em minha morte, mas não o culpo. É de Márcia que desejo me vingar.

— Minha esposa a perdoou quando chegamos deste lado e compreendemos o que aconteceu conosco — esclareceu o homem de chapéu. — Ela seguiu para outro lugar melhor. Eu preferi ficar, porque nunca a perdoarei pelo que fez. Márcia matou os próprios pais em um acidente de carro. Ela é minha filha.

— Vocês estão dizendo que eu morri? — Dragão não conseguia acreditar. — Nós morremos?

— Veja seu corpo no chão, em meio ao sangue. — Sarah indicou.

— Junte-se a nós em nossa vingança — convidou o pai de Márcia. — Há outros que também estão à procura dela. Chegarão até nós por mera afinidade de pensamentos. Ela arranjou muitos inimigos em outras vidas, pois sempre cometeu crimes em nome da ambição e da luxúria. E boa parte dessas pessoas também está desencarnada.

Dragão ainda estava confuso, todavia assentiu. Uma raiva surda brotou em seu peito, que sangrava tanto quanto o corpo físico. Márcia ceifara-lhe a vida no auge de seus negócios, quando ainda tinha muito dinheiro para ganhar. Ela pagaria muito caro pela traição. Ao lado de seus novos amigos, que aos poucos lhe esclareceriam todas as suas dúvidas, ele faria Márcia se arrepender de ter nascido.

CAPÍTULO 38

No hospital, Inácio estava inconsolável com o quadro de Ethan, que não sofrera alteração. Márcia fora embora, após lhe pedir desculpas por deixá-lo, alegando grande indisposição. Gustavo disse que iria para casa descansar um pouco, mas Inácio sabia que o filho iria procurar Tássia. Ele a amava muito, não aceitava que ela fosse uma mentirosa interesseira. Certamente, tentaria reparar a situação indelicada gerada por Inácio durante a última discussão.

Naema também fora embora, prometendo retornar na manhã seguinte. Laerte e Renata partiram um pouco antes, pois tinham muito trabalho pendente no escritório. Disse que dariam conta de tudo enquanto ele estivesse fora e estimaram melhoras ao paciente.

— Você precisa comer alguma coisa, filho. — Benjamim aproximou-se e colocou uma das mãos sobre o ombro de Inácio. — Não quero vê-lo passando mal.

— Não tenho fome — sussurrou Inácio. Como sentiria apetite, enquanto um dos meus filhos está inerte sobre uma cama de UTI?

— Pois vai comer, *mano*. Não estou de brincadeira, sacou? — Provocou Benjamim, com seu jeito despojado de falar. Virou o rosto para Juju, que o fitava com adoração. — Minha princesa mais do que encantada, poderia ir até a lanchonete e trazer um salgado e um copo de suco a Inácio? Sabe onde fica?

— Claro, meu bebezão. Estive lá quase agora e fiz amizade com a atendente. Ela é uma graça. Até tirou uma *selfie* comigo, que já foi para o Facebook.

Maria Júlia achou graça. Enquanto Juju se afastava, Alcione comentou:

— Seu pai tem toda razão. Se estivéssemos em casa, eu o teria feito engolir um pouco de comida. Compreendo seu abalo psicológico, porém seu organismo não sabe disso e precisa se alimentar. Faça pelo menos um esforço.

— Tudo bem. Tenho sido um péssimo pai, não é mesmo? — Inácio balbuciou.

— Você é o melhor pai de todos. — Maria Júlia abraçou-o. — E eu o amo por ser assim, carinhoso, engraçado e parceiro. A pior coisa que poderia acontecer foi a doença de mamãe. Mas, graças a ela, você voltou a nos dar atenção e carinho.

— Vamos mudar essa cara, garotão! — Benjamim sentou-se ao lado do filho. — Sua negatividade não vai ajudar Ethan a acordar. Sei que ainda não dá para ficar gargalhando como uma hiena, mas faça um esforço para melhorar seu humor. Não confia que coisas boas podem acontecer?

— Eu já tive provas de muitas delas — concordou Inácio.

— A vida é sábia, querido. — Reforçou Alcione. — E ela só vale a pena quando houver gosto em ser vivida. Pare de se punir a cada situação angustiante que aparece. Você, do seu jeito, tem sido o melhor pai que seus filhos poderiam ter. Todos eles podem atestar o que estou lhe dizendo.

— Não estou com tanta fé de que Ethan vá sarar. Meu Deus, ele levou um tiro de raspão na cabeça, Alcione. Nem sequer despertou do coma.

— Em que você acredita? — Alcione fitou-o com carinho. — Acredita que tudo tem solução ou que não é possível resolver os problemas? Você acredita no que é positivo ou no que nos coloca para baixo anula a nossa fé? Quando acreditamos que tudo tem jeito, tiramos o melhor de todas as situações, mas, quando nos entregamos de mão beijada à derrota, as coisas empacam e tendem a dar errado.

— E digo mais! — Reforçou Benjamim. — Tenho setenta anos, sinto como se tivesse quarenta e vivo como se tivesse vinte. A vida é um instante, um sopro, e passa rápido demais para chorarmos pelos cantinhos. Namoro minha Juju, a quem amo muito, e sou um homem realizado na vida e no amor. Agradeço a Deus diariamente, quando acordo de manhã, pois, graças à oportunidade que Ele me dá de viver mais um dia, aproveito as belezas que temos por aí. Ame tudo o que você faz e quem você é, Inácio. Abençoe-se por existir. Viva a vida com alegria, porque isso é plenamente possível. E como Alcione falou, existe solução para tudo, porque na vida não há falhas.

Inácio, em seus quarenta e cinco anos de vida, nunca ouvira o pai dizer palavras tão lindas. Sentiu algo motivá-lo, afastando um pouco as brumas das tristezas que sentia. Usou uma das mãos para segurar a do pai e a outra para segurar a de Alcione.

— Obrigado pela força e pelo carinho. A presença de vocês é uma riqueza infinita em minha vida.

— Olha o lanche! — anunciou Juju, retornando com uma esfirra e um copo de suco de abacaxi.

O clima ficou mais descontraído. Inácio estava terminando de comer, quando Silvinha apareceu dizendo que queria conversar com ele em particular. Ela estava pálida, com fundas olheiras sob os olhos. Todo o orgulho e toda a arrogância da sogra, que sempre foram sua marca registrada, haviam evaporado como fumaça.

Quando se viram sozinhos, enquanto os outros iam respirar um pouco de ar fresco do lado de fora, Silvinha começou:

— Falei com uma enfermeira. Ele continua em coma.

— Eu sei. Disseram que não houve nenhuma alteração e que não sabem se ele acordará nos próximos dias.

— Penso que eu deveria estar no lugar dele, sabia? — Os olhos de Silvinha não tinham energia. — A culpada de tudo isso sou eu. Nunca fiz falta a ninguém mesmo.

As palavras dela estavam carregadas de tanta dor e remorso que Inácio quase sentiu vontade de abraçá-la.

— Não precisa pensar assim. Alcione acabou de me dizer que tudo tem solução.

— Talvez tenha. Veja como é a vida... nunca gostei de você, pois sempre quis que Débora se casasse com um homem perfeito. Você é bonito, inteligente, trabalhador, honesto e que, segundo Ethan, tem se mostrado um ótimo pai agora. Onde estavam os defeitos que eu enxergava em você?

— Quando meu filho disse isso a meu respeito?

— Minutos antes de ser baleado. Quando falou de você, seus olhos brilhavam de amor e orgulho do pai que ele tem.

Inácio tinha certeza de que ela estava sendo sincera. Silvinha nunca mentiria em algo que o favorecesse.

— Então Débora cometeu o desatino de traí-lo com outro, mudando-se para Curitiba e... não o quê?

Inácio estava sacudindo a cabeça negativamente. Chegara o momento de revelar a verdade a Silvinha. Ela tinha o direito de saber.

— Débora nunca conheceu outro homem nem está em Curitiba. Descobri que ela está internada em um hospital em Porto Alegre, tratando um câncer.

Rugas de preocupação e choque formaram-se no rosto de Silvinha. Com palavras sucintas e diretas, Inácio narrou a visita que fizeram a esposa semanas antes e como a encontrara.

— Ela não está nada bem, porém sabemos o quanto Débora é forte e que vai superar a doença, assim como Ethan vai se recuperar sem sequelas — expressou-se Inácio emocionado. — Não quisemos lhe contar nada a pedido dela, que achava que sua presença não a ajudaria muito durante o tratamento.

Inácio achou que a sogra se mostraria ofendida ao ouvir aquilo e começaria suas famosas baixarias, mas surpreendeu-se imensamente quando Silvinha aquiesceu:

— Tem toda a razão. Não fui uma boa mãe durante todos esses anos. Nem minha própria filha me quer por perto. — Quando os olhos dela fixaram-se nos de Inácio, havia lágrimas neles. — Sei que tenho sido uma sogra monstruosa para você.

— Sempre há tempo para mudar, sabia?

— Se eu lhe pedisse perdão, de quanto tempo precisaria para me perdoar?

Aquilo o surpreendeu ainda mais. Silvinha pedindo-lhe perdão? Estaria sonhando?

— De tempo algum, porque a perdoo agora mesmo. Também fui um genro turrão e omisso. Reconheço minhas falhas em muitas coisas. Somos seres humanos, afinal de contas. Vou lhe dar o endereço do hospital em que Débora está internada, caso queira vê-la. Para não abalar seu quadro, nós não a informamos de que Ethan foi baleado.

— Fizeram bem. Estando tão longe, ela não poderia ajudá-lo. Adoeceria ainda mais depressa.

— Gostaria também de convidá-la para participar mais vezes de nossos almoços e jantares em família. Às vezes, penso que você fica muito tempo sozinha em sua casa. Precisa sair mais vezes, não acha? Mas, quando aparecer por lá, vamos nos poupar de brigas, viu? Mantenhamos a paz para tudo fluir bem.

Silvinha não resistiu e jogou-se nos braços do genro. Eles permaneceram abraçados por um longo tempo. Benjamim, que acabava de entrar no hospital com Juju, Maria Júlia e Alcione, exibiu um largo sorriso ao ver a cena.

— Nunca achei que viveria tempo suficiente para presenciar aquilo ali.

Elas começaram a rir, aliviando um pouco a tensão que pairava sobre todos.

****

Dentro do carro estacionado no acostamento da estrada, Ruy e Helena aguardavam pacientemente. Já fazia cerca de quarenta minutos que o carro de Márcia e o segundo veículo haviam sido engolidos pela escuridão da estradinha de terra batida.

Quando o celular de Helena tocou, os dois não disfarçaram o susto.

— Senhora, acabamos de encontrar um Golf preto que bate com as descrições fornecidas pelas meninas e por algumas testemunhas que presenciaram a tentativa de atropelamento. Já descobrimos que o veículo foi alugado em nome de Marcela Tavares e foi abandonado na região de Moema, em uma rua de pouco movimento. A própria locadora nos contatou para informar que a motorista não o devolveu dentro do prazo. Para nossa sorte, era um veículo rastreado — informou o policial com empolgação na voz.

— Parabéns! Vocês são ótimos e extremamente competentes — elogiou Helena. — Não toquem em nada, para não dispersar possíveis impressões digitais. Por favor, digam ao delegado que o carro deve ser encaminhado imediatamente à perícia.

— Fácil demais, não? — comentou Ruy.

— Quando todos os nossos esforços se esgotam, rezar é fundamental para as coisas darem certo — garantiu Helena. De repente, ela deu um salto no assento do carro. — Veja, Márcia está saindo.

Eles viram quando ela manobrou o carro com cuidado e logo retornou à rodovia.

— Devemos segui-la? — Quis saber Ruy, já ligando o veículo.

— Não. Com certeza, está voltando para casa. Já correu riscos demais por uma noite. O que quer que tenha ocorrido se deu com a pessoa ou as pessoas que chegaram naquele segundo veículo. Vamos esperar que o carro também volte à estrada.

Nada aconteceu por um longo tempo depois. Sua intuição de boa investigadora mostrou a Helena que algo pior havia acontecido.

— Droga! Prepare sua arma! Vamos até lá agora.

Ruy nem discutiu. Ligou o carro, manteve o farol alto e adentrou a estradinha de terra. Avançaram alguns metros pela mata e logo avistaram a casa e o outro veículo estacionado diante dela.

— Desligue as luzes. Vamos invadir — explicou Helena.

Contudo, algo dentro dela já a preparava para o que encontrariam. Assim que entraram na casa com armas em punho, sentiram o cheiro metálico de sangue. Helena localizou o interruptor e acendeu a luz. Não ficou surpresa ao encontrar o corpo do homem jogado no chão, mas estava furiosa:

— Não sei quem é esse cara, mas ela matou mais um. Maldita seja!

— Ela lhe preparou uma armadilha — considerou Ruy.

— Sim, porque naturalmente este homem era outra pessoa que se tornou uma pedra em seu sapato. Ligue para o delegado.

Durante o trajeto para a casa de Tássia, Gustavo ensaiou vários pedidos de desculpa à namorada. Ninguém poderia ser culpado pelo que acontecera. Inácio não poderia ser criticado por ter descontado sua fúria na nora. Tássia, por sua vez, não tinha culpa por ter ido embora tão ofendida, após os gritos que recebera do sogro. E ele também não poderia ser responsabilizado por não defendê-la no ato da confusão. Ficara entre a cruz e a espada. Cometera um erro muito grave ao transferir o dinheiro e jurou para si que jamais faria de novo algo semelhante.

A residência de Virgínia era um casarão antigo, muito bem conservado, embora carecesse de uma pintura aqui e alguns reparos ali. Situava-se em um bairro de classe média alta e provavelmente tivera seus dias de glória. Talvez, devido à crise econômica que afetara muitas famílias brasileiras, até mesmo as mais tradicionais, o homem que ele sempre encontrava próximo ao portão desempenhava múltiplas funções. Era o porteiro, o caseiro, o segurança e, quem sabe, até mesmo o jardineiro. Ao reconhecê-lo, o funcionário, que já estava cansado de vê-lo por ali, abriu o portão trabalhado para que Gustavo tivesse acesso ao jardim.

Ele cumprimentou o rapaz e seguiu seu curso por um pequeno jardim, com plantas amareladas e malcuidadas. Era a primeira vez que notava o quanto a área externa da casa estava maltratada. Talvez Virgínia não gostasse muito de plantas.

Ao chegar à casa da namorada, evitou bater, porque encontrou a porta principal aberta. Ele empurrou-a devagar e ouviu vozes alteradas vindo de algum dos cômodos superiores. Pensando que Virgínia estivesse brigando com Tássia, Gustavo, que já conhecia aquele imóvel como a palma da mão, subiu as escadas rapidamente. Lembrou-se de que não poderia ir embora sem antes verificar como estava ficando o quarto do bebê após as reformas que Tássia iniciara.

Mãe e filha discutiam no quarto de Virgínia. Gustavo seguiu silenciosamente pelo corredor, pronto para intervir, caso fosse necessário, quando parou para prestar atenção ao teor da conversa:

— Você é burra, minha filha! — exasperava-se Virgínia. — Com certeza, nasceu com o cérebro deformado! Por sua culpa, precisaremos devolver o dinheiro ao pai de Gustavo. Para começar, você não deveria ter me ligado e passado o celular para ele falar comigo, sem antes me avisar que faria isso. Ele gritou tanto em minha orelha que meu tímpano inflamou!

— Pare de me chamar de burra. Estou cansada de ser ofendida por você. Estou cansada de tudo isso! — A voz de Tássia estava embargada. — Tenho me comportado como uma mentirosa, fingindo aquilo que não sou. Gustavo não merece ser enganado.

O coração dele estava aos saltos, ouvindo a discussão do corredor. Em que Tássia o estaria enganando?

— E nós merecemos continuar na pobreza? Sempre a orientei muito bem de que deveria arranjar um namorado rico. E, quando conseguiu um, fez uma bobagem atrás da outra. Nem foi decente o suficiente para garantir que o filho que espera seja dele.

— Eu não tive culpa!

— Claro que teve! Ninguém a estuprou. Você quis ir ao motel com os dois rapazes por vontade própria. E agora nem sabe se essa criança infeliz é mesmo de Gustavo ou se será uma bastardinha qualquer. Era só o que faltava acontecer em nossa família, que está tão arruinada! Pelo menos seu namorado acredita na história do quarto que está sendo reformado e investe dinheiro nisso.

— Independente de quem seja o pai, Gustavo nunca vai saber. Ele ama o bebê que está aqui dentro e já se comprometeu a não deixar que nada me falte. Mãe, entenda que não posso extorquir dinheiro dele todos os dias, principalmente com Inácio desconfiado. Passamos dos limites com essa ideia da transferência bancária. Você poderia ter ido presa, e isso sim representaria a derrocada de nossa família.

A cada frase ouvida, Gustavo ficava mais confuso e perplexo. Afinal, o que era aquilo? O que Tássia estava dizendo sobre o bebê talvez não ser dele? E que papo era aquele de extorsão? Seria alguma brincadeira de mau gosto?

— Minha filha, você vai envelhecer, ficar com cabelos brancos, mas nunca entenderá que a mamãe sempre sabe mais. — O tom de voz de Virgínia pareceu adocicar-se. — Gustavo tem certeza de que você o ama. Futuramente, vocês irão se casar. Só isso já lhe garante uma vida boa, mas eu tenho pressa. Estamos na lama, sem nenhum dinheiro. Não há mais como manter as aparências. Vamos perder esta casa para a hipoteca. Mal saio à rua, porque não temos mais carro nem dinheiro para o táxi. Seu pai ainda se conforma com a ideia de andar de ônibus, coisa que eu jamais farei. Se não quiser que todos nós paremos debaixo de um viaduto, você não pode ter dó do seu namorado. A família dele pode não ser milionária, mas tem ótimas condições de vida. Não se faça de rogada ao lhe pedir dinheiro ou objetos de valor. Tudo nos será útil na tentativa de nos reerguer.

— Isso é traição, mãe. Gustavo me ama e confia em mim.

— Mas você não o ama, Tássia! Inclusive, já me confessou isso várias vezes. Se fosse assim, não teria ido para a cama com dois sujeitos desconhecidos, somente porque se sentiu seduzida por eles, pouco se importando com o par de chifres que pregaria na testa de Gustavo. Além disso, um desses caras talvez seja o pai do bebê. Não existe amor quando há dinheiro em jogo. Se você não for uma completa tapada, entenderá o significado disso.

Gustavo, agora em lágrimas, não se conteve e irrompeu pelo aposento. As duas gritaram juntas quando o viram entrar, face desfigurada, olhos vermelhos e lacrimosos.

— Então quer dizer que meu pai sempre teve razão, Tássia? Tudo não passou de uma farsa? Você me iludiu, me enganou, somente por causa do meu dinheiro?

— Não, meu amor... — Tássia correu para perto dele, que a afastou com repulsa. — Por favor, não me trate assim.

— Você me traiu com outros homens? Também me traiu ao mentir sobre o quarto do bebê? Sempre mentiu quando dizia que me amava?

Tássia esforçou-se para pensar em algo, mas seu nervosismo a impediu.

— Vocês são duas nojentas, interesseiras, hipócritas. Armaram tudo isso somente para garantir o status social e não se verem na sarjeta. Meu pai sempre quis me alertar, mas nunca lhe dei ouvidos, porque achava que ele não a conhecia o suficiente para julgá-la, Tássia. Mas quem nunca a conheceu fui eu. Esqueça que eu existo. Não quero que volte a me procurar.

— Eu errei, amor! — Tássia tentou sua última aposta. — Mas o bebê pode ser seu. Tenho quase certeza de que é.

— Quando ele nascer, faremos o exame de DNA. Se for meu, assumirei a responsabilidade, apenas do seu nascimento em diante. — Havia dor e tristeza quando ele lançou seu último olhar para Tássia. — Obrigado por destruir meu coração.

Ela tentou correr atrás de Gustavo, mas foi contida por Virgínia, que mal conseguia crer no que tinha acontecido.

— Você deixou a porta aberta ao entrar, minha filha? Percebeu o que fez? Não disse que você era realmente burra? A mamãe sempre sabe...

— Cale a boca! Você não sabe de porcaria nenhuma! Graças à sua ganância e ambição, acabei de perder Gustavo para sempre.

Quando Tássia saiu correndo para o próprio quarto, onde se entregou ao pranto convulsivo, Virgínia deu de ombros. Talvez fosse melhor assim. Quando a poeira assentasse e a filha se acalmasse, pediria que ela procurasse outra pessoa, igualmente bem de vida. Se a esperança era a última a morrer, ela jamais desistiria de voltar aos tempos de louvor, brilhando como uma estrela na alta sociedade paulistana.

CAPÍTULO 39

Inácio estava cochilando, mal acomodado na sala de espera do hospital, quando despertou com alguém o cutucando no ombro. Seu corpo todo estava dolorido, os cabelos alvoroçados e as roupas amassadas. Usava as mesmas desde o dia anterior, pois se recusara a ir para casa se trocar. Queria estar por perto quando lhe dessem notícias do filho, quaisquer que fossem elas.

Assim que acordou, percebeu que já havia amanhecido. Estava sozinho ali. Silvinha levara Maria Júlia para casa, pois ambas estavam cansadas, e Alcione as acompanhou, prometendo retornar logo cedo na manhã seguinte para fazer companhia ao patrão. Benjamim e Juju ainda estavam no hospital, porém cochichavam e riam como crianças em um banco de ferro, nos jardins externos.

— Bom dia, senhor Inácio! — Quem o chamava era o médico responsável por Ethan. O sorriso nos lábios do profissional pareceu trazer vida ao coração angustiado de Inácio. — Espero não tê-lo assustado.

— Não, doutor. Acabei pegando no sono. — Inácio aprumou-se na cadeira e mostrou um sorriso cansado. Seu semblante denotava sua exaustão. — Há alguma novidade sobre meu filho?

— Sim. Vim para cá assim que foi possível, para que seu dia começasse feliz. Se o senhor acredita em milagres, um deles aconteceu de ontem para hoje. Se tem fé em Deus ou em algum santo de devoção, agradeça-O também.

— Do que está falando?

— Ethan saiu do coma e está acordado. Está um pouco grogue, o que já era esperado, porém está conversando.

Inácio saltou da cadeira. Eufórico, começou a gritar de alegria. Berrou tanto que uma mulher, que também aguardava notícias cochilando um pouco mais à frente, quase caiu da cadeira, tamanho o susto que ela levou. Ele abraçou o médico com tanta força que chegou a empurrá-lo para trás.

— Ainda é cedo para dizer se ele terá alguma sequela, mas, como lhe disse anteriormente, seu filho goza de perfeita saúde! — O médico conseguiu manifestar-se quando Inácio o libertou do abraço de urso. — E a primeira pergunta que ele nos fez ao despertar foi: "Onde está o meu pai?".

— Meu Deus, muito obrigado por tudo! — Lágrimas escorriam dos olhos de Inácio. — Meus amigos espirituais não sabem como sou infinitamente grato por toda a ajuda. Doutor, não sei o que dizer ao senhor e à sua equipe como agradecimento. Sou o pai mais feliz do mundo!

— O que se passa aqui? — indagou Benjamim, que, ao ouvir a gritaria, entrou correndo, demonstrando uma agilidade espantosa para sua idade.

— Ethan saiu do coma, pai. Está acordado e conversando. — Com um sorriso de orelha a orelha, Inácio voltou a encarar o médico. — Posso vê-lo, doutor?

— Sim, mas por pouco tempo. Ele ainda está um tanto debilitado.

— Pai, ligue para todo mundo e dê a boa notícia.

— Estou fazendo isso agora mesmo — garantiu Benjamim, já sacando o celular.

Juju, com o aparelho dela na mão, sorriu para a tela e, com um sorriso brilhante nos lábios, tirou uma *selfie*. Disse em seguida:

— Essa já vai para as redes sociais com a legenda: "O sorriso no rosto de quem soube que Ethan acordou!".

Benjamim riu e beijou-a com carinho nos lábios, enquanto fazia suas ligações.

Logo depois, Inácio teve acesso à UTI, após higienizar as mãos e vestir o avental verde, touca e máscara cirúrgicas. Esforçou-se para não chorar ao encontrar Ethan sobre o leito, com alguns eletrodos fixados em seu peito nu e uma agulha espetada em sua mão. A cabeça do garoto estava enfaixada, assim como seu ombro direto, local em que a segunda bala o atingira. O terceiro projétil perfurara sua coxa, porém o lençol encobria o ferimento.

Ao ver o pai parado ali, sorriu como uma criança inocente:

— Em uma escala de zero a dez, qual é seu nível de braveza comigo?

— Meu nível de fúria chegou ao ponto de sentir vontade de arrancá-lo dessa cama e sair rolando com você pelo chão, dando-lhe tabefes até chegarmos à recepção — brincou Inácio, que quase não conseguia conter a emoção. — Nunca mais me dê outro susto desses, ouviu bem? O coração do seu pai não é de ferro.

— Sei que não deveria ter ido sozinho. Acontece que...

— Shhh! Não fale muito. Silvinha já me contou tudo. Fizemos as pazes agora.

— Nisso eu não acredito! — Sorriu Ethan.

— Pode acreditar. Viu as coisas que você fez só por ter se metido com gente perigosa? Agora, serei obrigado a aguentar sua avó em todos os nossos eventos festivos em casa. Prometemos que não brigaríamos mais.

— Não vão conseguir cumprir a promessa.

Os dois riram com ar de cumplicidade. Ethan falava devagar, como se estivesse muito cansado, contudo, seu raciocínio parecia preservado.

— Agora, sua obrigação é sarar logo e voltar para casa, garoto. E, quando puder, arranque essas bandagens de sua cabeça, porque elas o fazem parecer uma múmia. Além disso, odeio dormir em hospitais, porque...

— Eu amo você, pai. — Interrompeu Ethan de repente.

Inácio piscou ao ouvir aquilo. Era a primeira vez que o filho lhe dizia tais palavras.

— Como é a história?

— Eu o amo muito. Desde que a mamãe foi embora, você mostrou a que veio. Transformou-se para melhor. É um novo homem, um novo pai. Tornou-se nosso amigo, nosso parceiro, nosso confidente. Não consigo mais imaginar minha vida sem você. Posso não ser o melhor filho do mundo, mas, com certeza, tenho o pai perfeito.

Muito sensível, Inácio desatou a chorar de novo. Eles realmente sabiam como deixá-lo emocionado. Ethan continuou a provocar o pai:

— Fazendo essas caretas, agora é você quem está parecendo uma múmia.

Eles riram muito. Inácio teve vontade de beijá-lo, mas isso ainda não era permitido. Por enquanto, só poderia pensar nas palavras de Alcione. Quando acreditamos que tudo tem jeito, fica muito mais fácil encontrar a solução para as dificuldades.

*****

Enquanto todos comemoravam o despertar de Ethan, Zack preparava-se para deixar o Brasil. Desde que o menino ameaçou entregá-lo para a polícia, dizendo que seu pai estava ciente de tudo, Zack não retornou mais ao estúdio nem para a casa onde morava na zona sul de São Paulo. Rapidamente, contatou um de seus clientes em Nova Iorque, que prometeu abrigá-lo até que as coisas se acalmassem e ele pudesse retornar com mais tranquilidade ao Brasil.

Zack estava sentado em uma das lanchonetes do Aeroporto Internacional de Guarulhos, terminando de saborear um cafezinho, enquanto aguardava o horário para cruzar o portão de embarque. Sua documentação estava toda em ordem. Não levava consigo passaporte nem documentos falsos, para não aguçar ainda mais o olfato já apurado da polícia alfandegária. Queria agir dentro da lei, pelo menos até chegar aos Estados Unidos.

Lamentava profundamente tudo o que tivera de deixar para trás. Por causa das ameaças de Ethan, que poderia ter fundamento ou não, decidiu hospedar-se em um flat. Seu material de trabalho no estúdio e seus móveis luxuosos em sua casa teriam que ficar abandonados por alguns meses. O lado bom é que logo recuperaria o dinheiro perdido. Quando voltasse, procuraria nas periferias outros moleques dispostos a ganhar uma boa grana em troca de algumas fotos mais alegrinhas e, quem sabe, alguma "brincadeira" entre lençóis. E ele sempre conseguia encontrar novos modelos.

Ao conferir as horas no relógio importado que trazia no pulso, percebeu que era hora de partir. Com a passagem aérea e o passaporte em mãos, ergueu a única bolsa que levava consigo. Em Nova Iorque, compraria tudo de que precisasse. Infelizmente, logo o inverno chegaria lá, e ele odiava aquele frio rigoroso.

Nesse momento, dois homens fortes e mal-humorados aproximaram-se de Zack, um de cada lado. Ele também tinha olfato apurado para reconhecer policiais disfarçados à longa distância. Fingiu naturalidade quando foi abordado.

— Senhor Zacarias Santana?

Era inútil negar. Isso poderia complicá-lo futuramente.

— O próprio. — Franziu o cenho. — O que desejam comigo?

— O senhor está preso!

Algemas pareceram surgir do nada e fecharam-se nos pulsos de Zack, antes que ele tivesse tempo de reagir. As pessoas em volta pararam para olhar o que ocorria ali.

— Como assim?! Deve haver algum engano.

— Não há engano algum. Encontramos o material escondido em seu estúdio, e só isso lhe garantirá muitos anos em cana. E, certamente, haverá muitas outras acusações ainda.

— Não podem fazer isso! — Zack começou a gritar, atraindo para si a atenção de muitas pessoas. — Eu sou inocente! Exijo a presença de meu advogado!

— Poderá provar sua inocência e falar com o seu advogado na delegacia.

Zack bradou, esperneou, chorou e tentou subornar os policiais, o que só serviu para complicar ainda mais sua situação. Havia provas contundentes contra ele, como os e-mails enviados aos seus clientes, além de suas impressões digitais em todos os materiais que exibiam fotos de nudez de menores de idade. Ele seria julgado e condenado, permanecendo por muito tempo atrás das grades, transformando-se em escravo sexual dos demais presidiários.

****

A notícia da recuperação de Ethan foi a melhor que todos poderiam ouvir. Quatro dias depois, ele foi transferido ao quarto. Agora, o médico já sabia que a única sequela que restara ao garoto era ter de caminhar, provisoriamente, com o auxílio de uma bengala, devido ao ferimento que Ethan sofrera na coxa. Com sessões de fisioterapia, ele, em breve, não mancaria mais.

A rotina da família pareceu entrar nos eixos novamente. Gustavo era o único que se mostrava abatido e, quando questionado por Inácio, contou ao pai tudo o que descobrira na casa de Tássia. Esperava que ele dissesse "eu bem que o avisei, mas você não quis me ouvir", contudo, simplesmente ganhou um abraço do pai, que disse:

— Sei o quanto dói uma separação ou uma decepção amorosa. Não se esqueça de que sofri por ambas as coisas, quando Débora saiu de casa alegando ter me trocado por Cleiton. Fiquei arrasado tanto quanto você está agora. A boa notícia é que isso passa. Tássia não era a melhor opção para você e provou isso por si mesma. Quando essa ferida começar a cicatrizar em seu coração, você estará pronto para conhecer outra moça.

— Nunca mais confiarei em ninguém.

— Quando encontrar alguém que você ame de verdade e que também o ame igualmente, a confiança voltará a existir. Quem ama, confia. Deixe o tempo cuidar de tudo.

Gustavo retribuiu o abraço de Inácio. Aquele foi o primeiro dia em que notou que seu melhor amigo era seu próprio pai.

****

Desde que tiveram seu segredo revelado perante a escola inteira, graças à maldade e ao preconceito de Indiara, Maria Júlia e Naema não escolheram ser transferidas, porque gostavam dos professores e de alguns colegas. Nos primeiros dias, houve risadinhas e murmúrios abafados, que eram contidos sempre que ela olhava feio para as pessoas. Quando se atreviam a lhe fazer alguma provocação, ela respondia à altura. Aos poucos, isso lhe garantiu respeito e credibilidade. Não beijava Naema diante dos outros, mas, às vezes, as duas andavam de mãos dadas no intervalo das aulas. No decorrer dos dias, aquilo foi soando tão natural aos olhos dos outros, que o assunto simplesmente perdeu a graça e todos se esqueceram delas completamente.

Indiara foi suspensa por três dias. Ao retornar, tentou agir como se nada tivesse acontecido, incitando suas amigas a um plano sórdido de vingança contra Naema e Maria Júlia. Ela, contudo, percebeu que algo estava diferente e nunca mais seria como antes. As amigas começaram a evitá-la, dizendo que estavam cansadas de a seguirem como um rebanho. Disseram que Indiara perdera totalmente a moral ao apanhar de Maria Júlia diante dos colegas. Assim, a jovem se viu sozinha e desprezada. De vez em quando, tentava arrumar confusão com uma ou outra pessoa, mas era xingada, empurrada e humilhada. Não tinha mais o poder de líder assustadora de antes e jamais teria outra vez.

Maria Júlia e Naema sempre a viam sozinha, ora lanchando, ora ouvindo música por meio de seus fones de ouvido, ora simplesmente contemplando o movimento com tristeza no olhar. Houve um dia em que Maria Júlia não aguentou a vontade de falar com ela e foi até lá, acompanhada por Naema.

— Podemos conversar com você?

Indiara assentiu e cedeu espaço para que elas se sentassem no banco. Nunca mais tiveram outros atritos desde a confusão que se tornara famosa na escola.

— Queríamos que soubesse que não temos raiva de você — proferiu Maria Júlia com delicadeza. — Por um lado, você nos prestou um grande favor ao expor nossa orientação sexual publicamente. Graças a isso, tivemos coragem de revelar tudo aos nossos pais, que nos aceitaram como somos.

— Então vocês tiveram muita sorte... a mesma que eu nunca terei.

— Por que está dizendo isso?

Indiara piscou, batendo seus cílios postiços, e coçou a ponta do nariz com uma unha pintada de azul-celeste.

— Se quiserem, podem contar aos outros. Seria uma forma de se vingarem de mim pelo que fiz. — Baixou a voz ao admitir: — Eu também sou lésbica. Só que jamais poderia me assumir, porque meus pais são evangélicos e me puniriam muito. Por isso, quando desconfiei que vocês também eram, comecei a segui-las e a fotografá-las, porque sentia inveja do que eu jamais teria, ou seja, da felicidade de vocês.

— E acha que ficar se escondendo é a melhor alternativa?

— Que outra opção me resta? Penso em pedir transferência daqui, porque perdi todas as minhas amigas. Sou uma pessoa revoltada por causa do meu segredo e sempre descontei essa raiva nas pessoas mais fracas. E sabem o que ganhei com isso? A solidão. Vejo as pessoas me olharem com desprezo, nojo e deboche.

— A gente atrai aquilo que pratica, Indiara — explicou Maria Júlia. — Se deseja coisas boas, comece a fazê-las. Quanto aos seus pais, talvez não possa fazer nada por enquanto por conta da sua idade, já que é totalmente dependente deles. Mas, quando estiver mais velha, talvez maior de idade, possa se assumir e cuidar de sua própria vida, caso eles não a aceitem. O que importa é você se aceitar como é.

— Um dia, eu terei coragem para me assumir.

— Eu sei que terá. E não gostaria que você saísse da escola. Sempre te achei chata e insuportável, porém vejo algo de bom em você.

— E o que seria, Maria Júlia?

— É bonita, charmosa e tem um corpo lindo. Logo arranjará uma namorada.

— Desse jeito, vou ficar com ciúmes — brincou Naema.

Indiara sorriu. Notaram que era primeira vez que a viam, sem que ela estivesse formando suas famosas bolas de chiclete.

— Quanto às amizades, você terá a nós duas, se quiser — ofereceu Maria Júlia.

— Por que fariam isso por mim? Deveriam me odiar.

— Não odiamos e ponto final. Você pode ficar com a gente durante os intervalos, já que estudamos em salas diferentes. O que acha?

— Vocês estão me perdoando? — Indiara estava emocionada.

— É preciso que você também se perdoe. Só assim conseguirá ser feliz.

Indiara abraçou as duas. A partir daquele dia, as três se tornaram grandes amigas, pois Maria Júlia e Naema a ajudaram a superar o medo que a jovem tinha dos pais e a lidar com o preconceito, ensinando-lhe que somente ela mesma poderia se fazer feliz.

CAPÍTULO 40

No mesmo dia em que Ethan recebeu alta e voltou para casa, fazendo a alegria de todos, Alcione comunicou a Inácio que ele tinha visitas. Helena aguardava-o sentada em uma das mesas do jardim, lindamente cuidado e muito florido.

— Tem alguns minutos para mim? — Ela sorriu e apertou a mão de Inácio.

— Sempre — Inácio puxou uma cadeira. — Aceita algo para tomar?

— Alcione já me ofereceu, mas não quero nada. Obrigada. Antes de começar o verdadeiro assunto que me trouxe aqui, gostaria de lhe dar duas notícias. O senhor decidirá se são boas ou não. Um traficante famoso em sua comunidade chamado Túlio Carlos da Silva, mais conhecido como Tuca, foi encontrado morto no mesmo dia em que Ethan foi baleado. Pelo apelido, acredito se tratar do mesmo que vendia drogas ao seu filho e que provavelmente tentou matá-lo. Temos uma suspeita de quem o teria matado e dos motivos que levaram a pessoa a fazer isso.

Inácio não respondeu; apenas meneou a cabeça.

— A segunda notícia é que Zack, o sujeito que fotografou seu filho em situação de nudez e que o ameaçou com uma faca, foi detido. O cara comercializava fotos de meninos vestindo sungas ou totalmente nus, geralmente entre quinze e dezessete anos. Mantinha relações com muitos deles. Na delegacia, após ser pressionado, confessou ter matado um menino, pois o garoto gravou um momento íntimo entre os dois. Tenho certeza de que esse sujeito não voltará às ruas tão cedo.

— Não me sinto satisfeito nem vingado por ouvir ambas as informações. Acho que as coisas aconteceram como deveria ser — opinou Inácio.

— Concordo. Só quis informá-lo, porque isso faz parte do meu serviço. — Helena tirou um envelope pardo da bolsa. — Todavia, Tuca e Zack são fichinhas perto de uma pessoa que pretendo pegar, muito mais perigosa do que esses homens. — Helena tirou do envelope uma fotografia impressa em tamanho ampliado. — O senhor conhece ou já viu esse homem?

Ali estava Dragão, bonito e bem-apessoado.

— Nunca e tenho certeza disso — declarou Inácio.

— Seu nome verdadeiro é Dagoberto. Não sei se foi daí que surgiu o apelido de Dragão. Trata-se de um dos traficantes mais procurados do país. Havia tempos, a polícia estava à sua caça, porém, quando chegavam aos locais onde diziam tê-lo visto pela última vez, nada encontravam. O homem é escorregadio como um sabonete.

— E o que tenho a ver com ele?

— Coincidentemente, ele também foi assassinado com golpes de faca algumas noites atrás. Montei uma linha do tempo, organizando provas, teorias, suspeitas e indícios para chegar à conclusão de que, provavelmente, foi ele o mandante do assassinato de Tuca, o outro traficante que baleou seu filho. E só fez isso porque obedeceu ao pedido de uma mulher.

— Uma mulher?! — Espantou-se Inácio. — Se uma mulher consegue dar ordens desse tipo a um traficante influente, ela não pode escapar impune. Deve ser muito perigosa.

— Sim, ela é. E não apenas perigosa, mas astuta, ardilosa, falsa e muito inteligente. Suspeitamos e temos quase cem por cento de certeza de que foi ela a motorista que tentou atropelar sua filha, no mesmo dia em que essas duas mortes aconteceram, além do tiroteio do qual Ethan foi vítima.

Inácio ficou branco como cera.

— Meu Deus! E quem seria essa mulher?

Helena tirou outra fotografia do envelope, e, ao colocá-la sobre a mesa, Inácio viu ali o rosto sorridente e belíssimo de Márcia.

— Márcia?! Creio que haja algum engano. Somos amigos.

— Amigos ou amantes? — perguntou Helena sem rodeios.

— Por favor, fale baixo. Meus filhos não podem nem sonhar com algo assim. Bem... eu admito que me envolvi sexualmente com ela algumas vezes. Fomos juntos a alguns motéis... No entanto, desde que Ethan foi internado, não nos encontramos mais. Eu não tinha cabeça para pensar em sexo, porque meu filho é muito mais importante. Além do mais, ainda que ninguém acredite, amo Débora, minha esposa. Só fiz o que fiz porque estava carente e meu corpo precisava extravasar essa energia. Márcia é uma boa amiga, mas sempre foi para mim apenas um corpo bonito e nada mais.

O que nem Helena nem Inácio notaram é que não estavam sozinhos no jardim. Márcia estava saltando de um táxi, pois faria uma visita-surpresa à casa do advogado, pretextando ver como estava o filho dele, quando viu Helena adentrar a residência. Permaneceu dentro do carro até que fechassem o portão.

Márcia pagou ao motorista, mas pediu que ele aguardasse estacionado ali e seguiu a pé pela calçada. Foi até o portão, que estava trancado, mas conseguiu espreitar parte do jardim através das frestas das grades que o ladeavam, ainda que estivessem cobertas pela vegetação. Não era possível vê-los muito bem, contudo, graças ao fato de a rua ser bastante silenciosa, ela conseguia ouvir o diálogo entre Inácio e Helena, que começara alguns minutos depois. Enfureceu-se tanto ao ouvir que representava apenas um corpo bonito para Inácio extravasar sua energia que teve vontade de lhe dar um tiro. A arma que roubara de Dragão estava bem guardada dentro da bolsa que ela trazia a tiracolo.

— Digamos que Márcia seja a mulher de quem estamos falando — prosseguiu Helena. — E acredite em mim que não há nenhum engano.

— Não pode ser. Ela é um doce de pessoa.

— Um doce envenenado, meu amigo. Já sabemos que ela foi a responsável pela prisão de Dolores, vendedora da butique. Posteriormente, Márcia pagou a fiança para liberá-la. Essa mulher — bateu na fotografia — matou os próprios pais por dinheiro. Matou Sarah, sua sócia, apenas para ficar com a butique para si. Envolveu-se com muitos homens casados e financeiramente estáveis para conseguir bens deles. Foi assim que ganhou dois apartamentos, aquele carro vermelho importado e, provavelmente, joias e muito dinheiro. O senhor é a próxima vítima que ela escolheu.

Inácio não conseguia falar. Estava paralisado pelo horror. Helena continuou:

— Provavelmente, esse tal de Dragão também era amante dela. Por estar relacionado à criminalidade, deve estar por trás do assassinato de Sarah e de Tuca, a mando dela. Não sei se era apenas sexo o que ela oferecia em troca. Acho que é um preço muito baixo para tanto trabalho. Quando ele se mostrou exigente demais, Márcia acabou com ele também. Diga-me uma coisa: sua filha a conheceu, certo? Como ela se comportou com Márcia?

— Provocou-a o tempo todo, porque ficou enciumada. Maria Júlia acha que eu a trouxe para substituir Débora.

— Isso justifica a tentativa de atropelamento. Provavelmente, ela decidiu matar sua filha, porque a menina seria um obstáculo no caminho dela para conquistar o que queria. Encontramos o carro que ela alugou, mas Márcia foi esperta o bastante para usar luvas e peruca. Não encontramos nada que a denunciasse.

— Não consigo crer que estava me envolvendo com uma psicopata.

— Ela não é uma psicopata; é apenas uma interesseira, com tendência ao assassinato, dona de um alto grau de inteligência, que sabe como manipular as pessoas a seu bel-prazer.

— Vocês sabem onde ela mora e trabalha?

— Sabemos. Nós a seguimos várias vezes.

— Se possuem todas essas informações a respeito dela, por que não a prendem de uma vez?

— Porque queremos montar uma armadilha em que ela se denuncie. Como lhe disse, Márcia é esperta e tem muito dinheiro. Sabemos que foi ela quem fez todas essas coisas, no entanto, ainda não temos provas concretas para apresentarmos ao juiz. Sem isso, os advogados dela a liberarão facilmente da cadeia. Precisamos de uma isca que ela possa morder.

— Meu Deus, será que nunca terei paz? — Alarmou-se Inácio, em pânico. — Ou seja, toda a minha família está correndo perigo?

— Sua filha sim, mais do que todos os outros. Márcia deve estar furiosa, pois a menina conseguiu escapar ilesa. Acredito que ela tentará algo de novo, assim que tiver oportunidade.

— Vou contratar seguranças particulares para acompanharem meus filhos aonde eles forem.

— Perda de tempo — contrapôs Helena. — Não se preocupe. Ela não cometerá nenhuma bobagem, como atirar neles de longe ou tentar sequestrá-los. Se Dragão era seu único comparsa, está sozinha na jogada por enquanto. Se ela farejar a presença dos seguranças, saberá que você está desconfiado dela e mudará de tática. Vamos entregar o ouro a ela, como se nada estivesse acontecendo.

— Como faremos isso?

— Eu tenho um plano, Inácio. Ouça-me com atenção.

A partir dali, eles passaram a conversar aos murmúrios, de forma que Márcia não pôde ouvir mais nada. Suas mãos tremiam de ódio. Se Helena tinha um plano, ela tinha outro. Veria qual das duas seria mais esperta.

Sabendo que era hora de bater em retirada, Márcia voltou rapidamente ao táxi e retornou à sua casa. Nunca nutrira tanta raiva de alguém como alguém nutria por Helena e Inácio. O maldito advogado mal perdia por esperar por tê-la tratado como uma prostituta, dizendo que ela fora apenas um meio para aliviá-lo. Acabaria com os filhos dele, um por um, e ainda teria o prazer de vê-lo chorar lágrimas de sangue.

Nos primeiros dias de outubro, tudo seguiu pacificamente. Em uma tarde, logo após almoçar a comida insossa do hospital, Débora sorria ao analisar os resultados dos últimos exames, quando João entrou em seu quarto. O médico idoso trazia uma expressão de felicidade suprema no olhar.

— Acabei de saber das novidades! Os últimos exames mostram que o câncer regrediu quase completamente. Você já tem condições de prosseguir com seu tratamento em São Paulo. Se continuar assim, creio que, dentro de mais alguns meses, esteja totalmente curada.

— Sim, doutor João. Acho que hoje é um dos dias mais felizes da minha vida. Já contei as novidades aos meus filhos e ao meu marido. Ele está vindo para cá me buscar. O outro médico que me atendeu mais cedo me explicou que, mesmo após eu receber o diagnóstico de cura, terei de passar por um acompanhamento oncológico pelos próximos cinco anos, porque, infelizmente, há a possibilidade de recidiva nos primeiros dois anos. Ou seja, o câncer pode reaparecer em outro lugar.

— Duvido que apareça. Lembre-se de quando lhe perguntei onde estava a sua fé. Você a colocou em sua cura, por isso se recuperou depressa.

— Não sei como lhe agradecer, doutor João. Durante todo esse tempo, o senhor tem sido um verdadeiro professor para mim nos assuntos que dizem respeito à espiritualidade. Eu...

— Com licença. — Uma enfermeira entrou no quarto e sorriu para Débora. — Seu marido está aí fora. Posso lhe pedir que entre?

— Claro! — Como aquele seria o último dia de Débora ali, ela já havia se livrado das roupas hospitalares. Não estava plenamente curada, contudo, poderia continuar seu tratamento em São Paulo sem a necessidade de permanecer internada. — Como estou?

Ela vestia calça jeans e uma blusa vermelha. Colocara um lenço azul sobre a cabeça e o amarrara de lado para acrescentar um charme a mais.

— Linda! — confessou a enfermeira sorrindo. — Vou chamar seu marido.

— Eu também vou me retirar, porque esse momento é de vocês — pronunciou-se doutor João. — Foi um prazer conhecê-la, minha querida.

— Antes de ir embora, vou procurá-lo para me despedir melhor. Até daqui a pouco.

Logo que ele saiu, Inácio entrou. Novamente, trazia flores, desta vez um buquê de buganvílias. Como sempre, os olhos verdes de Inácio brilharam ao encontrar a esposa, porque Débora sempre lhe era maravilhosa.

Beijaram-se com ardor e carinho. Quando se separaram, ele entregou-lhe as flores, que eram belas e perfumadas. Débora agradeceu-lhe o buquê com um novo beijo e mostrou as malas feitas a um canto do quarto, as mesmas que trouxera de casa.

— Está tudo pronto para eu voltar para casa, amor. Não sentirei falta deste lugar, que me remete à dor e tristeza, mas sim de algumas amizades que fiz por aqui, como médicos e enfermeiros e principalmente do doutor João. Quero me despedir dele antes de irmos embora, porque devo muito a ele minha recuperação.

— Eu sei, minha querida. Faça isso com calma. Teremos tempo até nosso voo.

Débora ia dizer outra coisa, quando reparou melhor e notou que algo estava preocupando o marido. Era uma percepção natural, que se adquire quando se está casada há dezoito anos com a pessoa.

— Aconteceu alguma coisa? Você me parece inquieto e um pouco triste.

— Venha, sente-se aqui. — Ele puxou-a para a cama. — Aconteceram algumas coisas recentemente, e nós preferimos não lhe contar para que você fosse poupada.

— É sobre o quê? — Débora começou a ficar nervosa.

— Ethan esteve internado após levar três tiros. Ficou em coma, mas, graças a Deus, por menos de vinte e quatro horas. Já está em casa e tão peralta quanto antes.

Débora cobriu a boca com as mãos.

— Vocês não podiam ter me escondido isso!

— Há outras novidades sobre Ethan, que andou envolvido com algumas coisas erradas...

Inácio contou-lhe sobre as drogas e Zack. Débora estava estarrecida.

— Isso também já foi resolvido, portanto, não precisa se preocupar. Há também algumas novidades sobre Maria Júlia e Gustavo. Estou me referindo à vida sentimental deles.

— Maria Júlia arrumou um namoradinho? Gustavo vai se casar com Tássia?

— Nem uma coisa nem outra. — Sorriu Inácio, ficando novamente sério em seguida. — Prefiro que eles mesmos lhe contem quando você chegar. Vai precisar de tempo, porque são muitas fofocas. Aliás, trouxe alguém comigo, que a está esperando lá fora. Antes que me pergunte quem é, trata-se de Silvinha.

— O quê? Você e minha mãe juntos no mesmo voo? Quantas décadas se passaram desde que estou aqui?

— Pois é. Digamos que estendemos nossas bandeiras brancas por enquanto. Ela está com muita saudade de você.

— Sei que ainda há algo o inquietando. Do que se trata?

— Será sua decisão, ao final de nossa conversa, que definirá se nosso casamento vai continuar. — Inácio respirou fundo e confessou: — Eu me envolvi com outra mulher. Ela não representa nada para mim além de sexo. Cedi aos impulsos dos meus hormônios e não resisti à tentação.

Débora começou a chorar baixinho. Desde que saiu de casa, imaginava que aquilo poderia acontecer. Fora ela mesma quem dera a alforria para o marido a partir do momento em que inventou um falso amante e disse que Inácio poderia ser feliz.

— Ela é bonita? — indagou por fim.

Inácio mostrou uma foto de Márcia pelo celular, o que a fez chorar ainda mais.

— Juro que não temos mais nada. Foram poucos encontros em motéis. Sei que errei muito, porque fiz isso depois de visitá-la aqui e de ouvi-la dizer que continuava me amando e que nunca se envolveu com nenhum Cleiton. Só preciso do seu perdão.

Débora assentiu. Vendo o desespero nos olhos do marido, segurou a mão dele com carinho:

— Eu o perdoo, sim. Não posso lhe dizer que não estou decepcionada, porque a gente imagina que esse tipo de coisa nunca acontecerá conosco. E, quando acontece, não estamos preparados para lidar com isso. Entendo sua posição. Ela deve tê-lo provocado também, para que você perdesse as estribeiras. Longe de mim, sem sexo, ficaria mesmo difícil de resistir. Quando vim para cá em meio às minhas mentiras, imaginei que pudesse ter conhecido e realmente se apaixonado por outra mulher. E o que eu poderia fazer quanto a isso? Seria culpa minha, afinal, saí de casa e o deixei sozinho, alegando que não o amava mais. Poucos encontros calorosos com uma mulher bonita como essa foram até um preço baixo que eu paguei pelo meu equívoco.

— Se Alcione estivesse aqui, teria puxado nossas orelhas. Ela detesta palavras como erro e culpa. Diz que devemos ser responsáveis por nossas escolhas e suas consequências e nada mais. Não gosta quando ficamos nos lamentando pelo que fizemos.

— Verdade. Nossos filhos sabem do seu envolvimento com essa mulher?

— Eu a levei para almoçar em casa uma vez, apenas para que eles a conhecessem, pois eu achava que eles necessitavam de outra presença feminina além de Alcione. Grande engano meu. Maria Júlia a detestou.

— Então, eu prefiro que eles nunca saibam que vocês transaram. Que esse segredo fique entre a gente. Eles podem se revoltar contra você.

— Eu sei.

— Obrigada por ter me contado a verdade, amor. Eu o amo muito por ser quem você é, por ter se reaproximado das crianças e por estar ao lado deles quando mais precisaram de você.

— Você precisa voltar a ocupar seu posto de mãe naquela casa. Todos nós estamos aguardando ansiosamente por isso.

Débora começou a rir, e eles se beijaram novamente, fortalecendo ainda mais aquela união que sempre dera certo em quase duas décadas de existência.

Inácio falou sobre Márcia, mas não sobre o que descobrira a respeito dela e que estar ali era também parte de um plano armado com a polícia para capturá-la. Se soubesse daquilo, Débora ficaria apavorada ao imaginar os filhos sozinhos em casa com Alcione, sendo perseguidos por uma assassina descontrolada.

Inácio levou as malas de Débora até a recepção, onde ela parou para pedir informações sobre doutor João.

— Você vai adorar conhecê-lo, querido — prometeu ela ao marido. — Ele me ensinou muitas coisas fundamentais durante suas visitas.

Havia uma moça bonita atrás do balcão, e Débora lhe sorriu:

— Por gentileza, você poderia chamar o doutor João, para que ele venha falar comigo aqui na recepção?

— Quem?

— O doutor João, aquele médico bem velhinho, que sempre anda com uma prancheta nas mãos.

A recepcionista, confusa, piscou e apontou para um quadro no alto da parede, onde se via a imagem séria e compenetrada de doutor João, embora seus olhos demonstrassem a bondade que Débora sempre vira neles.

— Está falando desse doutor João? — Quis saber a recepcionista.

— Claro! Gostei de saber que colocaram uma foto dele em destaque. A equipe médica daqui é excelente, mas ele foi o que mais gostei. Ele...

— Senhora, creio que haja algum equívoco.

— Como assim?

— O doutor João é o patrono deste hospital. Colaborou com sua fundação muitos anos atrás, mas ele morreu há treze anos.

Débora arrepiou-se da cabeça aos pés e precisou apoiar-se no balcão.

— Acho que é você quem está equivocada. Nós conversamos há pouco. Ele esteve em meu quarto para...

— Não há nenhum engano, infelizmente — confirmou a recepcionista.

Débora olhou para Inácio, que parecia não entender bem o que estava acontecendo ali. Foi então que ela percebeu que, apesar das muitas visitas que João lhe fizera, ele nunca a tocara, medicara ou batera à porta ao entrar. O médico simplesmente aparecia em seu quarto, quando uma enfermeira deixava a porta aberta.

Lembrou-se, então, do dia em que João lhe dissera que havia uma grande equipe de médicos espirituais trabalhando ali, da qual, certamente, ele fazia parte. O médico lhe ensinara tantas coisas sobre a espiritualidade, a fizera enxergar a doença e a própria vida com outros olhos e lhe mostrara a importância de se autovalorizar independentemente de como sua aparência física estivesse, tratando-se com respeito e positividade e amando-se cada vez mais.

Débora ainda estava boquiaberta, quando deu o braço para Inácio, despediu-se da recepcionista e de algumas enfermeiras que encontrou pelo caminho e saiu com o marido até onde Silvinha os aguardava no táxi.

Se tivesse olhado para trás, teria visto doutor João sorrindo e segurando a prancheta. Ele fechou os olhos, fez um agradecimento a Deus por tudo ter dado certo até ali, desejou que a vida de Débora e de sua família sempre fosse abençoada e finalmente desapareceu no ar.

CAPÍTULO 41

Alcione estava terminando de preparar o almoço para os adolescentes, quando o telefone da sala tocou. Ela atendeu-o pelo aparelho de extensão, na cozinha.

— Alô? — Alcione esperava que fosse Inácio contando-lhe boas-novas sobre Débora. Eles chegariam à noite, por isso prepararia um jantar especial para recebê-los.

— Alcione? Aqui é a mãe de Naema. Trouxemos algumas coisas para recepcionar Inácio. Será que poderia nos ajudar a descarregar aqui fora?

— Claro que sim. Um minutinho só.

Alcione colocou o telefone na base, secou as mãos em um pano de prato e desligou o fogo. Pouco depois, chegava aos jardins, seguindo rapidamente na direção do portão. De repente, teve um pressentimento terrível de que alguma coisa estava errada. Pensou em voltar para dentro da casa, quando algo a atingiu com força no alto da cabeça, fazendo-a desabar inconsciente.

Márcia ainda empunhava o revólver, com o qual acertara uma coronhada na cabeça da governanta. Atraí-la para fora, passando-se pela mãe de Naema, fora mais fácil do que pensara. Nada como ser inteligente e memorizar o nome das pessoas. Tentou arrastar o corpo de Alcione para ocultá-lo atrás da casa, mas ela era pesada demais, além de tal tarefa lhe demandar muito tempo.

Agora, os idiotas dos filhinhos de Inácio estavam sozinhos dentro da mansão. Tinha certeza, porque se certificara disso antes de entrar na casa. Gostaria de ver a cara que Inácio faria quando chegasse de viagem e se deparasse com a chacina. Ele nunca mais seria o mesmo e se arrependeria para sempre de tê-la desprezado. Quando, nos últimos dias, lhe telefonou para marcarem novos encontros, ele já tinha um pretexto na ponta da língua para não voltar a vê-la, até que ela se deu por vencida e parou de ligar.

Empunhando o revólver carregado, pronta para atirar em qualquer coisa que se mexesse e convicta de que faria isso sem hesitação, Márcia invadiu a casa. Foi diretamente para a cozinha, mas não havia ninguém ali. Pelo jeito, o trio deveria estar em seus dormitórios, à espera da morte.

Soube pelos sócios de Inácio que ele viajara. Isso foi fácil. Bastou ligar para o escritório. Laerte prontamente lhe contou que o sócio fora a Porto Alegre resolver um assunto de família, o que significava que Inácio fora visitar a esposa apodrecida ou talvez buscá-la de vez, se ela estivesse melhor.

Ao sair de seu apartamento e certificar-se de que não estava sendo seguida, Márcia foi até a mansão de Inácio. Ficou parada próximo à casa dele, vigiando a entrada com um binóculo, olhando em volta para ver se os policiais não estavam por ali. Ligou três vezes para a casa. Na primeira, Maria Júlia atendeu à ligação. Na segunda, Ethan e, agora, Alcione. Cada ligação fora feita a partir de um chip diferente, que ela inseria no celular, para o caso de eles terem identificador de chamadas e para não desconfiarem de nada. Gustavo talvez estivesse fora, dormindo na casa da namoradinha apagada, mas já seria suficiente liquidar os outros dois.

Assim que Márcia desceu do carro e chegou ao jardim, Helena, que a vigiava de dentro de uma casa situada quase em frente à de Inácio, disponível para locação e que fora cedida temporariamente pelo proprietário para uso da polícia, soube que a hora da ação finalmente chegara.

Além dela, Ruy, o delegado, e vários outros policiais estavam presentes, aguardando as instruções da investigadora, que tivera carta branca do delegado para agir como melhor lhe aprouvesse. Confiavam em Helena, que trabalhava para a polícia havia quase trinta anos, e sabiam de sua competência profissional.

Também portando um binóculo, Helena viu quando Márcia atraiu Alcione para o jardim e colocou-a fora de combate, invadindo a propriedade logo depois.

— Há uma civil ferida. Todos ao meu comando. Vamos atacar.

Helena saiu da casa empunhando seu revólver e correu com uma velocidade impressionante. No instante em que os policiais irromperam casa adentro, Márcia chegava ao quarto de Maria Júlia. A mulher bateu à porta e aguardou.

Pensando se tratar de Alcione, a menina, despreocupada, abriu a porta. Assim que vislumbrou Márcia e o cano do revólver apontado para ela, recuou alguns passos.

— Adivinha quem veio para jantar? — Provocou Márcia, entrando no dormitório e encostando a porta atrás de si. — Surpresa com minha visita, queridinha?

— Não sei o que quer, mas, se for dinheiro, meu pai pode lhe dar. — Maria Júlia tremia e andava de ré, enquanto Márcia avançava. — Não me machuque, por favor.

— Está com medo, lindeza? Onde está sua valentia agora? Cadê aquela pompa toda que costuma exibir quando está perto do papai?

Foi nesse momento que Márcia notou o som de passos correndo no andar de baixo e deduziu que a polícia chegara. Ela fez o que lhe pareceu óbvio: tentou saltar sobre Maria Júlia para usá-la como refém. A menina, que tinha levado as mãos para trás do corpo, agarrou um travesseiro e lançou-o contra Márcia numa atitude desesperada. O gesto inusitado assustou a criminosa, que disparou contra uma parede.

Ao ouvir o estampido do tiro, Helena subiu as escadas pulando os degraus de dois em dois e apontando sua arma para todos os lados. Ethan e Gustavo saíram de seus quartos ao mesmo tempo, ambos assustados.

— Que barulho foi esse? — perguntou Ethan.

— O que está acontecendo aqui? — questionou Gustavo ao ver a movimentação dos policiais na casa. — Cadê Alcione e Maria Júlia?

— Depois responderemos à suas perguntas — prometeu Helena, virando-se para os policiais que vinham em seu encalço. — Fiquem com os meninos.

Num gesto bem treinado, a policial dobrou a perna e lançou um pontapé para frente, fazendo a porta abrir-se com um estrondo.

Helena deparou-se com Márcia agarrando Maria Júlia pelos cabelos com uma das mãos, enquanto usava a outra para encostar o revólver no rosto da menina.

— Jogue suas armas no chão, sua investigadora de quinta categoria! Se algum de seus homens invadir o quarto, estouro o cérebro dela! — prometeu Márcia.

Sem opção, Helena obedeceu.

— Chute sua arma para cá — continuou Márcia. — Eu estou no comando aqui.

Mais uma vez, a policial obedeceu. No instante em que Márcia se curvou um pouco para pegar o segundo revólver, Maria Júlia deu uma cotovelada para trás, enquanto usava a mão para empurrar o braço armado da loira para frente.

Tudo aconteceu num piscar de olhos. Márcia atirou novamente, errando o alvo. Helena, por sua vez, pulou sobre ela e gritou, ordenando que nenhum de seus colegas invadisse.

— Saia daqui, garota! Agora! — bradou Helena.

Maria Júlia não pensou duas vezes e irrompeu porta afora correndo. Márcia tentou firmar a mão no cabo de sua arma, porém levou um golpe no pulso, o que a fez abrir os dedos.

As duas mulheres, agora ambas desarmadas, encararam-se.

— Devo reconhecer que você chegou a mim mais depressa do que eu imaginava! — Márcia sorriu. — Sempre soube que era eu, não é mesmo?

Helena viu a loucura brilhando nos olhos de Márcia. Possivelmente, Inácio tivera razão ao chamá-la de psicopata.

— Desde que a vi pela primeira vez. E saiba que estou gravando esta conversa, Márcia, e ela será usada contra você nos tribunais.

— Acha que estou preocupada com você e sua gravação? Acredita mesmo que ficarei na cadeia por muito tempo? Olhe para mim e diga-me o que vê.

— Uma louca, que tirou a vida de muitas pessoas, mas que agora vai apodrecer atrás das grades.

Márcia gritou furiosa e jogou-se contra Helena. Mirou um tapa no rosto da policial, que se desviou com agilidade e revidou com um soco, fazendo estalar o maxilar da empresária. Márcia, contudo, conseguiu cravar suas unhas no pescoço de Helena e as deslizou com vontade, criando sulcos vermelhos e profundos na pele da oponente. A policial a chutou na barriga e, em seguida, na perna. Márcia cambaleou, mas investiu outra vez.

Desta vez, a mulher grudou-se nos cabelos de Helena e puxou-os com todas as forças que conseguiu reunir. Em seguida, cravou os dentes no braço da policial, que gritou de dor. Helena fechou a mão em punho e aplicou um direto no queixo de Márcia e jurou ouvir o som de algo se quebrando. No ímpeto da luta, empurrou-a para trás com as duas mãos.

Márcia viu um dos revólveres no chão e mergulhou para apanhá-lo. Helena foi impiedosa e desferiu-lhe um pontapé violento nas costelas. Ainda assim, Márcia conseguiu agarrar a arma por alguns segundos, antes de perdê-la ao levar outro chute, agora na mão.

Sangrando, dolorida e descabelada como uma selvagem, Márcia levantou-se novamente, com as unhas em garras, a face do ódio estampada em seu semblante.

— Você não desiste, não é mesmo? — troçou Helena, preparando-se para o novo embate. Quando Ruy assomou à porta apontando uma arma, ela gritou: — Não atirem. Não quero que ela seja baleada. Não gaste uma bala com um lixo desses.

— Encontrou o corpo de Dragão? — Márcia ria, desvairada. — Ele sangrou bastante, não é? Mas eu queria mesmo era ter dado a ele a mesma bebida mágica que dei para Sarah! Ela perdeu a voz antes de morrer.

— Quantos mais você matou, Márcia? Seus próprios pais, inclusive.

— Paguei para uma pessoa fazer o serviço. Mexeram no freio do carro. Eles tinham um seguro de vida, que ficou para mim. Claro que depois tive de tirar essa pessoa de cena. Nada de testemunhas.

Traiçoeira como uma cobra, Márcia agarrou um vidro de perfume e atirou-o contra o rosto de Helena. Quando ela se esquivou, ela pegou outra garrafa maior, quebrou-a na quina da cômoda e exibiu a nova arma feita de vidro quebrado.

— Vou matá-la com isso, Helena, assim como matei tantos outros! Sabia disso?

Como se estivesse tomada por uma força demoníaca, Márcia investiu novamente contra a policial, empunhando o que sobrara da garrafa quebrada. Helena recuou, preparou um chute e golpeou as pernas da loira, fazendo-a tropeçar. Na sequência, enrijeceu o braço e aplicou um soco violento no rosto de Márcia, fazendo-a, finalmente, ir a nocaute.

— Meu Deus, você está sangrando! — Acudiu Ruy, assim que Márcia desmaiou.

— Ossos do ofício. Mantenham-na algemada, antes que desperte — ordenou Helena.

— Caramba! Nunca imaginei que a senhora lutasse tanto! — elogiou um policial, prendendo as pulseiras de aço na criminosa.

— Sou pequenininha, mas tenho força. — Sorriu Helena, fazendo uma careta em seguida ao tocar no pescoço que sangrava. — Caramba, isso arde!

Pouco depois, enquanto alguns policiais acomodavam Márcia em uma viatura e socorriam Helena, outros davam suporte aos filhos de Inácio, que choravam abraçados em um canto.

— A senhora está bem? — Ruy indagou a Alcione, assim que ela despertou.

— Minha cabeça dói um pouco. Quem me atacou?

— Márcia. Ela já foi contida. Todos estão bem. Mantenha essa bolsa de gelo sobre a cabeça — sugeriu Ruy.

De repente, os olhos dos dois se encontraram, e uma emoção sem igual os invadiu. Ruy teve vontade de ficar ali o restante do dia, apreciando o olhar sereno e doce de Alcione.

— Vamos voltar à delegacia agora — recomendou Helena. — Alguns policiais poderão ficar aqui para lhes dar segurança, mas posso lhes garantir que o perigo passou. Finalmente, estarão em paz.

— Não será necessário — rebateu Alcione. — Preferimos ficar sozinhos, porque não queremos estragar a surpresa que faremos para a chegada de Débora. Concordam, meus amores?

Os três, mais calmos, assentiram. Ruy, ainda sem conseguir desviar os olhos de Alcione, estendeu-lhe um cartão.

— Aí está meu telefone. Caso queira conversar ou simplesmente marcar um café, saiba que estou disponível.

Helena apenas piscou um olho para os três adolescentes, que começaram a rir, dissipando a tensão. Quando todos se foram, eles abraçaram Alcione com força.

— Como você está, minha filha? — ela indagou a Maria Júlia.

— Melhor do que eu pensava. Sou muito resistente e não fico traumatizada com facilidade. Acreditam que fui corajosa o bastante para dar uma cotovelada nela?

— Ela poderia ter atirado em você... — recordou Ethan.

— Olha quem fala. Logo o sujeitinho que levou três tiros e está aqui, vivinho da silva, para contar história.

Todos riram e se abraçaram.

— Vamos contar aos nossos pais o que aconteceu aqui? — Quis saber Gustavo.

— Não hoje — opinou Maria Júlia. — O papai saberá de qualquer forma. Mas, hoje, vamos recebê-los bem e felizes. O pesadelo ficou para trás.

— Maria Júlia tem razão. Vamos tentar nos esquecer do que aconteceu aqui hoje e nos concentrarmos na chegada de Débora? — propôs Alcione com alegria.

Como todos estavam de acordo, começaram os preparativos para recepcionar os pais, com leveza e bom humor.

Sim, o pesadelo ficara para trás.

*****

A princípio, Márcia foi colocada em uma cela vazia. Desde que despertou, nada do que dizia ou falava fazia sentido. Chorava e ria ao mesmo tempo, gritava e sussurrava simultaneamente, rezava e praguejava de uma só vez. O delegado, ao avaliar a situação, decidiu que ela seria submetida a um tratamento psiquiátrico.

Naquela noite, Márcia gritava muito, dizendo que estava sendo perseguida pelo pai, por Sarah e por Dragão. Falava que eles estavam por todos os lugares na cela, assustando-a, machucando-a e insultando-a. Queriam pegá-la, e não havia para onde ela correr.

Ninguém lhe deu atenção, acreditando que ela estivesse fingindo. Helena já dissera que Márcia era perita em dramatizar e representar bem o queria demonstrar. Por isso, no dia seguinte, foi um choque para todos quando a encontraram caída na cela, com os olhos esbugalhados e o corpo sem vida. O laudo da autópsia revelaria que a causa da morte fora uma parada cardíaca, como se ela tivesse sofrido uma emoção ou um susto muito intenso.

Márcia não fazia ideia dos horrores que a aguardavam tão logo despertasse no astral e se visse frente a frente com seus algozes. Além de Dragão, Sarah e seu pai, outros espíritos sombrios, machucados e de aparência monstruosa a esperavam. Eram pessoas que morreram em outras vidas por meio de suas mãos e agora estavam sedentas de vingança.

Ela tentou fugir da horda doentia, porém não havia escapatória. Quando todos se lançaram a um só tempo sobre Márcia, ela só conseguiu pensar em um nome: Inácio.

CAPÍTULO 42

A existência humana é uma sucessão de dias, meses, anos e séculos, que se misturam em meio a muitas encarnações. Vivências, experiências, aprendizados, crescimento, discernimento, elevação... alguns mais depressa, outros nem tanto, mas todos caminhando em seu próprio ritmo através da poeira do tempo.

Antes de reencarnarem, os membros da família de Inácio haviam decidido que voltariam juntos. Espíritos que sempre estiveram próximos em outras épocas e roupagens, ora como amigos, ora como parentes, ora como colegas, ora vivendo tórridas paixões, ora mantendo uma relação fraternal.

Débora, espírito que sempre fraquejou perante uma doença, entregando-se à tristeza, que a levava ao suicídio lento e doloroso pela anulação da vontade de viver, voltou com a intenção de se superar desta vez, aprendendo não apenas a lidar com a enfermidade, mas a se colocar em primeiro lugar.

Na última encarnação, Inácio era viúvo de Débora, que se entregou à morte após ser diagnosticada com tuberculose, e tinha três sobrinhos: Gustavo, Ethan e Maria Júlia. Após a morte dos pais das crianças, Inácio tornou-se o responsável por cuidar dos três desde a terna idade, mas largava os sobrinhos aos cuidados de uma vizinha para se divertir com Márcia, sua sensual amante. As crianças cresceram revoltadas, principalmente Ethan, que nunca perdoou o tio por abandoná-los por causa de uma mulher.

Quando eles cresceram, Márcia tentou trocar Inácio por seus jovens sobrinhos, porém, sem sucesso. Ethan a desprezava, ao passo que Gustavo estava envolvido com uma moça pobre e interesseira chamada Tássia e não tinha olhos para outra mulher. Vendo-se rejeitada pelos rapazes, Márcia tramou sua vingança. Uniu-se a dois salteadores e encomendou o assassinato dos dois sobrinhos de Inácio. O crime foi bem-sucedido, mas, para evitar ser denunciada ou chantageada pelos assassinos, elas os matou em uma emboscada.

No astral, Gustavo e Ethan sofreram muito, alimentando um ódio crescente por Inácio e por Márcia. Se o tio não fosse um homem tão preocupado apenas consigo mesmo, eles teriam tido uma excelente criação, embora a vizinha que cuidou deles, chamada Silvia, tivesse se esmerado para lhes dar carinho e amor, dentro de suas possibilidades. Ela também não confiava em Inácio, embora não ousasse afrontá-lo, já que era regiamente paga para se dedicar aos sobrinhos dele.

Maria Júlia, a sobrinha caçula, teve um destino diferente. Envolveu-se com um rapaz chamado Nael, filho rico de um abastado proprietário de terras e casou-se com ele, com quem foi morar na Europa. Ao contrário do restante de sua família, Maria Júlia e Nael viveram juntos e felizes até o fim de seus dias.

Inácio, que se tornara alcóolatra e perdera todo o dinheiro com Márcia e com bebidas após a morte dos dois sobrinhos, viveu infeliz até adoecer, tendo uma morte semelhante à de sua esposa. Márcia envolveu-se com um bandido muito temido na região chamado Dagoberto, que, durante uma discussão, a matou com uma adaga.

No astral, após um período de grande sofrimento em regiões das profundezas do umbral, todos se encontraram novamente em uma colônia espiritual, quando já estavam preparados para um novo reencarne. Haviam se perdoado, se compreendido e concordado que solucionariam no futuro todas as situações que ficaram pendentes. No seio da família de Inácio viria um espírito de grande sabedoria, que nasceria com o nome de Alcione.

Novas promessas foram feitas; novos projetos de vida, planejados. Desta vez, Débora tentaria vencer sua depressão e usar a força de sua alma para superar a doença. Quase desistiu novamente quando saiu de casa e se escondeu em outra cidade, onde sofria o tempo todo. No entanto, a ajuda veio do espírito João, sábio médico da espiritualidade, mas principalmente da própria Débora, que aprendeu a se dar o devido valor e se amar incondicionalmente. Inácio quase se desviou de seus projetos, quando mergulhou no trabalho e se envolveu com Márcia outra vez, colocando de escanteio os sobrinhos, que agora reencarnaram como seus filhos.

Em sua sabedoria infinita, a Vida, contudo, cria vários mecanismos para que cada um consiga caminhar pela trilha a que se propôs seguir. Com a partida de Débora, Inácio viu-se responsável pela criação dos filhos e desenvolveu esse papel da melhor forma que pôde. Gustavo logo o perdoou. Ethan, ainda trazendo resquícios de sua vida anterior, teve alguns embates com o pai, que só foram superados pelo verdadeiro amor de família.

Gustavo, novamente, se envolveu com Tássia, mas, desta vez, teria a oportunidade de encontrar alguém que de fato o amasse, o que ele faria futuramente, tão logo seu coração estivesse preparado. Maria Júlia logo reconheceu seu amado Nael, com quem conviveu por tantos anos, na pele de sua companheira Naema. Agora, como duas mulheres, teriam muito a superar, lutando juntas contra o preconceito em uma sociedade ainda bastante intolerante.

Silvia, a vizinha que criou os sobrinhos de Inácio, reencarnou como sua sogra Silvinha, que sempre o detestou sem saber ao certo a razão. Desta vez, conseguiram compreender um ao outro e se perdoar, embora fosse inevitável trocarem farpas de vez em quando.

Márcia, espírito preso às ilusões terrenas, foi a única a retornar ao astral inferior, passando pelas mãos de seus antigos desafetos, entre eles o bandido Dagoberto, que, na vida atual, ganhara o apelido de Dragão.

Além desses, Inácio contou com o apoio de outros espíritos que voltaram para ajudá-lo, como seus sócios Laerte e Renata, féis companheiros de trabalho, e, Benjamim, seu pai, cujo espírito, embora milenar, sempre foi jovial, alegre e brincalhão.

E assim é a vida. Diante das muitas existências terrenas, fica uma só lição: a de que a alma anseia pelo amor-próprio. Quando cada um se coloca do seu próprio lado, o progresso é garantido.

*****

A emoção tomou conta de Débora quando ela desceu do táxi diante do portão de sua casa. Inácio tirou a bagagem do porta-malas, enquanto Silvinha carregava uma bolsa da filha. No céu, algumas estrelas estavam visíveis.

— Poucos meses se passaram desde que saí daqui e tantas coisas aconteceram — comentou Débora com os olhos marejados. — Aprendi que a vida nos ensina, não é mesmo? Veja só quem éramos antes e quem somos agora! Quanta transformação!

— É verdade, meu amor. Amadurecemos muito, em todos os aspectos. Hoje, vejo que nada é mais importante para mim do que minha família — concordou Inácio.

— Vocês vão ficar mexericando na calçada em vez de entrarem? — resmungou Silvinha. — Aliás, o que você carrega dentro desta bolsa, minha filha? Dez quilos de pedras? Meu ombro está quase se deslocando do eixo.

Enquanto ela entrava na casa, resmungando sem parar, Inácio e Débora começaram a rir. Ao pararem diante do jardim bem-cuidado, ele colocou a bagagem no chão e tomou a esposa pela mão.

— Eu já disse que você é linda e que a amo demais?

Débora sorria para Inácio. Seu rosto ainda estava muito magro, mas seus olhos brilhavam, enquanto a ponta do lenço azul esvoaçava ao sabor do vento. Para Inácio, nenhuma mulher se comparava a ela. Ainda não sabia onde estivera com a cabeça ao se envolver com Márcia.

— Não estou lembrada.

— Então vou lhe dizer de uma forma diferente.

Ele levantou-a nos braços e correu na direção da casa.

— Seu louco! Largou as malas lá fora! Se chover, vai molhá-las.

— Quem se importa com isso, se tenho nos braços o amor da minha vida?

E foi assim que Inácio entrou em casa, correndo com Débora nos braços. Chegou a tropeçar num degrau, e por pouco os dois não desabaram no chão.

Assim que se viram do lado de dentro, ouviram um grito em uníssono:

— Surpresaaaa!

Uma faixa com as palavras "Seja bem-vinda, mamãe" estava pendurada no centro da sala. Bexigas coloridas estavam amarradas nos encostos das cadeiras e nos vasos de plantas. Gustavo, Ethan, Maria Júlia, Naema, Alcione, Benjamim, Juju e Silvinha sorriam e aplaudiam ao mesmo tempo.

— Acho melhor você não me colocar no chão — pediu Débora ao marido, chorando e rindo ao mesmo tempo. — Tenho certeza de que minhas pernas estão moles demais para me sustentar.

— Vão se fortalecer quando você beijar essa turma toda, que estava morrendo de saudades de você! — brincou Inácio.

Alcione e Maria Júlia começaram a arrumar a mesa rapidamente, dispondo porcelanas novas e copos importados. Ethan jogou a bengala de lado, já que agora quase não precisava mais dela e saltou sobre a mãe. Em sua cabeça, próximo à orelha, ficara uma cicatriz, sobre a qual todos comentavam, afirmando que seria seu charme no futuro. Além dessa, o garoto ganhara ainda cicatrizes no ombro e na coxa.

Débora estranhou a ausência de Tássia na casa e notou que, apesar da alegria pela celebração de seu retorno, Gustavo estava um pouco chateado. Ele excluíra e bloqueara Tássia de seu Facebook e do WhatsApp.

A moça tentara várias vezes contatá-lo, mas, percebendo que ele a ignorava, desistiu. Virgínia devolveu o dinheiro de Inácio e agora já tinha outros pretendentes em vista para a jovem, filhos de algumas amigas suas. Quando o bebê nascesse, fariam o exame de DNA. E se Gustavo comprovasse que, de fato, a criança não era sua, romperia definitivamente seu último laço com Tássia.

Mais tarde, quando tivessem tempo, Maria Júlia também contaria a Débora sobre seu namoro com Naema e tinha certeza de que seria aceita pela mãe.

Enquanto Débora conversava animadamente com todos, Inácio chamou Alcione a um canto, antes que ela começasse a servir o jantar especial que preparara:

— Fiz o que Helena me pediu. Deixei a casa aos seus cuidados, porque ela imaginou que Márcia faria algo.

— E fez. — Tornou Alcione com calma. — Depois lhe contaremos os detalhes. Márcia está presa. A polícia fez o trabalho dela maravilhosamente bem. Tão bem que amanhã tenho um encontro com um policial chamado Ruy.

— O quê?! Não acredito que você vai "catar" o investigador! — ironizou Inácio.

— Ora, não seja bobo! Vamos jantar.

Inácio beijou-a com carinho na bochecha, aliviado por saber que Márcia estava fora de cena. Logo saberia dos detalhes do que ocorrera em sua ausência e, no dia seguinte, também seria informado da morte da dona da butique.

Enquanto todos se sentavam à mesa, rindo, confraternizando e brincando, Inácio começou a sentir que o ambiente estava leve e agradável. Vendo seu pai feliz com Juju, que tirava muitas fotos para postar nas redes sociais; Silvinha, com suas implicâncias tolas; Débora pronta para vencer a etapa final de sua doença e novamente em casa; Gustavo esforçando-se para superar a decepção amorosa e confiante em um futuro promissor; Maria Júlia alegre ao lado de Naema, fortalecida para lidar com qualquer preconceito que pudesse surgir; Ethan, livre das drogas e da ambição em ganhar dinheiro fácil; e vendo Alcione com sua positividade incrível e sabedoria admirável, ele percebeu que era um homem afortunado. Tinha um tesouro inestimável. Amava demais aquela família.

Sorriu, admirando-os mais um pouco antes de se juntar a eles. E, quando o fez, uma lágrima de gratidão escapou de seus olhos.

FIM

AMADEU RIBEIRO
DEPOIS DO FIM
DEPOIS
DO FIM
AMADEU RIBEIRO
Autor com mais de 100 mil livros vendidos

DEPOIS DO FIM

Há momentos na vida em que a dor e o sofrimento são tão grandes que chegamos a pensar que não há mais saída, que tudo chegou ao fim, e muitas vezes, imersos nesses pensamentos, entramos em depressão, num sentimento de fracasso, e concluímos que nada mais vale a pena.

Isso aconteceu com Margarida, uma empresária bem-sucedida e feliz, que, de repente e sem que pudesse prever, perde tudo e é levada à profunda dor da solidão. Também aconteceu com Juan e Marta, jovens bolivianos que vêm para o Brasil com a esperança de mudarem de vida, mas acabam caindo numa cilada que os leva a uma situação aparentemente irreversível.

O poder da vida, contudo, se manifesta e mostra a cada um que nada é impossível e o que parece ser o fim é apenas o começo de uma experiência de evolução, aprendizagem e despertar da consciência.

Neste emocionante romance, você descobrirá que tudo pode mudar para melhor e que sempre existe um feliz recomeço **depois do fim**.

Maurício de Castro

VIDA & CONSCIÊNCIA
EDITORA

Rua das Oiticicas, 75 – SP
55 11 2613-4777

contato@vidaeconsciencia.com.br
www.vidaeconsciencia.com.br